浙江省普通本科高校
"十四五"重点立项建设教材

浙江省"十四五"普通高等教育
本科规划教材

中国语言文学专业
原典阅读系列教材

丛书主编◎曹顺庆

美学（第2版）

王　杰◎主编

MEIXUE

北京师范大学出版集团
BEIJING NORMAL UNIVERSITY PUBLISHING GROUP
北京师范大学出版社

U0659491

图书在版编目（CIP）数据

美学/王杰主编. -- 2版. --北京：北京师范大学出版社，2025. --（中国语言文学专业原典阅读系列教材）. -- ISBN 978-7-303-30198-0

Ⅰ. B83

中国国家版本馆 CIP 数据核字第 20242EZ060 号

出版发行：北京师范大学出版社 https://www.bnupg.com
　　　　　北京市西城区新街口外大街 12-3 号
　　　　　邮政编码：100088
印　　刷：北京虎彩文化传播有限公司
经　　销：全国新华书店
开　　本：787 mm×1092 mm　1/16
印　　张：17.5
字　　数：365 千字
版　　次：2025 年 4 月第 2 版
印　　次：2025 年 4 月第 1 次印刷
定　　价：56.00 元

策划编辑：周劲含　　　　　　　责任编辑：吴纯燕
美术编辑：李向昕　　　　　　　装帧设计：李向昕
责任校对：陈　民　　　　　　　责任印制：马　洁

总　序

曹顺庆

《光明日报》2014年9月24日第1版刊登了叶小文的《民族文化基因是中国梦的魂与根》一文，文章指出：

> 在观摩北师大"国培"计划课堂教学后，习近平总书记强调要学习古代经典，语重心长。讲的虽是教材编辑要保留必要的中国文化经典，却涉及"把根留住"——民族复兴中国梦的文化根基和价值支撑……
>
> 纵览世界史，一个民族的崛起或复兴，常常以民族文化的复兴和民族精神的崛起为先导。一个民族的衰落或覆灭，往往以民族文化的颓废和民族精神的萎靡为先兆。文化是精神的载体，精神是民族的灵魂。

我认为，当代中国文化面临的最为严峻的问题，是中国古代文化经典面临失传的危险：现在许多大学生基本上无法读懂中国文化原典，甚至不知"十三经"究竟为何物。这种不读中国古代经典原文的现象，已经大大地伤害了学术界与教育界，直接的恶果，就是学风日渐浮躁，误导了大批青年学生，造就了一个没有学术大师的时代，造成了中国文化的严重失语，造成了当代中国文化创新能力的衰减。

造成这种局面的原因固然很多，但其中重要的一条是，我们在教育体制、课程设置、教学内容、教材编写等方面都出现了严重的问题。以教材编写为例，编写内容多为"概论""通论"，具体的"原典阅读"少，导致学生只听讲空论，只看"论"，不读经典；只读文学史，而很少读甚至不读经典作品就可以应付考试，以致空疏学风日盛，踏实作风渐衰。另外，许多教师所用的读本基本是以"古文今译"的方式来组织的，而并非让同学们直接进入文化原典文本、直接用文言文阅读文化经典与文学典籍，这样的学习就与原作隔了一层，因为古文经过"今译"之后，已经走样变味，不复是文化原典了。我认为应当要求学生直接阅读中外文原著，不用今译汉译，这也许是改变此种不利局面的有效途径之一。

正是基于以上的考虑，多年来，我大力倡导用古文（不用今译）读中国文化与文学典籍。我在本科生中开设了"中华文化原典阅读"课程，在研究生中开设了"中国文化原典：十三经"课程，要求学生阅读原汁原味的中国文化原典，教材直接用经典原文，不用今译本。开始时，同学们都读得很艰难，但咬牙坚持下来，一年后都基本能够自己查阅古代典籍，学术功底大大加强，不少学生进入毕业论文写作阶段后，才真正尝到原典阅读的甜头。我还开设了"中国古代文论"课程，要求同学们背诵《文心雕龙》《文赋》等中国文论典籍，同学们开始皆感到"苦不堪言"，但我要求严格，每个学生都必须过此关，结果效果非常好，无论是写文章，还是开会发言，同学们对中国文论典籍信手拈来，文采斐然。我也进一步加强了对西方文化与文学原典的教学，从1998年开始，我直接用英文教材给研究生开设"文学研究方法论：当代西方文论导读"课程，通过抽读的方式要求每位同学在课堂上用英文阅读西方文论著作。经过一番艰苦磨炼，虽然同学们感到太苦，但收获良多。我的用心，就是试图做一个教学改革尝试，让同学们能读到经典原文，读原汁原味的东西，学通中西，获得实实在在的知识与智慧，而不是大讲空论，凌空蹈虚，不是在岸上大讲游泳理论，而是让同学们跳下水去学游泳，教师只是从旁边给予必要的指导与点拨。

由此我发现，原典阅读是培养和训练学生文化根底、文化原创力的最重要、最具本原意义的途径。在专业学习中，对经典文本的研读和探讨能有效开阔视野并促进深度探究能力的形成，从而使学生真正成为适应性强的高素质人才。但在目前的中国语言文学教学中，原典阅读的缺席已成为一个培养优秀人才的明显障碍。长期占主导地位的教学方式，让学生始终同原典存在隔膜。针对这种情况，在教学中增加学生接触、研读、探讨原典的机会，就成了课程和教学改革的当务之急与必由之路。

针对现有的学生只听教师空讲"概论"，而不读经典原文，不会背文学作品的现状，我萌生了编写一套适应21世纪人才培养需要的高质量原典阅读教材的想法。我认为，编写一套好的教材也是学者的责任和使命。一位合格的学者，除了做好学术研究外，还负有传承文明、培养人才的神圣使命，一套优秀教材的影响力可能比学术专著的影响力还要大。目前，一些高校推行百本大学生必读经典书目的举措，立意甚好，但收效甚微，原因就在于学生课外不一定抽时间去读，所以必须将经典阅读和阅读评测放在课堂上进行。编写原典阅读教材，或许是课堂教学改革的有效举措。

本系列教材坚持体现"回到原典"这一总体思路，倡导读原典、讲段子，即课堂上抽查学生课外阅读原典的情况，进一步讲解原典，并且要讲精华，讲得有趣味，让学生由衷地喜欢经典原文。教材基本构架为理论概述加经典作品选讲。本系列教材涵盖了高等学校汉语言文学专业的核心课程，它的特点是名家主编、点面结合、深入浅出，倡导特色鲜明、体例创新、名家把关、质量第一。非常感谢学界同人的大力支持，本次参加编写的主编皆为名家，其中有教育部长江学者特聘教授多名，还有国家级教学名师、国际国内重要学会会长等。为推进中国教育改革探索路径，教材的编写结构不以知识体系的完整性为唯一标准，而是以实际的课程时间和授课重点来安排内容和篇幅。每部教材均为知识面介绍与重点讲授的结合，原则上每部教材既有概述阐释，又有原典选读，概述阐释能让学生较为全面系统地掌握知识要点，而原典选读则为讲授重点。

作为"中国语言文学专业原典阅读系列教材"的主编，我认为这个工作是有重要意义的，要培养真正具有深厚文化底蕴、有大智慧、有审美感受力和创新能力的人，最重要的一条路就是返回文化的根，重新审视原典阅读对于青年学子的价值，为同学们打下坚实的学术基础，提高学生的学习积极性，巩固中华文化根底，增强学生的创新能力，加强中国文化自信。

党的十八大以来，习近平总书记在多个场合提到文化自信的问题，并多次将其认定为"一个国家、一个民族发展中更基本、更深沉、更持久的力量"。文化自信的一个重要方面就是要回到原典，回到民族文化的"轴心时代"，只有用文化传统的源头活水不断泽被精神家园，才能使国家、民族源远流长，生生不息。正如习近平总书记在文艺工作座谈会上的讲话所言："求木之长者，必固其根本；欲流之远者，必浚其泉源。"本系列教材以"原典阅读"为要旨，正是对文化自信的积极响应，同时也试图通过对世界各国原典著作的呈现、对比和解读，让中国学子真正认清民族文化的根脉所系，为每一位青年读者种下中华文明的种子。

本系列教材在整体规划上坚持马克思主义理论指导，积极推进习近平中国特色社会主义思想进教材，全面贯彻落实党的教育方针，通过原典再现充分展示中华文明的独特魅力和中国文化的软实力，并力求通过经典阐释和理论建构推动中华优秀传统文化的创造性转化，促进社会主义文艺事业繁荣发展。

感谢北京师范大学出版社马佩林先生的鼎力支持。本系列教材虽然立意甚高，但尚需教学实践的检验，希望学界及教育界广大师生不吝赐正。

修订版前言

王 杰

在当代社会，"美"和美学也许是最让人困惑的词语和学科之一。在现实生活中，美和美学的使用率都非常高，而且有不断升高的趋势。审美资本、美学产业、美学读书会、美学花园和美学人生等概念已经在我们的日常生活中屡见不鲜。一个明显的事实是，一方面，美和美学的概念在文化经济时代随着当代艺术和时尚业的发展而迅速变化；另一方面，与美学概念关系密切的当代艺术批评处在某种"理论表述"的困境之中，就像《红楼梦》中的刘姥姥进入当代美学的"大观园"之后感到无所适从一样，难以表达出真实的自我情感和正确的认知。中国的当代美学因为大众审美经验的日趋活跃，用原有的学院派的美学理论似乎难以描述，也困于表达了。

因此，在理论上研究和阐释当代美学的基本问题，厘清当代美学问题与当代批评形态的关系，就具有理论上的重要性和迫切性。

一、新时代需要新的美学

对于当代美学教学和研究而言，有两个变化是已经客观地发生了的。

其一，在当代理论中，美学研究的中心或者说重心已不再是艺术而是文化，即当代美学讨论的中心已经逐渐从文学艺术转向文化，或者更确切地说，当代美学在讨论艺术的时候，事实上是指向文化的。随着物质文化遗产和非物质文化遗产的全面艺术化，当代美学的研究中心不可避免地指向文化，包括媒介、技术、地方性知识和时尚产业。由于文化的相对性以及过于宽泛的内涵，以文化研究为基本模式的马克思主义美学在一系列新的重要问题上都面临着重大挑战。例如，当代美学有没有共同的"基本问题"？如果有，是什么？如果没有，那么美学作为一般性的哲学理论的学理基础在哪里？当代美学是否还存在着统一的审美标准和核心价值？

其二，在当代美学研究中，由于社会历史语境和文化语境的复杂性与多样性，在经济全球化的状况下，同一艺术作品的审美意义往往因为不同的社会历史语境和文化语境而呈现出不同的意义。面对这一情形，理论上需要当代美学和艺术批评的直接结合，即在具体的语境中阐释艺术作品并据此研究和阐释美学理论的发展，离开了具体的语境和艺术批评，当代美学很容易陷入空洞的理论，从而丧失其应有的批判力量和文化建设的力量。因此，对于当代美学而言，用更有说服力的理论去有效解释和阐释当代艺术和文化现象，跨越艺术与文化产业之间的鸿沟和对立，是当代社会的重大理论问题，也是当代美学建设和发展的目的所在。

二、美学在当代文学建设中的核心地位

以上两个变化都发生在文化经济时代的大背景下。2013年，联合国教科文组织和联合国开发计划署联合发布《创意经济报告》①，报告的主题是"迫切需要找到鼓励创造和创新的发展新途径，力争实现包容、公平和可持续的增长与发展"。这份报告提出并论证的以下三个观点对于我们认识和理解当今时代文学艺术与市场的关系、文学艺术与社会发展的关系具有重要的作用。

1. 创意经济除产生经济效益以外，还会产生非经济价值，对实现以人为本的包容、可持续的发展做出重要的贡献。

2. 创意经济不是一条孤零零的高速公路，而是各具地方特色的多重发展轨道，多存在于城市和地区等国内层面。

3. 文化和文化创意产业的核心工作是不断寻找最佳战略和途径，将文化和创意产业扩展到整个文化生产价值链，同时不断寻求最适当的专业知识来协助实现这个目标，寻求以文化敏感度最高的方式确定价值和回报。

文学、音乐、美术、电影与现实的相互作用已经是当代生活的基本文化事实，美学和艺术在社会发展与文化建设过程中扮演着十分重要的角色，对艺术及艺术批评的评价不再是个人的情感抒发和非功利的文化形式，而是人们表达平等意识、参与文化共同体建设甚至改变文化治理方式的基本方式和基本内容。在这样一个文化创意的时代，全民创意性生产的时代，"每一个人都可以成为艺术家"的理想正在变成现实的时代，还抱着康德的"天才论"和"审美自由论"不放，认为只有康德理论才是美学的"止典"的理论家，

① 中文版由社会科学文献出版社出版，书名为《创意经济报告2013（专刊）——拓展本土发展途径》。

颇有自我封闭的嫌疑。

由此，我们不能不去正视美学的当代性问题。这里的当代性，指的是在这样一个文化经济时代，如何寻找到一种新的理论框架或者说审美认知方式，去研究和阐释当代社会的美学问题，努力将当代审美经验和艺术实践中新的积极因素加以系统化和理论化。从雅克·朗西埃、特里·伊格尔顿、托尼·本尼特等国际一流学者的研究都可以看到通过审美经验的改造、文化的改造来推动人类的更合理的发展，也就是说通过审美活动来改造社会是当代美学的一个主流趋势。

随着文化经济时代的到来，随着中国特色社会主义事业的发展，基于中国当代审美经验，基于当代社会和文化而产生的新的艺术现象和美学问题，基于中国当代艺术批评实践，基于当代社会审美需要的"当代美学理论"已经成为一种十分重要的社会需求，也是美学理论自身进一步发展的需要。我们要在美学的维度上实现中华民族文化的再创造，或者说实现中华美学精神在当代文化中的创造性转化和创新性发展，必须发展现代形态的中国美学。

而对现代形态的中国美学和艺术批评来说，只有善于捕捉并把握人民大众的情感结构以及这种情感结构与人民大众日常生活的关系，才能把当代艺术批评发展成为实现中华文化创造性转化和创新性发展的重要途径以及推动社会进步和变迁的强而有力的文化力量。艺术批评是个体通过艺术作品与文化共同体实现深层联系的桥梁，在当代文化的建设和发展中，这一点已经变得十分重要。毛泽东的《在延安文艺座谈会上的讲话》和习近平的《在文艺工作座谈会上的讲话》对此都有过重要的论述。在当代社会，审美经验、艺术和日常生活密切结合起来之后，由于当代社会文化语境的复杂性，也由于当代艺术审美价值意义的复杂性和流动性，美学和艺术批评的功能变得十分重要和关键了：当代艺术批评事实上是当代文学艺术与广大人民群众实现审美启蒙并获得文化解放的重要中介。这一现实要求不仅对美学界和批评的主体提出了更高的理论和观念上的要求，而且需要我们对当代批评在文化体制和社会结构中的地位、作用和功能做更进一步的认识。

马克思主义美学的基本目标，是对 20 世纪末至今形成的文化经济这样一种社会转型所提出的美学问题做出的理论的思考。在这个新的历史时期，在美学领域表面的危机和混乱中，一种新的、积极的因素正在成长。这个问题涉及社会生活的多个领域，在西方文化和中国文化中，它的表现形式又有某种差异，因此出现理论的多元化格局是正常的现象。当代中国美学力求站在历史与现实的角度，在复杂的当代语境中探寻当代美学的"物质基础"。在文化经济时代，历史唯物主义和当代社会的政治经济学批判仍然具有重要的理论价值和方法论意义。具体而言，从雷蒙·威廉斯开创的把美学和文艺问题放到社会系统中认识和把握的理论方法，用社会学和人类学的方法研究多重文化语境中的"滑动的审美意义"，通过对"情感结构"的分析和阐释来分析与解释文学和艺术的意义的研究思路与方法，在理论上具有某种"优先性"。

在文化全球流动、跨文化交流日益频繁的当代社会，地方性审美经验以及不同文化传统与审美习性的密切关系，对当代文学艺术具有十分重要的影响，当代美学不可能忽视这种文化关系的制约作用。对于当代中国美学的研究而言，高度重视当代中国审美经验的特殊性，注重分析中华美学精神在当代社会的创造性转化和创新性发展，对当代文学艺术的美学风格、审美表征机制以及审美认同的社会基础做出理论分析和概括，从而形成中国特色的现代形态的美学理论，具有十分重要的理论意义和社会意义。在这个意义上，作为方法论的审美人类学值得特别关注。让我们从当代美学的具体问题的研究开始，从当代文学艺术的评论和分析入手，从对当代文学和美学的话语清理入手，从基本理论问题的是非辩证入手，开始对当代美学理论的建设，努力把这种建设性的工作自觉地结合到中国文化再创造的过程中去。"千里之行，始于足下。"

王　杰

2024 年 3 月 18 日于浙江大学当代马克思主义美学研究中心

目　录

第二编　东方美学

第三编　美学与当代艺术批评

绪　论　什么是美学

在当代社会生活和文化发展中，美学的地位和作用越来越重要，在某种意义上，美学已经成为思考当代社会问题和文化问题的一个重要角度。无论是深奥的哲学思维，还是日常生活环境的改造，甚或人际交往及文化对话等，美学所提供的思维方式都是非常富于建设性的。各国政府在确定基础教育的培养目标和教学内容时，都把审美教育和美学作为其中的重要内容。可见，学习和掌握美学具有重要的现实意义和理论意义。那么，美学是一门什么样的学科？怎样才能学好美学呢？让我们以"什么是美"这个最基本的问题为发端，逐步做出回答。

第一节　美和美学

自从古希腊哲学家柏拉图在《大希庇阿斯篇》中明确提出"美是什么"这个问题，关于美的性质、形态、意义的著作可谓汗牛充栋。不同时代的学者、艺术家、哲学家对这个问题的不同回答，形成了许许多多不同的理论模式和美学流派。然而，直到今天，人类虽然对自身及人类创造的文化的研究已日渐深化，进入文化经济时代和人工智能时代，但仍然需要重新思考和探寻"美是什么"这样一个古老而又神秘的问题。

一、什么是美

在开始创造和使用工具、使用语言和符号交流思想和感情以来，人类就能感知和区别美与丑。然而作为研究和思考审美现象的理论与学说，关于"美是什么"的问题，直到公元前 4 世纪才由古希腊伟大的哲学家柏拉图提出，到了 18 世纪，德国哲学家鲍姆加登（又译鲍姆嘉通、鲍姆嘉滕）才初步界定其研究的对象和任务。虽然在后来的发展过程中，美学问题始终充满分歧和争论，但是随着社会的现代化进程，美学学科在人文社会科学中的地位却越来越重要了。在人文社会科学领域，美学的研究对象是最为普泛和大众化的。一般说来，任何人都能感受和知觉"美"的存在并做出相应的判断和评价。但对

"美"做出学理说明却十分困难。对"美"的感受和知觉是人的属性和基本能力，而美学则是对这种属性和能力的系统研究与理论阐释，两者的关系类似于人的语言能力与语言研究之间的关系。在感知的意义上，我们可以把"美"界定为令人愉悦的形象。在学理上，我们则把"美"界定为以情感为中介的意识形态属性或文化价值。

关于"美是什么"的问题，在感知的层面上也就是美的特点问题。一般说来，美主要有以下三个方面的特点。

美的第一个特点是形象性，可以说没有形象就没有美。对于春天的花朵和冬天的日出，我们可以近乎本能地感受到它们的美。花朵千姿百态、绚丽多彩，无论是一枝一絮还是成片如海，无论在自然的荒野中还是在人工环境里，都能以它的形状和色彩唤起人类的美感。冬天的日出也是如此，鲜红、圆润、朝气蓬勃、气象万千。相比之下，没有星光的黑夜和夏日正午的太阳，因为其形象没有那么具体可感而较难产生美感。可见，形象性是美的构成要素之一。在自然、社会生活和艺术领域，形象的种类和形式丰富多彩，对形象的构成、形象的载体、形象之间关系的研究，是美学研究的重要内容。

美的第二个特点是情感性。在现实生活中，自然、社会与人发生着多方面的联系，其中很重要的一种联系是情感联系。任何人都生活在一定的自然环境、社会环境和文化环境中，外在世界与人的行为方式和情感生活发生着十分复杂、丰富的相互作用，感觉、知觉、情绪和想象是人类感应外在世界并且积极主动地介入和改造环境的纽带与途径。情感是感觉、知觉、情绪和想象的高级形态，具有一定的指向性并伴随着主观评价。心理学对情感的定义是："同情绪有联系又有区别的概念。从广义而言，它与情绪一样也是人对客观事物的态度体验。从狭义而言，它又不同于情绪，是和人的社会性需要相联系的一种复杂而稳定的态度体验。"例如，17世纪荷兰的静物画，18世纪英国的风景画，19世纪法国画家莫奈、塞尚的风景画和静物画，就集中体现了不同时代的人们对外在世界的不同感知和评价。再如，中国的山水画，梅兰竹菊等中国画的基本素材，陶渊明、王维诗中的自然景象等，都包含着十分丰富的情感和人生体验。因此，这些物品和景象就不再是自然物和自然景象本身，而是包含了人的情感的审美对象。

美的第三个特点是超越性。某些高等哺乳动物已经具备了十分复杂的神经系统，能够感知外在世界的形象并体验到较为复杂的情感，也会因鲜艳的色彩或符合于其生理属性的事物而兴奋，但是动物一般没有审美愉悦。审美超越根源于人的想象力，这是人类所特有的高级心理能力和特性。通过想象力的作用，个体的知觉和情感可以超越现实材料的物质性限制和个体认识的有限性，达到对世界和人生的整体把握。想象力不受现实条件的约束，具有高度的自由性和自主性。正因为想象力具有这样的特点，所以即便是在恶劣的自然条件下或困苦的社会生活状态中，人类仍然能够感受与体验到美和理想。19世纪俄国民主主义思想家和文学批评家杜勃罗留波夫曾把美比喻为"黑暗王国里的一线光明"，这在一定意义上说明了美的超越性特点。

　　当然，这三点只是美在感知层面上的最基本的特点，在具体的现实生活和文化语境中，关于美是什么的问题要复杂得多。在后面的章节中，我们将从不同的角度分别给予阐释和说明。下面我们说明美学的学科属性和特征。

二、美学的学科属性

　　在西方文化传统中，美学的学科意识萌发于诗与哲学之争，或者说感性与理性地位之争。在古希腊，随着生产规模的扩大和商业的发展，民主意识和对理想的要求逐渐发展起来，哲学思维也因此得到了很大的发展。哲学意识的自觉使得以诗性思维和神话思维为主体的原始思维遭到了质疑，人们要求从情感、神话思维的支配中摆脱出来，为世界和人生找到统一的秩序和根本的意义。这就是最早的宇宙学产生并且与哲学紧密相关的原因。古希腊哲人认为，宇宙的法则具有最高的必然性，而且它是远离情感和日常生活的，这就为美学提供了一个形而上学的基础。古希腊哲学的基本目的就是协调和解决诗歌与哲学的对立性关系。为此，毕达哥拉斯提出了"和谐"和"形式"的概念，苏格拉底贡献了"技巧"和"完善"的概念，柏拉图论证了"理式"的概念，亚里士多德在此基础上建立了系统的模仿说和审美效果方面的净化说。在西方文化史上，古希腊至古罗马时期是第一个美学思维大放光彩的时代，通过哲学家们的努力，一个以理性和逻辑为基础，以模仿为核心概念，以艺术真实为最高原则的美学体系建立起来了，艺术成为绝对的善和美，成为不同于日常生活感性存在的另外一种存在——日常生活在感性存在价值和意义方面都低于理性和绝对的存在。

　　在中国文化传统中，美学的学科意识萌发于对礼崩乐坏的意识形态危机的思考。在中国，美学问题的提出不同于古希腊，不是以诗与哲学的关系问题这种形式提出来的，而是以对文字或"象"的神秘交流能力做出解释为开端的。在中国文化中，艺术及最高形态的美（"天地有大美而不言"）与神话时代的祭祀仪式存在着密切的联系，这已经为人类学研究所证明。在祭祀仪式的社会基础解体之后，作为一个地域辽阔、人口众多的多民族大国，如何保持和加强文化的凝聚力与权威性就成为一个重大问题。由于多方面的原因，中国文化没有走古希腊文化那条通过自然哲学和宇宙学来强化认识真理性的理路，而是通过阐释文学艺术文本和"象"的神奇力量，主要通过仪式的意识形态力量来证明审美体验的统一性及其价值意义。因此，在中国文化之中，不乏类似于艺术哲学的诗论、画论、书法理论和音乐理论，却少有哲学性的美学。

　　从美学学科自身的发展来看，作为一门特殊的人文性学科，美学的产生和发展是需要一定条件的，除了社会和文化方面的原因之外，还包括学科自身学理方面的根据。一般说来，美学的产生和发展需要以下两个方面的条件。

　　其一，个体经验与日常生活经验的分离，而且在人生意义的层面上，审美经验要与认知活动、伦理活动相分离，从而使审美经验在一定程度上获得自身的相对独立性。

其二，为了超越个体经验的局限性和有限性，将审美经验提升到普遍经验的高度，就需要以某种哲学为基础对美学问题做系统的阐释，这也是美学作为一个学科出现的重要条件。将"诗"（个体经验）与"哲学"（普遍经验）结合起来，是文化自身的迫切要求。例如，康德以来的西方近现代形式美学，就是为了解决社会在现代化过程中所提出的社会问题和情感问题，在主体性哲学的基础上对审美现象和审美体验做出的阐释和归纳。

从理论上说，美学可以用审美经验、审美关系和审美意识形态几个概念做一个简单的说明。审美经验是指人在现实和艺术活动中的审美感受，是美学研究的基本内容。它是审美主体在具体的审美活动中所获得的生理和心理的经验和感受。它不是静态的存在，而是动态的情感体验过程，贯穿于审美活动的全过程之中。在概念上，审美经验有广义和狭义之分。广义的审美经验是与日常生活经验、功利性社会活动经验相区别的全部审美感受；狭义的审美经验指审美体验，是主体在审美对象的作用下，达到主客体相互交流的高级心理活动。例如，鲜花所唤起的愉悦对人类来说十分直接和普遍，是一种审美经验，然而当一个人面对一束鲜花而陷入深思，并且唤起了不能用眼泪表达的思想和感情时，他就进入了审美体验状态。

审美经验是心理学—美学的概念，审美关系和审美意识形态则主要是哲学概念。审美关系也有广义和狭义之分。狭义的审美关系指个体与对象、人与环境之间因审美态度和具体语境而形成的感知—愉悦关系。在概念上，审美关系包含以下两个方面的内涵：第一，个体是通过感觉器官来与对象或环境建立审美关系的，其联系的主要媒介是情感和审美形象。第二，审美关系不同于个体与对象的认识关系、功利关系和伦理关系，它是个体与现实形成的一种情感关系，在这种关系中，主体可以通过对象提升自身的精神境界。广义的审美关系指在一定的历史条件和生产方式的基础上，人与人之间、人与自然之间、人与社会之间所形成的一整套制度、习惯和情感表达模式。在《路易·波拿巴的雾月十八日》中，马克思写道："在不同的占有形式上，在社会生存条件上，耸立着由各种不同的、表现独特的情感、幻想、思想方式和人生观构成的整个上层建筑。整个阶级在它的物质条件和相应的社会关系的基础上创造和构成这一切。"①马克思在这里简明扼要地说明了意识形态、生产方式和社会关系三者之间的关系。根据马克思的历史唯物主义理论，社会关系是内涵广泛的理论概念，规定和制约着人与人之间的关系及人们的活动方式。广义的审美关系是一定的社会关系在情感和审美领域的表现形式，主要以审美习俗、审美习惯、情感表达模式等形式表达出来。例如，同是在 20 世纪，各个国家、民族出于生产方式、社会制度、文化传统及日常生活习惯等方面的差异，在对事物及社会生活的审美评价方面往往呈现出不同的标准，这说明在这些国家和民族之间存在着不

---

① 《马克思恩格斯选集》第 1 卷，611 页，北京，人民出版社，1995。

同的审美关系。广义的审美关系是社会关系的一种表现形式，因而它不是以实物的形态存在，而是以关系的形态存在。

审美意识形态是一个内涵十分复杂的理论概念，是现代美学理论使用的概念，不同于古典美学和近代美学的其他相应概念。意识形态这个术语最初由18世纪法国哲学家、政治家特拉西提出，其有关思想经过德国古典哲学家黑格尔、费尔巴哈的发展，在马克思和恩格斯那里得到进一步发展并被赋予全新的含义。在当代社会，"意识形态"成为研究与说明文化和上层建筑问题的核心概念。

意识形态的法文词idéologie是由ideo加上logie构成的。Ideo的希腊词源指理念或观念；logie的希腊词源指学说，直译为逻各斯。因此，对于特拉西来说，idéologie即观念学的意思。在马克思主义理论系统中，意识形态概念具有更为复杂而系统的含义。一般说来，意识形态指适合一定的经济基础，代表着社会主体力量根本利益的情感、表象和观念体系的总和，其基本特征是用具有社会内涵的文化中介来沟通个体与社会、人与现实之间的联系。审美意识形态与一般意识形态既有共同之处，也存在着实质性的区别。相同之处在于它们都由经济基础和社会生活条件所制约和限定，都具有很强的实践机制和巨大的认同力量，以及对经济基础而言具有相对独立性。与法律、哲学、伦理、宗教等意识形态形式的不同之处在于，审美意识形态以与想象密切结合的情感为基本中介，因为情感和想象的特殊性，审美意识形态呈现出距离经济基础较远和较为复杂的辩证属性，毕竟艺术与意识形态的关系在不同的历史阶段呈现出不同的形态，具有不同的意义。

第二节　美学研究的对象和基本问题

美学的研究对象是什么？千百年来，在美学史上，不同的美学流派和美学家有不同的回答和主张。我们首先对这些主张做一简要的回顾。

一、美学研究的对象

在古希腊时代，美学思维以对艺术现象的研究和解释作为主要内容，美学是哲学体系不可分割的组成部分。从17世纪英国经验论哲学和美学开始，美学研究从对艺术的研究扩大到对人类情感和人的感性存在的研究。从欧洲大陆唯理论哲学家鲍姆加登开始，美学就被确定为一门具有自身独立性的科学，其研究对象也是人类的情感和人的感性存在。自康德以来的德国古典美学，力图在协调和综合英国经验论与欧洲大陆唯理论两种理论倾向的基础上，努力用较为辩证的方法阐发和说明人类感性存在的多重矛盾，以及它们与社会生活的复杂关系。德国古典美学以唯心主义的理论和颠倒的方式深刻思考了在社会现代化过程中人类存在于情感方面的特点，以及艺术和审美在社会进步中的积极作用。自从马克思主义诞生以后，人们才有可能在历史唯物主义的基础上思考并解决审美和艺术与社会和文化的复杂作用问题。由于马克思主义美学采取了宽广的社会视角和文化视角，对艺术和审美问题的研究与解释被放置在历史语境及审美关系研究的基础上，美学问题成为研究和思考社会问题的一个重要维度。

在20世纪，美学因为特殊的社会和文化条件而得到蓬勃发展，涌现出了众多的思潮和流派，其中比较重要的包括非理性主义美学、实证主义美学、现象学美学、马克思主义美学等。不同流派和思潮采用了不同的方法和理论模式，并且对审美经验、美的本质、艺术的意义阐释三个基本对象或问题的阐释也各有侧重。心理学、美学诸流派深入研究了审美经验的主体方面，实证主义美学诸流派为美学研究提供了大量的社会学和人类学的材料，使人们对美的形态和美的本质的理解更丰富、更多样化。由于非理性主义思潮的影响，一些美学理论和学派取消了对美的本质问题的探讨，而我们认为，关于美的本质不确定性的研究，事实上也是对美的本质问题的一种理解和研究思路，有其自身的价值和贡献。现象学美学在重申美学的人文科学意义、强调美学的理论价值和对现实不合理性的批判作用，特别是对艺术意义的美学解释等方面，都做出了不容忽视的重要贡献。马克思主义美学在20世纪也获得了极大的发展，在对美学问题的文化研究和意识形态研究，对审美和艺术的社会基础、审美和艺术的大众启蒙作用，对现代主义与后现代主义艺术现象的理论阐述等方面，都表现出强大的理论优势。

任何美学理论也都必须研究和解释审美经验。由于研究方法和理论模式的不同，它们在研究的侧重点上也有所不同。对审美关系的研究是一种综合性的理论研究，其研究的侧重点既不集中于审美对象，也不局限于审美主体的范围，而是力图做出综合性的总体研究。

美学理论还要研究审美关系。人与现实的审美关系不同于人与现实的认知关系和伦理关系。审美关系是社会关系的一种特殊形式，它既受社会存在和经济基础的决定和制约，又因为情感和想象的缘故具有超越现实矛盾的能力和可能性。从理论上说，审美关系以个体的形式和心理的形式反映着社会关系的基本内容，它是由一定的社会关系和文化关系所制约和影响的审美习性、情感模式及具有普遍性的审美对象所构成的价值体系。

审美关系的存在方式首先表现为情感关系。情感性是对象之所以成为审美对象的主要特质。情感往往伴随着想象和幻想，想象和幻想是主体内在要求的一种表达方式。审美活动的作用和功能，就在于把个体内在要求与外在的现实结合起来，使它们彼此沟通。这种结合与沟通对于主体而言，是其内在要求得到了表达和实现。审美关系还体现

为文化制度、审美习惯等社会性的关系。审美受到外在对象的约束和规范，是一种对象
化的表达和实现。对于客观现实和外在对象而言，主体在这种结合与沟通状态中，克服
了主体自我中心的状态，向外在世界开放，并因为客观现实和外在对象的异在性而得到
某种程度的约束和改造。美和艺术就是在一定的历史条件下达到这种结合的主要形态。
要实现人与环境的最佳结合，主体的情感和想象、一定的文化形式和表达媒介，以及将
以上诸方面结合起来的技术和技巧都是必不可少的。

　　总之，美学的研究对象就包含以上几个方面。将美学的研究对象割裂开来，只能导
致美学研究陷入盲目，或者使美学降格为某种艺术理论或心理学理论的附庸。

二、美学的基本问题

　　审美现象虽然具有神秘性和难解性，但自从人类的自我意识觉醒以来，对美的本质
以及有关问题的思考就一直是人类理性思考的一项重要内容。历史上不同的美学流派和
美学理论关于审美现象的研究和解释，从不同角度深化了人类对美学基本问题的认识和
理解。20 世纪以来，随着人类认识自然以及认识自身能力的进一步深化，一方面出现了
美学思维空前活跃、美学理论层出不穷、美学思潮日益多样化的局面；另一方面也逐渐
发展起了一种强调审美意义的相对性，否认审美价值的绝对性和统一性的理论思潮。这
种现象的出现具有非常深刻而复杂的社会根源和文化方面的原因。在西方现代美学理论
中，非本质主义美学成为美学理论中具有重要影响的一种思潮，如托马斯·里德就认
为美是相对的，在他看来，人们已经发现事物的美在本质上如此多种多样，各不相
同，以至于很难说美究竟存在于什么地方；或者说有这样一种美，它对所有事物都是
共有的，在这些事物中能发现这种美，但我们确实无法在这些不同的事物中想象出任
何一种能称之为美的特质的东西。本书不完全同意这种看法。事实上，尽管现代社会
创造了千姿百态的美和形态各异的艺术，人们的审美趣味和审美观念也存在着许多差
异和矛盾，但美作为人们现实生活关系的一种表现形态，事实上是受一定的社会存在
制约和支配的，不仅具有客观的基础，而且相互矛盾的审美现象之间也是存在内在联
系和统一性的。

　　美学问题与一般的认识论问题相比，其特殊性之一就在于审美活动总是借助于一定
的形象和审美形式而激发和唤起的，可以说，没有对形式的愉悦就不会产生美感。关于
审美和自由形式的关系，康德以来的近现代西方美学理论已经做出了非常深刻而系统的
论述。形式问题虽然在审美活动中处于非常重要的位置，但是即便是康德或克莱夫·贝
尔这样比较极端的形式主义美学家，也从未否认内容在审美活动中的重要性。康德就认
为，"依附美"所唤起的美感要比纯粹美深刻和强烈得多。贝尔关于审美形式的分析最终
也集中于对审美意味的分析。显然，在审美现象和审美活动中，形式和内容之间存在着

一种较一般的认识关系更为深刻而内在的联系。

我们先看一个具体的例子。委拉斯凯兹是 17 世纪西班牙杰出的现实主义画家，他的主要成就是现实主义题材的作品和肖像画，例如《纺织女》《宫娥》《执扇之女》《教皇英诺森十世像》等都是非常优秀的美术作品。作为一名严谨的宫廷画家，委拉斯凯兹几乎不画裸体题材的作品，只有一幅例外，就是著名的《镜前的维纳斯》。这是一幅十分优美的作品，其中的女性裸体显然是现实的感性存在。作品采用了横向斜线的构图，以墨绿色和红色金丝线的大色块为背景，衬托出女性形体的圆润和柔美。画面上的女性姿态优雅从容，形体起伏微妙，构成了光与色的交响。从艺术的角度看，无论构图的流畅和谐、色彩的丰富对比，还是对女性形象温柔气息的生动表现，《镜前的维纳斯》都是西方美术史上最优美的作品之一。画面的中心处是爱神丘比特扶着的镜子，镜子里的维纳斯安详中带着淡淡的忧郁，很自然地把观赏者的目光从优美的女性形体转向对其命运的思考。从画面的构图看，浓重的天鹅绒帷幕把这个优雅而美丽的世界与外在的现实隔绝开来，而那一个深褐色镜框更是象征着现实对优美和愉悦的限制与压抑。从某种意义上来说，镜前的维纳斯也就是处于被观看位置上的维纳斯。因此，这一美丽形象唤起了我们对孤立无援的善良的人们的深深同情，这种同情就是作品的社会意义和伦理意义。如果我们进一步阐释，还能看到委拉斯凯兹生活于其中的社会现实关系。在真正优秀的艺术作品中，我们无一例外地看到内容与形式、美与伦理的矛盾统一。

美学问题是一个非常复杂的问题，涉及一系列的生理因素、心理因素、文化传统及现实的因素。在具体的艺术作品和审美活动中，这些因素往往以不同方式组合在一起，具体的表现形式就是内容与形式的关系。审美形式不仅与人们的感性愉悦和对现实材料的审美超越有关，在现实的社会关系中，审美形式又是人们艺术地掌握现实关系及实现审美交流的基本中介。但是，由于现实及主体方面的原因，审美形式与现实内容常常发生断裂乃至对立，从而使美学问题呈现出复杂难解的局面。这种矛盾主要表现在以下三个方面。

其一，在现实生活中，形式和内容之间的关系常常是分离的。现实生活是一个不断发展的生动过程，它不仅处在不断的运动之中，而且是一个无限丰富的现象性存在；审美形式一般较为稳定，而且任何形式总要舍弃现实材料的许多内容和特征才能得以显现。也就是说，任何艺术形象总是舍弃了现实生活中的许多内容和材料才得以抽象化和形式化的。因此，在任何审美关系中，内容与形式总是存在着差异乃至矛盾。

其二，从美学史的角度看，形式主义美学理论或侧重于形式研究的美学理论，往往着重研究和强调审美现象的形式方面，包括对想象的研究和对审美活动特殊性的阐释。相比之下，强调审美活动社会性的美学理论则侧重研究审美活动中的技术、现实关系及伦理等因素的重要性。两种理论倾向分别研究了审美活动的不同方面，却忽视了对这些方面内在联系的研究和阐释。在历史唯物主义的理论基础上对审美形式与社会内容，特别是与伦理内容及政治内容之间的关系做出全面的理论说明是一件十分重要而困难的工作，其间许多问题还有待于进一步深入研究。

其三，从价值关系的角度看，审美价值与其他价值的逐渐分离不仅是一个必然的现象，而且是人类社会历史进步和自我意识能力不断提高的一个标志。在人类社会早期，人类掌握世界的方式是一种综合性的神话方式，社会意识形态以一种整体性的形态包含着功利价值、认知价值、审美价值和伦理价值，如古代神话就起着全面调节社会关系和人类心理状态的作用。随着社会分工的发展和人类认识能力的深化，特别是随着现代化的发展，宗教价值、认识价值、伦理价值、审美价值先后从整体性的意识形态中分化出来，这种分化促进了人类认知能力的发展，对历史的进步也发挥了重要的促进作用。例如，西方自文艺复兴以来，文化价值的分化及审美价值在整个社会关系中逐渐占据核心的位置，事实上这是社会现代化过程的一个重要方面，对社会的发展起着十分重要的调节和促进作用。当然，随着审美价值的独立，审美形式的地位和意义也逐渐被误解和扭曲，从而表现出某种消极方面，西方社会的后现代文化和当代中国的审美文化都因此而呈现出严重的问题乃至产生文化危机。美学理论的一个重要任务就是对形式和内容关系的深入研究，为建设更美好而合理的文化提供理论根据。

内容与形式的关系是美学理论的基本问题，中外美学史上的种种理论无非是从不同角度对这个问题的思考和回答。由于审美活动本身是一个十分复杂的过程，因此可以从不同角度和层次做出研究和阐释；也由于不同的美学家所使用的认识方法和研究方法的差异，在美学史上，对于内容与形式的关系有许多不同的理论和学说。用历史的眼光看问题，我们可以把这些学说和理论视为人类认识现象逐步走向真理和深刻的阶梯。

关于内容与形式的关系，最普遍的理论方法是从艺术作品的构成方面进行研究和探讨。这是一种较为微观和静态的研究思路，在美学发展的早期阶段较为常见。审美形式的相对独立性，以及在内容与形式的关系中审美形式处于更为本体性地位的研究思路，是康德以来的西方美学特别是西方现代美学诸学说所着重展开的。这是一种更宏观、抽象程度更高、对审美主体心理因素挖掘更深的研究思路。马克思主义美学是对以上两种研究思路的继承和改造，这种改造的最大特点是把内容与形式的关系放到审美活动乃至人类社会生活过程中去研究和把握，把内容与形式辩证统一的规律提升到人类社会生活的合理性与历史进步及其代价的关系这个层次上去认识和把握，它不仅思考审美价值的特殊性，而且研究和思考审美价值与认识价值、伦理价值的关系，因而具有深刻的人类学的意义。

第三节　美学在现代人文学科中的地位

在传统的人文学科中，美学始终是作为哲学的附庸出现的。在今天，随着社会文化和科学技术的迅速发展，美学在现代人文学科中显示出越来越重要的地位。

一、美学与现代社会

附着于哲学认识论的传统美学，把人类丰富的精神世界概括为被认识方法抽象后的图式，并且为这种图式赋予普遍理性的内容。传统美学理论对于个体感性的丰富性、独特性存在忽视，实际上意味着对美学自身研究对象的偏离，这种偏离预示着以德国古典美学为主体的传统美学的根基是可以重新考量的。康德把美学问题放在自由与必然、情感欲望与伦理要求、现实世界与艺术世界的二元对立关系中来考察。在他的理论视野中，科学可以专门研究自然界，而美学必须把人类理性和现实世界联系起来，实际上是一种审美哲学。所以，尽管康德一方面在努力把审美活动解释为一个纯净的永恒性空间，另一方面却把伦理道德的重任放在艺术和审美活动身上。在康德那里，美学的使命就是要把科学和道德、自然界和精神世界、纯粹理性和实践理性努力统一起来。康德由此奠定了美学的形而上的本体论基础，给近现代美学昭示了广阔的前景。不过，康德美学的本体论预设并没有也不可能走出近现代西方哲学把科学和哲学对立起来的二元论思维格局，因此，他虽然通过审美判断、情感和审美形式的研究，为美学在纯粹理性和实践理性、科学知识和伦理判断之间赢得了一块具有中介、沟通作用的中间地带，却没有真正解决美学和审美现代性所提出的一系列问题。康德只解决了美学在知、情、意三者之间的认识论地位，而并未解决美学在人文学科中的地位和作用这一十分重要的问题。

美学在现代人文学科中的地位及其作用既是一个理论问题，更是一个实践问题，我们可以从以下两个方面来加以考察和说明。

其一，从 20 世纪社会的发展来看，人们对于文化和社会问题的研究越来越与美学所提出和思考的问题有关，人文学科的重要话题逐步从认识论领域转移到美学和伦理学领域。从 16 世纪文艺复兴时期到 19 世纪上半叶，社会的工业化和现代化蓬勃发展，社会结构和人际关系也发生了一系列变化。在人文学科领域，一个突出的特点是，在古典文化和古典人文学科中彼此紧密联系的认知价值、审美价值和伦理价值逐渐分离。在 16 世纪到 19 世纪的社会现代化过程中，美学获得了自己的学科独立性并不断发展。但相对而言，起关键作用的人文学科问题主要集中在认知领域，认知心理学和科学方法论在人文学科领域具有重要影响。然而从 19 世纪下半叶开始，情况发生了某种变化。

随着左翼激进学术思潮的发展，随着现实生活中贫富两极分化及生态危机的日益加剧，人们对资本主义生产方式及工具理性的合理性逐渐产生了怀疑，进而由怀疑转为批判，而人类感性的存在及情感对社会生活的复杂影响则越来越受到人文学科领域的高度重视，美学、艺术哲学和批评理论的问题逐渐成为现代西方哲学、心理学、社会学、人类学、符号学等学科不同流派的重要话题。如果说在传统哲学中，作为艺术哲学的美学只不过是哲学的一个分支，那么，现代自然科学及人文社会科学对情感问题和艺术现象的关注已使美学变得越来越重要了。这种现象是古典人文学科和近代人文学科所没有的。现代人文学科的中心问题是重新思考人是什么、社会是什么、人的价值何在，以及人与自然、个体与社会取得和谐的可能性与客观的条件等深刻问题，这些问题都与美学思考等直接相关。20 世纪是人类社会高速发展的一个世纪，科学技术和生产力的高度发展提高了人们改造自然的能力，整个世界(尤其是资本主义世界)创造了空前丰裕的物质财富，同时，作为影响时代发展根本力量的科学技术及与此相关的思维方式逐渐渗透到人类生存的各个领域。这一巨大的力量既从总体上为人类创造着新的生存条件与环境，决定着人们的行为、生活方式及人际关系的性质，又日益侵入人类的精神生活领域，建构着人类不同于以往的精神、文化和日常生活世界。人们在惊喜、感叹科学技术为人的发展提供了巨大的可能性、开辟了广阔新天地的同时，也不得不正视人们对科学技术的无节制崇尚和简单化使用给人类造成的环境、心理、精神乃至人类存在本身的消极影响，甚至导致人性、社会和文化异化的严酷事实。这种异化不仅体现为人与自然的极端对立，而且也表现为人与人之间、不同民族之间的对立。

早在一百多年前，马克思就描绘了异化造成的悖论现象："在我们这个时代，每一种事物好像都包含有自己的反面。我们看到，机器具有减少人类劳动和使劳动更有成效的神奇力量，然而却引起了饥饿和过度的疲劳。财富的新源泉，由于某种奇怪的、不可思议的魔力而变成贫困的源泉。技术的胜利，似乎是以道德的败坏为代价换来的。随着人类愈益控制自然，个人却似乎愈益成为别人的奴隶或自身的卑劣行为的奴隶。"①一百多年来，马克思所描绘的异化状况不但未能随着社会的发展进程而有所改善，反而日益加剧。关于历史发展及其所付出的代价的辩证思考应该是这样的：作为一种普遍的历史过程和存在，科学技术和生产力在现代社会的高速发展无疑是必要的，是社会进步所必需的。但是人类不能听命于技术的片面发展所造成的不平衡状态，因为技术发展的过程毕竟不是一个纯粹的自然过程，而是由人发明、操作和控制的。因此，真正造成人类生存危机的并不是高科技和自然科学，而是人类自身。从来就没有什么救世主，人类只能自己拯救自己。但是，自我拯救的前提是我们必须认清人类生存危机的根由何在。生态

---

① 《马克思恩格斯选集》第 1 卷，775 页，北京，人民出版社，1995。

危机、种族危机、信仰危机等的根源在于人对自身的忽视，人类忘记了自己生活的意义是什么。失却情感依托和终极关怀的人，只能完全受奴役于物质功利的目标。人应当了解自然，更为重要的是要了解自己。人类不应该在对自然知道得越来越多的同时，对自己的认识却没有多少进展。这才是我们重新思考人是什么、社会是什么、人与社会取得和谐的可能性等既现实又深刻的问题的症结所在。由此出发，现代社会的文化应该是自然科学、社会科学和人文学科的有机综合。在这一综合体中，作为人文学科重要组成部分的美学将为自然科学的研究发明、社会科学的研究提供人类终极价值关怀和生活意义的理性思考。换言之，一切科学的价值同时也应该是一种美学的价值，它以人的全面发展与进步为目的，以人的幸福生活为目的。在这样的美学价值和目的的调控之下，全面发展的人、合理有序的社会、人与自然的和谐平衡关系才有可能真正形成和建立起来。

其二，对于现代社会普遍面临的各种危机，如生态危机、种族危机、信仰危机、核战争的威胁及暴力恐怖主义的扩散等，美学理论和美学思维对于思考和解决这些困扰整个人类的社会问题，可以提出积极而建设性的意见。在当代人文社会科学中，美学思维与健康合理的社会关系在理论上已经得到证实。

我们以关于生态危机的思考为例。早在一百多年前，面对近代工业社会技术文明的突飞猛进发展，恩格斯就曾告诫过盲目乐观的人们："我们不要过分陶醉于我们人类对自然界的胜利。对于每一次这样的胜利，自然界都对我们进行报复。每一次胜利，起初确实取得了我们预期的结果，但是往后和再往后却发生完全不同的、出乎预料的影响，常常把最初的结果又消除了。"[①]今天，现代工业社会对自然的无限度攫取造成了自然界本身平衡关系的严重破坏：水土流失、森林剧减、环境污染、农田沙漠化、臭氧层空洞增大……我们不得不一次又一次叹服恩格斯预见的深刻。近几十年来，随着自然环境的日益恶化和人与自然冲突的加剧，许多学者开始关注人与自然的协调平衡这一重要的课题。如何抑制生态危机的加剧，重建一个美好和谐的生态环境，成为人们思考的一个焦点。当代日本学者池田大作主张，人类应该把生命的尊严放在第一位，因为生命是最高的价值和自然界共同拥有的，"生命是尊严的。就是说，它没有任何等价物。任何东西都不能代替它"[②]。"罗马俱乐部"创始人贝切伊认为，对生态的保护和对其他生命形式的尊重，是人类的生命素质和保护人类所不可缺少的重要条件。英国历史学家汤因比进一步认为，人类不仅要尊重植物界和动物界，而且对非生物的自然界也要加以尊重，要承认宇宙整体和其中万物均具有尊严性。他说："自然界的无生物和无机物也都有尊严性。大地、空气、水、岩石、泉、河流、海，这一切都有尊严性。如果人侵犯了它的尊严

① 《马克思恩格斯选集》第4卷，383页，北京，人民出版社，1995。
② ［日］池田大作、［英］阿·汤因比：《展望21世纪——汤因比与池田大作对话录》，荀春生、朱继征、陈国梁译，415页，北京，国际文化出版公司，1997。

性，就等于侵犯了我们本身的尊严性。"①因此，告别"人类中心意识"，寻求人与自然的和谐相处，成为人们的理想与追求。我们认为，人类中心意识的观念并没有错误，问题在于我们从什么意义和层面上去理解它，以在此基础上指导影响人们的现实实践活动。人类中心意识至少包含三个方面和层次的内容：物质功利层面的人类中心意识、生态伦理学层面的人类中心意识和美学层面的人类中心意识。从发展的级次上来看，美学层面的人类中心意识是立足于前两者但又超越了前两者的，并且能从精神、文化的内在层次影响前两种人类中心意识。美学作为人类最高层面的人类中心意识，以人的最终解放为旨归，其目的是建立以人的感性生命存在同自然环境和谐统一的全面关系。在马克思看来，当人以其感性存在的丰富性同周围环境发生全面关系时，人类就将从过去已有的条件出发，开始真正的社会生活。在那时，现实与想象、生活与艺术的二元对立将被逐渐超越，生活本身不再仅仅表现为生活的手段，而变成真正的享受，生活将进入自由王国，并由此而呈现出美的光辉。从这一视角来透视当前人们关于生态危机的思考，可以看出尽管不同学者所提出的解决危机的方法和途径不同，但实际上都在不同程度地向美学层面的人类中心意识接近。此外，美学对于艺术也有着重要的作用。艺术特别是当代艺术巨大的审美作用及其复杂的文化机制都要由美学来阐述，从而使艺术充分发挥其激发人类潜能、促使个体全面发展的作用。

在人文学科领域，美学以其对感性与理性整体把握的视角、对个体经验的重视和尊重、对现实不合理现象的批判和超越，以及对创造能力和生活理想的呼唤，在现代社会生活中日益显现出重要性和建设性。随着美学的普及和美学研究的深入发展，美学思维对于我们思考和解决现实生活中的复杂问题正发挥着越来越重要的作用。

二、美学的批判性与建设性

作为一门实践性很强的人文学科，美学与社会的关系是十分复杂的，而且这种关系又随历史而发展变化。在美学诞生之后一个很长的历史阶段中，美学主要作为异化的现实存在的批判者，或者说社会现代化过程的对立面而存在并发出代表社会良知的批判性声音。自浪漫主义运动以来，美学以其在理论上构筑的自律性和自由的乌托邦世界，为批判现实的不合理性、批判现实中由于历史局限性造成的剥削与不公平现象提供了坚实的理论和伦理上的基点及十分强大有力的理论武器。在很长一段时期，美学家和杰出的批评家作为勇敢的知识分子，敢于向权力说真话，在历史的进步和社会的现代化过程中发挥了十分重要的作用。马克思在他的经济学著作中将这种现象概括

---

① ［日］池田大作、［英］阿·汤因比：《展望21世纪——汤因比与池田大作对话录》，荀春生、朱继征、陈国梁译，414页，北京，国际文化出版公司，1997。

为诗歌等艺术市场与资本主义生存方式相敌对的命题。从英国经验论美学到法国百科全书派，经康德等人及英美新批评和各种形式主义美学，直至法兰克福学派、萨特等西方马克思主义美学家，美学的批判性和对自由的追求一直是美学发展过程中最重要的理论传统。

但是，我们也应该看到，由于社会关系的变化，知识分子与国家权力简单对立的模式已经无法揭示当代西方社会中知识分子角色类型的变化，以及他们与政府、社会、人民大众之间的复杂关系。当代英国著名马克思主义社会学家和文化研究的代表性人物之一托尼·本尼特认为，在今天，知识分子已经不是一个独立于国家之外的自由整体，这并不是说知识分子应当只是政府的奴仆，知识分子当然需要独立的研究空间。但是，知识分子的独立空间与批判舞台并非与政府完全无关。知识分子既应该促成政府提高对文化的投入和支持，因为政府是唯一有能力代表普遍利益而行动的行为者，同时又要坚持知识分子的权利和立场，这事实上也是他们的义务，因为当知识分子——例如美学家和艺术家——在学会使用政府为其担保的反对政府的自由的时候，必须独立于政府之外。事实上，在历史上和当代社会生活中有两种类型的美学理论——批判型的美学理论和实践型的美学理论——及其所对应的两种类型的知识分子或者说美学家。其中，实践型的知识分子和美学理论根据现实所提供的条件，历史地、辩证地看待历史进步过程的不合理性，将其看作历史进步所不得不付出的代价。他们在技术的进步、人民大众日常生活的改善及文化和社会发展的规律中辩证地评价和看待历史进步过程中某种恶的因素，既能够站在伦理正义和社会良知的立场上对社会的不合理性、不公正性做出批判，又善于看到现实生产力及大众审美经验的强大生命力和创造力。在20世纪西方美学发展过程中，德国著名艺术家和美学家布莱希特，以及英国著名学者、文化研究的奠基人之一雷蒙·威廉斯（又译雷蒙德·威廉斯）就是这种实践型美学家的代表，他们的美学理论在当代美学发展中具有重要的地位和影响。在当代中国，由于社会主义文化生存方式的建立，美学与政府、社会及人民大众审美经验的关系也更为丰富和复杂，美学可以为社会的发展和进步，为中华民族的伟大复兴，为世界和平和人民的生活幸福做出更多的理论贡献。

由此可见，美学是一门综合性、理论性很强的人文学科。要学好美学，不仅需要具备较为丰富的文学艺术和中外美学史的知识，还需要敏锐的艺术感受能力和较为系统的哲学、伦理学、历史学、心理学、人类学、社会学以及其他社会科学的知识。除此之外，还要有较强的理论思维能力和对人类社会未来发展的使命感。我们学习美学，一方面，要学习美学的系统知识和理论；另一方面，还要通过学习美学锻炼和提高我们的思维能力，培养健康而敏锐的审美能力，学会运用审美的态度和美学思维来分析艺术作品和日常生活中的实际问题。

思考题：

　　1. 如何理解美学的学科属性？

　　2. 美学的研究对象有哪些？

　　3. 如何理解美学的批判性？

拓展阅读文献：

　　1. 王杰：《审美幻象研究：现代美学导论》，北京，北京大学出版社，2012。

　　2.[斯洛文尼亚]阿列西·艾尔雅维奇：《审美革命与 20 世纪先锋运动》，上海，东方出版中心，2021。

　　3.[法]奥利维耶·阿苏利：《审美资本主义：品味的工业化》，黄琰译，上海，华东师范大学出版社，2013。

　　4.[德]鲍姆嘉滕：《美学》，简明、王旭晓译，北京，文化艺术出版社，1987。

　　5. Peter Murphy & Eduardo de la Fuente. *Aesthetic Capitalism*. Leiden，Brill，2014.

扫码阅读：

第一编

×

美学的一般问题

第一章　审美经验

　　审美经验是现代美学研究的一个核心概念。20 世纪以来的现代美学与传统美学的主要区别之一就是，现代美学不再主要针对美的本质进行哲学探讨，而是主要对审美经验以及与之相关的各种艺术问题进行研究。英国美学家李斯托威尔指出："整个近代的思想界，不管它有多少派别，多少分歧，却至少有一点是共同的。……这一点，就是近代思想界所采用的方法。因为这种方法不是从关于存在的最后本性那种模糊的臆测出发，不是从形而上学的那种脆弱而又争论不休的某些假设出发，不是从任何种类的先天信仰出发，而是从人类实际的美感经验出发的，而美感经验又是从人类对艺术和自然的普遍欣赏中，从艺术家生动的创造活动中，以及从各种美的艺术和实用艺术长期而又变化多端的历史演变中表现出来的。"①虽然"审美经验"的概念在 18 世纪才真正确立起来，但在美学思想史上，对审美经验的思考一直都存在着。波兰美学史家塔塔尔凯维奇认为"审美经验"这一概念至少同毕达哥拉斯学派一样古老，而对于审美经验本质的探讨则可以追溯到柏拉图和亚里士多德。② 在传统美学中，人们往往使用"快感""美感""审美趣味""审美判断"等概念来表现审美主体在审美活动中的审美感受和体验。

第一节　审美经验的观念史

　　审美经验是审美主体在审美活动中所获得的一种特殊的感受和经验，但在古希腊，哲学家们主要思考的并不是这种审美感受，而是美的本质问题，即美是什么。在柏拉图的心目中，审美经验就是对前世经验的回忆，只有通过"迷狂"才能看到。在古代，迷狂往往是和宗教巫术联系在一起的，所谓迷狂就是指灵魂的一种神志不清的状态。柏拉图说，高明的诗人都是凭灵感来创作的，而灵感来自两种途径，一是神明附体，二是灵魂回忆。当诗人获得了这种神的灵感或在灵魂中回忆到了"理念"世界时，就可能产生一种

---

　　① ［英］李斯托威尔：《近代美学史评述》，蒋孔阳译，1～2 页，上海，上海译文出版社，1980。
　　② ［波］瓦迪斯瓦夫·塔塔尔凯维奇：《西方六大美学观念史》，刘文潭译，321 页，上海，上海译文出版社，2006。该书称为"美感的经验"。

精神上的迷狂状态。处于迷狂状态的人，是能够真正看到美的事物的：

> 这痛喜两种感觉的混合使灵魂不安于他所处的离奇情况，彷徨不知所措，又深恨无法解脱，于是他就陷入迷狂状态，夜不能安寝，日不能安坐，只是带着焦急的神情，到处徘徊，希望可以看那具有美的人一眼。

> 有这种迷狂的人见到尘世的美，就回忆起上界里真正的美，因而恢复羽翼，而且新生羽翼，急于高飞远举，可是心有余而力不足，象一个鸟儿一样，昂首向高处凝望，把下界一切置之度外，因此被人指为迷狂。①

柏拉图认为，当人进入迷狂状态时，也就进入了审美，从"尘世的美"回忆起"上界里真正的美"。在回忆的过程中，由于感官和心理因素的共同作用，人既能感受到"上界"极其伟大恢宏，也能产生一定的快感。柏拉图还提到古希腊人用宗教音乐来治疗精神上的狂热症，其实就是通过音乐等艺术形式，使人在审美体验中宣泄强烈的情绪，恢复平静的状态，保持心理健康。

亚里士多德否定了柏拉图的"回忆说"，发展了审美经验的"快感论"理论。他重视文艺的社会功效，强调文艺能给人带来快感的特征。人们在欣赏文艺活动时，能体验到一种快感，这种快感能满足人性中所固有的本能、情感、欲望等心理需要，有利于培养健全的人格。亚里士多德认为这种快感并不只是肉体上的感觉，真正的快感还包含理性思维、道德和情感等心理因素。因此，审美经验不仅仅给人以快感，还具有心灵净化的功能。亚里士多德认为悲剧可以净化人的哀怜和恐惧，宗教音乐可以净化过度的热情。不同性质、类型的艺术所激发的情绪不同，产生的净化作用和快感也不同。总之，人受到净化之后，就会感到一种舒畅的松弛。② 亚里士多德其实就是强调了审美经验对情绪的净化作用——有益于人的身心健康，所以审美所带来的快感是无害的。他认为悲剧可以唤起人们的悲悯和畏惧之情，并使这类情感得以净化，获得无害的快感，从而达到某种道德教化的目的。

欧洲中世纪神学家托马斯·阿奎那把审美经验的思考与神学联系在一起。在他看来，人是通过感官来感受美的，美的东西是感性的，审美活动是直接的、不假思索的。但在各种感官之中，托马斯只承认视觉和听觉为审美的感官。因为"美属于形式因的范畴"，只能通过视觉和听觉去觉察。同时，视觉和听觉与认识的关系最密切，是为理智服务的，而审美首先是认识活动。在他看来，审美经验不仅仅是对比例和谐和色彩鲜明等"形式因"的直接感受，还包含认识活动。美是认识的对象，一旦被认识到，就能立刻使美感得到满足。因此，托马斯的审美经验理论是感官经验与理性认识活动相统一的，

---

① 《柏拉图文艺对话集》，朱光潜译，128、125页，北京，人民文学出版社，1963。
② 朱光潜：《西方美学史》，87页，北京，人民文学出版社，1979。

这也是寻找美感与一般快感的分别的一个最早的尝试。①

16—17 世纪，以培根和霍布斯为代表的经验主义哲学在英国兴起，经验主义哲学的基本原则是，一切人类思想都起源于感觉。英国经验主义美学的主要代表人物有洛克、夏夫兹博里、哈奇生、休谟、伯克等。经验主义美学开始从人类心理活动来研究审美经验，霍布斯被认为是英国经验派心理学的始祖。他把感觉经验和情感联系起来，把想象与欲念联系起来，强调想象和情感在审美经验中的重要作用。夏夫兹博里在肯定人的感官经验主要来自人的五种感官外，还提出一个"内在感官"，也就是"第六感官"。这种"内在感官"存在于人的心里，是人天生就具有的能力，是人辨别美丑善恶的能力，而审辨善恶的道德感和审辨美丑的美感在根本上是相通的。因此，审美经验与人的怜悯、喜爱、公正、善良等"社会情感"密切关联②，审美经验具有社会性，具有感性和理性相结合的性质。休谟是英国经验主义的集大成者，在他看来，世界中真正的存在只是人的感觉与知觉，感知之外的世界，不管是物质的实体还是精神的实体，都是不可知的。所以"美不是事物本身的属性，它只存在于观赏者的心里"，即某种现状在人心理上所产生的效果，而这种效果之所以能够产生，乃是由于人心本身的特殊构造。他说，"由于内心体系的本来构造，某些形式或性质就能产生快感"，审美经验既来自对客观事物的感觉，又来自人心的"特殊构造"，因此，审美经验是由客观和主观两方面因素协调合作的结果。③ 总之，英国经验主义美学把审美经验与人的生理感觉，以及心理上的想象和情感活动联系起来。

在 18 世纪欧洲大陆的理性主义哲学传统中，美学的诞生可以被看作从对审美经验的确认开始的。鲍姆加登 1750 年创立"美学"（Aesthetica），旨在建立一门研究感性认识的新学科。在他看来，这种感性认识也就是感觉、知觉、想象等感性经验。④ 康德继承了鲍姆加登的思想，并且在综合经验主义与理性主义的传统上，把审美经验的研究推到了一个高峰。他既思考了人获得审美经验的条件是人类先天具有共通能力，又对什么是审美经验进行了界定，成为启蒙运动以来审美经验研究的集大成者。康德为美的分析和对审美经验的判断确立了一些基本的观念：①审美经验是主观的。它是人的情感、想象的产物，对某一事物的美与不美起决定作用的是人的内在感性世界，而非外在客观原因。②审美经验是无关利害的，是自律的。美与艺术无关乎知识和道德、政治和社会，其价值必须从自身内部来判断。艺术的目的就是创造美——纯粹的美，形式的美，除此之外它不负担任何社会责任，艺术只决定于其"艺术性"，与任何"思想内容"无关。③审美经验是自由的。把审美与人的最高生存状态——自由联系起来，是启蒙运动以来的浪漫主义美学的一个重要特征。审美的世界是自由的世界，是感性与理性的统一，人们通

---

① 朱光潜：《西方美学史》，128～129 页，北京，人民文学出版社，1979。
② 朱光潜：《西方美学史》，209 页，北京，人民文学出版社，1979。
③ 朱光潜：《西方美学史》，220～221 页，北京，人民文学出版社，1979。
④ 参见［英］鲍桑葵：《美学史》，张今译，北京，商务印书馆，1985。

过审美、艺术可以摆脱现实的奴役，获得内在精神的超越和解放。康德对审美经验的分析影响了后来整个欧洲浪漫主义美学关于审美经验的基本态度，甚至影响到 20 世纪的现代美学。

20 世纪以来，"审美经验"成为现代美学研究的重要对象。现代美学不再把美的本质问题作为其研究的主要对象，而是更多地研究审美经验以及与之相关的各种艺术问题。正如托马斯·门罗所说："美学理论也应该从艺术和日常生活的其他方面的审美经验中产生，并反过来澄清和重新指导我们在这一领域的信念和态度。"①现代美学理论是在对资本主义造成人的异化进行批判的基础之上出现的，强调"为艺术而艺术""艺术语言自身的独立价值"，把审美、艺术的无功利性、自律性当作被异化的个体在现实中最后的心灵栖息地。现代艺术强调对个体的主观世界和内心感受甚至无意识的挖掘，对零乱、破碎、瞬间的心理感觉的重视，力求以一种对世界的扭曲夸张的描写给人震惊的效果。现代主义美学关于审美经验的理论十分丰富，但整体而言，现代主义的美学理论和艺术实践与浪漫主义美学对审美经验的态度一样，都建立在同一个信念上，即"艺术否定生活"，审美经验是属于心理的、情感的、想象的，是远离日常生活而无功利的。这种观念的影响如此深远，以至于我们在当代一些有代表性的美学与文学理论家那里都能看到这种影响的痕迹。如科林伍德认为"艺术即想象的表现"，他写道："并不存在'美'这种性质。审美经验是一种自主性活动，它起自内心，并不是一种对来自特定外在物体的刺激所作的特定反应。"②再如克莱夫·贝尔认为"艺术即有意味的形式"③，苏珊·朗格认为"艺术即情感的符号形式的创造"④。卡西尔说："它（审美经验）孕育着在普通感觉经验中永远不可能实现的无限的可能性。在艺术家的作品中，这些可能性成了现实性：它们被显露出来并且有了明确的形态。展示事物各个方面的这种不可穷尽性就是艺术的最大特权之一和最强的魅力之一。"⑤审美经验似乎充满了神性，艺术似乎成为世俗的宗教。他们把审美经验看作完全不同于其他经验的独特的经验，认为审美情感只是一种关于形式的情感，它和艺术再现生活的内容是不相关的。但浪漫主义美学忽略了这样一点：人类的审美经验归根结底只能是其所感受到的现实，审美经验不能脱离日常生活经验，它不过是将日常生活经验加以完善化、组织化。审美经验必然与社会、文化相联系。个体与社会的疏离、理想与现实断裂的生活经验，造成了人们审美经验和审美理想的过于内敛化，而审美经验与现实经验是不可割裂的，审美的力量只有在现实中才能真正发挥作用。

---

① ［美］托马斯·门罗：《走向科学的美学》，石天曙、滕守尧译，148～149 页，北京，中国文联出版公司，1985。

② ［英］罗宾·乔治·科林伍德：《艺术原理》，王至元、陈华中译，40 页，北京，中国社会科学出版社，1985。

③ 参见［英］克莱夫·贝尔：《艺术》，周金环、马钟元译，北京，中国文联出版公司，1984。

④ 参见［美］苏珊·朗格：《情感与形式》，刘大基、傅志强、周发祥译，北京，中国社会科学出版社，1986。

⑤ ［德］恩斯特·卡西尔：《人论》，甘阳译，184 页，上海，上海译文出版社，1985。括注为编者所加。

第二节　审美经验的物质基础

一、身体与审美经验

审美经验是审美主体在审美活动中所获得的一种特殊的感受和经验，它既包括来自生理上的反应和感受，也包括心理上的感受，还有情感、思想上的反应和活动，是一个情感逐渐展开并不断走向深入的过程。所有的审美经验都不只是人的心理活动，还具有一定的物质基础。这个物质基础不是客观的社会关系或者社会结构，而是人的身体。个体在现实生活中承受着客观环境和现实关系，他必然有属于自己的心理感受和情感活动，这种情感升华出来就是审美经验，对这种情感的需要就是审美需要。所以人的身体是所有审美经验、审美活动，也包括审美需要的物质基础。

20 世纪以前的关于审美经验的理论大多从哲学、心理学的角度分析审美经验的状态、特点、功用等，却忽视了一个基本的事实，即人的经验来自哪里。美国实用主义哲学家杜威把人的身体作为研究审美经验发生的起点。他认为人的经验、情感、体验等各种生理上、心理上及情感上的反应都是身体与周围环境相互作用的结果。他认为身体是一切经验的基础，"由于活的生物与环境条件的相互作用与生命过程本身息息相关，经验就不停息地出现着。在抵抗与冲突的条件下，这种相互作用所包含的自我与世界的方面和成分将经验规定为情感和思想，从而产生出有意识的意图"①。作为有机体的人是依赖于环境才得以生存的，周围的物质世界的形状、运动或静止、数目、颜色、声音、气味等各种特质，都会对人的生理器官形成刺激，从而使有机体产生各种自然的反应，这就形成了人的生理经验。由人的各种生理器官所产生的视觉、触觉、味觉、听觉、嗅觉等各种感觉也就构成了人的感觉经验。按照经验主义哲学的看法，这种日常生活经验是人得以生存的基础，也是社会发展的潜在动力。人的感官经验是人类所有经验和认知的起点，是人对时代变迁的最原始的反应，也是人的审美经验的基础。

作为有机体的人不仅是客观环境的产物，也是社会关系的产物。个体在日常生活中，还必须经历社会生活中的许多事情、人物等。个体的生理经验不会仅限于对客观事物形象的感知，也不会长时间地观照事物的外部形象，生理经验必然会向心理经验延伸。许多社会关系带给人的刺激大大超过了有机体生理器官的自然反应的限度，就会产

---

① ［美］杜威：《艺术即经验》，高建平译，37 页，北京，商务印书馆，2005。

生强烈不适应乃至痛苦的生理经验，使个体不得不进行感知转移，从而形成人的心理经验。人的生理感官和感知活动也具有一定的社会性，它所联系的心理活动和情感经验也具有一定的社会内容，能够激发各种精神活动，如情感、想象、联想、理智等因素的和谐复杂的活动，这就是人的感觉经验的心理感受层面。人的心理感受具有层次性，是一个不断展开深化的动态经验的过程。首先，伴随着生理感受，会产生相应的心理反应。接着，生理经验与情感反应之间的刺激反应模式，必然会使心理感受要求摆脱对生理感受的过度依赖，获得能动性和自由，进一步唤醒主体深层的生活经验和审美经验，使之趋向深化，从而向审美经验的层次超越。

人的感觉经验是审美经验的基础，它包括生理经验和心理经验。审美的生理经验属于审美经验的表层，它包含审美感觉和审美知觉。感觉是全部生活的生理基础，也是生活意义的生理载体，是人们相互之间进行理解、想象和情感活动的基础。知觉是对于事物的各种属性要素如形状、色彩、气味、明暗度等属性组合成的事物形象的整体性把握。审美感知与一般的生理感知的区别是：审美感知侧重于选择对象的形式属性。审美感知不是使主体沉溺于单纯的生理性感受中，也不是把感知导向功利性的价值判断和认识，而是导向心灵深处的情感世界，导向情感的升华和净化。审美感知是审美经验展开的生理基础，审美经验是审美对象与审美情感之间的中介。审美感知的过程不会随审美经验的展开而停止，相反，审美经验的展开有助于生理感官感知经验的加强、满足程度的加深。审美经验不是一种静态的状态或情感境界，而是一个由生理器官的感知经验向心理感受的情感经验深化和升华的动态过程。

经验、情感、认识、想象是审美经验的四个要素。美学理论家帕克在《美学原理》中分析了审美经验的四个要素。第一，"每一艺术经验首先包含感觉，而感觉也就是表现媒介"，如绘画中的线条和色彩、乐曲中的乐意、诗中的字音。第二，"在这种材料上，附丽有朦胧的感情"。一首民谣的词之所以能吸引和刺激我们，不仅是因为它具有音乐性，而且也是因为它在想象面前展现了情节或事件。"这就要求，某些观念（概念）——绘画中的树木和彩云的观念，诗歌中的人物和他们的行为的观念——同感官因素发生联想关系并构成它们的意义"。这种观念和意义是审美经验的第三要素。第四要素是"来自各种感官——视觉、听觉、味觉、嗅觉、温觉、触觉和运动觉——的形象。这种形象同观念或概念一起产生，使观念或概念具体而完备起来"。① 审美经验的主体内容是审美情感，审美情感是主体在对审美形式的观照中体验到旧有的生活经验记忆时的情感反应，它摆脱了狭隘的实用功利性束缚，更具有普遍性，也更深沉。在审美经验的过程中包含着认识的因素，审美认识因素融了审美情感之中，因而主体在审美活动中总能获得一些对人生、社会、生命的感悟。审美情感又是以审美意象为载体的，想象、联想的展开，

---

① ［美］H. 帕克：《美学原理》，张今译，47～48 页，桂林，广西师范大学出版社，2001。

审美意象的变换，就是审美心理感受的展开形式。

二、审美经验与日常生活经验

日常生活经验是个体在日常生活中，由其生理经验和心理经验所构成的感觉经验。日常生活经验是有机体为适应周围环境的生存需要而产生的经验，主要是生理经验和心理经验的层面。那么日常生活经验如何成为审美经验的基础呢？20 世纪以前的审美经验理论把审美经验看作日常生活经验的陌生化，认为审美经验与日常生活经验是断裂的。艺术家以艺术的形式对日常生活经验进行陌生化的机制变形，从而形成审美经验。这是西方自启蒙运动以来的浪漫主义美学审美经验的基本特征。

杜威认为，艺术和审美的"源泉存在于人的经验之中"，审美经验就是由日常生活经验发展而来的，同人的日常生活经验有不可分割的联系。他说："审美既非通过无益的奢华，也非通过超验的想像而从外部侵入到经验之中，而是属于每一个正常的完整经验特征的清晰而强烈的发展。"①审美经验并不神秘，人们的日常生活经验本身就蕴含着审美经验。首先，经验具有完整性。他提出"一个经验"的观点，认为"一个经验是一个整体，其中带着它自身的个性化的性质以及自我满足"②。这种整体性是"由一个单一的，尽管其中各部分的变化却遍及整个经验的性质构成的"③。而这种经验不仅仅是某一方面的，如认识、情感、理智、审美，经验并非这些不同特征的总和，在经验中，这些特征失去了其独特性。但在实际发生时，经验是情感与理智、意志与目的、想象与认识等各种特征相融合的，以整体性的形式表现出来。"一个经验具有一个整体"，作为一个整体的日常生活经验本身就包含了审美的因素。如"聪明的技工投入到他的工作中，尽力将他的手工作品做好，并从中感到乐趣，对他的材料和工具具有真正的感情，这就是一种艺术的投入"④。杜威说的这种现象在前工业社会是存在的，也就是马克思所说的人的生产劳动和享受劳动产品没有分离的情况下，人的劳动本身就包含审美经验的因素。

其次，经验本身具有情感性和审美性。杜威认为，"经验如果不具有审美的性质，就不可能是任何意义上的整体"⑤。因此，作为一个整体的经验也必然具有审美性。是什么原因使得经验具有审美性呢？杜威认为正是人的情感使人的经验具有整体性和审美的性质。"情感是运动和黏合的力量。它选择适合的东西，再将所选来的东西涂上自己的

---

① ［美］杜威：《艺术即经验》，高建平译，49 页，北京，商务印书馆，2005。
② ［美］杜威：《艺术即经验》，高建平译，37 页，北京，商务印书馆，2005。
③ ［美］杜威：《艺术即经验》，高建平译，39 页，北京，商务印书馆，2005。
④ ［美］杜威：《艺术即经验》，高建平译，3~4 页，北京，商务印书馆，2005。
⑤ ［美］杜威：《艺术即经验》，高建平译，43 页，北京，商务印书馆，2005。

色彩，因而赋予外表上完全不同的材料一个质的统一。因此，它在一个经验的多种多样的部分之中，并通过这些部分，提供了统一。当统一像这样被描绘时，经验就具有了审美的特征，尽管它主要不是一种审美经验。"①正是因为人的经验中的情感特性对人在日常生活中所感受到的经验材料进行选择性的黏合和整合，才形成一个完整的日常生活经验。这个过程是包含着有规则和有组织的智性活动的。没有智性的活动，就不是一个完整的经验，思维也不会有结果。"审美不能与智性经验截然分开，因为后者要得到自身完满，就必须打上审美的印记。"②审美经验与日常生活经验并不是对立的，而是密不可分的。日常生活经验是审美经验的基础，审美经验是日常生活经验的延伸和升华，是对日常生活经验的一种提炼、集中的形式，两者之间并无本质区别。

　　最后，审美经验具有超越性。审美经验与日常生活经验的区别是什么？日常生活经验是个体为了生存与客观环境所产生的自然反应，主要以功利性为内在准则。与日常生活经验相比，审美经验具有超功利性和理想性。尽管存在着功利性，但日常生活经验仍是审美经验的基础：第一，审美活动中的生理感受是以日常生活中真实的生理感受经验为基础的。第二，审美心理感受也是以日常生活中获得的情感经验的记忆为基础的。这说明审美经验是伴随着智性的活动，在审美活动中，人们可以把握超越审美活动的东西，如由审美活动所产生的想象、认识、情感和领悟等。既然审美经验是日常生活经验的集中、概括和升华，而日常生活经验充满了矛盾、紧张、均衡，"既然艺术家特别关心实现这和谐经验的阶段，他就不会回避那种矛盾与紧张的时刻，而是去发展这种时刻。他所以这样做，不是为了这种时刻本身，而是为了它们具有的潜力，能使人们感受到统一与完整的经验"③，审美经验就是对这种从紧张到和谐全过程的完整统一的经验。以毕加索的《格尔尼卡》（图 1-1）为例，在画作中，艺术家只是抓住了轰炸对人和动物以及环境所产生的效果的情形。艺术作品表现的形式只是被轰炸后的人的哭喊、动物的惊慌、断裂的胳膊、毁坏的物品等形式特征。但人们在欣赏这幅画时，不会仅看到画面上的几何图形，也不会仅看到画面所表现的内容，欣赏者的思维活动会由此画联想到艺术家对整个战争的控诉，对战争所造成的灾难的想象，对人道主义的思考等。审美经验具有由生理层面和心理层面向情感层面升华的必然性，也就是说，审美经验具有超越性。

图 1-1　毕加索《格尔尼卡》

---

① ［美］杜威：《艺术即经验》，高建平译，45 页，北京，商务印书馆，2005。
② ［美］杜威：《艺术即经验》，高建平译，41 页，北京，商务印书馆，2005。
③ 蒋孔阳：《二十世纪西方美学名著选》（上），340 页，上海，复旦大学出版社，1987。

这种升华性和超越性最能体现审美经验的本质特征，也是人之为人的本质特性，是由人的特殊需要决定的。审美经验能满足人除了生理和心理之外的"第三空间"的需要。审美经验不是一个简单的凝固的客观对象，也不单纯是个体化的情感，而是人和环境相互作用，把日常生活经验升华为一种纯洁的审美的情感。实现这种升华需要审美能力，艺术家具有这种能力，欣赏者也具有这样的能力，这种审美能力是人与动物的主要区别。

第三节　审美经验与文化语境

一、文化符号与审美经验

人类是自然的产物，也是"万物的灵长"；既接受环境的作用，也积极作用于环境。人类在自然环境的基础上，通过长期有意识的社会劳动，改造了自身所生存的自然物质环境，也创造了丰富的社会文化环境。人的存在本身以及人的组织器官、心理结构都是人与环境相互作用的结果。人的日常生活经验是人的身体与其所生存的周围环境的相互作用的结果。周围环境既包括客观的物质世界，也包括人类所创造的政治、经济、法律、科技、文化等社会文化环境。审美活动是人的高级的精神文化活动，审美经验与人所生活的文化传统密切相关。从人类学的观点来看，审美活动不仅是一种无功利性的愉快的感觉，还是包含了愉悦、认知、情感等多种感受的复杂的心理活动，审美经验与伦理道德、宗教信仰、政治理念、法律秩序等其他文化价值和精神活动密切相关。人类学家费斯把艺术看作将充满意义图案归因于经验或想象经验这一结果的一部分，认为它首先是一种对关系中的秩序的感悟，同时伴随着一种在那个秩序中很贴切的感觉——不必是愉悦的或美的感觉，但是满足了某种内心价值的认识。这种图式不同于相对静止的认识、直接创造性的操作，但它不再是纯粹的被动状态，而是包含了与物品所暗示的关系在观念和情感上的某种程度的交流。① 因此，在人类学的视野内，艺术并不独立于其所存在的社会组织之外，如艺术研究机构、艺术院校、博物馆和商业画廊；也离不开整个社会的机构性网络，如政府、种姓、阶级、经济代理机构以及私营公司等；它和组成社会物质基础的生产体系也有关系。② 艺术是在无所不包的现实中建构起来的。审美不仅

---

① Raymond Firth，"Art and Anthropology"，in Jeremy Coote & Anthony Shelton（eds.），*Anthropology，Art and Aesthetics*，Oxford，Clarendon Press，1992.
② ［美］雅克·马凯：《审美经验——一位人类学家眼中的视觉艺术》，吕捷译，5页，北京，商务印书馆，2016.

是对艺术品的沉思和欣赏，还是一套社会实践行为，它与政治、经济、宗教、法律体系等一样都是社会实践的方式。这种真实的个体与社会行为方式发生在每一种文化中。

在社会文化语境中，审美经验具有社会文化的维度，与种族、宗教、政治、文化习俗等紧密相连。审美经验是由人的身体感官感受到的，它是鲜活的、真实的经验，不是抽象的和理论性的概念。文化传统中的价值观念根植于我们对世界的经验中，审美经验能揭示价值体系如何体现在我们的身体以及我们与所生存的世界的情感关系中。按照文化人类学的观点，人是文化的动物，文化是一个整体，是某一社会在长期的发展过程中形成的全部的知识、信仰、艺术、道德、法律、习俗等社会生活的全部方面。文化是社会成员所共有的，是社会成员必须遵守的行为规范。个体只有习得这种文化，才能与他人、与社会交流，才能成为社会化的人。同一文化背景中的成员共享该文化的符号、标记、语言等。艺术是最明显的文化符号形式，文化的许多表现形式，如文学、舞蹈、音乐、艺术品、戏剧等，都是一种审美形式的表达。每一个文化传统都形成了自己独特的文化符号。文化符号是具有特殊内涵和意义的标志，是文化内涵的重要载体和形式。文化传统和文化符号系统在审美经验中具有重要的地位。文化符号是集体记忆与社会行为

图 1-2　凡·高《向日葵》

诸如仪式、典礼和表演的桥梁。过去的经历和文化记忆在审美经验中具有特别重要的意义。如在凡·高《向日葵》(图 1-2)所产生的基督教文化传统中，向日葵是一个文化符号，它象征着对基督的真诚不变的信仰。十二支向日葵代表了基督的十二个门徒。如果不懂得凡·高所生活的基督教文化传统和这些文化符号在基督教文化传统中的含义，就难以深入地理解和欣赏凡·高这幅作品的审美意义。不同的文化社会语境和个体经验使得某一文化符号和审美经验具有多种解释。任何审美经验的意义的变化都依赖于具体的文化语境，因此，审美活动是一个文化解释性的过程。

二、审美经验的差异性

现代人类学强调文化的多样性，认为各种文化之间是有差异的，每一种文化中的美学观念都是建立在该文化中的诸多因素之上的，因此具有相对性、多样性和地方性特征。在过去，美学作为一门学科，主要是以欧洲人的文化传统、艺术实践和审美经验为基础发展起来的，非西方社会的文化艺术和审美经验一直没有得到西方美学家的重视。这种以欧洲文化为基础的美学理论忽视了人类社会文化的多样性和审美经验的丰富性。在不同的文化传统中，不同的社会制度、技术水平、文化习俗、艺术体系及

社会内部的多样性是有差异的。这意味着艺术生产与欣赏的标准是不同的，艺术生产的心理动机也是不同的。在不同文化中，艺术生产中的每一个因素，如社会因素、艺术家的意图和心理经验是不同的。不同文化中的成员的审美趣味和对艺术的理解也是不同的。

传统美学强调艺术家个人的创造性和审美经验的自律性，但忽视了艺术家的社会存在。艺术家的任何艺术活动和审美实践都不可能是孤立于文化语境之外的行为，因为艺术家总是集体的一员，和大众并未分离，这使得他在很大程度上与自己周围的人们具有同样的价值观。个体对生活的感知表现在生活的各个方面，不仅是在艺术上，"它表现在人们的宗教观、道德观、科学观、商业观、技术观、政治观、娱乐观、法律观念，甚至表现在他们任何安排日常生活现实生存的方式上。关于艺术的讨论不应仅限于技术层面或仅与技术有关的精神层面上，它更重要的是大量融汇地导入和其他人类意图的表现形式以及它们戮力维系的经验模式上"①。任何个体的艺术行为都是其所在的文化传统中许多个体共同参与和同意的心智建构的过程。因此，任何个体的审美经验也具有集体的、共同的文化记忆的特征，这种共同的文化记忆是彼此进行审美交流的基础。"正因为我们可以把储存在记忆中的经验累积作为参考，我们才能感同身受，理解发生在他人思想中的感觉、情感和过程。"②在一种文化中，审美经验在集体记忆和个体行为之间起到协调作用，也在该文化中的不同价值体系之间起到协调作用。虽然审美经验是个体的经验，也具有文化上的差异性，但审美经验仍具有共通性，这种共通性是审美交流得以实现的基础。

思考题：

1. 如何理解审美经验的"日常性"和"超越性"？
2. 从破碎的艺术对象中为什么能够获得完整的审美经验？
3. 自然科学对于理解审美经验可以提供哪些理论上的支持？

拓展阅读文献：

1. 朱光潜：《关于美感经验的几种误解》，见《文艺心理学》，合肥，安徽教育出版社，1996。

2. [波]瓦迪斯瓦夫·塔塔尔凯维奇：《美感经验：概念史》，见《西方六大美学观念史》，刘文潭译，上海，上海译文出版社，2006。

① [美]克利福德·吉尔兹：《地方性知识：阐释人类学论文集》，王海龙、张家瑄译，124页，北京，中央编译出版社，2000。
② [美]雅克·马凯：《审美经验——一位人类学家眼中的视觉艺术》，吕捷译，37页，北京，商务印书馆，2016。

3. ［波］R. 英加登：《审美经验与审美对象》，见［美］M. 李普曼：《当代美学》，邓鹏译，北京，光明日报出版社，1986。

4. Gary Iseminger，"Aesthetic Experience"，in Jerrold Levinson(ed.)，*The Oxford Handbook of Aesthetics*，New York，Oxford University Press，2003.

扫码阅读：

第二章 自 然 美

自然美是美学研究中的一个主要范畴，就其字义来说，自然美主要研究自然之美，研究自然的形式、形态的审美内涵。但从其历史发展来考察就会发现，自然美从来不是一种单纯的、孤立存在的美，它总是与人对它的观照方式联系在一起的。自然美与艺术美一直处于既联系又矛盾的关系中，在两者的关系上，现代美学家大多认为艺术美是自然美的先决条件，这种观念从自然美的现代确立者黑格尔那里就已经开始了，但在自然美学的新发展——环境美学那里，这样的观念遇到了新的挑战。

第一节 自然美的确立：从柏拉图到黑格尔

一、柏拉图的自然观念

从现代美学的视野来看，自然美是一种不言自明的存在，我们一般将自然美与艺术美并列，作为美学研究的主要对象，也有观点认为由于自然是艺术的基础，所以自然美也是艺术美的基础。但是，从美学史的角度来看，自然美并不像我们想象的那样，从一开始就占据主要地位，成为审美欣赏的主要领域。古希腊哲学家柏拉图在他的一系列著述当中甚至没怎么提到自然美，这一情况当然跟那个时代对自然的理解息息相关。在柏拉图的著作中，我们也可以找到与现代的自然美观念相类似的设想。在柏拉图时代，自然（nature）一词主要有两个含义，一个是我们生存其中的周围世界，另一个是本性，本性这一含义甚至更占优势。在柏拉图最后一部著作《法篇》中，他借雅典人之口来陈述世界与自然观念："火、水、土、气的存在全都可以归结为自然和命运，而没有一样可以归结为技艺；它们反过来又成为动因，一种绝对的、无灵魂的动因，再进一步产生出下一层次的物体，亦即大地、太阳、月亮、星星。它们各自本着它们自身的若干倾向任意漂流。它们以某种适宜和方便的配置在一起——热与冷、干与湿、软与硬，以及从对立面的混合中产生的各种不可避免的偶然的结合——以这种方式，整个天宇以及其中的一切都产生了，一切动植物也按特定的过程产生出来，一年四季的产生也出于相同的原因。他们说，这些东西的诞生不是由于心灵的作用，也不是由于神的作用，更不是由于技艺的作用，而是由于自然和命运。技艺本身也是这些动因的后续的、晚近的产物，像它的创造者一样是可灭的。技艺的开端始于用一些真实的物体来制造某些玩具，技艺的产物就像技艺本身一样是一些幻影，这就是绘画、音乐以及其他一些类似技艺的作品。如果说有某些技艺能产生真正有价值的作品，那么这就是那些对自然起着辅助作用的技艺，比如医疗、农业、体育。尤其是政治家的技艺，他们说，与自然没有什么共同之处，这种技艺是一种纯粹的技艺；同样，立法完全是一件非自然的事情，是技艺，它的地位是不真实的。"[1]

在柏拉图看来，自然既是周围的物质性存在，也是物质性存在的精魂，具体的物质都按照某种自然之理有条理地排列着，它们是最接近世界本性的东西。人的技艺则不然，它是不自然的，是辅助性的东西。技艺能让我们的生活变得更方便、更有利，但不能让我们体认到这个世界的自然之理，而它应该是人生存在这个世界上的基石。因此，自然处于所有具体物质之前，它是开端、是起源、是这个世界的本性。可以说，对于实在的事物而言，自然像内在的发生结构一样，成为事物的原动力，而人的技艺是对实在事物的改造，在这个世界上是属于次要地位的东西，所以我们一定要对人的技艺保持警惕。此外，人也是这个世界中的一个存在者，他具有灵魂，这一灵魂与源初的自然状态息息相关，所以人在本性上与自然本源也可能达成一致。"'自然'这个词的意思是位于开端的东西，但若我们可以说明灵魂先于自然出现，灵魂既不是火也不是气，而是位于开端的东西，那么我们完全可以正确地说，灵魂的存在是最'自然的'。"[2]

二、自然和谐观

柏拉图的自然观念一直影响深远，在他看来，如果说自然有一种美的话，那么这种美往往与自然最深层的协调有关。这种内在协调的观念经由新柏拉图主义的继承发展，在中世纪经院神学中也得到了回响，比如托马斯·阿奎那就认为自然是神性光辉的流溢。中世纪之后，经过人文主义和启蒙运动的洗礼，这一自然的内在协调性脱离神性的控制，深化为一种内在的神秘性，也就是说，当我们切断了自然的内在协调的神性来源，它只呈现给我们一种外在的无法道明来源的协调的时候，它就被理解为一种神秘性。比如歌德就将美、艺术与自然的神秘性联系在一起，并且将自然的法则上升为艺术必须遵守的法则。

在歌德看来，美是神秘自然法则的一种显现，没有美的展示，自然法则对我们而言恐将永远都是一个谜了。大自然开始向谁展示自己那公开的秘密，谁就会感受到一种无

---

① [古希腊]柏拉图：《法篇》，见《柏拉图全集》第3卷，王晓朝译，650页，北京，人民出版社，2003。
② [古希腊]柏拉图：《法篇》，见《柏拉图全集》第3卷，王晓朝译，654页，北京，人民出版社，2003。

法抗拒的、探寻其最威严阐释者——艺术的渴望。然而，要对自然美和艺术美进行解说是不可能的：第一，我们恐必须了解大自然所要据以行动、而且只要可能便在据以行动的法则；第二，了解大自然在人之天性的特定形式下所要据以创造性的行动，而且只要可能便在据以行动的法则。[1]

三、黑格尔与自然美的确立

自然美得以真正确立是黑格尔的功劳。在《美学》第一卷中，黑格尔一开始就将自然美和艺术美并列提出，作为美学研究的范畴。黑格尔这样安排是有其理论上的理由的。在黑格尔看来，整个世界是由绝对理念推动的，绝对理念是世界的意义，也是世界运行的动力；世界是绝对理念的自我展现，也是绝对理念借以寻找自身、完成自身的历程，在这一绝对理念动作的历程中，世界成为绝对理念的感性显现。同时，绝对理念也在世界中寻找到人，完成对自身的精神性回归。美是这一精神回归的一个环节。从整个历程来看，美是一种精神性的游历，它处于比较高级的阶段；但从具体的精神性历程来看，美又是一个相对低一些的环节，因为美只是理念的感性显现，是绝对理念的精神性显现的初级阶段，它还要在绝对理念的推动下向更高的阶段和环节迈进——它们是宗教和哲学。即使在美这一环节中，自然美也不是最高级的，它比艺术美低，因为它联结着自然，但又不是那些物质性的自然，而是扬弃了物质形态的整体性把握。因此，它处于从物质自然迈向精神存在的中途——用黑格尔式辩证运动的方法来说，自然美恰恰又是一个要被扬弃的东西。所以在考察过自然美之后，黑格尔做出了一个非常大胆的判断：自然美并不是美学研究的对象，它其实不属于美学研究的范围，只有艺术美才属于美学研究的范围。黑格尔的这个判断是相当让人震惊的，其后有很多研究者对其观点做了肯定性或否定性的回应，自然美这一论题也就这样在现代美学史上确立起来了。这是一段有趣的学术史公案，讲的是对一个论题所做的否定性判断也可以正面地确立这个论题。

第二节　自然美与艺术美的关系

一、对自然美与艺术美的关系的认识之一：自然美先于艺术美

在自然美这个问题上，从其一出现，就存在着一种争议：到底自然美是艺术美的基

---

① 杨武能、刘硕良：《歌德文集》第 12 卷，罗悌伦译，372 页，石家庄，河北教育出版社，1999。

础，还是艺术美是自然美的基础。乍一听起来，这个问题会显得很奇怪，一个自然反应是，这有什么好问的，当然是自然美在先了，我们总是先看到各种美的东西，才会把这些美的东西形诸笔下，成为艺术品。我们在艺术品中感受到自然美，那么当然就是自然美在先了。它先于艺术美产生，艺术美是自然美的提纯，是自然美最集中、最精练的表达。这么说听起来是很有道理的，而且在生活中可以找到很多例证，大家也就习焉不察地接受了。

比如我们看到艺术家们总是到各地采风，观察生活，然后将观察到的东西写入作品，我们觉得这是一个自然美在先的明证。的确，艺术家观察生活，他的作品中也会留下生活的影子，但他是怎样获得这种审美眼光的呢？我们很难想象一个没有接受过任何审美训练的人忽然间就可以写出小说，可以画出画。当然我们古代流传着天生就会写诗的神童的故事，比如王安石写过《伤仲永》，"金溪民方仲永，世隶耕。仲永生五年，未尝识书具，忽啼求之。父异焉，借旁近与之，即书诗四句，并自为其名。其诗以养父母、收族为意，传一乡秀才观之。自是指物作诗立就，其文理皆有可观者。邑人奇之，稍稍宾客其父，或以钱币乞之。父利其然也，日扳仲永环谒于邑人，不使学"。王安石的本意不过是想说即使有这样一个生而能诗的神童，如果后天不加以训练，他也会"泯然众人"。但我们知道，这样的神童本是传闻，不足为信，人的艺术才能是在平时的学习和生活中培育出来的，可能有些天资聪慧的人学习得比较快，所以才会显得宛若神赐。对于一个艺术家而言，他可能不在实际的课堂里学习到艺术技能，但可以把生活中学习和领悟到的艺术技巧发挥到很高的境地。具有这种艺术领悟力之后，我们才可能进行审美观察，并描绘我们的观察。

康德认为："一个自然美是一个美的事物，艺术美则是对一个事物的一个美的表象。"[①]在康德看来，自然美是实在的，艺术美是基于自然的模仿，是美的表象，那么这样一来，康德就是在强调自然美相对于艺术美的优先性。邓晓芒明确指出，"康德把自然美置于艺术美之上……康德与卢梭一样，认为从自然美到艺术美虽然在形式方面是发展了，但从道德上看是一种堕落，是以假乱真（如用假花代替真花）和对本性的偏离。所以他主张返回到大自然的美而远离社会的浮华。这种旨趣当然已不是纯粹鉴赏的态度，因为后者是不管对象的存在（不论它是自然物还是艺术品）而只就其形式来下判断的；但事实上，只有自然界的美是摆脱了利益（如经验性的社交利益）而被愉快地欣赏着的，那么对这种本身无利害的美的欣赏便会引导出一种智性的更高兴趣（利益）"[②]。

在我们平常的美学论述中，艺术美高于自然美，同时自然美是艺术美的基础，这几乎是一个自明的观念。按照这样的观念，艺术美虽然在形态上是对自然美的提升和精

---

① ［德］康德：《判断力批判（注释本）》，李秋零译注，135页，北京，中国人民大学出版社，2011。

② 邓晓芒：《冥河的摆渡者——康德的〈判断力批判〉》，63页，武汉，武汉大学出版，2007。括注系原文所有。

炼，但由于艺术是对自然的模仿，它以自然为基础，自然是先于艺术的，所以对自然的审美体验也是等于艺术体验的。这样的观念每每在歌咏自然的诗人那里见到。我们在谈到自然美的时候，往往注意到的是它的形式方面的维度，比如自然物的外在形态、色泽、样式、比例、和谐度等。按照康德的说法，这种美是优美，注意的是自然的形式维度。在理论家中，大约只有康德才那样坚定地认为自然美先于艺术美，这完全是由他的批判哲学的整体思考决定的。康德将自然的形式合目的性看作美感的来源，认为这种形式合目的性是外在于自然的整体性目的的，我们之所以能够在审美判断中把一个个体判断为美的，是因为这个个体身上展现了自然的形式化因素，而这些形式化因素与外在于自然的整体性目的之间存在着一种隐蔽的、暂时无法说明的联系，这样的联系可以在人的想象力中找到踪迹，想象力推动人的（狭义的）认识能力，在进行审美判断的时候产生强烈的愉快感，这就是美的来源。这样的美，首先一定是以自然为基础的。"在纯粹鉴赏判断中对美的艺术的愉悦并不像对美的自然的愉悦那样与一种直接的兴趣结合在一起，这一点也很容易解释。因为美的艺术要么是对美的自然的这样一种模仿，它一直达到骗人的程度，而在这种情况下，它就作为（被认为是）自然美而起作用；要么它是一种有意地明显指向我们的愉悦的艺术，而在这种情况下，对这个产品的愉悦虽然会直接地通过鉴赏而发生，但所唤起的却无非是对作为基础的原因的间接兴趣，亦即对一种艺术的间接兴趣，这种艺术只能通过它的目的，而永远不能就自身而言引起兴趣。"①当然，康德的美学中还有另外一种维度，除了纯粹的自然形式的美，还有趋向道德的崇高美，但崇高美只是对自然形式的一种否定，依然属于自然美的范畴，所以，康德明确指出，"自然美对艺术美的这种优势，即前者虽然在形式上甚至会被后者胜过，却独自就唤起一种直接的兴趣，是与一切培养过自己的道德情感的人那净化了的和彻底的思维方式协调一致的。如果一个人有足够的鉴赏以极大的正确性和雅致来对美的艺术的产品作出判断，情愿离开在其中能够遇到那些维持着虚荣，而且也许维持着社交乐趣的美的房间，转向自然的美者，以便在这里仿佛是在一个他自己永远也不能完全阐明的思路上感到自己精神上的狂喜，那么，我们将以高度的尊重来看待他的这种选择本身，并在他身上预设一个美的灵魂，这种灵魂是任何艺术行家和爱好者都不能因为他对自己的对象所怀有的兴趣就有资格要求的"②。

自然美先于艺术美的观念看起来非常自然，人类首先是在对自然的观赏中获得了美感，理解了美的形式，并通过模仿自然而开始了美的创造，因此自然审美是审美活动的基础和核心，是艺术美的欣赏和创造的前提。

---

　　① ［德］康德：《判断力批判（注释本）》，李秋零译注，126 页，北京，中国人民大学出版社，2011。括注系原文所有。

　　② ［德］康德：《判断力批判（注释本）》，李秋零译注，124 页，北京，中国人民大学出版社，2011。

二、对自然美与艺术美的关系的认识之二：艺术美先于自然美

相较于前面的观念，艺术美先于自然美的观念似乎与我们从日常经验中得到的结论正好相反。我们完全可以这样反问：艺术美的创作和欣赏都是要经过训练的，没有经过艺术训练，野老村夫未必能欣赏得了艺术，但是这丝毫不妨碍他们欣赏自然之美，这不正表明自然美更为基础吗？当人们徜徉于自然时，都会感到身心愉悦，由此可以推断，原初人类会有与我们类似的感觉，虽然他们可能叫不出"美"这个字眼，但是其沉浸于自然风景时的那种愉悦感的性质和我们今天的审美感觉不是应该一样吗？

问题似乎很尖锐，但是，从我们现在的感觉来类推原初人类的感觉这种做法首先就有问题，因为我们已经在潜移默化中有意识或者无意识地经受过大量的文化熏陶了。当我们欣赏自然之美时，很难分辨清楚哪些情感是发自自然天性，哪些部分又是经受文化塑形的结果，所以从我们的感受推论原初人类是不恰当的。另外，从没有受过任何艺术训练的野老村夫也能够欣赏自然美而推论出自然美比艺术美更基础也是有问题的。野老村夫没有受过艺术训练，不等于他们没有置身于任何文化传统中，不等于他们对"美"这个词的内涵没有一星半点的理解。事实上，只要能够发出"漂亮""好看"或者"美"之类的赞叹，就已经表明他们置身于一种审美文化传统中了，而这种审美文化传统中当然不可避免地包含着艺术活动，所以，以此为依据说自然美比艺术美更基础也是行不通的。而且，艺术史也告诉我们，自然进入人类的审美视野其实是相当晚出的事情。比如说，在中国古代的诗歌里，山水真正成为诗歌咏唱赞美的对象是东晋以后的事情，此前的艺术作品主要以人们的社会生活和情感活动为表现对象。又比如中国画，从隋唐金碧山水画开始才把自然山水当作单独的审美对象，唐代以前的中国古代绘画多以人物为主题，以山水为主题的绘画很少见。这些都表明，"以自然为对象的审美活动更本源、更基础"这种说法是值得推敲的。布克哈特早就指出，"在古代人中间，艺术和诗歌在尽情描写人类关系的各个方面之后，才转向于表现大自然，而就是在表现大自然时，也总是处于局限的和从属的地位。不过，从荷马时代以来，自然给予人们的强烈印象还是被表现在无数的诗句和即景生情的词句中。立国于罗马帝国废墟之上的日耳曼各族，是完全和特别适合于欣赏自然风景的美丽的；虽然……有一个时期强迫他们把一向尊敬的山、泉、湖沼、树林、森林看成为恶魔所造，可是这种过渡性的概念不久就被放弃了。到1200年，在中世纪全盛时期，对于外部世界又重新有了真正的，衷心的领略，并且在各民族的行吟诗人的歌唱中得到了生动的表现"[①]。

---

① ［瑞士］雅各布·布克哈特：《意大利文艺复兴时期的文化》，何新译，325页，北京，商务印书馆，1979。

　　黑格尔是最早提出艺术美先于自然美的人。在《美学》一书中，他向我们指出了自然美的存在并不像表面那样是客观的、直接的，因为自然的事物如果没有人的意识加诸其上，就不可能向我们展现出它的美来，"例如太阳确实象是一种绝对必然的东西，而一个古怪的幻想却是偶然的，一纵即逝的；但是象太阳这种自然物，对它本身是无足轻重的，它本身不是自由的，没有自意识的；我们只就它和其它事物的必然关系来看待它，并不把它作为独立自为的东西来看待，这就是，不把它作为美的东西来看待"①。在黑格尔看来，自然事物处于一种必然关系当中，而美是脱离这种必然关系的，它不受自然规律的控制，反过来想，如果美真的受到自然规律的控制，我们只要发现自然规律就可以了，根本不需要求诸人的心灵，而美恰好不是这样的。黑格尔为人的心灵还设定了一种至高无上的规定性，即绝对理念，人的心灵只是绝对理念借以展现自身的一个中介而已，虽然是最后的中介。绝对理念是这个世界的真理的来源，所有的一切自然事物、人的社会组织，以及人的精神发展都是绝对理念运行的结果。绝对理念依靠自身的推动，在现实世界中游历一番，并以人的精神为中介达到对自身丰富而完满的复归，实现世界的最终和谐，而艺术和美是绝对理念完成自身复归的一个关键环节。"理念的最浅近的客观存在就是自然，第一种美就是自然美。"②自然美是心灵与自然的结合，而艺术美则完全是心灵性的，所以按照绝对理念的上升性复归要求，心灵必然比自然高，所以艺术美必然比自然美高。"如果我们只是普泛地说：心灵和它的艺术美高于自然美，这就等于还没有说出什么，因为所谓'高于'还是完全不确定的说法，还是把自然美和艺术美左右并列地摆在同一观念范围里，所指的还只是一种量的分别，因此，还只是一种表面的分别。心灵和它的艺术美'高于'自然，这里的'高于'却不仅是一种相对的或量的分别。只有心灵才是真实的，只有心灵才涵盖一切，所以一切美只有在涉及这较高境界而且由这较高境界产生出来时，才真正是美的。就这个意义来说，自然美只是属于心灵的那种美的反映，它所反映的只是一种不完全不完善的形态，而按照它的实体，这种形态原已包涵在心灵里。"③

　　朱光潜也提醒我们："黑格尔虽承认自然美，但强调自然美还不是理想美，因为山川、草木、金石、星辰、鸟兽之类自然事物，都是自在的，而不是自为的，没有自觉的心灵灌注生命和主体的观念性的统一于一些差异并立的部分，随时都受到外在事物的限制，见不出自由和无限这些理想美的特征，黑格尔所见到的自然美主要不外两种：一种是整齐一律、平衡对称、和谐之类抽象形式美；另一种是自然有某些方面能契合审美者的主体心情，因而引起共鸣。"④

---

　　①　[德]黑格尔：《美学》第 1 卷，朱光潜译，4～5 页，北京，商务印书馆，1979。
　　②　[德]黑格尔：《美学》第 1 卷，朱光潜译，149 页，北京，商务印书馆，1979。
　　③　[德]黑格尔：《美学》第 1 卷，朱光潜译，5 页，北京，商务印书馆，1979。
　　④　[德]黑格尔：《美学》第 1 卷，朱光潜译，196 页，北京，商务印书馆，1979。

　　黑格尔的艺术美高于自然美的观点在现代获得了广泛的回应，当然，不是所有的现代理论家都对之持肯定观点，舒斯特曼就持比较明确的批判态度："不足为怪的是，大多数哲学家都渴望引导审美经验去增进合理性与精神性；而推动这种目的的一条途径是，将审美经验从自然美的粗野的物质性中诱骗出来，将它的未来托付给美的艺术实践，这种艺术实践有理性目的地制作对象是毋容置疑的，并且它们的精神化潜能已经由数百年的宗教艺术所证明。这种朝向审美的空灵化和非自然性的冲动，在黑格尔那里变得十分明显，他不仅给艺术美以超过自然美的特权，而且根据它们超离物质的自由的程度来区分艺术的等级，诗因为是最为观念的，所以是最高的；同样的冲动激发了这样的观点：审美经验是受历史限定的艺术实践的限制和决定的。"①舒斯特曼对康德、黑格尔式的纯粹美学一直持批判态度，他创立身体美学就是要把美学与身体直接实践和日常生活结合起来，力图从日常生活和身体的直接性中发现新的美感，所以他对黑格尔将理念视作美的灵魂这一点是强烈反对的。因为在他看来，我们只有在生活和实践中才能发现美的来源，像黑格尔这样将一种来自现实世界之外的绝对理念视为美的真理性来源的观念只能是理论家的观念性臆造。舒斯特曼举过一个具体的例子来说明审美的态度与被审美之物的实践距离，即威廉·詹姆斯在一篇有名的文章中记述的一种由我们在社会中形成的趣味偏见所导致的审美盲区："当驾车驶入北卡罗莱纳的群山以欣赏那里的自然美时，他因看见像'丑恶的……溃疡'一样污染了崇高山峦之青翠的拙劣农庄而震怒。詹姆斯后来知道，那侵犯美景的有碍观瞻之物却被其居住者深情地看作是舒适耕作的可人栖息地，是在他们奋力开垦的野地里〔所树立的〕一个来之不易的生存的振奋人心的标志，那种开垦绝不是在返回到波士顿那世事纷繁的生活之前为了一点野趣而做的简单游览。"②

　　如果我们对艺术美与自然美关系问题做一个反省的话，我们就会看到，一般来说，审美观察能力主要是在一种审美文化中潜移默化地形成的。有了这种审美观察能力，艺术家才能从某种特定的角度观察他所看到的自然。这时的自然对象不是一个纯粹的与人无关的客体，而是被人的观察改变的对象，不同的人从不同的审美文化中得到训练，他们的这种观察也不一样。当我们在讨论艺术美与自然美的关系时，我们不是在讨论艺术家某一次艺术创造行为的次序，而是问一个根本性的问题：从整个美的产生来看，到底是先有自然美，再有艺术美；还是先有艺术美，再有自然美？美学探讨就有这个特点：它的野心很大，不只是想解决平时我们怎样进行审美鉴赏的问题，还关心这些现象背后是否存在更深入的东西。这里自然美和艺术美哪个在先的问题问的是一个逻辑在先的问

　　① ［美］理查德·舒斯特曼：《实用主义美学——生活之美，艺术之思》，彭锋译，75 页，北京，商务印书馆，2002。

　　② ［美］理查德·舒斯特曼：《生活即审美——审美经验和生活艺术》，彭锋等译，106 页，北京，北京大学出版社，2007。

题，这就不限于我们平时的经验了，而是在问，哪个更基础一些。

一种方式就是从时间发生的角度来思考这个问题。我们会想，到底什么时候开始有审美活动？审美活动无疑与主体密切相关，它是人的意识活动。更进一步说，它是一种特殊的意识活动，所以我们要想确定它，就必须先确定人的意识的发生。沿着这条思路，我们就要考究最早的人类是什么时候产生的，他出现的时候，大脑思考的形态是什么样子。（这么一想就知道这个问题有多奇怪了，因为这个问题永远没有答案。）所以，我们看到，很多研究经常从人与动物的区别来看美感的产生，或者考究原始艺术最初产生的时间，这些都是为了确定美感的最初发生。

还有一种方式就是把时间发生与现代艺术观念结合起来思考这个问题。与上一种方式相比，这一种方式显得接近实际情况。单纯从时间发生的角度思考问题会把这个时间一直推到人类产生阶段，而一旦推到这个阶段，基本就是一种假设了。对于实际的考古工作而言，假设是必要的辅助手段，但对于本质性探讨而言，这是一条走不通的道路。所以，必须把现代艺术观念结合起来考察起源问题。在克罗齐看来，"一切真历史都是当代史"。这句话说得好像很绝对，但是克罗齐的观点是有语境的。在他看来，"历史"和"编年史"是严格区分的，"历史是活的编年史，编年史是死的历史；历史是当前的历史，编年史是过去的历史；历史主要是一种思想活动，编年史主要是一种意志活动。一切历史当其不再是思想而只是用抽象的字句记录下来时，它就变成了编年史，尽管那些字句一度是具体的和有表现力的"[1]。他还认为，"当生活的发展需要它们时，死历史就会复活，过去史就会变成现在的。罗马人和希腊人躺在墓室中，直到文艺复兴时期欧洲人的精神有了新出现的成熟，才把它们唤醒"；"因此，目前被我们看成编年史的大段大段历史，目前哑然无声的许多文献是会依次被新的生活光辉所扫射，并再度发言的"。[2]

审美起源问题必须与现代审美观念结合起来考察，才有可能接近真相。通过上面的探讨，我们看到，审美起源不仅仅是一个时间上的单线发生，而且是现代观念的回溯。我们怎样看历史，我们怎样看以前的观念，这些都是基于当前的审美观念才得以进行的。从不同的审美观念出发，我们就会看到不同的历史面貌。

三、自然美与审美经验

我们怎样看待自然美？在欣赏自然美的时候会产生怎样的审美状态？对此，我们可以在审美经验的层面上做一番解释。现代美学家往往已经接受了自然美的独立状态，将自然美树立为与艺术美对应的一种美的形态和对象。杜夫海纳对自然美与审美经验关系

---

[1]　［意］贝奈戴托·克罗齐：《历史学的理论和实际》，傅任敢译，8页，北京，商务印书馆，1982。

[2]　［意］贝奈戴托·克罗齐：《历史学的理论和实际》，傅任敢译，12页，北京，商务印书馆，1982。

的阐述是相当有深度的，当然我们必须知道，这是一种现代美学视野，在古代的美学思考中，并没有这样的一种审美现象学的态度，因为自然本身不是我们可以进行现象学直观和评判的对象。由此，也产生不了这样的审美经验。

浪漫主义的重要意义不仅在于确立了主体创造性，也在于确立了主体的对立面，即客体性。主体获得独立价值的同时，客体也相应地获得了独立价值。客体成为与主体对应的一个部分，而现代科学对一切人类思想的强力渗透，也导致脱离主体的客体成为标准的客体，自然不再是人类的母体或一种内在的协调，柏拉图时代至高无上的内在协调变得完全失去了存在的价值，我们依然承认自然具有一种内在协调性，但它是通过外在的形式或者说美的形式展现给我们的。我们来看看伟大的歌咏自然的哲人和诗人爱默生的看法，他说："对于善于发现的眼睛，大自然的每时每刻都体现出它那独特的美。即使在同一个地方，也可以在不同的时间里看到不同的美。天空是在变化的，植物也在不断地成长。花开花落，时光飞逝，目光敏锐的人都可以从中感受到美。"①

这样的观点看起来与马克思在《1844年经济学哲学手稿》中的表达非常相近。他说，"不仅五官感觉，而且连所谓精神感觉、实践感觉（意志、爱等等），一句话，人的感觉、感觉的人性，都是由于它的对象的存在，由于人化的自然界，才产生出来的"②。这些观点都强调了自然对象与人的主体观察实际上是一个问题的两个方面，所谓的主体和客体是不可分的。

正如爱默生所说，"这些能够看见、能够被感知的美只是大自然美的世界中很少的一部分。无论是白天的景象、早晨的日出，还是彩虹、果园、大山，无不展示着美。如果我们刻意去展现这样的美，也就难以把握美的真谛了。如果你特意去发现月亮的美，走出去一看，这时的月亮只是一个发着亮光的装饰品，此时的月亮无法向你显示出它的真正的美。某个十月的黄昏表现出的特别的美，谁能够紧紧抓住，让它伴随自己终身呢？如果你刻意地去寻找美，那么美就会离你而去。真正的美难以言表，难以抓住，只可以欣赏，只可以静静地感受"③。

在杜夫海纳看来，自然是一个比艺术品更加充分的审美对象。因为艺术品是人工创作出来的，它们身上保留着人的主观意图，在艺术作品中是人在向自己打招呼，而根本不是世界在向人打招呼。所以在理解人与世界在存在层面的先验统一，也就是在理解现实的真相时，艺术作品虽然能够有所帮助，但终究也是有局限性的。

自然美表现在它的必然性与表现力中。所谓必然性，是自然拥有一种自己给自己安排形式的能力。"自然的必然性给自然对象以形式，它组成海上的'每一颗不可见的泡沫钻石'，使山坡生色，给屋顶提供建筑材料和倾斜度，给道路画出路线，给乡村的房屋

---

① ［美］爱默生：《爱默生文集·心灵的感悟》，李磊、文小勇译，11页，北京，当代世界出版社，2002。
② 马克思：《1844年经济学哲学手稿》，87页，北京，人民出版社，2000。括注系原文所有。
③ ［美］爱默生：《爱默生文集·心灵的感悟》，李磊、文小勇译，11页，北京，当代世界出版社，2002。

规定方向和分布。"①自然为自己安排的感性形式是丰富的、充溢的、稠密的，不容置疑地填满了欣赏者的知觉经验，每一种自然的感性形式都仿佛是一个生命的完美诉说，这些密不透风的感性细节强烈地作用于人们的审美经验，让人们感到自然事物是有深度的，有一种真相需要被发现，有一个秘密需要被揭穿。自然的审美形式不是符合了人对形式美的要求与判断标准，它是一种内在生命力的完满呈现。自然的形式并不是对物理学规律的机械服从，相反，它显现为自然事物的直接存在，显现为生命自由而自发的展开。在自然对象中，人们只感觉到浑然天成。在其形式显现中，自然仿佛是一个有灵魂的、具有主体性的存在。

"那么审美对象的深度又在哪里呢？必须在对象拥有的表现能力中去寻找。由于这种能力，对象成为一种主体意识的相似物。这种能力来自对象的内在性。因而我们必须首先阐明这种内在性。就像人的情况一样，这种内在性通过自己的存在的强烈程度显示出来，亦即在某个方面的某种存在方式中显示出来。"②正是丰沛的感性存在让我们感受到了自然的表现力，感受到似乎有一个正在倾诉的自然的灵魂的存在，感受到自然拥有一种与人类相似的主体性。"真正的表现并不是出自某种自我表现的意志的表现，这种表现过度热情而且没有击中它的目标。真正(的)表现更不是在对象这方面向理解力示意并邀请我们去理解或使用这一对象的东西。一件日常用具并不能比一件无意义的或平庸的东西更加能被审美化。当对象的深刻性为了在观众身上唤起某种情感性质——这种情感性质可以被归入某种情感范畴之内——的独特知觉而重新升至表面并全部呈现在感性之中时，真正的表现就会在这些深刻性中出现。"③自然的表现力和必然性是一回事，必然性支配表现力，表现力中渗透必然性。

艺术美与自然美都是充满表现力的，但是自然事物的表现力来自它的内在协调性。在艺术作品中，我们深深地成了我们自己，被我们的过去填满，艺术作品无论描绘的是自然事物还是人的社会生活，都使我们更加清晰地看到自己。艺术作品的深度是由现实透过创作者的主体性而显现的，当然也离不开它在与欣赏者的对话中借助欣赏者的主体性而进一步展现自身。总之，即便是在最具现实主义风格的艺术作品中，我们也能清晰地感受到人的在场。但是，在对自然发生的审美经验中，我们却是被拉向自然对象，时刻受到自然对象的包围和牵连。这个自然对象无意于人世中的悲喜，大海的风暴无论有多么猛烈，它也不带有任何悲剧性，因为"它一点也不与命运或与其自身发生冲突，它是崇高的"④。它没有历史，它只是单纯地与自身同一，而不像人类世界的悲剧一样包含

① [法]米盖尔·杜夫海纳：《美学与哲学》，孙非译，45 页，北京，中国社会科学出版社，1985。

② [法]米·杜夫海纳：《审美经验现象学》，韩树站译，451 页，北京，文化艺术出版社，1992。

③ [法]米盖尔·杜夫海纳：《美学与哲学》，孙非译，46～47 页，北京，中国社会科学出版社，1985。括注为编者所加。

④ [法]米盖尔·杜夫海纳：《美学与哲学》，孙非译，47 页，北京，中国社会科学出版社，1985。

着对自身的决裂或者对自身的扬弃。然而，恰恰是这个看似冷漠的自然才是最具有表现力的自然，一旦自然变成了人性化的，其形式专门用以呈现人生的悲喜哀愁时，它的表现力反而显得贫弱了。龚自珍的《病梅馆记》中的梅花是符合人类对审美形式的要求而培养出来的，它却显出了丑陋的一面；被修剪得整齐划一的绿化树符合人们对现代化城市风格的要求，但也不是真正的自然审美对象。"不能审美化的东西不再仅仅是无意义的事物，而是那些人工的、任意的、专断的、自然中所有显得不自然的事物。"①这就是矛盾，只有当自然是无人性的对象时，它才是表现性的，才与人相似。反之，和自然对立的不是艺术，真正的艺术品永远带有自然的外表。

在审美活动中，自然将人拉向自身，但并非将人拉进一个被物理规律支配着的纯粹客观的世界里。自然看似无情却有情，"情"不是任何个人加在自然事物上的主观情感，而是以其必然性展现的对存在的深沉领悟。人们常常认为自然审美是一种纯粹的主观行为，"悲哉，秋之为气也"和"自古逢秋悲寂寥，我言秋日胜春朝"同样是在说秋天，然而一悲一喜，岂不是证明了自然美完全是人的情感心绪的投射而没有什么客观性可言吗？这种说法忽视了实际审美过程中的一个事实，即无论欣赏者眼中的自然是悲是喜，欣赏者都有一种"我分享了自然的情感"的感受，悲喜不是来自我的内心。而是来自自然，我仅仅是在自然中辨认出了这种情感，情感属于一个比我更广大的生命世界。"现实和人都属于存在，存在恰恰是能够被人读解的意义与意义能在其中安身的现实的这种同一性。……借助审美经验显示于现实之中的完全是人的某种东西，即某种特质，它使物能与人共存。但这不是因为物是可认识的，而是因为物向能够静观自己的人呈现出一副亲切的面容，从这个面容中人可以认出自己，而自己并不形成这个面容的存在。"②

虽然在一个旁观者看来，对自然的审美充满了主观性，但是在欣赏者自身来看，自然拥有深沉的情感却是一种真实的审美感受。对于同样的自然事物有不同的情感体验，这并不能说明自然的情感深度、意义深度只是人的主观情绪的投射。悲凉的秋天不是自然的全部真相，晴朗的秋天也不是自然的全部真相，自然只是依靠不同的情感基调展现着自己的生命深度，而自然的真实面目则是，任何人在面对它时都无一例外地会感受到它的深度、它的生命存在。这一点正如现实世界与审美世界的关系，任何一个单独的审美世界都不是全部的现实，但是现实是借助它们来将自身显示为一个有意义深度的存在的。无论是自然的情感深度还是现实的意义深度，都不是主观性的，不是与自我的历史文化观念、政治信仰、情感体验相联的主观性意义，而是属于自然世界（现实世界）的先验或者本体存在层面。

---

① [法]米盖尔·杜夫海纳：《美学与哲学》，孙非译，42 页，北京，中国社会科学出版社，1985。
② [法]米·杜夫海纳：《审美经验现象学》，韩树站译，590 页，北京，文化艺术出版社，1992。

第三节　当代的环境美学对自然美的改造

一、环境美与伦理

在当代美学中，自然美演化为一个更具有切身性的问题，即自然转化为环境，形成环境美学。如果我们将环境美学所提及的环境美与传统的自然美相比就会看到，传统的自然美还是强调自然本性方面，强调一种深层的美学态度，而环境美学则强调环绕我们周遭的环境与我们的关联。这样一种转变是极其深刻的，在环境美学之前的美学观念中，自然美无论是一种相对客观的自然物之美，还是从根源上出自一种心灵的改造，它都离不开人的主体性，都离不开人的心灵的作用，自然美总是与艺术美或其他类型的美相依而存的，它从来没有独立出去，成为在人之外的美的存在；而现代的环境美学却完全肯定了自然作为人的外在之物，成为我们周遭的环绕者，这是对自然美的独立性质的更进一步的发展。这一发展以科学主义为基础，但表现出来的样式却是伦理学的，强调我们必须对周遭环境抱有一种像关怀他人一样的道德倾向。这一审美观念的改变直接指向对"人类中心主义"的批判。

审美鉴赏关注一种环境。这一事实表明它具有几个重要维度，而这些维度反过来决定了环境美学的本质。第一个维度源于这种绝对的事实，即作为"审美对象"的鉴赏对象就是我们的环境，就是环绕着我们的一切。于是，作为鉴赏者，我们沉浸在鉴赏对象之中。这种事实衍生了多重结果："我们不但身处我们鉴赏的对象之中，而且鉴赏对象也构成了我们鉴赏的处所。我们移动时总是在鉴赏对象中，因而改变了我们与它的关系，也就改变了它本身。而且，既然它是我们周围的环境，鉴赏对象也强烈地作用于我们的全部感官。"①

从这里我们看到，美学与伦理学关系很近，虽然我们不能从审美中直接推出伦理标准的范畴，但是人类对美的直觉产生了能激起伦理行为的某种动力。人际道德伦理的动力来自哪里？来自人与他人的同情心，或叫作生命共通感。"己所不欲，勿施于人"，加在他人身上的行为会因为你我同属于人类而在自己这里产生一种感同身受的体验，人对同类的道德心可以说既是自我中心的，又超越了自我中心。"自我中心的"，是说道德行

---

① ［加拿大］卡尔松：《环境美学——自然、艺术与建筑的鉴赏》，杨平译，5页，成都，四川人民出版社，2006。

为必然是一种以"主体性"为前提展开的活动，道德感是以自我体验、自我对他人的同情心为基础产生的；"超越自我中心"，是说道德感并不以对自我利益的衡量为基础，而是尊重普遍的人类生命价值。从人际伦理道德可推知生态伦理建立的必要条件，应当是对自然世界中的普遍生命价值能够感同身受，既对自然生命的内在价值有充分的体知，又能将这种体知转化成一种深沉有力的生命直觉，使之在处理人与自然的关系时能够成为实践行动的直接推动力。而这一点仅凭生态科学研究很难做到。掌握更多关于生物系统的知识，加深对生物进化历史的理解，懂得濒危物种的生态学价值，固然都有助于人们加强保护自然的意识，但是"知"与"行"之间还差了一步——"意"，即直觉性的生命意志。"意"相较于"知"，更是一种来自生命深处的原动力，所以康德将审美视为从纯粹理性通往实践理性，也就是从科学通往道德的桥梁。生态伦理学家罗尔斯顿则认为，基于审美价值建立生态伦理既有优势又有缺陷，优势在于"这种道德将紧紧维系在积极的人类经验上，提供激励。哪里需要审美经验，挽救的愿望就跟随而来。没有必要去命令这样的道德——它不是一种非要放到本来不愿意的人身上的责任的那种道德"[1]。可见，自然审美是通往生态伦理的一条必然道路。

二、人类中心主义批判

从另一方面看，从自然审美通往生态伦理的道路又并非那么通畅。这是因为，第一，"审美价值"是一种文化价值，谈论事物的美，必然离不开作为审美主体的人，在很多情况下，对象的美与丑出自主体的价值判断。当主体的审美价值判断标准仅仅在于事物能否满足人类对美的特殊兴趣，而毫不关乎自然事物真正的生命存在时，对自然的审美认知难免就打上了人类中心主义的烙印。所以，罗尔斯顿认为，以审美价值建立生态伦理，其有缺陷的一面表现在这样建立起来的环境伦理"更多的是一种人类选择，更要依赖于我们当前的审美偏好，更加具有个体特质，更加和文化相关，甚至随我们的口味而变化"[2]。第二，人们常常将审美价值约束在人类兴趣的某一个特定层面上。兴趣可以有认知的、审美的、实用的等许多种，其中任何一种在某些特定的情况下都可能压倒另外一种。在现代文明世界中，自然的实用价值就常常高于审美价值，所以似乎审美价值并不能为生态伦理充分提供那种使之成为"绝对律令"的强大的内在直觉力量。真正的生态伦理离不开对自然事物内在价值的尊重，倘若自然审美价值不能与自然生命的内在价值相连通，那么就无法从美学走上通往生态伦理学的道路。现在我们面临的问题逐渐清

---

① ［美］阿诺德·伯林特：《环境与艺术：环境美学的多维视角》，刘悦笛等译，157 页，重庆，重庆出版社，2007。

② ［美］阿诺德·伯林特：《环境与艺术：环境美学的多维视角》，刘悦笛等译，157 页，重庆，重庆出版社，2007。

晰起来：从自然审美是可以走向生态伦理的，但关键是什么样的美学能够带领我们走上这条道路。如果审美仅仅停留在满足某种人类兴趣的层面上，那么这种充满"人类中心主义色彩"的美学将永远无法成为生态伦理学的基础，而这恰恰是当前自然审美的现状。

环境美学家卡尔松认为，长久以来，人们欣赏自然主要是依靠"对象模式"和"景观模式"两种途径。对象模式是将欣赏之物与周围的环境分开，并且只关注它们的感官属性及其可能具有的表现属性。比如，一块石头是光滑坚固的，具有精致的曲面；一条河流是清澈湍急的，它在从高处跌落时四溅的水花具有迷人的形态；等等。在对象模式中，被观赏的事物与创造并呈现它们的自然环境毫无关联。景观模式是用欣赏风景画的模式欣赏自然，"'景观'标明一处从特定视点和距离所看到的一个景色——通常是一处盛大的风景；风景画经常对景色如此描绘"①。"景观模式是 18 世纪核心概念'如画性'派生的直接后果。这一术语文学地表达了'像画一样'，并要求这样一种欣赏模式：将自然环境分割成单个的场景，每一个导向由艺术设定的某种代表形式，特别是风景画形式。"②在景观模式中，作为关注焦点的并非构成风景的那些真实自然对象，而是表现在画面上的色彩搭配、构图比例等设计方面的审美属性。在这种自然审美观念的引导下，18 世纪的旅游者们常常带着一种叫作"克劳德玻璃"的小巧而带色彩的凸透镜去观看风景，以便风景更适合眼睛的感知和艺术的要求。当代旅游者们手中不可缺少的相机其实发挥的正是"克劳德玻璃"的功用，摄像者通过选择合适的角度和焦距，使自然风景变成了相机里的完美图画，而所谓"完美"的标准正是艺术教给我们的在色彩以及构图方面的经验。

可见，无论是对象模式还是景观模式，都是以艺术的视角欣赏自然的模式，在对象性模式中，尽管所欣赏的是实实在在的对象，但也主要是从形式化表象的角度欣赏对象。人类艺术家的标准决定着自然的美丑，我们发现当大自然原生态地存在时，它并不美；只有我们通过艺术的视角去欣赏时，大自然才是美的。我们发现自然是美的，不是因为它自己本身美，而是因为我们从自然中作了选择和组合，正如艺术家在作画时经常做的。③ 在传统的自然欣赏模式中，自然事物不是被当作有内在生命价值的存在者被欣赏，人们欣赏的仅仅是被人类自己的文化传统和文化趣味所规定的形式与事物的表象，这可以叫作美学上的"人类中心主义"。

环境美学提供了一种能够超越"人类中心主义"的自然美学，它可以帮助人们在自然审美中感知到一种普遍的生命价值，它为自然所拥有，同时也为人类自身所分享，人与自然命运与共。这种美学应当帮助人们感知到自然是一个比人类生命更宽广深邃的存在，它像人类的生命一样有存在的意义深度，在审美中不是它服从人类的兴趣和要求，

① ［加拿大］艾伦·卡尔松：《自然与景观》，陈李波译，27 页，长沙，湖南科学技术出版社，2006。
② ［加拿大］艾伦·卡尔松：《自然与景观》，陈李波译，27 页，长沙，湖南科学技术出版社，2006。
③ See Samuel Alexander, *Beauty and Other Forms of Value*, New York, Thomas Y. Crowell, 1968.

而是欣赏者超出人类有限的存在被拉向广大的自然并能够在此过程中感到生命的飞腾。它是人们欣赏的对象，但更以其骄傲和富有尊严的存在成为人们信仰和尊重的对象。这种美学是一种通往存在本体论的美学，它让人们理解人和自然事物在生命的根源处是主客不分的统一者，在先验本体的层面上并不区分人的生命、动物的生命、植物的生命，而只有一种最生动、最深沉的"生"。只有借助于这样一种自然美学，我们才能真正走到尊重自然内在生命价值的生态伦理学道路上。

思考题：

1. 黑格尔关于自然美的论述的意义是什么？

2. 自然美是否是艺术美的基础？

3. 环境美学在哪些方面改造了自然美？

拓展阅读文献：

1. 彭锋：《完美的自然——当代环境美学的哲学基础》，北京，北京大学出版社，2005。

2. ［德］阿多诺：《美学理论》，王柯平译，成都，四川人民出版社，1998。

3. ［英］阿尔弗雷德·怀特海：《自然的概念》，张桂权译，北京，中国城市出版社，2002。

4. ［美］阿诺德·伯林特：《生活在景观中——走向一种环境美学》，陈盼译，长沙，湖南科学技术出版社，2006。

5.《柏拉图文艺对话集》，朱光潜译，北京，商务印书馆，1963。

扫码阅读：

第三章 艺术的定义及其审美价值

　　艺术的定义及其本质问题是美学理论中的核心问题。早在 18 世纪，德国古典美学家黑格尔就曾提出美学的研究对象和范围就是艺术，坚持美学"或者毋宁说，就是美的艺术"①。黑格尔对艺术的青睐也使美学学科一度被视为"艺术哲学"，更使艺术研究在美学理论中占据了非常大的比重。美学研究进入现代以来，艺术问题显得更加重要，现代西方各种审美理论都将艺术问题视为根本的研究任务，并从各门类艺术研究中发展出纷繁复杂的美学理论观念。就美学史的发展以及现代审美理论研究而言，虽然艺术问题始终处于美学研究的前沿和核心位置，但究竟什么是艺术？艺术最核心的审美价值是什么？艺术的审美价值体现在哪里？这些问题仍然没有得到很好的解答，甚至在不同的审美理论中，答案千差万别。在美学研究的视野中，对艺术作出一种本质主义的定义并非易事，同时也不一定适合当代美学研究的理论走向与发展格局。但既然美学研究无法回避艺术问题，作为一个美学研究基本问题的艺术的定义及其审美价值问题就仍然有深入探究的必要。

第一节 艺术的定义

　　古希腊美学家柏拉图曾说"美是难的"。艺术的定义同样也是难的。有的理论家指出："定义艺术，对哲学来说已经是一个长期的难题，它甚至比美学在 18 世纪末作为一个独特的哲学学科出现还要久远。"②从古希腊到今天，美学家们从不同的角度探究艺术，但可以说，没有哪个美学家、艺术家能够对"什么是艺术"的问题给出一个令人信服的答案。当然，也有的理论家认为，这种努力本身就是徒劳而无益的。就好比人们尽可以欣赏和赞叹达·芬奇的艺术作品《蒙娜丽莎》(图 3-1)的美，而不必思考它究竟具有一个什么样的本质一样。20 世纪以来，分析美学的崛起让这种观点更加流行。在美学理论中，

---

　　①　[德]黑格尔：《美学》第 1 卷，朱光潜译，3 页，北京，商务印书馆，1979。
　　②　[美]理查德·舒斯特曼：《实用主义美学——生活之美，艺术之思》，彭锋译，56 页，北京，商务印书馆，2002。

图 3-1 达·芬奇《蒙娜丽莎》

思考艺术的定义问题本身有不同的方式和角度，这些思考的方式和角度既是美学史上破解艺术的定义问题的重要的思想资源，同时体现出了美学思想的不同发展侧面及其理论特征。所以，尽管艺术的定义问题是难解的，但把握对艺术的定义问题的不同理解方式，仍然是我们学习与研究美学理论的有意义的工作。

一、艺术的定义方式

英国文化理论家雷蒙·威廉斯曾经强调，"Art"这个词最早出现在 13 世纪，它最初的含义是"指各种不同的技术（skill）"，而现在最主要的定义则"与艺术、艺术家（artist）有关"。[①] 从古希腊以来，关于艺术的定义有各种观念，如柏拉图的"模仿说"、康德的"游戏说"、克罗齐的"表现说"、克莱夫·贝尔的"有意味的形式说"、苏珊·朗格的"符号说"、杜威的"艺术即经验说"等。可以说，各种关于艺术的定义都涉及了"艺术"一词的理论内涵，同时更体现出从不同理论角度对艺术的理解方式。

对艺术进行定义是复杂的。艺术定义方式的复杂性首先来自艺术世界的丰富性。古往今来，无数艺术家创造出了色彩斑斓的艺术作品，从法国旧石器时代的动物穴画，到中国山顶洞人的装饰品；从中国古代的书画艺术作品，到欧洲近代以来的音乐艺术，不同国家、不同地域、不同时期的艺术家依据不同的哲学观和艺术观从事艺术创造，在这些艺术创造过程中，既体现出了艺术的模仿特征、表现形式、象征意蕴，也展现出了艺术作品在隐喻、抒情、描摹及写实方面的特性。人们可以从各种角度对这些艺术作品做出分析阐释，同时也可以从各种角度对它进行定义。艺术定义方式的复杂性还源于艺术家们的艺术创造及艺术主张的多元性。古往今来，有各种各样的艺术家，他们或源于自身的复杂经历，或基于个性化的艺术追求，或坚持不同的学派主张，都身体力行地创造着自己所理解的艺术，从而促使艺术的定义始终在发展演变。

考虑到艺术作品世界的丰富性及艺术家们的艺术观念的差异性，在美学理论研究中对艺术做出一个本质主义的定义，不仅是困难的，而且有可能会遮蔽或简化艺术的个性特征。但这并非意味着艺术的定义问题不可描述或分析，通常看来，艺术是以情感和想象来把握和反映现实世界及艺术家自身审美感受与创造的一种人类文化创造形式。这种

---

① ［英］雷蒙·威廉斯：《关键词：文化与社会的词汇》，刘建基译，17 页，北京，生活·读书·新知三联书店，2005。括注英文系原文所有。

定义是从人类文化创造及审美追求的层面上而言的，它强调的是艺术及艺术家审美创造的文化共性特征，而不是所有的艺术的本质特点。除此以外，我们还可以从现代审美理论研究中关于艺术本质的不同理解来探讨艺术的定义问题。

在现代美学理论研究中，关于艺术本质的理解主要有三种通行的方式。第一种通行的方式也是最流行的理解方式，是从艺术创造主体的主观认识和审美感受出发，将艺术理解为艺术家的审美情感表现的结果。这种理论观点最早源于西方 18、19 世纪的浪漫主义美学理论，20 世纪以来的美学家克罗齐、科林伍德、帕克等也都坚持这种观点，并将它推广开来。例如，克罗齐明确宣告艺术是"抒情的表现"；美国学者帕克也认为，艺术即是表现，"表现就是把目的、感受或思想纳入一种感官媒介中，使表现自己、向他人表情达意的人可以从中再度体验到这种目的、感受或思想"①。这种理论观点强调艺术创造中的审美表现成分，认为一首抒情诗、一幅绘画作品、一尊雕塑，只要是表现主体情感的，就都是艺术。可以说，任何艺术作品都有审美表现的内容，中国的书法、玛雅神庙的雕刻、埃及金字塔内的壁画、印度的佛教舞蹈、古希腊的瓶画等，都具有艺术表现的要素。但是，严格地说，审美表现还难以完全涵盖艺术及艺术家创造的本质特性，因为审美表现既涉及主体创造，也离不开客观物象的呈现，二者之间的融合及呈现方式还存在着很多复杂的因素，是难以用表现来简单概括的。

第二种通行的方式是从艺术创造的角度将艺术理解成艺术家的艺术创造技能和技巧的结果，以及艺术家的综合性的艺术创造过程。在中西美学史上，有丰富的艺术创造思想，其中有很多是涉及艺术家的艺术创造技能与技巧的，如中国古代文论与美学作品中的《乐论》《文心雕龙》《诗品》等，都谈到了一个优秀的艺术家是如何创造艺术的作品的、应该具有什么样的艺术创造素养及其技巧，像著名的"神思说""物感说""妙悟说"等，其实都强调从综合性的审美创造的层面理解艺术，也展现了一种强调"目既往还，心亦吐纳"和"外师造化，中得心源"的艺术创造论。西方美学史上的《诗学》《诗艺》《拉奥孔》《汉堡剧评》等，也都从作家、艺术家主体创造的层面探讨艺术。这种理论观点认为艺术乃是艺术家艺术创造的结晶，包含艺术家的独特发现、高超的艺术技能及其创造的独特的审美境界。我们可以发现，在文学、绘画、摄影、戏剧、雕

图 3-2 马奈《吹笛少年》

① [美]H. 帕克：《美学原理》，张今译，12 页，桂林，广西师范大学出版社，2001。

塑、音乐、书法及舞蹈等艺术领域，凡是优秀的艺术作品都离不开艺术家的高超的艺术创造，像达·芬奇的《蒙娜丽莎》《最后的晚餐》，凡·高的《向日葵》等优秀的艺术作品都是如此。

第三种通行的方式是强调艺术中的审美形式的意义，认为艺术是审美形式的展现和结晶。英国学者克莱夫·贝尔曾把艺术理解为"有意味的形式"，认为"在各个不同的作品中，线条、色彩以某种特殊方式组成某种形式或形式间的关系，激起我们的审美感情"①。在贝尔看来，艺术中的线、色的关系和组合不是以其自然属性呈现在作品中的，而是以一种"关系和组合"呈现出感性的意蕴，而艺术的本质就存在于这些"有意味的形式"中。苏珊·朗格也强调艺术的本质在于"纯形式"，艺术就是艺术家创造出来的能引起观赏者审美情感的"情感符号"，这种"情感符号""与我们的感觉、理智和情感生活所具有的动态形式是同构的形式"，所以"艺术品也就是情感的形式或是能够将内在情感系统地呈现出来以供我们识认的形式"。②在现代美学的理论视野中，形式更被认为是艺术存在的最重要的本质特征，特别是在本雅明、马尔库塞、阿多诺等西方美学家那里，"形式"的概念超越了传统艺术理论与艺术创造中的语言、技巧、结构等内涵，上升到了一种负载一定社会和文化意义的文化形式，这种文化形式在艺术表现中具有超越和解放性本质。例如，本雅明关于德国"悲悼剧"研究提出了基于历史救赎的审美形式理论，马尔库塞基于"新感性"美学理论提出了新感性审美形式观，等等。这些新的审美形式理论大大深化了美学研究的基本问题，同时也深化了艺术的定义。在这些理论中，美学中的艺术研究不仅仅是社会历史范畴下的研究，不是简单的社会功利研究，而是一种形式本体研究，用马尔库塞的话说就是"形式是艺术本身的现实，是艺术自身"③。

美学研究中的艺术定义是美学学习不可回避的问题，在美学史上，关于艺术的定义，理论家们各有不同的看法，这也说明了艺术定义问题的复杂性。艺术的定义越是复杂，越说明了不能轻易地给出一个本质主义的答案。正是因为艺术世界的丰富和艺术家不同的艺术观念，才使艺术问题成为美学研究的核心问题。无论是传统的艺术概念，还是现代美学理论发展中的各种艺术观念，都极大地拓展了现代美学的问题领域，同时使艺术实践方式更加多元，这也为艺术的定义问题增添了浓重的现代美学意味。

二、艺术定义的危机

20世纪以来，随着"先锋艺术"等新的艺术形式的出现及新的理论探索的发展，艺术的定义问题开始出现危机。艺术定义的危机并非是说艺术的定义问题不再重要，或是说

① ［英］克莱夫·贝尔：《艺术》，周金环、马钟元译，4页，北京，中国文联出版公司，1984。
② ［美］苏珊·朗格：《艺术问题》，滕守尧、朱疆源译，24页，北京，中国社会科学出版社，1983。
③ ［美］赫伯特·马尔库塞：《审美之维》，李小兵译，111页，桂林，广西师范大学出版社，2001。

究竟什么是艺术的问题可以随意回答，而是说随着新的艺术观念发展，关于"什么是艺术""是否该给艺术下定义"等这类问题出现了新的理论研究向度，也展现出了现代美学理论视野中的艺术问题研究新的理论进展。

英国艺术史家贡布里希在他的著名的《艺术的故事》中明确地说："实际上没有艺术这种东西，只有艺术家而已。"①在他看来，艺术这种东西是由艺术家创造的，在不同的历史时期，艺术所指的事物会大不相同，因此，不存在某种确定性的艺术，在所有美的普遍性下，一切艺术家所创造的东西都可以称作艺术。贡布里希不赞成"大写的艺术"，只强调艺术实践，他的这个观点在 20 世纪美学理论中影响甚远，是对以往的艺术概念的重要的理论挑战。

在贡布里希之后，分析美学的崛起更加加重了艺术定义的危机。分析美学是 20 世纪后半叶西方美学理论发展中新的理论思潮，代表人物是德国哲学家维特根斯坦。维特根斯坦从分析哲学出发，提出了一种反本质主义的美学观念，直接影响了艺术的定义问题。像分析哲学一样，维特根斯坦的分析美学以语词、句子等语言问题和意义问题的讨论为核心。在《哲学研究》中，维特根斯坦提出，语词与对象的对应指称关系并非语言的本质图像，语词的意义并不是由它与对象的指称关系确定的，而是通过它的"用法"确定的。维特根斯坦借这个观点指向了一种哲学上的困惑，那就是在哲学上，我们通常力图为每个名词寻找相应的实体意义，在他看来，这种实体的存在只是某类"语言游戏"的一种"用法"而已。他用"家族相似"的概念来说明这种"语言游戏"的实现规则。所谓"家族相似"就是说，"因为一个家族的成员之间的各种各样的相似之处：体形、相貌、眼睛的颜色、步姿、性情等等，也以同样方式互相重叠和交叉。——所以我要说：'游戏'形成一个家族"②。维特根斯坦的"家族相似"概念深刻地解构了语言分析的本质主义理论规则，正是因为词语意义在"语言游戏"中形成了一个"家族"，所以要寻找语词在逻辑上统一的"本质"是不可能的，它的意义只能存在于家族成员中的某种相似性。在这种观念的基础上，维特根斯坦认为美的本质研究也是如此，他提出"美"只是个形容词，并认为"美"的概念存在很多危害，美的本质、美的"理论"也只是一种用语言描述的东西，他甚至提出："我们不会提出任何一种理论。在我们的考察中必须没有任何假设性的东西。我们必须抛弃一切说明，而仅仅代之以描述。"③维特根斯坦分析美学中的"家族相似"理论对艺术的定义问题冲击非常大，正是由于美、美的本质是一种"家族相似"的东西，所以美学、艺术是不可描述的，而只能做语义上的分析，因为这样一些概念并无确定的意义，它的意义是约定俗成的。在这种理论观念中，艺术的定义被当成了一种语义分析的过程，艺术的定义也就自然消解了。

---

① ［英］贡布里希：《艺术的故事》，范景中译，15 页，南宁，广西美术出版社，2008。
② ［奥］维特根斯坦：《哲学研究》，李步楼译，48 页，北京，商务印书馆，1996。
③ ［奥］维特根斯坦：《哲学研究》，李步楼译，71 页，北京，商务印书馆，1996。

在 20 世纪的美学中，维特根斯坦有很多理论追随者，他们大都坚持他的这种分析美学观念，对艺术的定义均持一种否定态度，如莫里斯·韦兹就坚持一种"艺术不可定义论"，在《理论在美学中的作用》中，韦兹提出，艺术的概念是开放的，艺术的本质就像游戏的本质一样，对什么是艺术这样的问题的考察应该从它们在某些方面的相似性开始，而不是给出一个本质主义的决定。这种观点明显来自维特根斯坦的"家族相似"理论，他在将分析美学的理论观念明确引向艺术领域的过程中，也让艺术的定义问题更加难解。

三、"艺术的终结"

艺术的终结问题是当代美学和艺术发展中的重要问题，也是一个影响艺术的定义的重要问题。艺术的终结并非艺术的消亡，而是指艺术观念的激变和发展。

艺术终结的问题最早是黑格尔提出来的，黑格尔早在 1817 年就在海德堡的美学演讲中明确提出了"艺术终结"的观念。黑格尔提出："就它的最高的职能来说，艺术对于我们现代人已是过去的事了。因此，它也已丧失了真正的真实和生命，已不复能维持它从前的在现实中的必需和崇高地位。"①黑格尔的"艺术终结"观念其实也昭示了一种深刻的美学观念，这种美学观念由于排除了自然美的观念因而具有了艺术史的观念意义，这也正是"艺术终结"观念的美学缘起。黑格尔的"艺术终结"观念并非预示美学的消亡，当然也并非预示艺术的消亡，恰恰是黑格尔美学观念的一种独特的表达方式，用他的话说就是艺术"已转移到我们的观念世界里去了"②。

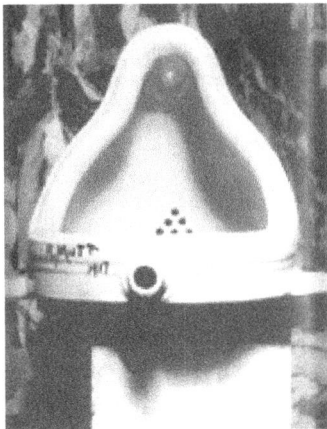

图 3-3　杜尚《泉》

在黑格尔之后，20 世纪美学发展在一个新的语境中重新将"艺术终结"观念引入美学理论的前台，代表人物是美国哲学家、美学家兼艺术批评家阿瑟·丹托。丹托考察了法国艺术家杜尚等人的作品，提出杜尚的作品以一种惊人的立场在艺术之内重提"艺术的哲学性质"问题，它暗示着"艺术最终将获得的实现和成果就是艺术哲学"，其最终的结局就是"以艺术取代哲学"。因为在杜尚那里，艺术是以自身异化的形式出现的哲学，当艺术使自身历史内化时，"当它开始处于我们时代而对其历史有了自我意识，因而它对其历史的意识就成为其性质的一部分时，或许它最终成为哲学就是不可避免的了。而当它那么做时，好

---

① ［德］黑格尔：《美学》第 1 卷，朱光潜译，15 页，北京，商务印书馆，1979。
② ［德］黑格尔：《美学》第 1 卷，朱光潜译，15 页，北京，商务印书馆，1979。

了，从某种重要的意义上说，艺术就终结了"①。丹托在他的著作中多次提到杜尚的《泉》（图 3-3）、带胡须的《蒙娜丽莎》和安迪·沃霍尔的《布里洛盒子》等具有现代意识的作品，他认为这些作品引起冲突的不仅仅是艺术观念上的断裂，而且是艺术的历史感和历史意识的丧失。

"艺术终结"的问题既意味着艺术史学科不再能提出解决历史问题的有效途径，同时也意味着在一种美学的视野中艺术定义的问题所面临的新的危机，这种危机是在艺术的"现场化"语境及艺术的"哲学化"存在中体现出来的。"艺术终结论"把目光和视野投向杜尚及沃霍尔等人的艺术实践所引起的艺术定义的危机，而这种危机更深层次上指向美学研究中的艺术问题，使美学研究中的艺术问题在现代性与后现代性的视野中不得不更多地着眼于当代艺术实践及当代艺术发展。在这种艺术发展中，"什么是艺术"这样的问题被赋予了新的理解，在杜尚、沃霍尔的手中，艺术获得了哲学灵感，艺术与生活、艺术与社会甚至艺术与政治在消除隔阂的同时走向了新的再现方式，展现的是对传统的"美的艺术"的肢解和对那种"审美之美"的期待。在杜尚等人的作品中，一直以来，现代主义艺术的理想——艺术在融入生活的同时赋予生活新的文化图像与文化景观——已经实现了。从美学的意义上看，现代主义叙事的终结既是"艺术终结论"的理论支点，同时也是其美学延展的起点。"艺术终结论"与"艺术终结"研究并非强化某种终结的事实，也并非意味着走向研究的终结，而是要面对艺术的未来、艺术史的发展和美学的今天与明天。在这个意义上，"艺术终结论"与"艺术终结"研究的意义正是在于"艺术的终结"之后，其所提供的思想启发与艺术反省对当代美学研究而言正是一种警醒式的开端。

第二节　艺术的审美价值

人类社会中的诸多事物都有各自的价值，如使用价值、交换价值、货币价值、研究价值、观赏价值等。艺术活动体现了人的本质创造过程，凝聚着艺术家的审美理想与艺术追求，审美价值是艺术的核心本质，是艺术作品的灵魂。艺术的审美价值追求的是人的精神的自由与和谐，因此，艺术的审美价值就其根本而言是人的自由精神的感性升华，它使人的精神回到人本身。同时，艺术的审美价值还体现在真理的呈现，体现了人的生命存在的意义。艺术的审美价值的实现是人的自由本质力量的确证，对人类的精神升华具有重要的意义。

---

① [美]阿瑟·丹托：《艺术的终结》，欧阳英译，19 页，南京，江苏人民出版社，2005。

一、审美价值理论概述

审美价值是艺术的核心本质，是艺术作品的灵魂，艺术活动（包括创作活动和鉴赏活动）必须实现一定的审美价值。审美价值是美学研究的重要内容。美国新自然主义美学家托马斯·门罗认为，美学包括审美形态学、审美心理学和审美价值学三个分支。审美价值研究旨在研究艺术的价值（或无价值），它"倾向于把注意力集中在上述两个领域之间，时而涉及艺术作品，时而涉及艺术作品对人类产生的不同影响"[①]。在中西美学史上，长期以来受本体论和认识论美学思想的影响，关于审美价值的研究一直被遮蔽，一直到鲍姆加登提出"感性学"的美学以来，美学研究一直没有走出本体论和认识论的困囿。尽管如此，在美学研究中，关于审美价值的研究一直存在。在中西美学思想史上，关于审美价值的认识最早是和善联系在一起的，亚里士多德就曾说"美是一种善，其所以引起快感正因为它是善"[②]。孔子美学思想中的"尽善尽美"观点尽管更多着眼于艺术的伦理功能，但也隐含着一定的关于审美价值的分析。从善的角度看待审美价值的问题很显然没有正面触及审美价值，而且往往使审美价值研究包容在其他思想观念之中。这种局面一直持续到近代，在康德和黑格尔美学中仍然具有明显的认识论成分，而没有把审美价值研究单独拿出来讨论。

关于审美价值的专门单独的研究是从近现代才开始的，也是伴随着美学研究走出本体论和认识论的困囿提出来的。19世纪末20世纪初，桑塔耶纳、斯托洛维奇和盖格尔、H. A. 梅内尔等人积极倡导价值论美学，他们的理论研究大大拓展了审美价值研究在美学研究中的领域。桑塔耶纳在其1896年的《美感——美学大纲》一书中曾开门见山地强调，美的哲学是一种价值学说，他明确地提出美是一种价值，美学是研究"价值感觉"的学说。[③]

苏联学者斯托洛维奇的审美价值研究具有重要的理论贡献，在《审美价值的本质》中，斯托洛维奇提出："价值论观点应当渗透到美学所运用的其他所有哲学方法中去。"[④]在他看来，美是一种价值，美的欣赏和评价应该用价值学的理论与态度来对待。斯托洛维奇强调审美关系对于审美价值研究的重要性，认为审美价值是审美主客体之间的特定关系和作用，是审美主体评价审美对象时，对审美对象的价值的肯定或否定及其程度的

① [美]托马斯·门罗：《走向科学的美学》，石天曙、滕守尧译，274页，北京，中国文联出版公司，1985。

② [古希腊]亚里士多德：《政治学》，见北京大学哲学系美学教研室：《西方美学家论美和美感》，41页，北京，商务印书馆，1980。

③ [美]乔治·桑塔耶纳：《美感——美学大纲》，缪灵珠译，11页，北京，中国社会科学出版社，1982。

④ [苏]列·斯托洛维奇：《审美价值的本质》，凌继尧译，21页，北京，中国社会科学出版社，1984。

大小，具体如美与丑、优与劣、悲与喜、完美与缺憾、高尚与卑鄙等，是人类的一种高层次的精神需要与审美对象之间的关系。《审美价值的本质》一书广泛涉及了审美价值的本质、审美价值关系的客观性、审美价值的标准等多方面的问题，是 20 世纪以来的美学在审美价值研究方面的重要著作，为审美价值学的创立奠定了重要的理论基础，完善了审美价值学的理论体系。

此后，H. A. 梅内尔、盖格尔等都对审美价值研究做出过理论探索，梅内尔还撰写了一部《审美价值的本性》。梅内尔的审美价值理论强调审美判断的主观与客观根据及其判断的复杂性，认为审美价值研究应该区分艺术品的善的性质，审美价值源于审美客体带给审美主体的愉悦性的精神感受，"审美愉悦来自于构成人类意识能力的锻炼和扩大的愉悦"①。由于审美客体的复杂性，所以审美价值研究的根据就有一定的复杂性。他对审美价值的客观性进行了探讨，并区分出"客观性 A""客观性 B"等构成审美价值的复杂情况。

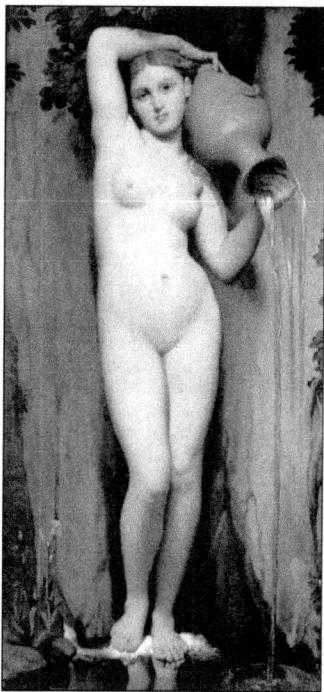

图 3-4　安格尔《泉》

德国哲学家莫里茨·盖格尔则把现象学直接运用于美学研究领域，在他的《艺术的意味》中，盖格尔提出美学领域的难题有两类，一是有关事实的，即关于现代科学美学的"事实论美学"，包括审美现象的心理学、社会学美学、历史美学、进化论美学等。二是有关价值的，即价值论美学。盖格尔提出："美学是关于审美价值的科学。它是一门科学，这意味着知识是它的目标，而且它要运用一般的概念来达到这个目标。但是，美学科学的研究对象——审美价值——却抵制人们运用一般概念来领会它。"②在盖格尔看来，现在我们仍然没有解决价值论的难题，人类审美活动不仅是各种事实构成的，而且存在着各种判断和评价，美学研究中的解释和描述与事实相连，而判断和评价与价值相关，价值美学就是美学研究中关于判断和评价的内容，它面对的是"希腊艺术的价值是由什么东西构成的，它们的价值是普遍有效的呢，还是仅仅对于那些被人们看作是古典时代的时代有效，等等"③。在这个理论层面上，盖格尔把审美价值归属于审美客体，并认为这个审美客体不是现实中的事物，而是现象，审美价值研究"必须从这些审美客体的现象的侧面出发来研究它们……即以这种方式研究美

① ［英］H. A. 梅内尔：《审美价值的本性》，刘敏译，27 页，北京，商务印书馆，2001。
② ［德］莫里茨·盖格尔：《艺术的意味》，艾彦译，36 页，北京，华夏出版社，1999。
③ ［德］莫里茨·盖格尔：《艺术的意味》，艾彦译，34 页，北京，华夏出版社，1999。

学必须把那些审美客体当作现象来分析"①。盖格尔的审美价值研究具有明显的现象学理论成分，他批判审美行为的心理学方法和现代科学美学，为审美价值研究做出了重要的理论贡献。

审美价值理论研究极大地拓展了美学研究的问题领域，特别是现代美学发展以来，由于价值论美学的引入，美学理论甚至发生了由本体论、认识论向价值论美学的重要的理论转向，这个转向对美学理论研究影响深远，促使美学研究进一步探索审美主体、审美客体的动态关系，改变了以往的理论格局，对人们更深入地认识美的本质和属性也有重要的理论启发。

二、艺术的审美价值及其实现

艺术具有认识价值、商业价值、娱乐消遣价值、道德教育价值等多方面的价值，其中，审美价值是艺术最主要的价值。作为人文学科的艺术既不像自然科学那样通过科学实验为我们提供科学发展的规律，也不像社会学、经济学等社会学科强调社会发展的规律，而是在美的规律的基础上，通过塑造鲜明生动的艺术形象，表达艺术家的情感体验，展现艺术世界的丰富性与生动性，进而塑造人的精神灵魂，满足人们的审美需要。因此，艺术的审美价值主要是一种精神价值和文化价值。

艺术的审美价值最重要的表现是情感愉悦性。艺术作品，无论文学、绘画、雕塑、音乐、电影，感染我们的都永远是其艺术表现内容和艺术传达过程体现出的情感愉悦性。艺术审美价值中的这种情感愉悦性既有语言、线条、声音、造型、图像、画面等审美表达形式所传达出的感性魅力，同时也包含艺术"真理性"呈现所展现出人类文化创造的理性精神，也就是海德格尔所说的艺术展现"澄明之境"。法国著名画家塞尚曾这样描述他的艺术创作过程：不是我在思考风景，是风景在我身上思考，我是它的意识。这样的作品传达出来的既是感性的形象，同时更是艺术家的精神追求与理性精神，蕴含着难能可贵的审美价值。像他的作品《圣维克多山》，用色彩和线条有力撑起了画面的形象感，柔媚的阳光、灰色的圣维多克山、橙色的屋顶、挺拔的冷杉树，在画面中对比明显又相映成趣，让看似冷峻凝重的丘陵、远山充满了柔和的色彩。所以，整幅作品既坚实厚重，又不失鲜活灵动的秩序，在给人以充分的情感愉悦的同时，也让人感受到画家鲜明的理性追求。

艺术的真理性价值的呈现也是艺术审美价值的重要方面。艺术的真理性问题是现代解释学美学提山的理论命题。德国美学家伽达默尔提出，"艺术就是认识，就是真理"。在伽达默尔看来，艺术是作为存在的真理之显现，艺术作品自有其本体论的意义，昭示

---

① ［德］莫里茨·盖格尔：《艺术的意味》，艾彦译，6页，北京，华夏出版社，1999。

了存在中的真理。艺术作品的价值就在于立于自
身和敞开世界，它归属于世界，同时展示世界，
敞开世界。伽达默尔的这种艺术观源于海德格
尔，海德格尔曾在他的《艺术作品的本源》中深刻
地分析了荷兰画家凡·高的绘画作品《农鞋》（图
3-5），他这样描述道：

图 3-5　凡·高《农鞋》

　　从鞋具磨损的内部那黑洞洞的敞口中，
凝聚着劳动者步履的艰辛。这硬邦邦、沉甸
甸的破旧农鞋里，聚积着那寒风料峭中迈动
在一望无际的永远单调的田垄上的步履的坚韧和滞缓。鞋皮上粘着湿润而肥沃的泥
土。暮色降临，这双鞋底在田野小径上踽踽而行。在这鞋具里，回响着大地无声的
召唤，显示着大地对成熟谷物的宁静馈赠，表征着大地在冬闲的荒芜田野里朦胧的
冬眠。这器具浸透着对面包的稳靠性无怨无艾的焦虑，以及那战胜了贫困的无言喜
悦，隐含着分娩阵痛时的哆嗦，死亡逼近时的战栗。①

　　凡·高笔下的农鞋不是对作为自然物的农鞋的模仿，也没有满足于对农鞋形似和神
似的刻画与塑造，而是突出强调农鞋作为自然物的可见性的证明，这种可见性不在于农
鞋本身，而在于通过作为艺术形象的农鞋的呈现而展现出的作家的灵魂思考，即一种真
理性的呈现。在《农鞋》中，凡·高让作为自然物的农鞋以一种意向性自身呈现出来，体
现了"大地"的召唤、存在的焦虑及灵魂的震颤。这就是艺术作品的真理性蕴涵所在，艺
术作品以其情感愉悦的形式特性感染着我们，同样，也以艺术的真理性冲击着我们，艺
术作品的真理性的呈现既包容在情感愉悦的形式表现中，同时进一步增强了审美形式表
现的力量，艺术的审美价值是情感愉悦性和真理性的统一。
　　最后，艺术的审美价值还在于审美形式的作用和功能。法国现象学美学家杜夫海纳
就认为，艺术作品的审美价值的表现离不开审美形式。比如，对音乐作品而言，基本的
形式要素是和声、节奏和旋律，和声、节奏和旋律的变化统一构成了音乐作品审美价值
的综合体现。这种审美价值既有时间性也有空间性，它的时间性在于和声与节奏按照一
定的形式模式和规则创作而展现出来的音响的美学效果，空间性则在于这种音响美学效
果能够触发聆听者的想象和激情。如贝多芬的《第五交响曲》，它让我们感受到的不仅仅
是音乐的和声与节奏的美妙，更主要的是作者生命的意志和情感。杜夫海纳的这个观念

---

　　① ［德］马丁·海德格尔：《艺术作品的本源》，见《林中路（修订本）》，孙周兴译，18～19页，上海，上
海译文出版社，2004。

对我们理解艺术作品的审美价值的实现具有重要的启发，那就是艺术的审美价值的实现不完全是一种静态的呈现，更主要的是一种生命意志的完善。无可非议，艺术在具有审美价值的同时，还具有认识价值、商业价值、娱乐消遣价值、道德教育价值等。这些价值的实现最终要通过审美价值的中介作用呈现出来。之所以如此，是因为艺术的这些价值如果不展现生命与激情，就失去了艺术的本性。艺术作品通过审美形式的价值和功能既展现美的形象，又引发生命感动和艺术激情，正是艺术价值最杰出的呈现。如凡·高的绘画《橄榄树》，作品用盘曲的树根、弯曲的线条表现了曳动不安的橄榄树展现出的火一样的生命激情。盘曲的树根、弯曲的线条、暗黄的泥土及深蓝的天空，这些艺术意象都具有丰富的审美形式隐喻，传达的是一种动态的激情的美，正说明了审美形式在艺术价值表现中的重要功能。

思考题：

    1. 如何看待艺术定义的危机？

    2. 如何理解艺术的"真理性"？

    3. 艺术的审美价值如何实现？

拓展阅读文献：

    1.［德］马丁·海德格尔：《林中路（修订本）》，孙周兴译，上海，上海译文出版社，2004。

    2.［德］莫里茨·盖格尔：《艺术的意味》，艾彦译，北京，华夏出版社，1999。

    3.［美］阿瑟·丹托：《艺术的终结》，欧阳英译，南京，江苏人民出版社，2005。

    4.［英］贡布里希：《艺术的故事》，范景中译，南宁，广西美术出版社，2008。

扫码阅读：

第四章　优美与幽默

"优美"是美之形态的某种聚集，它既是事物本身显现的一种属性，同时也是人与现实处于相和状态的一种表征。尽管在任何时代都存在着人的欲望不可能完全实现的矛盾，但恰恰就在社会的中断处，优美往往可以通过人们尝试着弥合社会分裂后所建构的审美幻象绽放其迷人的光泽。令人钦羡的是，优美的魅力在于，它能够作为一种审美理想向未来发出召唤。

在此种召唤的历程中，人们能够凭借幽默打量这个世界，并向现实投去深深的一瞥。作为一种美学事实，幽默的表现形式因着特殊现实的展露而呈现出新的特质。由幽默所引发的笑是一种极富智慧的笑，因为它不是沉溺于对现实的戏谑，而是源于人们对于存在的了悟与洞察，并且在表征现实断裂的同时仍然能够表现出与世界再和解的诚意。在此意义上，幽默是一种真正意义上优美的、健康的品质。

第一节　优美：一种存在之浸

优美（grace）是关于美的形态的一个基本范畴，在美学讨论中，它往往与"崇高"并举，并在与"崇高"的比照中显现自身。在西方美学史上，关于"优美"的研究随着对"崇高"范畴的探讨而逐渐受到美学家们的重视和深入研究，并成为关于"美"的普遍存在形态的一种深切观照。在中国古代美学理论中，与优美和崇高大致相当的概念是"阴柔（之美）"和"阳刚（之美）"。但由于中西方文化传统的不同，这两对范畴的内涵也不尽相同，不可简单比附。西方的优美与崇高源于两希精神，且与日神—酒神精神相关，而中国的阴柔阳刚之美，则源于中国古代哲学的阴阳学说。①

在人类对世界的观照中，优美更易于与人的情感自然相融合，它直接诉诸人最质朴的天性。优美在形式上一般表现出如下特征：柔和、明媚、和谐、安静、秀雅，给人以轻松、愉快、赏心悦目、心旷神怡之感。恰如朱光潜所言："春风微雨、娇莺嫩柳、小

---

① 参见朱立元：《西方美学范畴史》第 3 卷，太原，山西教育出版社，2006。

溪曲涧荷塘之类的自然景物和赵孟頫的字画、《花间集》、《红楼梦》里的林黛玉、《春江花月夜》乐曲之类文艺作品都令人起秀美之感。"①优美能激发人们对于美好事物的爱慕与欢愉之情，是人类天生的自然的情感，对于恢复和保持人的自由而完整的天性具有潜移默化的作用。

一、西方美学史上关于"优美"的探讨

图 4-1　拉斐尔《草地上的圣母》

在古希腊罗马时期，尽管人们还没有将优美作为一个严格意义上的美学范畴进行系统性的理论研究，但优美的观念已深受人们的重视，而且关于优美(美)②的一些特点以及优美所发挥的功用都有较好的阐释。例如，在毕达哥拉斯学派的哲学美学中，"和谐"成为美的一个重要规定，即美就是和谐，它源于一定的数的比例关系，且和谐的音乐能够使人的心灵恢复到原初质朴的正常状态。柏拉图尤其推崇优美净化和滋养人的心灵的作用，他在《理想国》中借苏格拉底之口感慨道："我们不是应该寻找一些有本领的艺术家，把自然的优美方面描绘出来，使我们的青年们象住在风和日暖的地带一样，四围一切都对健康有益，天

天耳濡目染于优美的作品，象从一种清幽境界呼吸一阵清风，来呼吸它们的好影响，使他们不知不觉地从小就培养起对于美的爱好，并且培养起融美于心灵的习惯吗?"③在柏拉图看来，美的出现使感官感到满足，它并不和痛感夹杂在一起，而只是引起快感。因为它是一种单纯的绝对的美。在艺术门类当中，诗歌主要具备优美的特质，而音乐和舞蹈所表现出的多里斯式样态则模仿人的智慧和温和，带有优美的因素和特征，都显现出人在和谐状态下的自由的审美状态。"优美"在亚里士多德的哲学体系中同样具有崇高的地位。亚里士多德将对优美的理解建立在有机整体的观念之上，指出了优美所具有的整一性、适度、沉静、平和特征，并且认为优美不仅属于形式方面，而且属于思想对象的系列，它与"善"往往在同义词的意义上被使用。到了古罗马时期，西塞罗提出美的两种形态：秀美与威严，并以此区分女性与男性所具有的美的属性，也开始了关于优美与崇高对比研究的尝试。而这一时期以研究崇高享有盛誉的朗吉弩斯虽然并没有将优美作为

---

① 朱光潜：《谈美书简》，见《朱光潜全集》第 5 卷，326 页，合肥，安徽教育出版社，1989。
② 在西方近代以前，"美"基本上与"优美"同义。
③ 《柏拉图文艺对话集》，朱光潜译，62 页，北京，人民文学出版社，1963。

一个美学范畴提出，但优美却显然成为其论证崇高美的一个重要参照。在他看来，优美有如"小溪小涧"和"星星之火"，尽管它们是明媚而且有用的，但终不及"海洋"能让人肃然起敬畏之情，而后者才是最令人欣赏的。[①] 可见，在朗吉弩斯的美学体系中，崇高才具有将人提升到接近神的伟大精神的巨大力量，但他仍然肯定优美同样是人的生命存在的重要方式。

到了近代，西方关于优美的探讨和阐释渐渐进入一个理论自觉的发展阶段。伯克在西方美学史上第一次将优美与崇高作为两个相对独立的美学范畴提出并加以讨论，他在《关于我们崇高与美观念之根源的哲学探讨》一书中，从人的情感出发探讨崇高感与优美感产生的根源，并为两者划界。他指出，崇高涉及自保原则支配的激情，尽管它是痛苦和危险的，却是所有激情当中最有力的。而优美涉及社会交往支配的激情，这种激情包括两类：旨在维持生命繁衍的性关系和发生在人与人、人与动物之间甚至发生在人与非生命世界之间的一般社会交往，它主要是一种令人愉悦的感受，往往让人涌起一种温柔和爱恋的情感。不仅如此，崇高与优美之间存在着极端的对立。崇高的事物是巨大的、粗糙不平的、无限的、模糊的、恐怖的，往往以直线条的方式出现，倾向于黑暗和晦涩。而能够引起人们产生优美感的事物往往具有如下特征：小的、平滑、渐进的变化、娇嫩、明晰、明亮、优雅、典雅、美观大方、悦耳、美妙、甜美……优美的全部魔力就包含在这样的娇柔和圆满之中。在此基础上，伯克特别强调指出，"事实上，二者是完全不同性质的观念，一个建立在痛苦之上，另一个却建立在愉悦之上；尽管它们会违背其原因的直接性质而发生变化，这些起因却并不会因为它们发生变化而变化，从而一直保持着区别，而这种区别是任何一类艺术家所不能忘记的"[②]。于此，伯克在人类最朴素最自然的情感层面上对崇高感与优美感产生的心理根源做了独特的考察与阐释。

此后，伯克的影响几乎随处可见。康德早年在《论优美感和崇高感》中对优美感与崇高感的对象、一般性质、在两性相对关系上的区别以及民族性问题都做了分析和阐述，赋予了当时人们已然熟悉的这两个术语以新的意义，并最终较为成功地将其纳入自己的建筑学式的哲学美学体系中。[③] 在康德看来，尽管崇高感和优美感都是令人愉悦的情操，但其愉快的方式和性质却是不同的。崇高使人感动，优美使人迷恋。崇高对象是强有力的，有如"高大的橡树""神圣丛林中孤独的阴影""黑夜"，而优美的对象则是柔媚精细的，有如"溪水蜿蜒""低矮的篱笆""白昼"。而对于优美的特性，康德从人的心灵表现及其行为方面进行分析，指出优美在人身上表现出诸如机智、玩笑、彬彬有礼、风度、谦

---

　　① 参见[古罗马]朗吉弩斯：《论崇高》第三十五章，见北京大学哲学系美学教研室编：《西方美学家论美和美感》，49页，北京，商务印书馆，1980。

　　② [英]埃德蒙·伯克：《关于我们崇高与美观念之根源的哲学探讨》，郭飞译，106页，郑州，大象出版社，2010。

　　③ 参见[德]康德：《论优美感和崇高感》，何兆武译，北京，商务印书馆，2001。

恭等特征，而这些性质激发的是人们的爱慕。在后期著作《判断力批判》中，康德对优美问题做了更为深刻的哲学思辨和阐释，提出了关于鉴赏判断的四个契机或原则，尤其推崇优美感的不计利害关系的特性，从而将美与愉悦的其他两种形态即"快适"和"善"相区分开来，这比伯克只限于经验性的观察与阐释显现出更富于意味的洞见。

席勒将优美与崇高作为审美教育的两个不可分割的有机组成部分，从而实践其通过美使人由自然的人经过审美的人完成向自由而完整的人的自我生成之美学理想。席勒在《秀美与尊严》中就尝试着通过秀美与尊严两大支柱构筑其宏大的美学体系。在席勒看来，秀美是优美的心灵的表现，尊严是崇高的思想的体现；尊严的最高程度是庄严，而秀美的极致状态是魔力。① 在对秀美与尊严进行比较阐释的基础上，席勒得出这样的结论："秀美是一种不由自然赋予却从主体本身中迸发出来的美。"②显然，席勒将秀美作为人类自我完善，从而恢复和激活人类最美好天性的中介性力量而加以推崇，因为它本身就具有将人的感性与理性相协调统一的能力。不仅如此，它实则成为人类"美的心灵"的征象和美好理想的一种深刻寄寓。此外，席勒所区分的感伤的诗接近于优美，而素朴的诗接近于崇高，他指出："感伤的诗是隐逸和恬静的子孙，并引向着这一方面；素朴的诗则为生活的景象所激动，它把我们带回到生活中去。"③可见在席勒的理论视域中，优美与崇高并不是彼此对立的，它们同属于席勒毕生孜孜以求的美学工程中的重要的精神质料，在人类从其粗野状态真正通向自由的道路上熠熠生辉。

谢林在康德、席勒关于优美与崇高理论阐释的基础上对优美之于崇高的意义做了更深入的探讨。他指出："崇高在其绝对性中包含着美，就如美在其绝对性中包含着崇高一样。""崇高与美之间没有本质的对立，只有量的对立。"④优美与崇高在本质上是同一的，它们相互渗透，在一定条件下可以相互转化，例如，美到极致实则已与崇高相融。如此，谢林从优美与崇高作为存在的观照所具有的同一性对两者之间的联系进行了重新探讨，这种探讨较之于之前将这两种美学范畴做对立性的比照更能切近优美本身，并赋予了优美以"崇高性"的地位。

进入现代，人们对于优美和崇高的热情不再囿于美学范畴的探讨层面，而是从主体与世界、主体与存在的关系着手谈及优美与崇高之于世界的姿态。在某种意义上说，优美感和崇高感归根结底都是一种挣脱了世界对主体的威压后而产生的一种审美愉悦，就

① 在席勒看来，秀美与优美之间是有联系的同时也是有区别的，他认为，在古希腊人看来，一切秀美都是优美的，但并不是一切优美都是秀美的。（按：弗里德里希·席勒，又译弗里德利希·席勒。）

② ［德］弗里德利希·席勒：《秀美与尊严——席勒艺术和美学文集》，张玉能译，110页，北京，文化艺术出版社，1996。

③ ［德］席勒：《素朴的诗和感伤的诗》，蒋孔阳译，见马奇：《西方美学史资料选编》下卷，152页，上海，上海人民出版社，1987。

④ 《谢林选集》第3卷，转引自曹俊峰、朱立元、张玉能：《西方美学通史 第四卷 德国古典美学》，298、299页，上海，上海文艺出版社，1999。

其最高程度而言，此种愉悦不是别的，而是对存在意义的一种沉浸。例如，叔本华是从主体的心理状态或者说是从美感出发谈论美的，他没有为美做正面的定义，而是从"观审"的角度去观照美的存在方式。在叔本华看来，美主要有三种基本存在形态：优美、壮美和媚美，而从主体观审的角度看，"三美"实则为"三美感"，即优美感、壮美感和媚美感。在叔本华的观审视域中，三种美感的区分取决于观审主体与对象之间的某种博弈关系的呈现样态。具体而言，优美是"对象迎合着纯粹直观"，"由于这些对象的复杂而同时又固定的、清晰的形态很容易成为它们的理念的代表，而就客观意义说，美即存在于这些理念中"，此时，"对我们起作用的也就只是美，而被激起来的也就是美感"。① 而壮美则不同，它是对象"以其意味重大的形态邀请我们对之作纯粹的观审，〔然而〕对于人的意志，对于自显于其客体性中——亦即人身中——的意志根本有着一种敌对的关系，和意志对立，或是由于那些对象具有战胜一切阻碍的优势而威胁着意志，或是意志在那些对象的无限大之前被压缩至于零"②。可见，优美（感）是对象本身的结构与存在本身和主体意志的相契合，由于客体对象具有复杂而又稳定的结构，并且在外在形式方面表现得清晰引人，因此，主体无须通过有意地挣脱和克服对象与主体意志之间存在的某种敌对关系而达于直观。如此，优美（感）便是一种自然令人愉悦的情感，此种愉悦正是源于对象世界自然地显现出美的理念，因此在某种意义上可以说，优美是美的理念的原初形态，从而在任何情境下都弥散着一种灵韵，并向人们投去深情的一瞥。

尼采则用"日神精神"和"酒神精神"两种制约艺术持续发展的存在进一步阐述了优美与崇高的意义。在尼采看来，艺术的创造受制于人的两种本能，即梦和醉。其中，日神阿波罗是一切造型力量之神，他具有适度的克制、大智大慧的静穆、外表优美等品质。而更令人钦羡的是，即使面对充满苦难的世界，他依然能够安然地置身其中。恰如尼采所言，"他的表情，他的眼神，无不向我们表明'幻象'的全部乐趣、智慧和美丽"③。于此，日神以类似于梦的幻觉性力量表征出优美的最高境界，或为一种蕴藉着智慧与美丽的审美幻象。而酒神狄俄尼索斯激起的效果则是"泰坦式的"和"野蛮的"，与日神的节制与规范相较，他的"过度""显示为真理，矛盾、由痛苦而生的狂喜从自然的心底迸发出来"④。尽管这是两种不同的"表象艺术"，但尼采从未将它们分裂开来，而是不断重申他提出的一个论题："狄俄尼索斯精神和阿波罗精神如何通过连绵不断的新生互相提高，支配了希腊精神。"⑤在尼采看来，最完美的艺术恰恰源于这两种艺术冲动在长期斗争中的神秘联姻，新的更富于强力的生命也正是在这两种本能力量的相互激发中得以诞生，

---

① ［德］叔本华：《作为意志和表象的世界》，石冲白译，280、281 页，北京，商务印书馆，1982。
② ［德］叔本华：《作为意志和表象的世界》，石冲白译，281 页，北京，商务印书馆，1982。
③ ［德］尼采：《悲剧的诞生》，赵登荣等译，22 页，桂林，漓江出版社，2000。
④ ［德］尼采：《悲剧的诞生》，赵登荣等译，35 页，桂林，漓江出版社，2000。
⑤ ［德］尼采：《悲剧的诞生》，赵登荣等译，35 页，桂林，漓江出版社，2000。

而艺术的完美状态正是通过这种矛盾斗争的最终消除而得以显露。于此，优美的崇高性正是由于它对于审美理想的"描述"与永不止步的追慕激情而以巨大的力量显现出来。可见，优美已不再仅仅属于形式的范畴，也不再是主体对世界的凝神观照，而是作为存在之浸向无数的存在者发出召唤。事实上，这样的召唤古已有之，且一直以蓬勃的生命力延续至今。

二、中国哲学视域中的"阴柔之美"

在中国古典美学中，虽然没有关于优美和崇高的体系性著说，但由阴阳学说发展而来的刚柔说从宇宙存在的视角对优美与崇高的特征及其意义做了细腻的描绘与提炼。在中国古代哲人看来，"阴柔之美"和"阳刚之美"是美的两种存在形态，其中，"阴柔之美"相当于优美，而"阳刚之美"则接近于崇高范畴。中国关于阳刚与阴柔的哲学思考，可以追溯至《周易·说卦》："昔者圣人之作《易》也，将以顺性命之理，是以立天之道曰阴与阳，立地之道曰柔与刚，立人之道曰仁与义。兼三才而两之，故《易》六画而成卦。分阴分阳，迭用柔刚，故《易》六位而成章。"《周易·系辞上》中讲"一阴一阳之谓道"，而道分阴阳。《老子》第四十二章云："道生一，一生二，二生三，三生万物。万物负阴而抱阳，冲气以为和。"道的初始状态是混沌合一的，一化生阴阳二气，阳阴二气又化生阴阳中和之物，宇宙万物由此衍生且生生不息。可见，以阴阳二气的运动来解释宇宙生成的根本，是中国哲学的一个显著特征。

作为哲学概念的"阳刚"与"阴柔"不仅是宇宙构成及其发展的两种基本形态，而且是美的两种风格，并且相易相生，共同显现出中国艺术的独特韵味。曹丕在《典论·论文》中说，"文以气为主，气之清浊有体，不可力强而致"，实开以阳刚之美、阴柔之美论文学之先河。刘勰在《文心雕龙·定势》中讲："然渊乎文者，并总群势；奇正虽反，必兼解以俱通；刚柔虽殊，必随时而适用。若爱典而恶华，则兼通之理偏，似夏人争弓矢，执一不可以独射也。"刘勰以刚柔论文章的体裁与风格，指出二者必须相兼，不可偏废。司空图的《二十四诗品》论诗歌风格、意境等问题，对于阳刚与阴柔之美做了细腻的摹写。诸如在"雄浑""豪放""劲健"等品中论阳刚之美的艺术作品概以气胜，有如"大用外腓，真体内充""由道返气，处得以狂"之力量和气势，其境界雄浑遒劲、豪放不羁，大有行气如虹的劲健之美；而"冲淡""纤秾""绮丽""典雅""清奇""沉着""含蓄""委曲""疏野""超诣"中论阴柔之美概以神韵胜，它要求诗人能够"素处以默，妙机其微"，从而领略到冲淡之境的微妙之处，如"纤秾"中"采采流水，蓬蓬远春。窈窕深谷，时见美人"以幽境衬秾艳之美的巧思。总体而言，阴柔之美其境界飘逸含蓄，冲和柔淡。姚鼐则从理论上较为明确而系统地提出阳刚阴柔之美，他在《复鲁絜非书》中有言："鼐闻天地之道，阴阳刚柔而已。文者，天地之精英，而阴阳刚柔之发也。""其得于阴与柔之美者，则其文如升初日，如清风，如云，如霞，如烟，如幽林曲涧，如沦，如漾，如珠玉之辉，如鸿鹄之鸣而入廖郭。"尽管两种风格各有其独特的表现形态和旨趣，但它们并非互相排斥，而是共同构成艺术的核心。清代卓越的艺术批评家刘熙载在《艺概》中最为推崇的艺术最高审美理想就是刚柔相济。他认为词曲"壮语要有韵，秀语要有骨"，而对于书法的要求是"兼备阴阳二气"。如此，在中国古典文论中，我们可经验到将"阴柔""阳刚"由解释宇宙生成的哲学概念推及人生、艺术和美学领域的种种气象，也可体会到中国思想的深邃和天然的艺术气质。

三、作为存在之浸的优美

尽管优美在中西方美学思想中具有不同的内涵，但作为一种审美范畴，它们都指向物与人及其达致某种平衡所带来的和谐。也就是说，它更多地是作为一种审美理想而存在，并且在很大程度上成为审美判断的一种标准。例如，在西方传统美学①的理论视域中，某物之为艺术品，就在于它本身暗含了基于审美特性之上的诸种特征。以视觉艺术为例，诸如艺术品应是手工制作的，它需要某种技巧或技术，此外，它应是独特的，看上去是美观的或美的，并且它应当表现某种观点，等等。其中，"美的"（beautiful）往往成为"艺术之为艺术"的更为根本性的规定。与此相应的是，追求关于美和艺术的一般概念或共相，把目光主要集中在那些作为美的典范的古典艺术作品和艺术美，青睐规范化和类型化的艺术形象以及情理统一和典雅的艺术风格也就成为西方传统美学的一个显著特征。在这种艺术界氛围中，被选择并授予艺术品资格的物品往往在形式上表现出诸如对称、平衡、清晰、明亮、平整、光滑、富于装饰性、精妙等特征，从而营造出一种诸如"克制的""内敛的""冷静的""明朗的"美学风格，如尼日利亚以利以非地区的约鲁巴人铸造的皇室祖先的金属头像，就因其现实主义的理想化形式而闻名世界。② 显然，这种授予是令人为之振奋的，因为它再次证实了非西方人能够表达自己审美观念这样一个长期被西方人误解的常识，尽管此种"优美"并不能完全代表非西方民族艺术精神的内核。③

不仅如此，优美同时是人与现实处于相和状态的一种表征，它往往寄寓于人们尝试弥合社会分裂后所达致的一种审美幻象。例如，在中国古典农耕时代，人们相对而言是较为完整和自由的，人与社会、人与自然、人与人之间的对立并不如现代社会那么尖锐。虽然在任何时代都存在人的欲望和欲望不可能完全实现之间的矛盾，但是那个时代

---

① 从西方美学发展史来看，传统美学一般指从古希腊到德国古典美学的美学形态。它建构于传统的形而上学基础之上，力图对审美和艺术的本质加以明确界说并在此基础上相应地提出一整套标准和规范，对人们关于审美和艺术的理解以及具体的审美活动具有潜移默化的影响。

② 参见［英］米歇尔·康佩·奥利雷：《非西方艺术》，彭海姣、宋婷婷译，27 页，桂林，广西师范大学出版社，2004。

③ 例如，在原始民族和非西方民族艺术的形构中，变形是一种令人瞩目的表现手法。变形及其所产生的怪诞形象所蕴藉的情感与力量及其折射的世界往往是令人费解而又异常真实的。

的人们仍然"相信这种矛盾和断裂是暂时的、可以弥补的，故而他们至少在心理上能达到一种超越与和谐"①。这种心理上的超越对艺术创作产生了重要的影响，"即使创作者自身处于人与社会、自然以及人与自身的剧烈的矛盾中，他们也总是期望以艺术和审美活动去修复、弥补这种种裂痕与创伤。在现实的困顿和内心剧烈的痛苦中，人们创造出来的仍然是优美和谐的艺术形象：如曹植的《洛神赋》、陶渊明的《桃花源记》、曹雪芹的《红楼梦》，等等"②。这与西方现代派艺术中大量出现的颠倒、变形、扭曲、破碎及其所表征的人与物之荒诞、恐怖等显现出截然不同的旨趣。

这是一种非常值得考察的艺术现象，因为艺术的表现形式及其所塑造的艺术形象并非只属于形式方面的问题，还是现实的一种浸透方式。那么，优美如何作为一种存在之浸向未来发出召唤，这将是我们发掘优美范畴的现代性维度的一个新的研究向度。

第二节　幽默：一种现实之镜

在美学中，幽默（humor）归属喜剧范畴，与滑稽、讽刺、诙谐等类型同属于笑的艺术，但它却具有自身的特质。幽默所包蕴的笑是一种关于存在的充满智慧的隽味悠长的笑，与由滑稽所直接促发的开怀大笑和挖苦的、刻薄的讽刺性的笑具有不同的内涵与气质。"幽默"起初是一个生物学概念，意指人的体液，指向一种比例均衡的状态，后来引申为人的脾气、性格和气质。③ 在日常生活中，人们对于幽默这种现象并不陌生，作为一种特殊的情感和表达，人们将之视为调节生活的一门艺术。一般认为，幽默是学识、机敏与智慧的结晶，同时也是开朗性格、乐观精神状态的自然流露。在人际交往中，幽默是人际关系的润滑剂，甚至具有化险为夷、化干戈为玉帛的奇妙功效。而这种奇效首先直接凭借于一种"笑"的艺术。然而，由幽默所引发的"笑"是一种虽极为日常的却非常难以真正企及的人生境界。那么，幽默艺术如何令人发笑？这种笑究竟能给人们的生活着上怎样的色彩？它又将生活以怎样的幻象重现在人们眼前？……在美学中，我们可以将这些问题聚集为：幽默如何与审美相关，意即幽默如何作为一种特殊的意识形态形式

---

① 王杰、廖国伟等：《艺术与审美的当代形态》，73页，北京，人民文学出版社，2002。

② 王杰、廖国伟等：《艺术与审美的当代形态》，75页，北京，人民文学出版社，2002。

③ 在西方，"幽默"起初是一个生物学的概念，它源于西方医学奠基人希波克拉底。希波克拉底主张，医师所医治的不仅仅是病而是病人，因此应当特别注意个性特征、环境因素和生活方式对病患的影响。在此基础上，他提出了"四体液病理学说"，认为人体内存在血液、黏液、黄胆汁、黑胆汁四种体液，这四种体液的分泌，便形成了多血质、黏液质、胆汁质、抑郁质四种气质亦即幽默。所谓"良好幽默"，指的是比例均衡的状态，所谓"缺乏幽默"，指的是比例失调的状态。参见闫广林、徐侗：《幽默理论关键词研究》，111～112页，上海，学林出版社，2010。

成为现实生活关系的微妙刻写与重构方式。

一、幽默的理论发展

幽默在中西方具有不同的表现形态和发展样态。在西方，幽默大致经历了从古典幽默向黑色幽默转变的发展历程。德国美学家里普斯在《喜剧性与幽默》中，不仅论及了幽默的特殊规定性，而且阐述了它的三种存在方式和发展的三个阶段。这三个阶段主要是主体观照或者理解世界时可能经历的幽默阶段：

> 首先，假如我看到世界上渺小、卑贱、可笑的事物，微笑地感到自己优越，假如我尽管这样，仍然确信我自己，或者确信我对世界的诚意，那么，我是在狭义上幽默地对待世界。
>
> 其次，假如我认识到可笑、愚蠢、荒谬事物的卑劣性，荒谬性，把我自己、把我对于美好事物以及对它们的理想的意识和这些事物相对立，并且坚持和这些事物相对立，那么，我借以观照世界的幽默，是讽刺性幽默。"讽刺"就意味着这种对立。
>
> 最后，假如我不仅认识到可笑、愚蠢、荒谬的事物，而且同时还意识到这些事物本身已经归结为不合理，或者终将归结为不合理，意识到这一切"不合理"归根到底不过"聊博宙斯一笑"，那么，我这时借以观照世界的幽默，是隐嘲性幽默。这里，应有的前提是，"隐嘲"以"不合理"的自我否定为特征。①

里普斯分别将这三个阶段的幽默称为"和解幽默""挑衅幽默"与"再和解幽默"。其中"和解幽默"是狭义上的幽默，亦即"幽默性幽默"；"挑衅幽默"是一种讽刺性幽默；而"再和解幽默"则被里普斯命名为"隐嘲性幽默"。

这三个阶段的划分与里普斯关于幽默的三种存在方式的阐述是相联系和契合的。其中，"和解幽默"是一种在将世界作为他者时，由于确信自我较之于他者所显现的优越性或相较于他者的渺小、卑贱时所显现的自我优雅时，以一种俯视的方式展现出的"微笑的幽默"，诸如阿里斯托芬、柏拉图式的幽默。此种幽默通过运用双关、颠倒、夸张等修辞手法，揭示出生活中的不合情理和他者论辩中的自我矛盾之处，在笑声中显现出人类的优雅与高超才智。黑格尔在谈及古典艺术的解体时指出，在古典型艺术向浪漫型艺术转变的过程中，产生了一种新的艺术形态，即喜剧。它产生于这样一种情境之中，即

① ［德］里普斯：《喜剧性与幽默》，刘半九译，见伍蠡甫、胡经之：《西方文艺理论名著选编》中卷，464～465页，北京，北京大学出版社，1986。

"一方面当然具有一种由自己确定的急待表现的内在的内容意蕴，而它所要应付的摆在面前的世界却是和这种内容意蕴相矛盾的，它所接受的任务就是表现这种现实，把它的违背善与真的腐朽情况的形形色色都描绘出来；但是另一方面这种矛盾却要在艺术本身上找到解决。这就是说，有一种新的艺术形式出现了……这种新的艺术形式就是喜剧，象亚理斯托芬就在希腊人中间运用这种形式来处理当时现实的一些重要领域，不带忿恨，而带一种明快爽朗的笑谑"①。在此，黑格尔指出，喜剧的任务在于将那些与人类所期待的意蕴完满的理想相分裂的腐朽而愚蠢的现实实况描绘出来，使这种腐朽和愚蠢穷极其荒谬之处而自行走向毁灭，或如他所言："要使它（现实）象是自己毁灭自己。"②在这种对"现实"毁灭自身的"凝视观照"中，幽默主体自身的优越性自然地显现出来，此种幽默也因此表现出一种"不带忿恨的""明朗的"的美学品格，这正是古希腊幽默的较好的注脚，它表现出了"人类正常的童年"气质。然而，在里普斯关于幽默阶段的解析视域中，"和解幽默"只是幽默发展的初级阶段，因为它仍然只是主体在向他者匆匆投去的一瞥中对自我想象性迷恋所发出的自足性微笑，但它又毕竟表现出理解世界的努力与诚意，或者说，它至少没有表现出拒绝世界的姿态。

而"挑衅幽默"则尖锐地酝酿着主体与世界相拒绝甚至相对立的剑拔弩张的气势，这种姿态源自理想与现实、优美与恶俗、高雅与粗鄙之间难以调和的二元对立模式。因此，这种幽默表现出对理想的残损、现实中的丑恶的否定，并极尽其讽刺、戏谑之能事，诸如 19 世纪果戈理、马克·吐温式的幽默。而有意味的是，果戈理的《钦差大臣》和马克·吐温的《败坏了赫德莱堡的人》都借助了撒旦的目光，重新审视和剖析了一个日渐堕落和扭曲的世界，并无情地嘲弄了整个人性，于此，撒旦意象自身所包蕴的毁灭与否定力量得到了彻底的释放，因为人们也在这种笑声中真诚地嘲笑了自己。但这种笑已不再是古希腊式幽默所发出的轻松的、明朗的笑，而是一种"含泪的笑"。

继续展演着"挑衅幽默"嘲弄世界的姿态，"再和解幽默"或"隐嘲性幽默"渐至生长出一个新的向度，即它不仅显现出世界的不合理及其荒谬性，而且要用智慧表达出对此种断裂进行审美修复的召唤。这可谓主体观照世界的高级形态，因为它已不再是一种静态的"凝视观照"，而是一种真正介入现实的精神。在某种意义上，这种幽默已经打破了古典幽默俯视的姿态，甚至已溢出传统喜剧的边界，与悲剧融为一体了。在某种意义上，我们可以暂且将这种幽默形态表达为"后黑色幽默"，意即这是一种黑色幽默之后的召唤结构，一种超越绝望而后复归明朗的幽默风格。

被称为古典主义的立法者和发言人的法国美学家布瓦洛曾在其最重要的文艺理论专著《诗的艺术》的第三章中写道："喜剧性在本质上与哀叹不能相容，它的诗里绝不能写

---

① ［德］黑格尔：《美学》第 2 卷，朱光潜译，263～264 页，北京，商务印书馆，1979。该书将"阿里斯托芬"译为"亚理斯托芬"。

② ［德］黑格尔：《美学》第 2 卷，朱光潜译，263 页，北京，商务印书馆，1979。括注系原文所有。

悲剧性的苦痛……在剧坛上我喜欢富有风趣的作家，能在观众的眼中不甘失他的身价，并专以情理娱人，永远不稍涉荒诞。"[1]在布瓦洛看来，喜剧作为一门艺术，无论在表达方式还是表现内容方面都应富于美感，使人在轻松愉快中提升精神境界。这在一定程度上彰显出幽默所本应具有的优美的品质，但作为对现实关系的微妙刻写，古典范式的幽默形式已然不足以承担这样的角色。正如黑格尔明确指出的，在古典型艺术到浪漫艺术的转变之间所产生的喜剧无力于解决现实与意蕴完满之间的矛盾，"喜剧已由古典型艺术的领域转入散文的领域"[2]。或如黑格尔所言，在喜剧的成熟阶段，当它把和解的消解方式，即主体与客观世界的分裂带到自己的意识里来时，"喜剧就马上导致一般艺术的解体"[3]。"艺术解体论"曾引起过学界的一些误解，国内外不少专家认为，黑格尔的这一提法反映出了他对于艺术发展前景的悲观主义思想。然而，当我们把黑格尔的"艺术解体论"放到他的整个哲学体系中研究时，当我们了解到黑格尔正是在绝对精神必然要由低级阶段向高级阶段发展，通过宗教、哲学等精神的更高发展形式来表现自己，并回到精神自身这样的情境中提出这一论题时，它所昭示的艺术表现形式之于表征"现实"[4]的重要性才更加凸显。同样，幽默的表现形式也将因着特殊现实的展露而呈现出新的特质。

文艺复兴之后，随着资本主义的产生和发展，科技的进步、商品逻辑的演化在很大程度上改变着整个社会的生产结构、组织方式以及人们对世界的感知模式。与"现代文明"相伴而生的是，社会的矛盾与对抗也在日益加剧，人们甚至会陷入一种深深的焦虑和痛苦之中。在这种物质生产与精神生产相"断裂"或"不平衡"的社会情境下，艺术作为一种特殊的意识形态形式对于"剩余价值"的表征之角色得以日益彰显。具体而言，艺术不再是现实或理想的直接摹写，而是以特殊的方式成为对于现实生活关系的某种表征，抑或它实质上是一种对于缝合好的意识形态的重新撕裂，将那层温情脉脉的外衣直接剥开，让血淋淋的现实毫无遮拦地展露出来。

在西方现代派艺术中，诸如在表现派、立体派、未来派、达达派、超现实主义、抽象主义、波普艺术等艺术流派的作品中，变形是一个常见的主题，作者往往借助形象、色彩等艺术质料的变形，营造出一个荒诞不经的非人的世界。以绘画作品为例，挪威画家爱德华·蒙克的《呐喊》以极度夸张的手法描绘了一个高度变形的尖叫的人物形象，圆睁的双眼与深深凹陷的脸颊犹如与死亡直接联系的骷髅，与画面中阴郁的色彩一起将视

---

① ［法］布瓦洛：《诗的艺术》，任典译，见伍蠡甫、胡经之：《西方文艺理论名著选编》上卷，207～208页，北京，北京大学出版社，1985。

② ［德］黑格尔：《美学》第2卷，朱光潜译，264页，北京，商务印书馆，1979。

③ ［德］黑格尔：《美学》第3卷下册，朱光潜译，334页，北京，商务印书馆，1981。

④ 在黑格尔的哲学世界中，这是一种精神性现实，而于艺术作为一种特殊的意识形态形式而言，它是一种更为复杂的存在。

觉符号直接转化为那声凄厉的尖叫。这是蒙克在忧郁、惊恐的精神状态下，以扭曲变形的线条和图式表现了他眼中的悲惨人生：人不再是人，而是一个找不到任何出路的尖叫的鬼魂。在毕加索的《亚威农少女》这幅画作中，我们看到的不再是女性的柔美和优雅，而是一群怪诞的几何变形的女人身体，与西方古典时代达·芬奇的《蒙娜丽莎》、拉斐尔的《草地上的圣母》《美丽的女园丁》等画作中描绘的作为颂扬人性中的至善至美的形象之间存在着天壤之别。在此画中，出卖爱情的身体之丑陋被毕加索肆意渲染，这表现在作者以立体主义的手法将使用多个视角才能观见之物叠合在一张平面上，通过身体各部分的倒错、叠加表现人物的失常。其中，画面右边两个女人犹如戴着面具的狰狞脸孔让人禁不住想到从阴间爬出的鬼魅，给人以阴森恐怖之感。这种表现形式根源于毕加索对于失却神性和人性的肉体的憎恶，是画家对于畸形倒错的资本主义社会对人的关系的扭曲以及人沦为机器的现实的揭示。然而也恰恰是这些丑陋的身体肆无忌惮挑战的模样同时构成了对于矫饰人生的无情嘲弄，这不能不说是这幅作品更为令人震惊之处。此外，还有达利的超现实主义绘画《记忆的永恒》中那似马非马的怪物，《西班牙内战的预感》中那身体残缺不全、四肢彼此错位的人体，频频出现于德国画家巴塞利兹作品中的倒立的人像……这些作品展现的不再是一个正常的世界，而是一个光怪陆离的、破碎的、颠倒的、残酷的、疯狂的、无法修补的世界，甚或是宣泄着一场渎神的狂欢。

我们该如何看待20世纪西方现代派艺术中的这种变形主题及其带来的诸多令人难忘的不安"表情"呢？究其根本，西方现代派艺术中形象的变形、扭曲、颠倒、幻觉化等表现方式与现代工业社会的生产方式和生活方式及其所影响的人的思维方式和审美表达方式之间有着紧密的联系。现代工业社会中"人的异化"的日趋严重以及人与自然、社会等的疏离，使得现代人笼罩在浓郁的孤独、苦闷、恐惧、无聊和深深的绝望等悲凉的情绪中，现代人的心理感觉与外在的世界不再处于和谐的状态，而且再也没有达到和谐的希望。因此，作品在欲望对象化的方式中往往以变形、破碎、荒诞、丑陋等不和谐的形象将那种欲望与满足之间的对立和分裂加以强化性的显露。[1] 这是人们对于现代社会的一种独特的精神体验，尤其是当我们意识到，在"洞穴人"卡夫卡的作品中，变形竟然成为人类自我解脱的方式时，这种体验似乎就更为令人震撼了，因此这些作品都不可作寻常看。在当代美学和艺术学研究中，艺术及其他审美感知形式如何作为人的更为精妙的延伸方式构成不合理现实生活关系的"反题"从而超越异化的现实，已成为一个重要的课题，它仍然首先需要进入现实的内核才能解析艺术对世界独特的"看"的方式及其意义。

当人们意识到社会的分裂与异化对人及其存在造成的威压与掠夺时，人们会有怎样的反应呢？这是一个饶有兴味的问题。惶惑、痛苦、挣扎、迷茫、焦虑、绝望……这是我们所能想到的常态，然而，还有一种特殊的反应，叫作"笑"。但是，这种"笑"已不再

---

① 参见王杰、廖国伟等：《艺术与审美的当代形态》，76～82页，北京，人民文学出版社，2002。

是一种"不带忿恨的"明朗、乐观的笑，而是在极度痛苦下的纵声大笑。在某种意义上可以说，"纵声大笑"是诸如惶惑、痛苦、挣扎、迷茫、焦虑、绝望等常态反应的最终聚集和凝结。如果说，以艺术形象的扭曲、破碎、变形、丑化等方式表征世界的荒诞和颠倒已让人感受到一种触目惊心的震撼，那么，以笑的方式面对这一切，则可谓对此种荒诞的最大戏谑。面对世界的荒诞与存在的虚无，人们纵声大笑，用笑拉开与现实的距离，以维护人存在的尊严，这是"黑色幽默"在非人的世界面前所能持有的优雅的方式。

在文学作品中，"黑色幽默"术语始于法国超现实主义诗人兼评论家安德列·布勒东。1940年，布勒东和先锋派艺术家保尔·艾吕雅合编了一本小说集《黑色幽默选》。在此书中，布勒东认为"黑色幽默"的内涵包括两个方面：一是"现实的恶劣造成的人的绝望情绪"；二是"人对这种恶劣现实进行的特殊反抗"。人们应该清醒地认识自己的生存状况，同时具有坚决的抗争精神，这样才能成为"黑色幽默"的英雄。[1] 作为一种现代主义文学流派，黑色幽默出现于20世纪中后期，是当代美国文学中最重要的文学流派之一，它是一种将悲剧内容与喜剧形式交织混杂而形成的幽默的特殊形态。作为现实之镜，黑色幽默是对现实断裂和世界非人化状态的一种极致表征方式，它着意于用一种夸张、变形、畸化、碎片化的方式勾勒出线条扭曲的可怖世界，却又出人意料地让人发笑，从而产生了令人"震惊"的艺术效果。因为，正是在这笑声中，人们看清了世界的颠倒，而这恰恰是人们发笑的真正根源。例如，被称为"黑色幽默鼻祖"的《第二十二条军规》就以其入木三分的戏谑笔法淋漓尽致地渲染着这种黑色的气息，甚至让人透不过气来。

小说的主人公约赛连是第二次世界大战中的一名美国轰炸兵，生活在围绕着战争怪物旋转的光怪陆离的世界里。起初他满怀拯救正义的热忱投入战争，并屡立战功。但目睹了战争中种种虚妄、荒诞、疯狂、残酷的事实之后，他发现原来世界到处暗藏着荒唐的圈套。于是他千方百计地想逃离这个非人的世界，甚至装病，想在医院度过自己的余生。但令人啼笑皆非的是，根据第二十二条军规，只有疯子才能免除飞行任务，但必须由本人提出申请；然而，凡是能意识到飞行有危险而提出此申请的人，必然不是疯子，所以理应继续执行飞行任务。这本身是一个令人发笑的逻辑，军规与圈套已成为同义词，这确是一个绝妙的讽刺。恰如作者约瑟夫·海勒所言："我要让人先开怀大笑，然后回过头去带着恐惧回顾他们笑过的一切。"毫无疑问，这个令人发笑的世界是一个颠倒的让人陷入混乱、病态和疯狂的精神幻觉而无法自拔的光怪陆离的世界，它的可怕性不在于你看不见这个世界，而在于你根本无法逃出类似"如果你能证明自己发疯，那就说明你没疯"的逻辑怪圈。因此，在某种意义上可以说，黑色幽默表征的世界是一个精神病在不断蔓延的世界。

---

① 汪小玲：《美国黑色幽默小说研究》，5页，上海，上海外语教育出版社，2006。

这是一种关于存在的特殊体验，因为当人们意识到他所笑过的世界的非常态性时，恐惧和痛苦就会油然而生。然而，也恰恰是这种幽默所激发的人类的特殊情感揭示了另一种存在的可能，并向人类的未来发出了召唤，正是因为幽默美学所秉有的通过美，人们才可以走向自由。恰如席勒所言："人们在经验中要解决的政治问题必须假道美学问题。"①然而，弗兰茨·梅林却毫不留情地指出席勒的这种美学工程政治的激情是把手段变为目的，因为 18 世纪德国资产阶级的解放斗争正是在试行从审美走向政治自由的道路时不言而喻地落了空。这一方面指出了在席勒的心里高悬的仍然只是一种浪漫的审美观念，而另一方面，除却这种浪漫主义所带来的审美幻象，美学作为一种治理术之事实则早已不言而喻。在黑色幽默的叙事中，"美"不再是人们据以凝神观照的膜拜的美神，它隐匿于一切匪夷所思的荒诞的人和物之后，以异样的目光重新打量这个世界。于此，"美"将在"丑的放纵"中显现自身，这是幽默美学所给予的一种新的审美意识形态和审美效应。当"丑"在美学或感性学中日益显现其举足轻重的地位时，幽默之于"审丑"如何可能以及人与世界如何最后通往并达到"再和解"的阶段，应当成为当代美学研究的一个重要议题。

二、中国美学思想中的"幽默"概念

在中国，幽默作为一个美学概念出现较晚，其实质却有着悠久的历史传统。中国幽默传统可追溯至先秦时期。西周末年，宫廷中用"优"之风盛行。优是古代国王和贵族的弄臣，专事调笑讽刺，亦称为"俳优"。"俳优"，即古代以乐舞谐戏为业的艺人。许慎在《说文解字》中指出，"俳，戏也"，"优，饶也……一曰倡也"。段玉裁注云："以其言戏之，谓之俳；以其音乐言之，谓之倡，亦谓之优；其实一物也。"俳优可谓中国早期的幽默大师，司马迁在《史记·滑稽列传》中就颂扬了淳于髡、优孟、优旃一类滑稽人物"谈言微中，亦可以解纷"的非凡讽谏才能以及"不流世俗，不争势利"的可贵精神。俳优"善为笑言"，其语言丰富多彩、变幻多端，尤其对于隐语、反语、夸张语等的妙用，构成了浓郁的喜剧风格，而其寓庄于谐、讽谏时政的传统对于中国喜剧性曲艺的发展也产生了重要的影响。"参军戏"就是在俳优语言艺术的基础上发展起来的戏曲形式。② 此外，中国先秦时期的典籍中也收藏了大量的民间笑话和寓言故事，体现出中华民族质朴、含蓄、乐观的幽默精神。《诗经·国风》中的怨刺诗和婚姻爱情诗，就表现出幽默的不同风格与旨趣。其中，怨刺诗多采用夸张的手法，并极尽嬉笑怒骂之快感，将统治者的滑

① ［德］弗里德里希·席勒：《审美教育书简》，冯至、范大灿译，21 页，上海，上海人民出版社，2003。

② 十六国时，后赵石勒因一任参军官员贪污，令优人穿上官服，扮作参军，让别的优伶从旁戏弄，"参军戏"由此得名。

稽、畸形、丑陋、腐朽败坏等加以变形、放大，是一种接近于"嘲"与"谑"的介于攻击和调侃之间的幽默；而在婚姻爱情诗中，其幽默成分多体现在男女调笑中的互相调侃和打趣，充满了浪漫温馨的生活趣味。

魏晋时期是中国幽默传统发展的第二个重要阶段。魏晋南北朝是中国历史上政权更迭最频繁的时期，同时也是中国的一次文艺复兴。社会的变迁对于社会意识形态的重构产生了深远的影响。与当时占据统治地位的两汉经学的崩溃、谶纬统治的垮台的社会背景相应的是，坦荡率真、放任不羁的魏晋风度渐至形成并盛行，也带来了魏晋时期幽默文学繁荣的气象。三国魏邯郸淳所撰的《笑林》是我国古代较早的笑话专书，记载的多是一些嘲讽愚庸的笑语故事，具有较强的社会意义。《世说新语》则是魏晋南北朝幽默文学的集大成者，它秉承了《笑林》《语林》《郭子》的喜剧精神，吸收借鉴其幽默素材和表现方式，形成了自己独特的幽默风格，同时标举出魏晋名士逍遥自在、任达放诞的存在美学范式，为中国的幽默精神书写了浓重的一笔。

魏晋以后，中国幽默传统的发展在戏剧方面表现突出。参军戏至晚唐发展为多人演出，戏剧情节也日益复杂，对宋金杂剧的形成有直接影响，到元代达到了其发展的高峰。例如，关汉卿的《救风尘》、康进之的《李逵负荆》、白朴的《墙头马上》、郑廷玉的《看钱奴》、王实甫的《西厢记》、施惠的《幽闺记》等作品为中国幽默传统留下了宝贵的文化遗产。至明清时期，中国的幽默艺术除了在戏剧领域卓有成就之外，在话本小说、散文、诗歌、寓言、长篇小说等方面也大放异彩，出现了冯梦龙的《笑府》《广笑府》《古今笑》，以及《西游记》《儒林外史》《济公传》等大量饱含幽默趣味的作品，它们借嬉笑怒骂式的幽默以矫正世风、济世利人。

到了 20 世纪 20 年代，中国幽默艺术发展又开启了一个新的高峰。随着"幽默"这一美学术语的引介和相关阐述，关于幽默的理论和实践进入了一个更为自觉的发展阶段。早在 1906 年，王国维援引"欧穆亚"（humor 之音译）和"欧穆亚之人生观"品评屈原的文学精神，成为在中国率先引进"humor"并将之运用于文学批评的先驱。1924 年，林语堂在其发表的《征译散文并提倡"幽默"》一文中，首次将英文"humor"翻译为"幽默"并加以提倡，并进一步阐释其内涵和相关命题。不仅如此，林语堂还致力于在比较中西方幽默范式和精神的基础上建构民族的现代幽默理论，是在中国现代文学史上第一位致力于将幽默作为一门艺术加以推广并开展相关研究和实践的学者。林语堂强调指出，幽默为人生之一部分，它是人生智慧的开启，它引发的是一种含蓄的极富于思想的笑。因为，"幽默的情境是深远超脱，所以不会怒，只会笑，而且幽默是基于明理，基于道理之参透"，"幽默只是一位冷静超远的旁观者，常于笑中带泪，泪中带笑。其文清淡自然，不似滑稽之炫奇斗胜，亦不似郁剔之出于极警巧辩"。① 于此，幽默是为一种"冲淡"的心

---

① 《林语堂经典作品选》，38、39 页，北京，当代世界出版社，2002。

境，与情急、辞烈的嘲讽和讪笑完全相异，它正是由于对存在的洞察和出于心灵的妙悟而发出的温柔和缓的笑。在某种意义上，恰如列宁所言："幽默是一种优美的、健康的品质。"无所挂碍、不忸怩作态的自然幽默乃为幽默之上乘。

此外，幽默不仅仅是一种心境和艺术，而且成为介入现实的一面旗帜。鲁迅的《阿Q正传》《孔乙己》、老舍的《骆驼祥子》、钱锺书的《围城》、沙汀的《在其香居茶馆里》、张天翼的《华威先生》、赵树理的《小二黑结婚》等作品以幽默为武器，其中犀利的讽刺笔法及塑造的形象在中国幽默文学史上翻开了重要的一页。在这些作品中，幽默艺术被巧妙地融入思想、文化和政治的斗争中，带来了中国文坛以笔代伐、针砭时弊并将喜剧与悲剧糅合在一起的新气象。此外，丁西林的《一只马蜂》《压迫》《三块钱国币》、陈白尘的《升官图》《恭喜发财》《结婚进行曲》等喜剧作品继承中外传统喜剧的幽默风格，以其对喜剧技艺运用的挥洒自如和有意味的细腻的笔法代表了戏剧幽默发展的新方向。在这一时期，幽默精神也广泛地渗透和影响着其他的艺术形式，并产生了以讽刺幽默见长的新体裁，诸如杂文、漫画、相声、独脚戏、滑稽戏等。

图4-2 丰子恺漫画

20世纪50年代初期，中国幽默作品颇丰。赵树理《锻炼锻炼》中的"小腿疼"和"吃不饱"、《三里湾》中的"常有理"，马烽《三年早知道》中的赵满囤，老舍《龙须沟》中的程疯子等幽默形象的出现；《新局长到来之前》《球场风波》《花好月圆》《布谷鸟又叫了》等讽刺喜剧，《李双双》《女理发师》《我们村里的年轻人》《五朵金花》《今天我休息》等喜剧片，以及《买猴》《开会迷》《关公战秦琼》等相声的相继产生，使得幽默美学日渐深入人心，并在政治、文化和社会生活中被广泛认可。"文化大革命"中，以幽默为主要手段的艺术体裁如喜剧、相声、漫画等遭禁止，中国幽默艺术的发展在相当长一段时期内被冷冻，但幽默趣味仍然坚韧地存活于民间，并等待着新的迸发。到了20世纪80年代，幽默又以新的姿态出现在文学领域，在某种意义上成为人们复杂心境的一种容纳与塑形，同时也加深了幽默与政治的不解之缘。这一时期的幽默文学表现出对历史的嘲讽与自我解嘲的双重性以及一种沉重而无奈的笑，例如高晓声的"陈奂生系列"、王蒙的《名医梁有志传奇》《买买提处长轶事》《说客盈门》《冬天的话题》《风息浪止》《九星灿烂闹桃花》、陆文夫的《美食家》、李准的《王结实》、王小波的《黄金时代》、白景晟的《天堂的虚惊》以及张贤亮的《浪漫的黑炮》、冯骥才的《二十万辆菲亚特》等作品，其幽默均是发人深省的。

目前，中国幽默理论的探索与实践进入更为自觉、自由的阶段。在理论方面，关于幽默的基本理论、流派、艺术形式及其发展规律，以及中外幽默比较等方面的探讨都取得了相当可喜的成果。在幽默的表现方式方面，在吸纳西方幽默元素并结合中国语境的基础上进行了新的积极探索，出现了幽默手法的多元化、复杂化、个性化的发展倾向。中国悠久的幽默传统以及当代幽默精神的积极开拓，奠定了中国幽默在世界幽默史上重要的地位与影响。

三、作为现实之镜的幽默

里普斯在《喜剧性与幽默》中指出："否定通过灾难、通过被痛感到的对人的存在的干犯，产生悲剧性。同样，否定通过喜剧因素、通过对人的存在的逗乐的干犯，产生幽默。喜剧性在幽默中吸收了具有肯定价值的要素时，它便获得审美的意义。"[①]于此，里普斯强调了幽默是以"逗乐"的方式"对于人存在的干犯"，然而，这绝不是简单的逗乐，而是在对于人的存在的洞察之后产生的一种优美的情感。里普斯对于这种特殊情感的规定是："这是一种在喜剧感被制约于崇高感的情况下产生的混合感情；这是喜剧性中的、并且通过喜剧性产生的崇高感。"[②]在里普斯看来，喜剧性通过天真烂漫完成了向幽默的过渡，而"真正的天真喜剧性是喜剧的，同时也是崇高的"[③]。因此，以幽默方式显现的喜剧与悲剧及其所指向的崇高之间并非直接对立的，而是因着对于人的存在的经验以及对于存在何以成为存在的追问而聚集起来。于此，极富于意味的是，幽默直接成为一种美学事实。

作为一种美学事实，幽默是关于现实生活关系的微妙刻写，它蕴藉着人类愉悦、欢快、无奈、纠结、痛苦、绝望等诸多情感，但它终将能把这种种历验转化为"会心的微笑"，因为这源于一种对人类存在的深刻洞察和升华。当它在笑声中出卖了人们心底的恐惧时，恐惧将有可能在一个新的世界中被消除。我们深信，具有优美品质的幽默将无限延伸这样的能力。

思考题：

1. 西方美学史上关于优美的研究有哪些？优美有哪些审美特征？

2. 如何理解里普斯所说的幽默的三个不同阶段？

---

① ［德］里普斯：《喜剧性与幽默》，刘半九译，见伍蠡甫、胡经之：《西方文艺理论名著选编》中卷，461页，北京，北京大学出版社，1986。

② ［德］里普斯：《喜剧性与幽默》，刘半九译，见伍蠡甫、胡经之：《西方文艺理论名著选编》中卷，463页，北京，北京大学出版社，1986。

③ ［德］里普斯：《喜剧性与幽默》，刘半九译，见伍蠡甫、胡经之：《西方文艺理论名著选编》中卷，462页，北京，北京大学出版社，1986。

3. 幽默如何作为现实的一种微妙刻写方式？试以黑色幽默为例进行解析。

拓展阅读文献：

1. 闫广林、徐侗：《幽默理论关键词研究》，上海，学林出版社，2010。

2.［英］埃德蒙·伯克：《关于我们崇高与美观念之根源的哲学探讨》，郭飞译，郑州，大象出版社，2010。

3.［德］弗里德利希·席勒：《秀美与尊严——席勒艺术和美学文集》，张玉能译，北京，文化艺术出版社，1996。

4.［德］康德：《论优美感和崇高感》，何兆武译，北京，商务印书馆，2001。

5.［德］里普斯：《喜剧性与幽默》，刘半九译，见伍蠡甫、胡经之：《西方文艺理论名著选编》中卷，北京，北京大学出版社，1986。

扫码阅读：

第五章　隐喻与叙事

从狭义的文学角度看，隐喻和叙事分别对应于文学中的抒情文学（诗歌）和叙事文学（故事、神话和小说等）。的确，隐喻在诗歌里最为普遍，以至于人们常说，"没有隐喻，就没有诗歌"。但是实际上，隐喻不仅是重要的修辞手段和文学手法，也是重要的美学、文化和人类思维现象。叙事最初是处理口传文化和书面文学中讲故事的方式，后来演变成社会文化多个领域和各门人文社会科学共同关注的文化现象。

第一节　隐喻与叙事概述

隐喻广泛地存在于语言、文学、宗教和人类思维之中。中国古代对隐喻的研究始于先秦诸子。在西方则始于亚里士多德的《诗学》和《修辞学》。此后关于这方面的研究连绵不绝，形成了多种隐喻理论。关于叙事的思考虽然古已有之，但是叙事学成为系统的理论形态的标志则是 20 世纪 60 年代兴起的结构主义叙事学，以及 80 年代之后兴起的后经典叙事学。

一、隐喻概述

"隐喻"（metaphor）这个词源自希腊文"metaphora"，意思是"转移"或"传送"，"它指一套特殊的语言过程。通过这一过程，一物的若干方面被'带到'或转移到另一物之上，以至第二物被说得仿佛就是第一物"①。也就是说，在隐喻中，字面上表示某个事物的一个词或表达，可以不需要进行比较而应用于另外一个完全不同的事物。如《诗经·桃夭》中的诗句"桃之夭夭，灼灼其华，之子于归，宜其室家"，盛开的桃花与新嫁娘之间有某种相似性，以桃花表示新嫁娘，就是隐喻。在《修辞学》（一译《修辞术》）中，亚里士多德把隐喻视为语言转义的一种方式，认为隐喻是通过引入两个分离的事物的明确的比较，

_____

① ［英］特伦斯·霍克斯：《论隐喻》，高丙中译，1 页，北京，昆仑出版社，1992。

脱离了字面意义而充当了一个相似物的替代品。亚里士多德提出了关于隐喻的两个原则：其一，"隐喻关系不应太远，在使用隐喻来称谓那些没有名称的事物时，应当从切近的，属于同一种类的词汇中选字"，这就是隐喻理论史上著名的相似性原则；其二，"隐喻还取材于美好的事物"，即隐喻作为转义应当产生令人愉快、耳目一新的效果。① 正因为亚里士多德视隐喻为一种语言转义现象，他把明喻也当作隐喻的一个类别。陈望道也认为，隐喻和明喻"原本没有什么区别，都是由于思想对象同取譬事物之间有类似点构成"，感情激越时用明喻较多，而当"譬喻这一面的观念高强时，譬喻总是采用譬喻越占主位的隐喻或借喻"。② 这说明隐喻的形成经历了一个先把具体事物抽象化，再与另一与此事物相似的事物进行类比的过程。从修辞学上说，隐喻是比明喻更深一层的比喻。先秦时墨子从论辩的角度谈到了"取类"。《墨子·小取》云："以名举实，以辞抒意，以说出故。以类取，以类予。"这里，"故"为原因，"类"指的是推理、比喻，"故"和"类"是墨子论辩术的两大支柱，说明中西方最早关于比喻、隐喻的研究有相似的修辞学背景。

无论是亚里士多德还是墨子，主要还是在语词的修辞格甚至论辩术的范围内讨论隐喻，突出的是隐喻词对日常用法的偏离特征。实际上，隐喻也是一种重要的话语现象和美学现象，涉及"所有层次的语言策略：单词、句子、话语、文本、风格"③。利科认为，隐喻是对语义的不断更新活动，不仅在语词，更在句子和话语及认知的层面上带来新质。

二、叙事概述

西方叙事研究的发端可以追溯到柏拉图。柏拉图在《理想国》第三卷中通过苏格拉底之口讨论故事的形式和风格的时候对叙事和模仿进行了区分，叙事（diegesis）是叙述者自己讲故事，模仿（mimesis）是叙述者与人物同化，直接模仿和引用人物对话的叙事。④ 按照美国学者普林斯的说法，"叙事是一个或数个（公开或半公开的）叙述者向另一个或数个（公开或半公开的）受众讲述（作为结果或者过程、对象或者行为、结构或者结构过程的）一个或多个真实的或虚构的事件"⑤。

一般认为，叙事包含双重结构：被告知的层面与讲述层面。前者指的是叙述者意欲

① 参见［古希腊］亚里士多德：《修辞术·亚历山大修辞学·论诗》，颜一、崔延强译，167页，北京，中国人民大学出版社，2003。

② 陈望道：《修辞学发凡》，64～65页，上海，复旦大学出版社，2008。

③ ［法］保罗·利科：《活的隐喻》，汪堂家译，14页，上海，上海译文出版社，2016。

④ 参见［古希腊］柏拉图：《理想国》，郭斌和、张竹明译，94～95页，北京，商务印书馆，1986。

⑤ Gerald Prince，*A Dictionary of Narratology*，Lincoln，University of Nebraska Press，1987，p. 58.

使我们相信发生了的事件或行为，后者指这些事件被叙述的方式，即讲述的组织形态。俄国形式主义分别称之为 fabula（故事）与 syuzhet（情节），这里的情节不仅涵盖对事件的安排，也包括打断和拖延叙事的方法。法国结构主义分别称这两个层面为叙事（récit，或 histoire，即故事）与话语（discours）。法国结构主义叙事学家热奈特认为，叙事"指的是承担叙述一个或一系列事件的叙述陈述，口头或书面的话语"①。用美国学者查特曼的话说，叙事和话语对应的是叙事的"故事层面"和"表达层面"。②

英国作家、批评家福斯特曾经说，"国王死了，不久王后也死去"是故事，而"国王死了，不久王后也因伤心而死"就是情节。③ 也就是说，情节不仅包含两个时间上相互关联的事件，还包含着因果性的连接，叙事是与时间和因果性相关的线性行为系列。一件事情与另一件事情之间逻辑的或因果的连接，构成了叙事的基本方面。美国学者罗伯特·肖尔斯认为，"情节可以定义为叙事文学中动力性的、序列性的成分"。按照他的研究，"主要的情节形成经验性的叙事：（1）历史形态，它建立在伴随原因与结果的过去发生的事件基础之上，而又被不相干的背景撕裂，被叙述形式离析，或者建立在以这种方式处理的有关事件序列的基础之上；（2）传记形态，它呈现为真实的个体从出生、成长到死亡的外观"④。由于法国结构主义者将作品当成一个封闭、完成、绝对的对象来看待，他们并不重视对作品具体情节的研究，而关注从作品中抽象出来的"一般"情节，所以他们已经不大使用"情节"这一术语，而用实际上大于情节的叙事或话语涵盖了先前"情节"的说法中所包含的内容。

法国结构主义在俄国形式主义之后将叙事研究上升为系统的理论形态，即叙事学。叙事学（narratology）一词首先出自法国学者托多罗夫的《〈十日谈〉的语法》（1969）一书，通常被认为是关于叙事、叙事结构及这两者如何影响我们的知觉的理论及研究。以结构主义为代表的经典叙事学主要致力于研究叙述角度、叙述时间、叙述语法、叙述接受者等。结构主义叙事学之后出现了后经典叙事学。后经典叙事学突破了先前叙事学研究的语言学框架，一方面注意到叙事与权力、种族、性别、意识形态等的关系，例如詹姆逊认为，叙事中包含着意识形态。"审美行为本身就是意识形态的，而审美或叙事形式的生产将被看作是自身独立的意识形态行为，其功能就是为不可解决的社会矛盾发明想象的或形式的'解决办法'。"⑤另一方面走向历史、教育、电影、新闻、传播和大众媒体等

① ［法］热拉尔·热奈特：《叙事话语　新叙事话语》，王文融译，6 页，北京，中国社会科学出版社，1990。
② 参见［美］西摩·查特曼：《故事与话语——小说和电影的叙事结构》，徐强译，北京，中国人民大学出版社，2013。
③ ［英］爱·摩·福斯特：《小说面面观》，苏炳文译，75 页，广州，花城出版社，1984。
④ Robert Scholes & Robert Kellogg, *The Nature of Narrative*, Oxford, Oxford University Press, 1966, pp. 207, 214.
⑤ ［美］弗雷德里克·詹姆逊：《政治无意识——作为社会象征行为的叙事》，王逢振、陈永国译，67～68 页，北京，中国社会科学出版社，1999。

领域，研究跨学科、跨媒介、跨文化叙事。

第二节　隐　喻

隐喻原本是作为修辞和论辩术受到重视的，亚里士多德、墨子等人已经朦胧地意识到隐喻、比喻与人类思维活动的联系，他们关于隐喻与相似性、相互作用、认知方式关系等的研究，体现了隐喻从语言现象研究逐渐成为文化与思维方式研究的演进轨迹。

一、相似性与相互作用

西方传统的隐喻理论是由亚里士多德奠定的。亚里士多德在《诗学》里说，"隐喻就是把属于别的事物的名词借来运用"，"运用好隐喻，依赖于认识事物的相似之处"。[①] 这种研究方式可称为相似性思路，该思路假定了用于比较事物的特征先在于隐喻，隐喻的使用既可以借此物来指代与认识彼物，还可以加强语言的修辞力量与风格的生动性。这样，隐喻便与转移、借用、替代联系在一起。在古典修辞学中，隐喻尤其借助于相似性。"相似性首先出现在观念之间，词语是观念的名称……其次，它与偏离构成同一过程的正反两个方面。再次，它是指代领域的内在联系。最后，它是解述的指南，而解述在恢复本义时取消了比喻。"[②]隐喻作为比喻的一种，包含了把两个事物进行关联、比较和替代的精神过程，形成了不同的表现形态，这一点在诗歌艺术中尤为明显。

新批评和结构主义突破了传统隐喻研究的修辞格局，把隐喻研究推进到语境和话语选择层面。新批评开辟了隐喻研究的另一种路径，即瑞恰兹的相互作用理论。新批评的先驱瑞恰兹认为隐喻不能用逻辑来衡量，"它是最高超的媒介，通过它，彼此相异而以前毫无关联的东西在诗歌中得以贯穿起来，以便它们对态度和冲动产生影响，因为影响产生于这些东西的搭配以及心灵此时在它们中间确定的组合关系。如果仔细推究，便能发现大多数比喻的效果无法追溯到其中包含的逻辑关系。比喻是一种明暗参半的方法，可以借此把更大的多样性成分编织于经验的结构之中"[③]。在 1936 年出版的《修辞哲学》中，瑞恰兹进一步提出了隐喻理论史上著名的相互作用理论（一译"互动论"）。他认

---

① Aristotle，*Poetics*，translated by Greald F. Else，Ann Arbor，The University of Michigan Press，1980，p.57，p.61.

② ［法］保罗·利科：《活的隐喻》，汪堂家译，239 页，上海，上海译文出版社，2016。

③ ［英］艾·阿·瑞恰慈：《文学批评原理》，杨自伍译，219 页，南昌，百花洲文艺出版社，1992。该书将"瑞恰兹"译为"瑞恰慈"。

为隐喻是通过喻体或媒介（vehicle）与喻旨（tenor）相互作用形成的，其中喻体就是"形象"，喻旨则是"喻体或形象所表示的根本的观念或基本的主题"。隐喻的形成并不取决于两个要素的相似，而是保持了在语词或简单表达式中同时起作用的不同事物的两种观念。在瑞恰兹那里，喻旨是隐含的观念，喻体是通过其符号理解第一种观念的观念，隐喻是给我们提供了表示一个东西的两个观念的语词。"当我们运用隐喻的时候，我们已经用一个词或短语将两个不同事物的思想有效地结合并支撑起来，其意义是它们相互作用的产物。"[1]在此基础上，瑞恰兹给隐喻下了个定义："隐喻看起来是一种语言的存在，一种语词的转换与错位。从根本上说，隐喻是一种不同思想交流中间发生的挪用，一种语境之间的交易。"[2]这样，隐喻不仅是一种与日常用法相背离的修辞现象，它还通过语言挪用与语境交易形成了思想与意义的新质，掌握隐喻也就是掌握了我们生活于其中而创造出来的世界。瑞恰兹的隐喻理论强调语境对语词本义的优先性，内容（喻旨）与表达手段（喻体）同时出现以及它们的相互作用。也就是说，隐喻不是表达手段，它是两个部分构成的整体。利科认为，瑞恰兹隐喻理论的贡献就"在于排除（隐喻）对本义有所暗示，排除所有求助于观念的非语境理论的做法"[3]。例如近些年，中国有人用"砖家"指称"专家"，就是因为当下部分知识分子存在着道德滑坡、学术研究偏离中立性的现象，原本不相干的"砖家"/"专家"发生了语言挪用与语境交易，形成互动式隐喻。

从此以后，在新批评那里，隐喻正式被提升为对诗歌艺术具有根本意义的手法。布鲁克斯认为，对于诗歌来说，"想不出比隐喻更好的方式"[4]。兰色姆则将隐喻作为他所说的诗的肌质中的主要部分。他认为："任何一个特定的隐喻都需要因由，它需要某种能够成立的逻辑，或者某种明确的'类比用意'，其次，我认为，喻体内容本身必须精彩出色。不过，我感觉，喻体必须既独立完整，又超越原始场景……在此过程中，喻体变得与主题结构无关，它支持诗歌实现对于局部肌质的融合。"[5]对于兰色姆来说，异质性是诗歌独特的、典型的存在方式，隐喻是形成诗歌异质性的重要途径。维姆萨特说，"在理解想象的隐喻的时候，常要求我们考虑的不是 B（喻体）如何说明 A（喻旨），而是当两者被放在一起并相互对照、相互说明时能产生什么意义。强调之点可能在相似之处，也可能在相反之处，在于某种对比或矛盾"，因此，结合了具体性与意义的隐喻"广义上

① I. A. Richards, *The Philosophy of Rhetoric*, New York, Oxford University Press, 1965, p. 97, p. 93.

② I. A. Richards, *The Philosophy of Rhetoric*, New York, Oxford University Press, 1965, p. 94.

③ ［法］保罗·利科:《活的隐喻》，汪堂家译，110 页，上海，上海译文出版社，2016。括注为编者所加。

④ ［美］克林斯·布鲁克斯:《精致的瓮:诗歌结构研究》，郭乙瑶等译，189 页，上海，上海人民出版社，2008。

⑤ ［美］约翰·克罗·兰色姆:《新批评》，王腊宝、张哲译，56 页，南京，江苏教育出版社，2006。

是所有诗学的原则"。① 这就将瑞恰兹的比较简单的相互作用的说法辩证化与具体化了。

瑞恰兹与新批评的隐喻理论突出了喻体与喻旨的相互作用，是对传统隐喻理论的突破，对结构主义的隐喻研究具有启发意义。托多罗夫②说，喻体与喻旨相当于初级意义与次级意义，"初级意义与次级意义（按照瑞恰兹的说法，有时称之为喻体与喻旨）的相互作用，既不是一种简单的替代关系，也不是一种断言，而是一种特殊的关系"③。卡勒对新批评的隐喻理论进行了另一番解读："隐喻是两个举隅比喻的结合：它从一个整体移向其中的一个部分，再移向包括这个部分的另一个整体，或者，它从一个具体物体移向一个一般类属，然后再移向这个类属中的另一具体物体。""在诗歌阅读中，偏离真实性可视为隐喻。"④

结构主义结合换喻研究，把隐喻推进到语言的选择层面。根据索绪尔的说法，话语的信息是从语言组成因素的库存中选择出来的组成因素的组合，即由平面运动的横组合与垂直运动的纵聚合结合而成。横组合把词语组合在一起，纵聚合则从现有的语言库存中选择具体的词。自20世纪50年代后期起，受到索绪尔关于句段关系与联想关系说法的启发，流亡至美国的雅克布森发表了关于失语症现象的一系列文章，探讨语言横组合段与纵聚合段的性质及其对诗歌的作用，将隐喻及换喻的研究水平推进到一个全新的高度，也开辟了结构主义隐喻研究的新思路。1956年，雅克布森发表《语言的两个方面与失语症的两个方面》，指出横组合段的各个部分的关系是"邻近性"，雅氏称为"组合轴"（axis of combination），而纵组合段的各个部分的关系是"相似性"，雅氏称为"选择轴"（axis of selection）。邻近只有一种，而相似可以表现在不同方面，因此可以有一系列的纵聚合段。他发现两种主要的语言错乱（"相似性错乱"与"邻近性错乱"）和两种基本修辞即隐喻与换喻有关，"在前者当中相似性占主宰地位，而在后者当中邻近性居压倒优势"，即在相似性错乱的病人身上，语言的句段或组合关系依然保持着，他们不会处理隐喻性素材如下定义、命名等，但却会大量使用换喻，如以叉代刀、以烟代火等。而在邻近性错乱的病人身上，情况则相反，患者主要以隐喻性的词语进行言语活动，如以绿代蓝等。雅克布森由此得出一个普遍性的结论："隐喻似乎和相似性错乱不相容，而换喻则和邻近性错乱不相容。"⑤该理论揭示了语言共时存在方式（聚合、共存、迭加）与历时存在方式（组合、接续）之间的普遍对立。具体到诗歌语言上，雅克布森认为，在言语行为的两个基本的操作方法——组合和选择中，"诗歌功能是把对应原则从选择轴反射

---

① W. K. Wimsatt, *The Verbal Icon: Studies in the Meaning of Poetry*, Lexington, University of Kentucky Press, 1967, p. 127, p. 49.

② 兹维坦·托多罗夫，又译"茨维坦·托多洛夫"。

③ T. Todorov, *Introduction to Poetics*, Minneapolis, University of Minnesota Press, 1981, p. 16.

④ [美]乔纳森·卡勒：《结构主义诗学》，盛宁译，270、285页，北京，中国社会科学出版社，1991。

⑤ Roman Jakobson, "Two Aspect of Language and Two Type of Aphasic Disturbances,"in Krystyna Pomorska & Stephen Rudy(eds.), *Language in Literature*, London, The Belknap Press, 1987, p. 109.

到组合轴"①，因为一首诗的形成需要对横组合段上的某些成分进行纵聚合段上的选择。这种说法对于诗歌语言具有一定的阐释效力。据南宋洪迈《容斋随笔》记载，王安石写《泊船瓜洲》中"春风又绿江南岸"一句时，曾在"到""过""入""满""绿"等一系列意义相似的词语中进行选择，最后选中了"绿"字。这里面便有纵聚合状态下平仄、音韵的考虑与共时性语义关系的选择。雅克布森还指出，隐喻主词与其代替词之间有明显的相似性，利用了语言中的垂直关系，从特征上说是联想的；而换喻利用了语言中的水平关系，是主词与其代替词之间邻近的或前后的组合。他还以隐喻建立于相似性关系之上、换喻筑基于邻近性关系之上的原理分析其他文学类型，指出隐喻在浪漫主义和象征主义文学中占有优势地位，而现实主义文学从情节到气氛以及从人物到时空背景都循着邻近性关系的路线。② 在《隐喻和换喻的两极》中，雅克布森进一步指出，隐喻与诗歌密不可分，换喻与叙事性作品相联系。雅克布森关于隐喻与换喻的理论，揭示了纵聚合的多重选择可能性，以及隐性的纵聚合通过显性的横组合得以体现的事实，是对索绪尔结构语言学逻辑设想的一个经验性运用与理论提升。

二、隐喻与认知

20世纪下半叶以来，隐喻与认知的关系受到重视。有学者认为，"主要是从 Richards（瑞恰兹）开始，对隐喻两项的研究逐渐向认知领域发展"③。一方面，隐喻与人类思维发展的关系逐渐被揭示。有学者指出，隐喻的发展大致经历了三个阶段，第一个阶段是人、物不分，产生的隐喻是原始隐喻；第二个阶段是人开始意识到了自身与物的不同，产生的是一般意义上的隐喻；第三个阶段是人完全意识到了人、物的不同并意识到彼此之间的相似之处，产生的隐喻即是明喻。④ 另一方面，隐喻与交流、隐喻与概念、隐喻与文化传统的关系也受到关注。"隐喻是一种不依照字面意义进行交流的语言使用的变体，因此可以说，它是一种言在彼而意在此的表达方式。"⑤莱考夫和约翰逊视语言为一种认知现象，认为隐喻是借助一个概念领域去认识另一个概念领域，我们之所以运用隐喻，是因为人类的概念系统是隐喻性的，我们对语言的隐喻性使用与隐喻性概念是

① Roman Jakobson，"Closing Statement：Linguistics and Poetics，"in Thomas A. Sebeck(ed.)，*Style in Language*，Massachusetts，The M. I. T. Press，1960，p. 358.

② Roman Jakobson，"Two Aspect of Language and Two Type of Aphasic Disturbances"，in Krystyna Pomorska & Stephen Rudy(eds.)，*Language in Literature*，London，The Belknap Press，1987.

③ 林书武：《国外隐喻研究综述》，载《外语教学与研究》，1997(1)。括号注为编者所加。

④ G. Buck，*The Metaphor：A Study in the Psychology of Rhetoric*，Cambridge，Cambridge University Press，1971，p. 36.

⑤ Ted Cohen，"Metaphor，"in Jerrold Levinson(ed.)，*The Oxford Handbook of Aesthetics*，New York，Oxford University Press，2003，p. 366.

联系在一起的。①

隐喻从根本上来说不仅仅是个语言问题，它还涉及人类思维与存在物的关系及文化传统问题。例如，中国人用梅、兰、竹、菊四君子比喻傲、幽、坚、淡就带有鲜明的民族特色，也体现了中国人的认知方式。《庄子·天下》篇所说的"以卮言为曼衍，以重言为真，以寓言为广"，其中"寓言"表面是假托别人的话去推广，其实在看似荒诞不经的故事里寄托了对人生的种种思考，与人类思维的隐喻性有关。再比如，中国古人非常重视援引相类似的例证来说明事理，在《诗经》、楚辞、汉赋以及中国古典诗词中存在大量比兴的使用，"兴"，孔安国解释为"引譬连类"。汉代刘向《列女传·辩通传题序》云："惟若辩通，文辞可从，连类引譬，以投祸凶。""引譬连类"表明比喻和隐喻的使用不仅会产生美学效果，还与人类思维进行类比、转换和引申的能力有关。卡勒指出，"字面意义与比喻意义不稳定性的区分，根本性的与偶然性的相似之间无法掌握的至关重要的区别，存在于思想与语言的系统及使用的作用过程之间的张力，这些被无法掌握的区分所揭示出来的多种多样的概念的压力和作用力创造出的空间，我们称为隐喻"②。这说明人类思维活动具有隐喻性。隐喻从一个侧面体现了人类认识和思考事物的方式。隐喻的使用实际上是一个认识性的精神过程，是一种投射或者说对概念领域的图绘，将概念的来源领域的结构部分投射到概念的目标领域的结构部分，通过这样一种转换改变和重组了我们感知或思考后一种事物的方式。

第三节　叙　事

叙事学研究经历了受结构主义语言学影响的以文学作品为研究中心的经典叙事学和其后跨文化、跨学科的后经典叙事学两个阶段。经典叙事学发端于 20 世纪 20 年代末俄国形式主义者普洛普对民间故事的研究以及 40 年代新批评派布鲁克斯和沃伦对短篇小说的研究，后来在 60 年代推延至神话、故事和小说的研究，具有形式主义批评的明显印记。从批评实践来看，经典叙事学似乎更适宜于分析神话、民间故事和短篇小说，对长篇小说的分析就打了折扣，较少涉及戏剧、电影等的叙事问题。80 年代之后兴盛起来的后经典叙事学突破了叙事研究的语言学框架，把触角延伸至电影、戏剧、历史、教育、网络甚至音乐等领域。但即便到了第二个阶段，经典叙事学研究仍然还在发展演

---

① See George Lakoff & Mark Johnson, *Metaphors We Live by*, Chicago, The University of Chicago Press, 1980.

② Jonathan Culler, *The Pursuit of Signs*: *Semiotics*, *Literature*, *Deconstruction*, London, Routledge and Kegan Paul, 1981, p. 207.

化。也就是说，经典叙事学与后经典叙事学并非前后对立、此消彼长，而是相互补充、互动共存。

一、经典叙事学

经典叙事学遵循索绪尔对"语言"和"言语"的区分，把具体的故事看作由某种共同符号系统支持的具体故事信息。由于索绪尔认为"语言"高于"言语"，关注语言符号系统的结构元素和组合原则，因而"叙事学家们同样也将一般叙事置于具体叙事之上，主要关注点是基本结构单位（人物、状态、事件，等等）在组合、排列、转换成具体叙事文本时所依照的跨文本符号系统原则"。"叙事学的基本假设是，人们能够把形形色色的艺术品当作故事来阐释，是因为隐隐约约有一个共同的叙事模式。因此叙事学分析的存在理由是，它能够对潜存于人们直觉到的故事知识中的模式特性做出明确的描述，对人类叙事能力的构成情况做出说明。"① 下面我们从叙事功能或叙事语法、叙事时间、叙述角度、叙述者等几个方面做一番介绍。

1. 叙事功能与叙事语法

俄国形式主义者普洛普在《民间故事形态学》中研究了 100 篇俄国民间故事。他发现，虽然这些民间故事变化多样，但只包含了 31 种行动方式或功能，这就使得按照人物的功能来研究故事成为可能。由此普洛普得出了研究俄国民间故事的四个原则：(1)人物的功能在故事中是一个稳定的、持续不变的因素，它们不依赖于人物如何实现这些功能。这些功能构成了一个故事的基础性的组成部分。(2)民间故事中已知功能的数量是有限的。(3)功能的秩序总是一致的。(4)就其结构而言，所有的民间故事都属于一个类型。② 若干功能构成特定的行动域(spheres of action)。上述民间故事的叙事功能可划分为七个行动域：对手(villian)、施与者(donor)、协助者(helper)、被追求者和她的父亲(a sought-for person and her farther)、派遣者(dispatcher)、主人公(hero)、假主人公(false hero)。普洛普认为，行动域是与人物相对应的，一个人物可以同时涉及几个不同的行动域，而一个行动域也可以分派给几个不同的人物。这里所说的"行动域"大致相当于格雷马斯后来所说的"行动元"。

格雷马斯沿袭并改造了普洛普的说法。不是根据人物是什么，而是根据人物做什么——行动元(actant)——来对人物进行分类。他指出，作品的语义世界作为"一个内在的句法世界，能够生成句法表征层上更大的单位。我们提议用'行动元'来命名可分解成一个个独立单位的义子，用'述谓'来命名那类起整合作用的义子……在整个语义世界

① ［美］戴维·赫尔曼：《叙事理论的历史（上）：早期发展的谱系》，见［美］詹姆斯·费伦、彼得·J. 拉比诺维茨：《当代叙事理论指南》，申丹等译，4、17 页，北京，北京大学出版社，2007。

② V. Propp, *Morphology of the Folktale*, Austin, University of Texas Press, 1968, pp. 21-23.

中，述谓先验地预设了行动元的存在，但在微观世界的内部，一个完整的述谓清单则后天地构成了行动元"①。也就是说，行动元不是一个社会学的或意识形态的规定，而是一个句法关系单位。通常行动元固然与行为者有关，"一个行动元是共同具有一定特征的一类行为者。所共有的特征与作为整体的素材的目的论有关"②。但这一点不是主要的，重要的是行为者作为一种特殊的叙述单位这一语义功能。格雷马斯以之对叙事结构进行分析，认为人物是交际、欲望与考验三大语义轴的组成部分并成对安排的，所以作品中的人物世界服从于叙述过程中反映出来的聚合结构。在《结构语义学：方法研究》一书中，格雷马斯合并了普洛普的两个人物类型——施与者与协助者为辅助者，提出了六个行动元：发送者/接受者，主体/客体，辅助者/反对者(图5-1)。

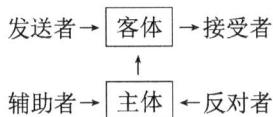

发送者 → 客体 → 接受者
↑
辅助者 → 主体 ← 反对者

图 5-1　格雷马斯的行动元模型图式③

主体的行为蕴含着具有行为的能力，在叙事展开过程中起行动元作用，正是行动元作用覆盖了整个叙事话语，给叙事话语以动力，并决定了角色人物与行动元之间的关系。虽然每一个行动元都承担着特定的功能系列，但行动元与具体的人物角色不完全一致，一个行动元可能由一个角色担任，也可以由数个人物(夫妻、父子、双胞胎、老奶奶与小孙子等)来担任，反过来，一个角色也可以具有多个行动元的功能。行动元与角色处于不同的层面，"如果行动元这概念具有句法性质，角色这概念至少初看不属于句法而属于语义范围；一个角色能起行动元的功能不是因为叙述句法就是因为语言子句法对它起了作用"④。角色只是叙事话语的中介层，相当于名词性的词汇学单位。角色可以承担语义功能，具有某种统一性，但其在叙事结构中随情节主题变化会采取种种不同的行动，因而会发生行动元的转换。在中国古典小说《西游记》中，跟随唐僧取经的孙悟空、猪八戒、沙僧尽管角色不同，却同属于一个行动元——协助者。但事情并非一开始就如此。猪八戒、沙僧原先都是唐僧取经路上的障碍，属于另一个行动元——反对者。随着情节的进展，他们俩才成了唐僧取经的助手，即协助者，这就是行动元的转换。

托多罗夫继而主张，需要提出一种新的概念，把叙事研究"建立在语言与叙事紧密

① ［法］A.J.格雷马斯：《结构语义学：方法研究》，吴泓缈译，172～173页，北京，生活·读书·新知三联书店，1999。
② ［荷］米克·巴尔：《叙述学：叙事理论导论(第三版)》，谭君强译，191页，北京，北京师范大学出版社，2015。
③ ［法］A.J.格雷马斯：《结构语义学：方法研究》，吴泓缈译，257页，北京，生活·读书·新知三联书店，1999。
④ ［法］A.J.格雷马斯：《行动元、角色和形象》，王国卿译，见张寅德：《叙述学研究》，128页，北京，中国社会科学出版社，1989。着重号系原文所有。

统一的基础上，这种统一迫使我们修正对语言和叙事的看法"①。这就是叙事语法概念。叙述总是由一个一个句子组成的，每一个文本都可被视为一个放大了的句子，因此他把句法分析引入叙事情节与叙事结构研究，即将执行者比作名词，行动比作动词，属性比作形容词。一个完整的文本是由五个叙述句组成的，即最初的完整状态、该状态的恶化、主人公陷入困境、摆脱困境的办法和与最初状态相似的最终状态。在这个过程中，行动元的主要角色是施动者与受动者，承担句法功能，做主语与宾语，而谓语是各种各样的，可以是出现于句子形成之前的形容词，也可以由与句子同时出现的动词来承担。其中基本谓语是人物的自主行为，自主行为的存在不需要以任何其他行为的完成为前提，派生谓语是人物的反应行为，反应行为附属于已经出现的自主行为。

托多罗夫以《十日谈》为例证，对上述理论做了进一步阐明与应用。《十日谈》里的故事从句法上看是由人物（名词）、属性（形容词）和行动（动词）构成陈述。陈述是句法的基本要素，有五种基本语式：直陈式（indicative）、必定式（obligative）、祈愿式（optative）、条件式（condition）和推测式（predictive）。直陈式表达已经发生的事件，其他四种是表达尚未发生的潜伏着的行为的语式，其中必定式是构成社会法则的非个人的代码意愿，祈愿式与人物渴望采取的行动有关，条件式使两个分句产生牵连关系，推测式表现可能发生的事物的逻辑，每个语句代表一个故事情节。超出语句的句法单位成为序列（sequence），序列根据语句间的关系建立起文本的逻辑关系。

故事从逻辑关系看有两大类，第一类是"避免惩罚型"，其模式是平衡—不平衡—平衡。如《十日谈》中彼罗娜与情人偷情的故事。彼罗娜常趁丈夫——一名泥瓦工不在，与情人会面。但没料到有一天丈夫突然提前回了家，彼罗娜赶紧把情人藏进一个木桶里，等丈夫进屋，就说有人想买家里的木桶，正在看货。丈夫信以为真，暗自高兴，于是爬进木桶清洗污垢。这时，彼罗娜趴在桶口上，她的情人便趁机和她发生了关系。在本故事里，彼罗娜、丈夫、情人都是叙事专有名词，情人和丈夫两个词还表明了某种状态，即和彼罗娜关系的合法性如何，具有形容词功能。故事的开场是平衡状态：彼罗娜是泥瓦匠的妻子，没权与别的男人相好。紧接着发生了彼罗娜与情人幽会这违反常理的事。这是一个动词，可用"违反、违背"（法规）这样的语法动词来表示，由此产生了不平衡。下面有两种恢复平衡的可能性：惩罚不忠的妻子，或妻子设法逃避惩罚。彼罗娜采取了第二种办法，逃避了惩罚。这里便有了另一个动词"转变"。最后还有一个状态，即一个形容词：女人有权满足她的愿望这一新法则的建立。第二类是"转变型"，其模式是不平衡—平衡。托多罗夫认为，"这个不平衡并不是某个特殊的行动引起的（一个动词），而

---

①　T. Todorov, *The Poetics of Prose*，Ithaca，Cornell University Press，1980，p. 119.

是由人物的品性决定的（一个形容词）"①。我们举一个中国文学的例子。鲁迅的小说《孤独者》写魏连殳接受新思想后处处碰壁，最后又退回到原来的生活状态，躬行先前所憎恶、所反对的一切，就属于转变型。

2. 叙述时间

叙述时间主要处理的是叙述者对故事所处的相对位置。从表面上看，叙述时间似乎理所当然地处于它所讲述的故事之后，这是古典叙事文学的传统处理时间的方法，也是我们最常见的方法。但是实际上，讲述未发生事件的预叙以及现在时的叙述，在近代以来也不少见。同时由于过去时的叙事行为可以被分解，插入的叙述也是常见的。叙述时间是一种语言学的时间，它虽然与物理时间有关，但不同于物理的自然时间。巴尔特曾经从话语表达的角度谈到两种时间：物理的或日历的时间与语言学的时间。在物理的时间中，话语系统对应着说话者的暂时性和说话起源的现场性，而叙事文本中的时间则是语言学的时间，语言学的时间不同于物理的或日历的时间。② 也就是说，物理时间具有向前推移的线性的不可逆的性质，有具体事物与场景的变迁为参照。而叙事作品中的时间不与现实时间相对应，它所处理的是一个符号时间。

热奈特认为，从时间位置上可划分四类叙事行为：事后叙述、事先叙述、同时叙述与插入叙述。现在时的运用按照偏向故事还是偏向叙述话语可向两个方向发展。偏向故事，可形成行为主义叙述的客观化效果，它常见于新小说家如罗伯-格里耶的作品中，可造成叙述行为的消失。而偏向话语，只是内心独白式叙事，行为与事件只不过是一个幌子，最终被取消。

热奈特以"时序"（order）来表示虚构文本中故事的时间顺序与这些事件在叙事作品中的时间顺序之间的关系。他提出，叙事实际上处理的是基本按顺时间发展的"初级叙事文"与逆时序叙述、追叙、预叙等构成的"第二叙事文"的关系。但是叙事与故事严格的等时状态又是无法衡量的，于是热奈特设想要研究故事时长与叙事文时长之间的均衡状态，就要研究叙述"时长"（duration），即叙事速度无限的变化形式在时间上是如何分配和组织的，叙事速度被界说为故事长度（以年、月、日、时、分等为单位）和用来描述它的文本长度（以页、行等为单位）之间的关系。热奈特承认这种分析不是很严谨，只是在宏观的结构层次上适用。为此他提出了概略（summary）、停顿（pause）、省略（elipsis）、场景（scene）四大基本的叙述时间运动形式的划分。其中概略是用几段或几页叙述较长的几天、几月或几年的日子，情节和话语都不带细节；停顿是叙述者为了给读者提供某些

---

① ［法］兹维坦·托多罗夫：《从〈十日谈〉看叙事作品语法》，黄建民译，见张寅德：《叙述学研究》，187页，北京，中国社会科学出版社，1989。括注系原文所有。

② Roland Barthes，"To Write：Intransitive Verb?，"in Richard Macksey & Eugenio Donato(eds.)，*The Structuralist Controversy：The Languages of Criticism and the Sciences of Man*，Baltimore，The Johns Hopkins University Press，1972，pp.136-137.

信息，丢开故事进程不管，描写其他的场面；省略是用简短的叙述跨越式地迈过较长的时段；场景则是故事时间大致等于事件时间，是戏剧性情节的集中点。① 此后，荷兰文学理论家米克·巴尔在其与热奈特论战的《叙述学：叙事理论导论》（Narratology）一书中，在此基础上还加上了第五种叙述时间运动形式：减缓（slow-down）。按照巴尔的说法，减缓的发展速度是与概略直接相对的，比如在制造悬念的时刻，减缓可以起到放大镜那样的作用。②

托多罗夫认为，"叙事特有的变化将时间分割成断续的单位；纯连续时间不同于叙述事件的时间"③。叙事时间处理的问题有三个方面。首先是叙事的先后顺序：叙述时间顺序与被叙述事件顺序不可能完全平行，这就有预叙和倒叙。这是因为叙述的轴心是一维的，而被叙述（想象）现象的轴心是多维的，可能引起两种基本的时间倒错，即倒叙的回溯和预叙的提前。其次，文本本身与文本所描述的事件之间的时间关系可以从阅读文本的延续性，即耗时量来计算。这一点他借鉴了热奈特的观点。这又分几种不同情况：在描写与议论中，会出现时间的延宕或停顿，或者某一段"实际"时间在叙述中被跳过，即省略，或两个时间轴心完全等价，这种情况较为少见，或叙事时间"长于"被叙述时间的"膨胀"以及短于被叙述时间的一笔带过。最后，说明叙述时间同被叙述事件关系的还有频率特征。这又有三种情况：单一性，对单一故事时刻的单一话语呈现，文本的一个成分相应于一个事件；重复性，文本的若干成分相应于同一个事件，书信体小说擅长制造这种效果；多次性，文本的一个成分同时描述一系列相似的事件。

3. 叙述角度

叙述角度的选择不仅具有文体意义，还表明艺术感知方式的变化。美国学者韦恩·布斯认为，各种叙述视角体现了不同的信息表达方式并影响着读者的判断，比如内视点可以创造一种不受中介的阻碍直接接近人物的幻觉，就像简·奥斯丁的《爱玛》之将爱玛作为叙述者，便拉近了我们与爱玛的距离。"简·奥斯丁开创了连续不断运用造成同情的内心观察这一方法……来减少有缺点的女主人公与读者之间平行的情感反应。"④

在《理解小说》中，布鲁克斯与沃伦对叙述角度发表了自己的看法。他们提出"叙述焦点"（fucus of narration）这一术语并将之等同于视点（point of view）："叙述焦点与谁讲故事有关。我们可以作出四个基本区分：（1）一个人物以第一人称讲述他自己的故事；（2）一个人物以第一人称讲述他所观察到的故事；（3）作者以纯客观的态度从动作、言

---

① 参见［法］热拉尔·热奈特：《叙事话语　新叙事话语》，王文融译，59～70 页，北京，中国社会科学出版社，1990。

② ［荷］米克·巴尔：《叙述学：叙事理论导论（第三版）》，谭君强译，98～99 页，北京，北京师范大学出版社，2015。

③ ［法］托多罗夫：《巴赫金、对话理论及其他》，蒋子华、张萍译，41 页，天津，百花文艺出版社，2001。

④ ［美］W. C. 布斯：《小说修辞学》，华明、胡苏晓、周宪译，278 页，北京，北京大学出版社，1987。

辞、姿态诸方面进行讲述，不进入人物内心，也不发表评论；（4）作者有充分的自由进入人物内心讲述故事并发表自己的评论。这四种叙事类型可以被称为（1）第一人称；（2）第一人称观察者；（3）作者——观察者和全知全能的作者。"①从叙事学观点看，布鲁克斯和沃伦对叙述角度的分析存在着局限性，因为他们简单地将视点问题等同于人称问题，其实这二者既有关联，又有区别。

结构主义叙事学不单独研究人称问题，而将人称纳入对叙述视点及叙事人物关系的处理之中。托多罗夫区别了三种不同的叙述视角：（1）叙述者＞人物（"从后面观察"），叙述者比他的人物所知道的更多，这是古典作品常用的叙述模式。（2）叙述者＝人物（"同时"观察），叙述者和人物所知道的同样多，叙述可以根据第一或第三人称，但总是根据同一个人物对事件的观察。卡夫卡的《城堡》开始用第一人称，结尾用第二人称，但叙述语式未变。有的叙述者则跟随一个或几个人物。还可以像福克纳那样——从一个人物或其大脑入手的"剖析"式的有意识叙述。（3）叙述者＜人物（"从外部观察"），叙述者比任何一个人所知道的都少，这一叙述类型较少，只出现于20世纪。②

热奈特在《叙事话语》中则提出了另一种说法。他认为，不可将叙述者的地位问题与视角问题混为一谈，因为主人公讲他的故事和分析家式的无所不知的作者讲故事都有可能使用内视角；同样，旁观者讲主人公的故事和作者从外部讲故事都有可能使用外视角。所以，简单地谈论"第一人称""第三人称"是没有意义的。鉴于叙事作品的功能从根本上说是讲述一个故事，严格说来，它唯一的代表性语式只能是直陈式，它必定会根据某个观察点去讲述故事。在以直接或不那么直接的方式向读者提供或多或少的细节时，叙事文与其所述事件会保持或远或近的距离。为此，他提出要从语式即观察点而不是从语态（谁是叙述者）来看待叙述角度问题。为了避免"视点""观察点"这些术语曾有的视觉含义，他使用了他自称与布鲁克斯和沃伦的说法比较相近的"聚焦"（focalization）一词。这样便有了三分法：一是无焦点或零度焦点（zero focalization）叙述，即托多罗夫所说的叙述者＞人物的情况。它相当于英美批评家所说的"全知全能的叙述者的叙述"，古典作品一般属于这一类。二是内在式焦点（internal focalization）叙述，它相当于托多罗夫所说的叙述者＝人物的情况。这个焦点可以是固定的，也可以是变化的（例如在福楼拜的小说《包法利夫人》中，焦点先是对向查理，然后是爱玛，之后又是查理），还可以是多元的，比如在书信体小说中，同一个事件由若干个人物通过他们的通信叙述好几遍。但除非在内心独白式文本或类似罗伯-格里耶所创作的那样有限的文本中，内在式焦点叙述才

① C. Brooks & R. P. Warren, *Understanding Fiction*, New Jersey, Prentice-Hall, 1979, p. 511.

② 参见[法]茨维坦·托多洛夫：《诗学》初版，中译文见赵毅衡：《符号学文学论文集》，207页，天津，百花文艺出版社，2004。该书将"兹维坦·托多罗夫"译为"茨维坦·托多洛夫"。）托多罗夫承认还有许多中间状态的复杂情况，又见该书修订版。T. Todorov, *Introduction to Poetics*, Minneapolis, University of Minnesota Press, 1981, pp. 33-37.

能充分实现。三是外在式焦点（external focalization）叙述，它相当于托多罗夫所说的叙述者＜人物的情况。主人公在我们面前行动，而我们不知道他的思想和情感。① 侦破、冒险小说致力于以一个谜团造成趣味，喜欢采用此类叙述。热奈特将叙述者的地位与视点问题分开来谈，解决了一个长期以来叙事理论中争论不休、悬而未决的问题。

4. 叙述者、作者、隐含的作者

俄国形式主义者托马舍夫斯基较早提出有两种叙事：全知全能的（omniscient）与有限的（limited）。在全知全能的叙事中，作者知道一切，包括人物隐秘的心理；而在有限的叙事中，整个故事是通过一个处于信息感知者的立场上的叙述者的心灵来表现的。但他对叙述者与作者未作区分。

托多罗夫曾经给叙述者下了个定义，即叙述者是"所有创造小说工作的代理人。叙述者代表判断事物的准则：他或者隐藏或者揭示人物的思想，从而使我们接受他的'心理学'观点；他选择对人物话语的直述或转述，以及叙述时间的正常顺序或有意颠倒"。但是叙述者在小说中的介入程度可以十分不同。托多罗夫认为，"只有讲述人公开出现时才能称作叙述者，而在一般情况下则叫作隐含的作者"②。"隐含的作者"（implied author）的概念是由美国学者韦恩·布斯最早提出的。他说，"在他（指作者）写作时，他不是创造一个理想的、非个性的'一般人'，而是一个'他自己'的隐含的替身，不同于我们在其他人的作品中遇到的那些隐含的作者。对于某些小说家来说，的确，他们写作时似乎是发现或创造他们自己……不管我们把这个隐含的作者称为'正式的书记员'，还是采用最近由凯瑟琳·蒂洛森所复活的术语——作者的'第二自我'——但很清楚，读者在这个人物身上取得的画象是作者最重要的效果之一"③。从布斯的论述看，他大致上是把隐含的作者视为支持写作的价值观，即作者的执行者。

热奈特虽然不太赞同布斯"隐含的作者"的说法，但他也认为，传统上把叙述主体与"写作"主体、叙述行为与视点、叙述文的接受者与读者相混同的做法是不合适的，叙述者本人在这里是一个虚构的角色。不仅作者不同于叙述者，虚构文本的叙述情境也不等于真实的写作情境。他从叙述层次（故事外或内）和与故事的关系（不同或相同故事）两个方面确定叙述者的位置，将叙述者分为四个基本类型：（1）故事外不同故事的叙述者，不是他所叙述事件中的一个人物，这相当于所谓"全知全能的叙述者"，如荷马；（2）故事外相同虚构域的叙述者，如法国作家勒萨日的《吉尔·布拉斯》，作者位于叙述域外，但所叙述事件是对自我经历的追溯性叙述；（3）故事内的不同故事的叙述者，如《一千零

---

① 参见［法］热拉尔·热奈特：《叙事话语　新叙事话语》，王文融译，129～130页，北京，中国社会科学出版社，1990。

② T. Todorov, *Introduction to Poetics*, Minneapolis, University of Minnesota Press, 1981, pp.38-39.

③ ［美］W.C.布斯：《小说修辞学》，华明、胡苏晓、周宪译，80页，北京，北京大学出版社，1987。括注为编者所加。

一夜》中的山鲁佐德，她是第二度叙述者，讲述与本人无关的故事；（4）故事内相同故事的叙述者，如荷马史诗《奥德赛》中卷九到卷十二中的奥德修斯，他是第二度叙述者，讲他自己的故事。① 同样，热奈特对叙述接受者（受述者）作了进一步分层。他认为既然受述者处于叙述情境之中，也就必然处于同一故事层次上。这样他便把受述者区分为故事内的受述者（intradiegetic narratee）和与故事外的受述者（extradiegetic narratee），"故事外的叙述者只能以故事外的受述者为目标，受述者在这里与潜在的读者相混，每个真正的读者都可以自视为受述者"②。

在热奈特看来，叙述者有五个功能。其一是故事，与之有关的是纯粹的叙述功能。这是叙述者最基本的功能。其二是叙述文本，在这里叙述者在某种元叙述的话语中起组织作用，如指明话语的衔接、关联、内在联系。其三是叙述情境本身，它要建立起叙述者与出现的、不出现的或潜在的叙述接受者的关系。其四是叙述者转向他自己，表现叙述者对他所讲的故事的参与、他与故事的关系。其五是叙述者的思想功能，该功能表现为叙述者对故事的进一步干预，如对事件的评论。虽然叙述者对思想功能占有绝对的支配权，但要用之慎重，因为这是唯一的不一定属于叙述者的功能。③

二、后经典叙事学

经典叙事学是基于语言的叙事研究，以文学虚构为核心，即一个完成的、静态的、线性的因果序列。后经典叙事学超出了经典叙事学的语言学边界，走向跨媒介、跨学科、跨文化。早在 20 世纪 70 年代，西摩·查特曼在《故事与话语——小说和电影的叙事结构》中就研究了电影的叙事问题，并把文学叙事与电影叙事进行了比较，指出就时间而言，电影更多地依从于物理时间，"电影只出现于现在时间中……在其纯粹的、未剪辑状态下是绝对系于真实时间的"④。而从媒体发展来看，广播、电视和网络直播已经打破了叙事过去时的回顾取向，把现在时作为主要的叙事形式，试图在生活的前瞻性与叙事的回顾性之间寻找平衡，这为探讨指向未来和多种可能世界的叙事形态提供了可能。

20 世纪 80—90 年代以来，随着计算机技术的发展，网络文学异军突起，改变了叙事和叙事学研究的面貌。1981 年，纳尔逊首次提出超文本（hypertext）概念，即"非相续

---

① 参见[法]热拉尔·热奈特：《叙事话语 新叙事话语》，王文融译，175 页，北京，中国社会科学出版社，1990。

② [法]热拉尔·热奈特：《叙事话语 新叙事话语》，王文融译，184 页，北京，中国社会科学出版社，1990。

③ 参见[法]热拉尔·热奈特：《叙事话语 新叙事话语》，王文融译，180～182 页，北京，中国社会科学出版社，1990。

④ [美]西摩·查特曼：《故事与话语——小说和电影的叙事结构》，徐强译，69 页，北京，中国人民大学出版社，2013。

著述，即分叉的、允许读者做出选择、最好在交互屏幕上阅读的文本。正如通常所想象的那样，它是一个通过链接而关联起来的系列文本块体，那些链接为读者提供了不同的路径"①。纳尔逊认为超文本叙事的基本特征是多重链接。乔治·兰道指出，电子超文本写作追求创作与欣赏的互动效应，改变了先前叙事的线性序列以及因果性、完整性，颠覆了传统创作的情节安排、人物刻画与背景设置，"超文本对基于线性的叙事和所有文学形式提出了挑战，对亚里士多德以来盛行的关于情节和故事的思想提出了质疑"②。例如雪莱·杰克逊的《拼贴女孩》（*Patchwork Girl*，1995）以玛丽·雪莱的《弗兰肯斯坦》（*Frankenstein*，又译《科学怪人》）为背景，内容是玛丽·雪莱创造的女性拼凑人的故事。女性的身体被分裂成碎片，读者在阅读过程中可以不断发现线索，碎片会逐渐出现，最终形成一个完整的人体。

　　跨媒介叙事研究的代表人物之一玛丽-劳尔·瑞安指出，"最丰富的故事世界容许在用户—计算机实时互动中产生有意义的叙事行动。在这种系统中，设计师让能够产生多样行为的能动者占据故事世界，用户则通过激活这些行为而创造故事，这些行为影响其他能动者，改变系统的总体状态，并通过反馈循环开辟新的行动和反应的可能性"③。蒂娜·拉森的《石泉镇》（*Marble Springs*，2008）首页上显现一幅城镇的地图，其中的建筑和道路都是可以点击的图像式链接；这些链接会把读者带到与这个地点有关的描述中去，最终使读者形成对镇子的整体认识。

　　晚近叙事学的一个主要趋势是走向跨文化、跨媒介。2004 年，玛丽-劳尔·瑞安主编了《跨媒介叙事》一书，把各种非文字的媒介如图画、电影、音乐、数字等纳入叙事研究之中。④ 到了 2005 年，瑞安把叙事具体化为四类：讲述类，如小说、口头故事；模仿类，如电影、戏剧；参与类，如互动戏剧、儿童游戏；模拟类，通过使用引擎输入而创生故事。中国学者赵毅衡于 2013 年提出了"广义叙述学"概念，把叙事分为五类：（1）记录类，文字、言语、图像、雕塑；（2）记录演示类，胶卷与数字录制（纪录片、故事片、演出录像等）；（3）演示类，身体、影像、实物、言语（电视与广播现场直播、演说、戏剧、比赛、游戏、电子游戏等）；（4）类演示类，心像（梦、幻觉等）；（5）意动类，任何媒介（广告、许诺、算命、预测等）。⑤ 叙事理论的另一个趋势是跨学科，进一步蔓延到历

① Ted Nelson, *Literary Machines*：*The Report on*，*and of*，*Project Xanadu Concerning Word Processing*，*Electronic Publishing*，*Hypertext*，*Thinker Toys*，*Tomorrow's Intellectual Revolution*，*and Certain Other Topics Including Knowledge*，*Education and Freedom*，Sausalito, Mindful Press, 1981，p. 35.

② George Landow, *Hypertext 2.0*：*The Convergence of Contemporary Critical Theory and Technology*，Baltimore, Johns Hopkins University Press, 1997，p. 181.

③ ［美］玛丽-劳尔·瑞安：《故事的变身》，张新军译，102～103 页，南京，译林出版社，2014。

④ Marie-Laure Ryan(ed.)，*Narrative Across Media*：*The Languages of Storytelling*，Norman, University of Nebraska Press, 2004.

⑤ 参见赵毅衡：《广义叙述学》，前言 2 页，成都，四川大学出版社，2013。

史学、教育学、心理学、人类学、哲学等领域。新历史主义代表人物海登·怀特便认为历史也是一种叙事，"历史叙事不仅是有关历史事件和进程的模型，而且也是一些隐喻陈述，因而暗示了历史事件和进程与故事类型之间的相似关系，我们习惯上就是用这些故事类型来赋予我们的生活事件以文化意义的"①。以色列心理学家利布里奇等的《叙事研究：阅读、分析和诠释》把叙事视为人类体验世界的方式，重在对叙事材料及其意义的研究，"做群体间的比较分析，了解一种社会现象或者一段历史，探究个性等"②。美国教育学者克兰迪宁主编的《叙事探究——原理、技术与实例》探讨了叙事作为社会素材的加工如何影响人们的心理构造，引导个体的生活方向，在塑造或绘制人一生的自我认同过程中起着重要作用。③ 在利科那里，叙事具有了人类学的意味，成为人们理解他人、自身并采取行动的中介。语言的传递或游戏"属于叙述秩序……自始它就具有社会的和公众的本质。当这种语言传授还没有被提升到文学叙事或者历史叙事的地位时，叙述首先出现在相互交往的日常谈话中；此外，这种叙述使用的语言自始就是大家所通用的语言。最后，我们与叙述的关系首先是一种倾听的关系：别人给我们讲述故事之后，我们才能够获得讲述的能力，更不要说讲述自己的能力。这种语言及叙述的传授要求对个体记忆占优先地位的论点作出重要修正"④。这些都说明叙事研究的领域在不断扩大，人们对叙事的认识也在不断深化。需要说明的是，到了后经典叙事学阶段，先前受到结构主义影响的经典叙事学仍然在继续发展当中，不断有新成果问世。

思考题：

1. 简述隐喻理论的发展过程。
2. 经典叙事学的基本内容有哪些？
3. 请比较经典叙事学和后经典叙事学的理论特征。

拓展阅读文献：

1. 张寅德：《叙述学研究》，北京，中国社会科学出版社，1989。
2. ［法］热拉尔·热奈特：《叙事话语 新叙事话语》，王文融译，北京，中国社会科学出版社，1990。
3. ［荷］米克·巴尔：《叙述学：叙事理论导论（第三版）》，谭君强译，北京，北京师

① ［美］海登·怀特：《话语的转义——文化批评文集》，董立河译，95～96 页，郑州，大象出版社，2011。
② ［以］艾米娅·利布里奇、里弗卡·图沃-玛沙奇、塔玛·奇尔波：《叙事研究：阅读、分析和诠释》，王红艳主译，2 页，重庆，重庆大学出版社，2008。
③ 参见［美］瑾·克兰迪宁：《叙事探究——原理、技术与实例》，鞠玉翠等译，130～160 页，北京，北京师范大学出版社，2012。
④ ［法］利科等：《过去之谜》，綦甲福等译，40 页，济南，山东大学出版社，2009。

范大学出版社，2015。

4. ［美］詹姆斯·费伦、彼得·J. 拉比诺维茨：《当代叙事理论指南》，申丹等译，北京，北京大学出版社，2007。

5. ［美］玛丽-劳尔·瑞安：《故事的变身》，张新军译，南京，译林出版社，2014。

6. ［法］保罗·利科：《活的隐喻》，汪堂家译，上海，上海译文出版社，2016。

7. ［美］乔治·莱考夫、马克·约翰逊：《我们赖以生存的隐喻》，何文忠译，杭州，浙江大学出版社，2015。

扫码阅读：

第六章 悲剧与崇高

悲剧与崇高是关系密切的一对审美范畴，崇高是悲剧的理论基础，悲剧是崇高的具体表现形式。一般说来，作为人类普遍的审美经验，二者都侧重审美中主体与客体、人与自然、感性与理性的矛盾冲突，具有由不和谐到和谐、由痛感到快感的过渡性和双重性，是以痛感和压抑感为基础的复杂情感体验。从审美教育的角度看，崇高和悲剧作为重要的审美类型，对于人们振奋精神、升华理想、培育理性的审美能力和审美态度有积极的意义。从美学发展的历史看，悲剧和崇高并不是静态的概念，而是随着社会发展的流动审美范畴，尤其是进入现代社会以来，随着社会结构、文化结构和情感结构的变化，其观念和表现形态也会发生很大的改变。

第一节 悲 剧

在现实生活中，人和社会、人和自然、人和自己都会有这样或那样的深刻的甚至是不可调和的矛盾冲突，对这种矛盾冲突现象的感受，我们称之为悲剧经验，悲剧就是对于这种经验的艺术表达。作为一种古老而富有魅力的艺术形式和审美经验，尽管在不同的文化形态和不同历史时期，悲剧的理念和文化功能不尽相同，但悲剧迸发出来的摄人魂魄的情感力量、道德进步与历史正义的能量却是共通的。人类的发展和社会的进步，并不必然意味着悲剧作为审美经验的终结。现代性时期是一个痛苦而充满悲剧性的过程，与之相伴的审美经验和艺术表达也充满了"现代悲剧观念"，并且具有自己的理论特点。历史的发展呼吁走出古希腊以来悲剧理论的羁绊，用现代悲剧观念作为理论武器。在中国，社会主义革命较早地进入现代性的过程，成为中国现代化过程中的一个显性动因，共产主义理想以"审美乌托邦"的形式呈现在悲剧审美经验和现代悲剧观念中，审美乌托邦起到了十分重要的悲剧超越性的功能和作用。这涉及伦理价值和生活意义的层面，因而十分重要。

一、作为艺术概念的悲剧

在悲剧概念的用法方面，有两种常用方式：一是日常生活中或大众媒体上对人的悲惨遭际或不幸事件的指称，二是在艺术概念上使用的审美范畴。从艺术概念上讲，悲剧又有广义和狭义之分。狭义的悲剧是戏剧形式之一，和喜剧相对，它以古希腊悲剧为经典形态，指源自古希腊，由酒神节祭祷仪式中的酒神颂歌演变而来的舞台艺术。在中国古代戏曲里，悲剧常被称为苦戏。广义的悲剧是作为审美范畴或美的特殊表现形态的悲剧，亦可称为悲剧性或悲剧美，它以崇高为理论基础，是崇高更为深刻、更为具体、更为重要的形式。作为审美范畴的悲剧与作为戏剧形式之一的悲剧相比，其范围有所不同。作为审美范畴的悲剧既可以用在戏剧中，又可以广泛地存在于各种艺术门类乃至现实和历史的社会生活中，与人类最基本的经验相联系。

　　现实生活中的不幸、打击和厄运等悲惨现象与由此产生的情感则和悲剧美有很大的不同。现实生活中的巨大打击，不论是自然界的还是社会和文化观念的，应该说不管是当事人还是他身边的人，都不会把它作为一个审美对象来看待和把握。但是像《俄狄浦斯王》《哈姆雷特》《红楼梦》《雷雨》等悲剧作品，作为审美经验对象吸引和感动了一代又一代的读者，给人以很强的审美愉悦。这表明，生活中的不幸通过审美机制的转化，变为审美对象，成为美学意识形态，可以给人带来比其他题材更强烈的情感震撼，并且这种震撼产生的效果，不是绝望，不是彻底否定，而是某种信心，某种希望的重新萌发和某种精神力量的苏醒。这就是从古到今那么多的哲学家和美学家不断去思考悲剧及悲剧艺术的重要原因——悲剧美是人类很重要的现象。总体看来，作为美的特殊表现形态的悲剧，是指现实生活或艺术中那些肯定性的社会力量在矛盾斗争中遭受不可避免的苦难或毁灭，引发人们在同情和悲愤中探索、追求，在强烈的情感震荡中萌生出对未来的期望的审美对象。

　　作为普遍的审美经验，悲剧美的特征是什么呢？我们可以从悲剧性人物、悲剧冲突和悲剧美感与哲学意蕴三个方面探索。悲剧首先是关于好人物的不幸，无论是古希腊戏剧里的英雄人物还是王公贵族，无论是中国古代的仁人志士、社会贤达还是平凡百姓，在悲剧中都会充当不幸的角色，这些角色在道德水准和情感上是被人们基本认同的，因而他们的不幸值得人们普遍的同情和怜悯。但就悲剧人物的具体内涵而言，中西方存在一定差异。其一，在亚里士多德看来，悲剧人物应该是"有过失的好人"，唯有好人才值得同情，而好人的过失却导致了他的不幸和悲剧；中国古典戏剧中悲剧人物则在道德上是完美无缺的，也就是说，中国悲剧强调人物的正当性和无辜性。其二，西方的悲剧人物大多为帝王、英雄和王公贵族，他们的悲剧事件和行为具有崇高性；中国的悲剧多着眼于小人物，富于人情味，这些小人物是道德场域中弱小善良力量的代表，他们的悲剧更接近日常生活的不幸与悲惨，其普遍性更强。

　　悲剧冲突是悲剧艺术的核心情节，也是构成悲剧美的核心要素。"没有冲突就没有戏"，悲剧冲突可以在不同性格人物之间的矛盾中展开，可以在人和自然之间的对抗中展开，亦可以在社会不同利益集团之间展开，还可以在个人内部复杂的性格中展开，甚至可以是人和命运的抗争等，这种冲突在情势上是不可避免和调和的。由于代表对立面的客观外部力量或者社会邪恶势力过于强大，以及人的理性认识的有限性，往往导致代表正义的一方（一方面）不可避免地遭遇失败或毁灭。

悲剧大多以主人公的不幸或者毁灭结局，整个事件带给作为旁观者的感情投入其中（"入乎其内"）的"恐惧和怜悯"审美体验，旁观者继而又被主人公敢于接受命运挑战、保持人格尊严和精神自由的大无畏气概征服和鼓舞，由恐惧和怜悯的痛感转化为惊奇和赞叹的审美快感（"出乎其外"）。更为重要的是，在对悲剧的审美体验中，它引导我们抵达对于悲剧的理性意蕴的深思，获取强化人生理想和价值的经验模式，从而实现审美的完型。悲剧美的本质层面可以引导人对人自身的本质、人的生存及其价值的思索，探求生命的意义和精神；其认识层面不仅能促使人们把握历史的必然规律，还能激发人们对主观世界的思考，深化自我认识的能力；其伦理层面则往往表现出人类在善与恶的抉择中对于善的坚信与追求，从而升华人类应有的伦理意识。

二、历史上对悲剧艺术的探讨

悲剧是一种重要的艺术类型，历史上对其理论的探讨非常深入，大致可以分出四条代表性理论线索和历史实践走向：以亚里士多德、席勒和黑格尔为代表的西方古典悲剧理论基本思想，以叔本华和尼采为代表的否定历史正义的悲剧理想，以马克思、恩格斯、雷蒙·威廉斯和特里·伊格尔顿为代表的马克思主义现代悲剧观念，以及具有中国特色的悲剧形态和悲剧精神。

1. 西方古典形态的悲剧理论

亚里士多德是第一个在古希腊文明基础上提出悲剧理论的人，他关于悲剧人物的"过失说"和悲剧效果的"净化说"思想今天看来仍然具有重要意义。早期的悲剧和宗教神话联系在一起，对象多为半人半神或者生活中的英雄，他们比一般人要伟大，人格更完善，精神境界也高尚得多，只有这些处在从完美世界的神（英雄）向不完美的现实生活的凡人过渡状态的形象才具有悲剧性，才可以成为悲剧的题材。在亚里士多德看来，真正意义上的悲剧，其中的悲剧人物一定是与现实生活中碰撞着的，他自身又是不完美的——如果达到神的境界，又和神的理念有矛盾了，就仍然是不完美的，就要有过失，是神有过失，或者是具有最高境界的人有过失。悲剧主人公因为过失或者命运的安排，由于某种特殊的情境进入现实生活中来遭遇不幸（由顺达之境转入败逆之境）才称为悲剧。对于悲剧的作用，亚里士多德提出了"净化说"，原文是卡塔西斯（katharsis），作为宗教术语是"净化"的意思。亚里士多德的"过失说"和"净化说"都强调人可以避免悲剧的发生，如果悲剧不可避免，那么悲剧的净化作用就不可能发生。悲剧在一定程度上就是对悲剧人物和我们自身缺陷的否定。无论是反省悲剧人物的不幸，还是反思自身的缺陷，都是为了避免悲剧的再度发生。卡塔西斯本是医疗术语，过去一直被认为是"宣泄"的作用，亚里士多德更多是从伦理学上表述的，大抵是针对柏拉图对诗人的控诉。柏拉图认为情绪及其附带的快感都是人性中的"卑劣的部分"，本应该压抑下去，而诗却"滋养"了它们，所以诗人不应该留在理想国。亚里士多德却替诗人辩护，说诗对情绪起净化作用，有益于听众的心理健康，也就有益于社会，净化所产生的快感是"无害"的。作为一位认为美德需适中、情感需适度的伦理论者，他要求观众在看悲剧时的"恐惧"和"怜悯"应该是适中的，太弱或太强都不好。要达到这种适中或适度的情感状态，观众就需要受到理性指导，以多次看悲剧的形式进行锻炼，每次看戏之后，他们的怜悯和恐惧之情恢复潜伏状态，等到他们在实际生活中看到别人遭受苦难或自身遭受困难时，他们就能有很大的忍耐力来控制自己的感情，使它们发生得恰如其分，或者能激发自己的情感，使它们达到应有的适当强度。

如果说亚里士多德提出了悲剧人物的矛盾，那么席勒的贡献就是提出悲剧冲突，他把悲剧的冲突及其解决看成历史的发展过程，而悲剧快感就是这个历史过程的反映。席勒认为悲剧属于动人的艺术，动人的艺术和美的艺术不同，它有激烈的冲突。动人的艺术之感动表示一种由苦痛或痛苦引起的快感所组成的混合情感。这种冲突的感动是"以反目的性作为目的性的基础的"，即无目的性事物在我们心里激起的不快本身必然会使我们感到快乐，因为这种不快之感本是有目的的。那么，这种混合的冲突情感该如何解决呢？席勒的答案是快乐压倒不快。不过，作为理性主义者，他更看重的是道德的目的性，他把最终的悲剧冲突及其解决之途放在道德的目的性和更高的道德的目的性胜利上。他说："一切有目的的事物中，再没有比道德的目的性更使我们关心，也再没有什么别的东西能超过我们从道德的目的性中得到的快乐。"在此基础上，席勒提出了三种类型的悲剧冲突："某一个自然的目的性，屈从于一个道德的目的性，或者某一个道德目的性，屈从于另一个更高的道德目的性，凡是这种情况，全都包含在悲剧的领域。"①

席勒把悲剧冲突的解决当作人类努力的结果（即一种道德的胜利），黑格尔则认为悲剧冲突的解决是客观世界发展的必然产物，这个客观世界的发展也包括了道德的发展。作为启蒙时期的悲剧理论家，黑格尔的悲剧理论更强调冲突，强调两种社会力量、两种伦理观念的冲突。在古希腊，虽然现实生活中有很多对立、很多矛盾。但是在人们的观念中都是因为神或者由于人的某些错误才造成了不可解决的悲剧和冲突，只要把问题的根源找出来，大家又可以很好地生活了。古希腊悲剧理念的前提是现实生活中没有不可调节的矛盾，现在生活中的矛盾多出于偶然，是一些小人的破坏或者偶然的失误造成的。黑格尔则认为现实生活存在不可避免、不可调和的尖锐对立和冲突。这种尖锐和对立的冲突，会在社会的不同的力量上表现出来。于是，黑格尔的悲剧既强调两种对抗力

---

① ［德］席勒：《论悲剧题材产生快感的原因》，孙凤城、张玉书译，见古典文艺理论译丛编辑委员会：《古典文艺理论译丛（六）》，77～78 页，北京，人民文学出版社，1963。

量的冲突不可调节性，也承认二者的矛盾双方都有合理性。这两种精神、两种伦理原则、两种现实要求在现实生活中都有合理性，但又都有局限性，不可调和的矛盾必然发展为悲剧性的冲突。悲剧的结局只能代表片面理想或真理的主人公会悲剧性地灭亡。结局的灾难或痛苦并不代表着最重要的东西毁灭，而恰恰代表着有一种更合理的要求，就是把对立双方的要求都结合起来的一种更合理的要求（一种"调和"或"永恒的正义"）胜利了。根据黑格尔的正反合理论模式，在一个合体的意义上，它们可以结合在一起。悲剧就是从第二个阶段到第三个阶段之间，我们看到的激烈的对立。在激烈的对立中，我们又看到激烈的对立都有不合理性。那么，一种更高的，他称为永恒正义的东西就在人们的情感中出现了，在人们的心灵中出现了。黑格尔看到了历史是在对立、矛盾和冲突的过程中前进和发展的，但他不是在现实的物质性力量中寻找解放和前进的动力，而是简单把矛盾的双方各打五十大板，然后提出调和论，用"永恒的正义"作结，显示了唯心主义者的精神基底和害怕革命的阶级无意识心理。

2. 叔本华和尼采的非理性悲剧观

叔本华和尼采代表否定历史正义的悲剧理论。作为悲观主义哲学家，他们的悲剧理论是围绕人类所受的痛苦并如何摆脱这种痛苦展开的。叔本华认为一切生命（意志）在本质上即是痛苦，人的全部本质是欲求和挣扎，而一切欲求的基底是需要、缺陷，也就是痛苦。如此一来，只要作为主体的生命意志坚持没有目的、没有止境的无尽的欲求，就只能生活在痛苦中。而要摆脱痛苦，就要舍弃欲求，摆脱意志的束缚，否定生命意志，才可得到持久的幸福和安宁。叔本华的悲剧艺术暗示着人生的本来性质。其悲剧包括两个方面，一是人类所受的痛苦，二是人类摆脱这种痛苦。而悲剧所表现的痛苦，一部分是由偶然和错误带来的，另一部分是由于人类斗争从自己里面产生的，因为不同个体的意向是相互交叉的，而多数人又是心肠不好和错误百出的。在所有这些人中，活着的和显现着的是一个同一的意志，但是这意志的各个现象却自相斗争、自相残杀。但是，这是痛苦自身的产物，叔本华的悲剧放弃说就是在这个基础上提出来的，"悲剧的真正意义是一种深刻的认识，认识到〔悲剧〕主角所赎的不是他个人特有的罪，而是原罪，亦即生存本身之罪"。虽然叔本华的悲剧理论没有善恶之分，但他把悲剧人物放到个体身上，放在日常生活中的个人本体上，便具有了现代悲剧的因素，和尼采一起，对中国悲剧观念产生了重要影响。尼采的悲剧观念建立在日神精神和酒神精神的辩证关系基础上。日神和酒神在尼采那里代表着两种心理状态、两种文化和艺术象征。尼采说，酒神的受难与日神的光辉融合便诞生了悲剧。尼采部分接受了叔本华的观点，认为生命总是与痛苦相伴的，世界在本质上便是痛苦。尼采说，世界固然充满痛苦，但酒神精神却使人意识到原始状态的快乐，酒神精神和日神精神都可以成为人们逃避现实痛苦的途径。悲剧作为这两种精神的统一，可以使人在审美中忘却现实的痛苦而体验到生命的快乐和永恒。

3. 中国悲剧形态与审美经验

部分西方学者(也包括中国学者)认为中国没有自己的悲剧观念,代表性人物是雅斯贝尔斯、伊格尔顿和朱光潜等。他们认为在中国的文明中,所有的不幸、痛苦和罪恶都只是暂时的,主人公接受宿命论、生死轮回观念和善恶报应等,认为厄运是命中注定的,因而不会抗争,悲剧也不指涉死亡,而多以大团圆的喜剧方式结局。

我们认为,中国存在独特的悲剧观念与形态,也即存在中国悲剧。即使用西方经典悲剧观念来审视,中国悲剧与西方悲剧也没有根本的不同,只是中国悲剧对现存冲突的解决不是形而上的,而是形而下的,即它不是诉诸绝对理念的自我发展和自我完善,而是诉诸从根本上解决现实生活矛盾冲突的物质力量(即正义力量),从备受争议的大团圆结局也可以看到中国悲剧意识和精神。比如熊元义归纳出中国悲剧的三种大团圆结局,展示了悲剧人物的抗争性格和斗争品格:一是悲剧人物在同邪恶势力的斗争中虽然死亡了,但他的灵魂仍然继续斗争(或鬼魂出来主动申冤报仇,或借助阴府惩罚邪恶势力);二是悲剧人物的美好追求在现实生活中遭到了阻遏或毁灭,经过艰苦卓绝的抗争或追求后,终于在现实世界或虚幻世界得到实现或肯定;三是悲剧主人公发扬愚公移山精神,即悲剧主人公前赴后继、不屈不挠地同邪恶势力进行斗争,尽管他们遭到摧残或毁灭,但是他们的后代经过不懈的斗争和努力,终于打垮或消灭了邪恶势力,从而不但肯定了他们的斗争,而且延续了他们的斗争。[①] 中国古典悲剧的形态不同于西方传统悲剧,显示出自己的审美特征,主要表现在悲剧主人公没有道德上的过失,人格上完美无缺;悲剧冲突主要在邪恶势力和正义力量之间展开,而不是在悲剧主人公自身层面展开;在结局上,不是以死亡或毁灭而是大团圆的方式,表现悲剧主人公的抗争不但是"善有善报,恶有恶报",还是历史进步和道德进步的统一。这都是具有鲜明的民族特色的悲剧和悲剧经验。

从悲剧经验与现实关系的角度看,中国的现代性同样伴随着悲剧性过程,但这个过程比欧美国家更为复杂。一方面,由于中国的现代化过程是被动性进入的,在这个现代化的演进过程中,中国悠久的历史文化传统必定要和西方文明发生强烈的碰撞和对接,必然始终充满悲剧色彩。另一方面,中国的社会主义革命较早进入现代化过程,要"跨越卡夫丁大峡谷",注定要以悲剧形式推进社会发展,从而呈现出不同于西方的情感结构、悲剧性观念与审美表征,但中国社会进入现代化过程以来悲剧观念的理论特殊性及其理论内涵尚有较大的提升空间。

通过对历史上悲剧理论的简要梳理,我们不难看到,悲剧有一个从艺术品到日常生活不断宽松的过程,悲剧主人公也有一个从英雄降解到普通凡人的世俗化历程。这是一个漫长的历史发展过程,如果把这个漫长的历史过程简化,可以简化成古典悲剧和现代悲剧。古典悲剧是前资本主义生产方式(或者说前工业化时期、前现代化时代、现代化

---

① 熊元义:《中国戏曲悲剧的大团圆》,载《中国戏剧》,1995(6)。

之前）的产物，从神话时代一直到文艺复兴再到启蒙主义，这一阶段的审美价值、伦理
价值和认识价值是不分离的，其文化形态基本是贵族文化，是神和凡人之间的存在。但
是，随着社会的现代化进程和大众文化的兴起，古典意义上的悲剧就不可避免地要死
亡，亚里士多德意义上的悲剧，莎士比亚意义上的悲剧，莱辛、黑格尔意义上的悲剧在
逐渐地走向死亡，或者说经历了一个死亡的过程，只是仍然有大量的悲剧性的现象。于
是，以马克思、恩格斯为代表的现代悲剧登场，一种指向现实生活本真，表征着审美意
识形态的和未来密切联系的悲剧观念出现了。

三、现代悲剧观念

"现代悲剧"是卡尔·马克思在《致斐迪南·拉萨尔》中提出的新的悲剧观念，指 19
世纪可能出现的新的社会革命在条件尚未成熟时失败的悲剧性，以及对这种悲剧性社会
现象的艺术表达。恩格斯和马克思在写给拉萨尔的信中谈到，悲剧的本质是历史的必然
要求和这个要求实际上不可实现之间的悲剧性的冲突。他们把黑格尔的悲剧冲突论放到
历史唯物主义框架内阐释。历史的必然要求指的是符合社会发展规律、代表人民意识
的、正义的进步的力量，或者是善良、光明、美好的代表，是既符合真又体现善的崇高
力量。马克思、恩格斯和黑格尔一样认为历史发展是有规律的，不过，黑格尔认为历史
发展的规律是一种观念的规律，是观念在不断运动发展才出现了现实的运动和发展。但
马克思主义的历史唯物主义则强调是由于物质生产方式、经济基础和人与自然关系的不
断发展变化，才促进了人类历史和社会意识的进步与发展。这个历史的必然要求也就是
客观的物质性的运动所提出来的要求，由于在特定历史条件下，旧势力、邪恶、歪风、
黑暗暂时占有优势，阻止代表"历史的必然要求"的理想、信念的实现与追求，并使它们
遭受暂时的挫折、失败和覆灭，使其合理性得不到实现。"历史的必然要求"和"这个要
求的实际上不可能"的冲突就产生了悲剧。比如马克思和恩格斯预见到的共产主义社会
或者社会主义，已经作为一种历史的必然要求存在着，或者说这种趋势让人可以感受
到。但是在现实的生活中，这种要求在很长一段历史时期还不可能实现。但是人们感受
到了，又去追求它（往往以革命的形式），要求这个理想的实现，这就必然陷入一种悲
剧。简单地来讲，这就是理想和现实冲突的悲剧，但是这个理想和现实是有现实基础
的，不是幻想。马克思和恩格斯第一次从历史和现实生活的角度解释了悲剧的根源和本
质，奠定了悲剧观念的唯物主义基础。

马克思提出的"现代悲剧"观念的核心思想在布莱希特的"史诗剧"理论和雷蒙·威廉
斯的著作《现代悲剧》中得到了较为系统的表达和阐释。路易·阿尔都塞的意识形态理论
为这一观念和思想进一步发展提供了哲学方面的理论基础，到特里·伊格尔顿做了系统
阐释。因此，在西方的学术传统中，我们看到了一种不同于亚里士多德、黑格尔、叔本

华、尼采悲剧理论的新的悲剧观念和悲剧理论的形成与发展。

我们简要介绍一下雷蒙·威廉斯和特里·伊格尔顿的悲剧观念。雷蒙·威廉斯对于现代悲剧观念的贡献主要体现在两点：一是悲剧研究思路上的世俗化。威廉斯认为传统悲剧理论按照固定不变的人性或人性的部分特征来解释悲剧，抽空了其丰富的现实基础。现代社会的悲剧要求我们回到经验事实本身，回到世俗的日常生活，根据变化中的习俗和制度来理解各种不同的悲剧经验。威廉斯认为应该找到自己文化中的悲剧结构，在经验层面对现实经验进行全部把握，发现其中新的因素和新的生长点，并概括这一时代的理论特征。这样，悲剧不再是某种特殊而永久的事实，而是一系列经验和制度。二是提出悲剧革命的理论，要求我们从日常生活的意义上辩证地理解革命的悲剧性。威廉斯指出，革命的目的和手段存在着潜在的悲剧性，并最终带来无序和混乱，给日常生活中的人们造成痛苦，我们只有从悲剧性的角度认识革命，革命才能持之以恒（"漫长的革命"）。对于现代人来说，革命就不是一种记忆，而是现代人的生存经验，这一经验排斥或者囊括了现代人的其他悲剧性社会经验，因而悲剧也就成了革命行动的文化形式。作为文化形式，现代悲剧的各种形式与现代社会历史的各种世界形式密切相关，现代悲剧文学就是现代社会现实的文化征兆，而现代文学最深刻的危机在于社会和个体范畴中的经验的分裂，个体主义与集体主义的对抗、个体现实与社会现实的分裂无可避免地塑造了悲剧。

特里·伊格尔顿在 20 世纪 90 年代出版了《甜蜜的暴力——悲剧的观念》，进一步系统化和哲理化了现代悲剧的有关思想和理论，并提出了"悲剧的观念"的概念，以区别于西方文化传统的"悲剧"和"悲剧理论"的概念。在伊格尔顿看来，传统悲剧作为艺术形式在现代社会接近衰亡，"传统主义的悲剧概念以许多种区别而定——命运与机遇、自由意志与命运、内在缺陷与外在条件、高贵与卑贱、盲点与洞见、历史性与普遍性、可变事物与必然事物、真正的悲剧范畴与全然令人可怜之事、英勇的挑战与可耻的懒惰之间的——这些在很大程度上不再对我们有多大影响"[1]，悲剧理论则试图将悲剧经验抽离归约成一种理性形式，结果总能感到一些观念从意义之网溜走。伊格尔顿根据维特根斯坦的家族相似原理，建议采用"悲剧的观念"说法——在日益流动、无序、日常的现代社会，悲剧对于大多数人来说，不再是案头剧或舞台表演的形式，而是意味着实际发生的事情，已成为一种日常生活的悲剧，成为"现代主义"，成为一种"成熟的哲学"，一种"形而上的人道主义"，以及反思现代性的"文化批判形式"。伊格尔顿分别从悲剧与意识形态、悲剧与现代性的关系、悲剧与革命的关系三个方面叙述了悲剧观念的复杂内涵，揭示了历史悲剧性发展的原因在于人类欲望的不止性和超前性，肯定人类社会前进过程中欲望的动力，并且强调人类对于欲望不放弃的态度。并且在此基础上提出了"世俗性

---

① ［英］特里·伊格尔顿：《甜蜜的暴力——悲剧的观念》，方杰、方宸译，21 页，南京，南京大学出版社，2007。

崇高"的概念——现代性的悲剧虽然痛苦却不是坏事，人类只有在面对悲剧性事件时才能考察出自己对苦难的承受力和信仰度，也只有这样才能萌生出征服它的愿望，产生超越苦难的崇高性价值，所以失败并不可怕，失败意味着另一种胜利。人类是足智多谋和富有弹性的，我们总是在失败的经验基础上重新选择，悲剧让我们学会直面惨淡的人生。伊格尔顿将悲剧与日常生活、悲剧观念与建设一个更美好的社会——社会主义——联系起来，从而有力地论述了悲剧观念在当代社会生活中的生命力和重要作用。

第二节　崇　高

崇高（sublime）是重要的美学范畴，也是重要的审美形式（类型）。作为范畴的崇高为悲剧提供了理论基础。作为形式（类型）的崇高，我们习惯把它和优美相提并举。一般来说，崇高主要指对象以其粗犷、博大的感性姿态，劲健的物质力量和精神力量，以及雄伟的气势，给人以心灵的震撼，进而使人受到强烈的鼓舞和激发，引起人们产生敬仰和赞叹的情怀，从而提升和扩大人的精神境界。本节主要介绍历史上对于崇高的理论探讨、崇高的美学特征和后现代崇高美学的基本思想。

一、历史上对于崇高的理论探讨

作为西方美学史上重要的范畴，崇高理论的发展经历了漫长的过程，主要集中体现在三个阶段：第一是古典阶段，代表人物是古罗马美学家朗吉弩斯；第二是现代阶段，以伯克和康德的理论最为著名；第三是后现代阶段，利奥塔的理论堪称崇高理论后现代阶段的代表。中国由于文化传统和形态的特殊性，产生了具有中国特色的崇高文化和崇高艺术。

1. 古典时期的崇高观念

一般认为，古罗马学者朗吉弩斯是西方第一个正式提出"崇高"这一审美范畴并对之做出系统探讨的美学家，其著作《论崇高》是在把古希腊艺术作为典范，批评古罗马专政制度、社会环境和艺术中提出来的。在朗吉弩斯看来，古希腊艺术给人一种新的艺术感受——崇高，真正优秀作品应该具有崇高的风格，它包含了伟大、雄伟、壮丽、庄严、高远和遒劲等含义。朗吉弩斯指出，崇高具有五大因素：庄严伟大的思想、强烈而激动的情感、修辞的妥当运用、高尚的文辞、庄严而生动的布局。在这五大因素中，朗吉弩斯更重视前两者，认为它们主要依靠天赋，后三者可以从技巧的训练中获得。从根本上讲，崇高的作品来自伟大的心灵，"崇高的风格是一颗伟大心灵的回声"。朗吉弩斯的崇高思想是对当时流行的模仿说的突破，使人们对艺术的认识重点从客体特征转向主体情感，肯定了人的尊严，歌颂了人的思维和想象的无限性，对启蒙主义和浪漫主义文学产生了影响。

2. 现代对崇高的认识

在 18 世纪，崇高理论得到了充分发展，这个阶段涌现出了很多对崇高理论的不同见解，也对崇高理论的发展产生了很大的推动力。艾迪生将崇高与想象的快感（特别是由视觉引起的想象的快感）联系起来，并将它由人工世界扩大到自然世界，这是崇高美学研究中重要的进步。在艾迪生看来，崇高的事物，尤其是大自然的崇高，能够最大限度地激发我们的想象这个独特的领域，让我们的想象自由地驰骋，从而获得最大的快感。真正从哲学上对崇高进行系统研究的是伯克，他首次将崇高与美严格区别开来，全面、系统、深入地阐明了两者的特点。其独创性贡献在于：从人的情欲出发，探讨了崇高感与美感的不同心理、生理基础，指出它们分别源于自我保存与社会交往两种本能情感；从感觉论和经验论出发，归纳出崇高与美的对象在感性形式上的迥异特征。伯克认为，人最自然的感情从痛苦和快乐开始，大多数能对人的心情产生强有力的作用，无论是单纯的痛苦或快乐，还是对痛苦或快乐的缓解，几乎都可以简单分成两类：一类涉及"自我保存"，另一类涉及"社会交往"。这两类感情符合不同目的，前者是要维持个体生命的本能，后者是要维持种族生命的生殖欲和满足互相交往的愿望。总的说来，崇高感源于自我保存的感情，美感则源于社会交往的感情。伯克指出，涉及自我保存的感情大部分与痛苦和危险有关，它们一般只在生命受到威胁的场合才被激发，在人的情绪上主要表现为恐怖或惊惧，而这种恐怖或惊惧正是崇高感的基本心理内容。正是基于以上原因，崇高感才与自我保存的感情密不可分，而令人恐惧的对象便成为崇高的来源。涉及自我保存的感情主要与痛苦相关，痛苦是人心能感觉到的最强有力的情感，它在力量上远比快乐强烈。崇高感的主要内容是恐怖，它本来也是一种痛感，但崇高对象引起的恐怖和实际中遭遇生命危险时产生的恐怖相比，两者在情感调质上却显得不同。人面对实际中遭遇生命危险的恐怖只能产生痛感，而面对崇高对象的恐怖却能由痛感转化成快感。从感觉论和经验论出发，伯克认为，形成崇高对象的感性品质主要是自然物、自然现象、人造物、社会现象乃至艺术作品中事物体积的巨大、晦暗或模糊、力量、壮丽等，它们直接作用于人的感官和想象，形成崇高感。而美的对象的感性品质主要有：体积小、光滑、渐次的变化、柔嫩和颜色之美等。总的看来，伯克对崇高与美的对象的特质的分析，肯定了崇高和美都是属于对象本身的客观的品质，表现出唯物主义立场。但是，他在阐明这些品质时，主要着眼于强调对象的形式因素，严重忽视内容因素，这种形式主义倾向使他的许多结论很难经得起人们列举的其他事例的反驳，因而也缺乏充分的说服力。

把崇高上升到哲学高度进行深入研究的美学家是康德。康德认为人的判断力具有两种形态：规定的判断力和反思的判断力。前者从普遍概念出发规定特殊对象，后者从特殊出发寻找普遍原则，后者能够起到连接中介的桥梁作用。反思的判断力分为审美判断力和目的判断力，前者是通过愉快或不愉快的情感来判定形式的主观的合目的性的机能，后者是通过知性和理性的关系来判定客观质料的合目的性的机能。康德称这种愉快和不愉快为美和崇高。美和崇高具有相同的性质，即无利害的快感、无概念的普遍性、主观的合目的性和基于人类共同感的必然性。但美与崇高又具有差异：美涉及对象的形式，形式是有限的，知性可以把握。而崇高却涉及对象的无形式。无形式并不是指对象没有形式，而是指一种超越了对象的外在表现形式的主观的无形式。对象体积无限大，威力巨大，不能被完整直观而形成合适的形式，在此知性无能为力，想象力和知性不能自由和谐地游戏，转而求助于理性，与理性协合一致，理性赋予想象力以无限性，从而产生崇高感。康德在《判断力批判·崇高的分析》中说："它们（按指自然里的崇高现象）却更多地是在它们的大混乱或极狂野、极不规则的无秩序和荒芜里激引起崇高的观念，只要它们同时让我们见到伟大和力量。"①康德认为，美的想象力与知性的和谐统一，产生比较安宁平静的审美愉悦。崇高则是想象力与理性互相矛盾的斗争，产生比较激动、震荡的审美感受。崇高感是由痛感转化而来的，它是一种能间接产生的愉悦。康德把崇高分为两种，一种是数学的崇高，一种是力学的崇高。数学的崇高是指对象的体积和数量无限大，超出人们的感官所能把握的限度。但是审美有一个饱和点，是感官所能掌握的极限，如果对象的体积超过了这个极限，我们的想象力就不再把它作为一个整体来把握了，但我们的理性却要求见到对象的整体。虽然想象力不能超出极限，对象不能作为一个整体来把握，理性却要求作为一个整体来思维。因此，崇高只是理性功能弥补感性功能（想象力）不足的一种动人的愉悦。力学的崇高则表现为一种力量上的无比威力，如"高耸而下垂威胁着人的断岩，天边层层堆叠的乌云里面挟着闪电与雷鸣，火山在狂暴肆虐之中，飓风带着它摧毁了的荒墟，无边无界的海洋，怒涛狂啸着，一个洪流的高瀑，诸如此类的景象，在和它们相较量里，我们对它们抵拒的能力显得太渺小了。但是假使发现我们自己却是在安全地带，那么，这景象越可怕，就越对我们有吸引力"②。这就是说自然的力学崇高，以其巨大的无比的威力作用于人的想象力，想象力无从适应而感到恐惧可怕，因而要求理性概念来战胜和掌握它，从而发现我自己"是在安全地带"，由想象的恐惧痛感转化为对理性的尊严和勇敢的快感，通过想象力唤起人的伦理道德的精神力量而引起愉快，这种愉快是对人自己的伦理道德的力量的愉快。所以，崇高的审美判断最接近伦理道德的判断。康德认为，崇高是人对自己伦理道德的力量、尊严的胜利的喜悦，是与理性观念直接相联系的，因此，必须有众多的"理性观念"和一定的文化修养，才能对崇高进行欣赏。欣赏崇高需要更多的主观条件，因此，"崇高比美更具有主观性"。康德把人对神的关系转化为人对自然的关系，把人对于神的无时不在的牺牲

① ［德］康德：《判断力批判》上卷，宗白华译，85页，北京，商务印书馆，1964。括注系原文所有。
② ［德］康德：《判断力批判》上卷，宗白华译，101页，北京，商务印书馆，1964。

转换成人对于有着无限空间的自然的永无休止的追求，把永恒实在的崇高变成了主体使命的崇高，那对于自然界里的崇高的感觉就是对于自己本身使命的崇敬，"而经由某一种暗换付予了一自然界的对象"。这就是说，自然对象本身没有崇高的性质，它是我们通过"暗换"交付予自然界的。

此外，黑格尔和车尔尼雪夫斯基的崇高观念也值得一提。黑格尔认为崇高就是绝对理念大于感性形式。在美是理念的感性显现观念指引下，他指出崇高是理念大于或压倒形式。美和崇高都以理念为内容，以感性表现为形式，不过这两种表现形式不同而已。在美，是理念渗透在外在的感性的现实里，成为外在现实的内在生命，使内外两方面相互配合，相互渗透，成为和谐的统一体。崇高则相反，是理念大于或压倒感性的表现形式，即理念内容不能在外在事物里显现出来，而是溢出事物之外。尽管黑格尔对崇高的观点是带有明显客观唯心主义哲学色彩的，但他抓住了美与崇高的内在联系。车尔尼雪夫斯基认为，崇高是"一件事物较之与它相比的一切事物要巨大得多，那便是崇高"。"一件东西在量上大大超过我们拿来和它相比的东西，那便是崇高的东西；一种现象较之我们拿来与之相比的其他现象都强有力得多，那便是崇高的现象。""'更大得多，更强得多'——这就是崇高的显著特点。"车尔尼雪夫斯基关于崇高的定义，强调了崇高在客观事物本身，而不是观念或"无限"所引起的。

3. 中国的"大美""壮美"思想

中国古典美学史上没有"崇高"这一范畴，但是有类似崇高的"大"和"阳刚之美""壮美"等概念。比如老子、孔子、孟子、庄子都有对"大"的论述。《道德经》第二十五章云："吾不知其名，字之曰'道'，强为之名曰'大'。"这里的"大"即"道"，是"道"作为创造一切的宇宙生命力，磅礴万物，覆载天地，在气势和力量上显现出无穷性，在时空上表现出无限性。《庄子·知北游》云："天地有大美而不言。""大美"，就是"道"，是天地的本体，圣人"观于天地"，就是观"道"，是人生最大的审美享受，可以达到"至美至乐"，说明道家的"大美"超越了形象，具有"无为而无不为"的能力，是一种绝对自由超然的精神。《论语·泰伯》云："大哉尧之为君也！巍巍乎！唯天为大，唯尧则之。荡荡乎！民无能名焉。巍巍乎！其有成功也。焕乎！其有文章。"这里对于尧的"大"的称赞，首先是从道德的角度，用"巍巍乎""荡荡乎""焕乎"来赞美尧之德，含有伦理和审美的双重意味，被赋予类似"崇高"的内涵。《孟子·尽心下》云："充实之谓美，充实而有光辉之谓大。"孟子所谓"大"，不仅指内在品质的充实，即人格的坚实厚重，而且具有广大的气势，即熠熠生辉的伟大，其中崇高的意蕴则更推进了一步。而比"大"更高等级的是"圣"，"大而化之"即为圣，就是用道德人格化育天下。如果一个人的道德修养达到了"圣"，那么其人格美就能够对社会风尚产生极其深远的影响。以上论述虽然具体含义与认识有区别，但有一点是基本相同的，即"大"是一种天与地般的壮美，是人的美的一种伟大、崇高境界。清代学者姚鼐把崇高称为"阳刚之美"，与"阴柔之美"相对应，对后世影响较大。刘熙载则更为集中、明晰地论述了这一问题，其《艺概·书概》云："大凡沉着屈郁，阴也；奇拔豪达，阳也。"王国维、宗白华等也曾提出"壮美"之论。需要注意的是，在我国阴阳五行观念和儒家中庸之道的影响下，与"壮美"相对的"优美"、与"阳刚"相对的"阴柔"是应统一并行、不容偏废的，刚而无柔或柔而无刚，都不是真正的艺术美，二者应相互渗透、相互转化，所谓"淡语要有味，壮语要有韵，秀语要有骨"，这与西方将"壮美"定位为一种极致性的追求不同。

二、崇高的美学特征

虽然历史上对于崇高的理解各有不同，但崇高的美学特征大体可以确定。第一，崇高对象是存在于自然和人类社会中的客观的历史存在的审美现象，是人类精神崇高的礼赞和表现，它集中体现为歌颂人类改造自然、改造社会、改造自身，以求完善的巨大艰苦性、英勇顽强性和塑造超越自身的精神力量与人格要求的刚强形象，因而崇高在本质上是一种阳刚美。第二，崇高对象是在尖锐激烈的对立冲突中塑造的，具有坚定性和刚强性，如无限内容对有限形式的突破及主客体关系中的抗争激扬、美感中的先惊后喜等。崇高是在与各种凶恶的敌人、严重的困难与灾祸及痛苦、失败或挫折的顽强斗争中塑造成功的。唯有这样，力量的伟大和精神品格的光辉才能充分显示。从这个意义上说，没有冲突也就没有崇高。第三，崇高具有强烈的社会伦理性、精神性，真正体现为精神的象征。崇高比其他审美范畴具有更为鲜明而强烈的社会伦理性，真正充分体现为道德的象征，展示的都是人的精神品德的美、人格修养的美，体现的是对正义、真理、人性至善的执着追求。也正是从这个意义上来说，崇高在艺术中的表现不在于外在形式，而在于内在地突破了个体形式的人的精神和道德力量，在于如何通过个别形式而体现一种有价值的人生哲理。因此，强烈的社会伦理性及其人生哲理，是崇高对象的基本内涵。第四，崇高在表现形式上具有粗粝性和模糊性。崇高是巨大的精神内容对有限形式的溢出和突破，因而其形式往往具有粗粝性、尖锐性、无定性、模糊性甚至某种怪诞性，这是内容溢出或突破形式而留下的痕迹。

崇高以各种具体形态存在于自然、社会和艺术领域中。也可以说崇高有三种类型：第一，自然界的崇高。巨大的体积和力量，以及粗犷不羁的形式等，都对形成崇高对象起着积极的作用。如汹涌的波涛、直泻而下的瀑布、狂风暴雨、雷电交加、奔腾的长江、咆哮的黄河、无边无际的大海、黑暗朦胧的夜空、高耸入云的山峰、陡峭的悬崖等，都具有崇高对象的自然特点。只有当人类的实践发展到能够征服和掌握这些对象时，它们才能成为我们欣赏的崇高对象。人在观照时，经过理性思考，激发出内在的本质力量，显示出征服自然的成果或趋势，以客体的无限巨大间接地显示出人类无限的征服力量。第二，社会生活的崇高。社会先进力量的胜利不是轻而易举地取得的，需要经过艰苦的斗争，需要付出巨大的代价。这种斗争显示出先进力量的巨大潜力和崇高精神。具有崇高特性的对象，通常都具有艰难斗争的烙印，显示出真与假、善与恶、美与丑相对抗、相斗争的深刻过程。社会崇高更多带有伦理内容，给人以巨大的伦理上的审美愉悦。第三，艺术的崇高。艺术的崇高是对社会生活中崇高的审美反映。在美学史上，席勒、谢林和黑格尔等都着重讨论了艺术的崇高。艺术的崇高不可能完全再现自然中的巨大的体积和现实力量，所以其内容和主题多取材和侧重于严重的社会冲突、高尚的道德品质等，因此悲剧便是表现社会崇高最有力量的表现形式。在音乐中追求不协和音，在书法中力求稚拙不稳定，在雕塑上运用粗糙的手法等，都是追求自然崇高的本质神韵。

关于崇高与优美的比较，从审美属性上看，崇高主要具有宏伟、雄浑、壮阔、豪放、劲健、奇特的特点。在审美类型中，崇高的基本特征是突出了主体与客体、人与自然、感性与理性的对立冲突。崇高的本质在于人的本质力量与客体之间处于尖锐对立与严峻冲突中。客体企图以巨大的气势和力量压倒主体，主体在严峻冲突中更加激发自身的本质力量与之抗争，最终战胜与征服客体，使人的本质力量得到比在优美事物中更加充分的显现。崇高的核心在于"冲突"。崇高体现在主客体矛盾冲突中，经过尖锐激烈的对立，主体战胜客体并且终于从痛感转化为快感。审美主体所受到的挑战越严重，遇到的冲突越激烈，斗争的历程越险恶，就越能激发和显示人类自身的本质力量，也就越能令人感到崇高。

优美，又称秀美，是美的最一般的形态。狭义的美，指的就是优美。中国美学史上将其称为"阴柔之美"，这是一种优雅之美、柔媚之美。从审美属性上看，优美主要具有绮丽、典雅、含蓄、秀丽、纤柔、婉约等特色。在审美类型中，优美通常是指一种单纯的美、常态的美。从根本上讲，优美就是审美主体与审美客体之间的和谐统一。优美的核心之所以是和谐，其实质就在于它体现出主体与客体的和谐统一，体现出内容与形式的和谐统一，也体现出理智与情感的和谐统一。优美的本质就在于人的本质力量与客体的和谐统一，并且在对象世界中得到感性的显现。优美引起的审美感受是一种单纯的、平静的愉悦感。

在审美对象的形式上可从如下四个方面认识优美与崇高的区别。第一，空间上的小与大。优美的事物一般体积较小、规模较小，如风景秀丽的小丘、清澈见底的小溪、啾啾鸣叫的燕雀、风中摇曳的小花等。而崇高的事物一般体积巨大、气势宏伟，如一望无际的大海、耸入云霄的高山、"飞流直下三千尺"的瀑布、"轻舟已过万重山"的三峡等。第二，时间上的慢与疾。优美的事物是舒缓的、平稳的、趋于静态的，崇高的事物则是疾速的、奔腾的、趋于动态的。如《维纳斯》雕像恬静典雅、宁静安详，体现出一种静态的优美；《拉奥孔》雕像表现了父子三人被巨蟒紧缠，濒临死亡那一瞬间的竭力挣扎，以静示动，寓动于静，展现出一种动态的崇高美。第三，形式上的柔与刚。优美的事物一般符合对称与均衡、比例与匀称、节奏与韵律等形式美法则，多曲线而不露棱角，多圆形而不显生硬，颜色鲜明而不强烈，声音柔和而不刺耳。优美的艺术作品往往情感细腻、形式精美，如奥地利著名作曲家约翰·施特劳斯的圆舞曲《蓝色多瑙河》。崇高的事物却常常有意地突破或违背对称、均衡、节奏、比例等形式美法则，各个部分很不协调，显得突兀、怪诞、凶猛，甚至有意包含一些丑的因素，让人首先感到压抑、不快、畏惧、痛苦，然后才提升转化为一种独特的审美快感。如苏联作曲家肖斯塔科维奇的《列宁格勒交响曲》。第四，力量上的弱与强。优美的事物不呈现主体和客体激烈的矛盾冲突，主要表现主客体双方的平衡、统一、和谐、安宁，强调力量的平衡和稳定，追求一种阴柔之美。崇高的事物则体现出主体与客体之间的尖锐对立和严重冲突，充满了动荡与斗争，强调力量巨大与气势磅礴，追求一种阳刚之美。元代作家马致远的《天净沙·秋思》，短小简练、构思巧妙，具有阴柔之美；而北宋苏轼的名作《念奴娇·赤壁怀古》，则抑扬顿挫、气势磅礴，具有崇高之美。

　　康德在突破审美纯形式讨论优美和崇高的区别时，更多从主体的知性原则和道德品质及其相互关系考察优美与崇高的关系，值得我们关注。康德把人的心灵表现及其行为作为人的审美特征进行分析，认为知性的整体作为人的理性能力，是伟大的、崇高的，勇敢、真诚、正直无私地勤于职守，这些高尚的品质是崇高的，崇高的性质引起人们的敬意。狡黠、谨慎、玩笑、恭维和精细和气这些细致、微末、文雅的行为则是优美的，优美的性质则惹人喜爱。康德还从悲剧和喜剧的角度讨论了崇高和优美。康德认为："在悲剧中，展现在我们面前的是为他人的利益而作出的伟大的自我牺牲精神，以及危难之中的英勇果决和经得起考验的忠诚。"悲剧中的爱情虽然很悲惨，但能在深厚的敬意中激起同情，在不涉及实际利害的情况下打动公正善良的心灵。至于喜剧，康德认为是"幼稚地狡计"和"有趣地笑闹"，以及善于从任何事态中脱身的诙谐家上当的可笑。这显然是一种优美。喜剧中的爱情并不感伤忧郁，而是从容自如的。他还认为喜剧在一定程度上可使美与高尚结合。因为与喜剧结合的崇高显然是壮丽的成分，而不是恐怖的成分。崇高只有与美感相互渗透，才能增强和持久，因为"崇高感使心灵的力量趋于紧张，因而也易于使其疲劳"。崇高应与优美相伴随，才能张弛有致，"强烈的感染力只有与更加轻松的内容加以对比，才能生生不息"。优美往往给人一种崇高的感觉，而崇高又常常使之优美，两者相互体现，将世间事物的美好充分展现出来，激励人们奋发向上。对崇高美的欣赏，能够使欣赏者从崇高对象中获得力量，振奋精神，开阔胸怀，增强勇气，有助于人们克服消沉、低落情绪。此外，崇高不仅激发人的力量，而且有助于人们净化精神世界，使人感觉到高临于平庸与渺小之上，促使人与卑鄙、丑恶事物作斗争，自觉加强道德修养，培养高尚的情操，树立正确的人生理想，从而创造充实、美好、愉快的人生。

三、后现代美学与崇高

利奥塔的崇高观念是其后现代理论的重要组成部分，或者说，他对后现代社会状况的基本判断影响了他对崇高的认识。20 世纪下半叶，随着科技和经济的迅速发展，现代西方社会进入了后工业阶段，现代西方文化也经历了一次次新的裂变，向着多元化的方向发展，很快形成了强劲的后现代主义文化思潮，作为对于现代性宏大叙事的叛逆，"无秩序""无中心""零散化""无意义""无深度"等成为其表征。在求变求新的思想文化语境下，人们对"崇高"的认识也大大异于从前。当下社会的崇高是多样化和多向度的。在高科技制作的电影作品中，在五花八门的电视广告里，在灯光眩目的超级秀场上，在无所不包的赛博空间内……崇高的踪迹随处可见，它变得更加难以捉摸，很难将之固定在某种理论框架下去解释。总体上看，崇高范畴变得时尚化和泛化，或者说崇高范畴的世俗化使之脱离了传统哲学家、美学家赋予它的道德、伦理意义，也使之不再完全依附于人这个主体。齐泽克就指出，如果崇高的确是一个精神的时刻，这个时刻正是在我们感觉到、意识到、理解到的所有东西变得无用甚至荒谬的那个时刻。米尔班克则认为崇高体验不再指向一个超越理性和表达的客体，而是在表现内部超越了表现的可能性。于是，在这样的时代历史和文化语境下，利奥塔带着对社会文化现实的不满，对人和人的生存境遇的关切，回到现代性的康德那里寻找出路，强调对"不可呈现性"的此时此地的呈现，把道德伦理、社会公正等沉重的主题与"崇高"联系起来，发展出一种后现代的崇高理论，以至于美国后现代理论家詹姆逊做出这样的评价："这理论与当下流行的各式各样的后现代主义关系不大，反倒更接近极端现代主义的传统意识形态。"①利奥塔的美学理论与极端现代主义中革新特质的观念居然非常接近，这倒是很有趣的矛盾现象，而这正是利奥塔的对手哈贝马斯忠实地从法兰克福学派那里继承过来的理论。

利奥塔的崇高论是对伯克和康德的崇高理论的继承。利奥塔肯定了伯克的崇高是由对"什么也不到来"的威胁引出来的恐惧与愉悦融合而成的紧张感观念，也继承了康德崇高论中的未定性和无限超越性的一面。其一，利奥塔立足于后现代主义情怀，把崇高作为对未定性的见证，即对一种无法显示的东西的呈现的情感。无法显示的东西来自观念，不能像往常理解的那样，可以用样本、事例或象征去"说明"和"呈现"，如宇宙、人性、历史消亡、此刻、善、物种、正义等，甚至一般绝对事物都无法显示出来。这些东西虽然无法显示，却可以证明其存在——在一些抽象的作品中呈现，这是一种否定性呈

---

①　［美］弗雷德里克·詹姆逊：《序言》，见［法］让-弗朗索瓦·利奥塔：《后现代状况——关于知识的报告》，16 页，岛子译，长沙，湖南美术出版社，1996。

现。其二，利奥塔认为崇高属于"现在"的状态，它具有未完成的现时性品质，从而是无法绝对理解和把握的。因而，利奥塔认为，崇高的本性也可以被看成"此时此地"发生的"事件"，它意味着矛盾性、特殊性、未定性、偶然性等，意味着断裂和突破规范的状态，这就需要新的体验模式和不同的判断形式。在指出崇高的未定性和否定性呈现时，利奥塔不仅否定了把崇高实在化，即把崇高视作对某物的形式感受的观念，而且也否定了伯克、康德把崇高自我化、道德化的观念。因为崇高艺术的价值在于它只是呈现"有不可表现之物存在"，是对未定性的昭示，它与优美有形式的不同，呼应着无形式。当缺乏自由的呈现形式时，崇高与非形式是并存的；甚至当呈现想象的形式缺乏时，崇高感也会出现。其三，利奥塔把崇高视为"不可决定的"判断的范型，这种情感的中心是歧论。歧论是两方或者多方间的争论，由于缺乏一种可作用于双方或多方的共识判断规则而不能被公平解决。歧论在痛苦的沉默中被确证，同时又召唤着新判断规则的发明，这个过程伴随着一种快感。利奥塔通过分析以纽曼为代表的先锋艺术中所体现的崇高，指出了先锋艺术以其对未定性、瞬时性的呈现和努力，从而解放了艺术的规则和形式，使艺术成为一种为规则和形式而不断开掘、变化的享乐，先锋艺术就是为了维持这种"此在"的发生。正如有的学者所认为的，先锋是不以理解和接受为目的的，它只专注于艺术品所展现的"发生"的追问。在对先锋的阐释中，利奥塔体验到了现代自我中的深刻的悲剧命运，但可贵之处在于他把这种命运当成了希望，其悲剧性自然更为深刻和沉重。

利奥塔的后现代理论是在对后工业时代技术和文化的强烈批判中展开的，他提出了现代技术和文化对人的"非人化"问题，看到了非常彻底的非人现实、"现实被毁弃"的现实。但是，利奥塔在时间的未定性中看到了抗拒的力量，并且把它提炼为崇高情操。这样，当代先锋艺术被认为是实现抗拒或崇高情操的主体。先锋的意义在于，它拒绝了对技术化现实和非人化的大众认同，而在未定性的探求中工作。利奥塔崇高美学的意义或许在于，他在碎裂的沉沦现实面前，放弃了对世界的审美主义怀想，而坚持在时间的涌流中通过对未定性的探寻而抗拒后工业社会和后现代文化的非人力量——这是对命运的抗拒。因此可以把利奥塔美学称为一种先锋的崇高美学。

思考题：

1. 美学家李泽厚曾说："悲剧的实质主要在于能否创造崇高，能否激发人们伦理精神的高扬。"你如何理解悲剧和崇高的关系？

2. 如何理解现代悲剧观念？

3. 崇高的基本美学特征是什么？

拓展阅读文献：

1.《悲剧的诞生——尼采美文选》，周国平译，北京，生活·读书·新知三联书店，1986。

2．［英］雷蒙·威廉斯：《现代悲剧》，丁尔苏译，南京，译林出版社，2007。

3．［法］让-弗朗索瓦·利奥塔：《非人——时间漫谈》，罗国祥译，北京，商务印书馆，2000。

4．［斯洛文尼亚］斯拉沃热·齐泽克：《意识形态的崇高客体》，季广茂译，北京，中央编译出版社，2014。

扫码阅读：

第七章　艺术与情感

美学自诞生之日起，便以"感性学"为研究任务，而艺术作为人类情感最集中有效的传达媒介，在其发展历史中形成了独特的表达规律。因此，对艺术美的分析始终是美学研究的一个核心问题。对于艺术与情感关系的思考，美学研究的侧重点往往在于审美主体的心理层面，而容易忽视艺术的形式技巧和艺术史的发展轨迹。实际上，情感与艺术并不是简单的内容与形式的关系，而是同等重要且互为支撑的。如何认识情感在艺术创作和交流中的重要作用？如何理解艺术形式及其情感所兼具的个性化和社会历史化的双重特征？这便是我们要回答的主要问题。

第一节　艺术创作与交流中的情感

在艺术活动中，最容易考辨也比较容易得到重视的，是艺术家的情感。实际上，艺术家的个人情感不仅使其艺术创作带有鲜明的个性特征，通过对艺术发展历史的考察，我们还可以发现这种个人情感的艺术书写又带有社会历史共性，并体现出有迹可循的演进规律。艺术作品的形式便是艺术情感历史演进规律的符号化记录，它既源于情感，又表征着情感，更能诱发作者和欣赏者的情感，在艺术创作和交流之间搭建起桥梁。因此，本节我们将逐步考察情感在艺术历史、艺术形式、艺术欣赏三方面的作用。

一、情感与艺术历史

1. 矛盾的古典时代

在西方艺术史上，情感的重要作用并非从一开始就得到充分重视与认可。古希腊哲学家对于情感的态度便不同。柏拉图把理想国的公民分为三个等级的同时，也对人的三种品性做出了划分，排在最高位置的是理智，其次是意志，而最低级的则是情欲。在他看来，人的感情是危险的，因为它常常与意志和理智的精神背道而驰，因此也是需要节制和克服的。这种对人类情感价值的贬斥也影响了柏拉图的艺术观，他之所以提出"把诗人驱逐出理想国"的著名论断，一个很重要的原因便在于，在荷马和悲剧诗人的作品中，神祇和英雄竟然有着凡人的缺陷，放任情感，而这种模仿也会激发观众的情感波动，使他们按照他们的本性发泄快感，这势必对城邦青年产生不良影响。除柏拉图之外，赫拉克利特、毕达哥拉斯、苏格拉底、伊壁鸠鲁、奥古斯丁等哲学家对于人的自然情感和欲望都持贬抑态度。然而，柏拉图的弟子亚里士多德对情感和艺术价值问题的看法却与他的老师相反，他在《诗学》中肯定了人的本能、情感、欲望等因素的合理性，认为艺术如果能够使人的这些自然要求得到满足的话，无疑对人的身心健康是有益的。亚里士多德并非不重视艺术的伦理道德问题，但他对艺术情感价值的肯定却更加顺应文艺发展的必然要求。

柏拉图和亚里士多德的对立，代表着西方古典时代情感与艺术的矛盾关系。一方面，出于维护理性精神和建构社会秩序的需要，哲学家不得不对艺术的情感特性加以规约。他们提倡筛选、控制甚至否定个人情感，提倡用理性思维面对客观世界，用道德和正义的伦理观念指导实践行为。另一方面，艺术根植于情感并且反作用于情感的特性又是一种自然法则。酒神狄俄尼索斯的崇拜和狂欢庆典在民间的广泛流传表明，古希腊人对于情感的迷恋是一股难以抑制的洪流，其迷狂性恰是艺术体验的巅峰状态。这两方面的矛盾也影响到了艺术创作，以雕塑、建筑为代表的造型艺术更倾向于表现理性并抑制情感，而体现出温克尔曼所谓的"高贵的单纯和静穆的伟大"；以音乐、诗歌、戏剧为代表的非造型艺术则更加凸显情感的核心地位，具有尼采所说的"酒神激情与迷醉"。它们之间的共存和冲突，使古典艺术体现出更加丰富的内涵和情感的矛盾张力。

图 7-1 是希腊化时期的雕塑《拉奥孔》。雕塑中的拉奥孔被巨蟒撕咬时的"淡定"神情，成为美学家们热衷思考的问题。温克尔曼认为这源于古希腊艺术的精神特质：即使情感如海面的波涛汹涌，但人物的形体和表情仍如大海深处般平静，以见出古希腊人伟大而沉静的心灵。另一位美学家莱辛则认为，是造型艺术直观地呈现美的原则决定了拉奥孔的此种神情姿态，为此，雕塑家选取了"富有包孕力的瞬间"，也就是痛苦的情感爆发之前的临界点。这一分歧至少表明，古希腊艺术对于情感的矛

图 7-1 《拉奥孔》

盾态度，不仅存在于不同艺术门类之间，也存在于同一件艺术品内部。

2. 中世纪的艺术：情感归一

中世纪以来，基督教在西方世界的强大影响力使得哲学、科学、艺术完全成为"神

图 7-2 蒙雷阿莱主教座堂
马赛克壁画

学的婢女"。此时人们的情感仍然用艺术来表达，但其情感指向却空前趋同，即对于三位一体的仁爱上帝的归属和认同。因为基督教的禁欲主义原则与艺术的情感属性相抵触，所以艺术遭到教会的仇视和打击。同时，又有大量以表达宗教情感为主题的艺术如诗歌、绘画、雕塑、建筑（天主教堂，例如图 7-2 所示的壁画）等应运而生。需要强调的是，这并不代表中世纪的艺术中人们的情感被信仰和意识形态等"外在"因素强行取代，对于基督徒而言，基督教信仰是他们发自内心地认同的最高级情感。因此，即便是我们今天看来过于同质化和单调的宗教艺术，对于中世纪的人们而言，仍然是最真实的情感的表达和交流手段。只不过原本人们自然的、多样的、矛盾复杂的情感，已经让位于独一无二的对上帝的赞美和皈依之情。此时上帝作为最高的美，是一切艺术和情感的唯一根源。

3. 从文艺复兴到现代艺术

文艺复兴对于"人"的价值的歌颂和赞美，不仅迎来了艺术的繁荣，同时开启了西方现代历史的新纪元。此时人的情感得到了充分肯定，并且成为人文主义新篇章开启的主要推动力。但丁的《神曲》虽然以宗教为主题，然而但丁与贝雅特丽齐之间的爱却是贯穿始终的线索，而在保罗和弗朗西斯卡这对因通奸而死的恋人的故事中，当但丁听完弗朗西斯卡叙述他们坠入爱河的过程之后，竟然昏厥过去，更表明虽然有着宗教和道德的束缚，但人的自然情感的强大力量，已经深深触动了诗人的心灵。彼特拉克通过十四行诗来表达自己对于恋人的情感，既有对恋人的迷恋、对爱情的渴望，也有得不到爱情的苦闷和感伤。在美术和雕塑作品中，艺术家对人物神态、形体的真实和细腻刻画，使情感自然而鲜活地流露出来。与表达情感相伴随的是，兼有神圣和世俗欲望双重魅力的女性形象成为此时艺术中反复出现的母题，我们最熟悉的例子便是达·芬奇的《蒙娜丽莎》。意大利美学家艾柯在评价文艺复兴艺术时，还特别提及当时画作中女性面容与情感之间的微妙关系："女性面容增加了私密、激烈、半自我中心的神情，与公开展示的女体相互映衬，其心理不易解读，时或极为神秘，如提香的《乌尔比诺的维纳斯》（图 7-3），或

图 7-3 提香·韦切利奥
《乌尔比诺的维纳斯》

乔尔乔内的《暴风雨》。"①

　　如前面所言，古典艺术的遗产本身便是矛盾的统一体。文艺复兴从古典艺术中发现了人的价值和情感力量，但 17、18 世纪的古典主义和新古典主义却开始强调艺术表现理性、秩序和道德规范，并且以古典艺术为模仿和学习的最高范本。为了反对这种保守和僵化的倾向，浪漫主义运动应运而生。在卢梭看来，艺术并不是对客观世界的忠实描摹，而是感情的流溢。英国湖畔派诗人华兹华斯在《抒情歌谣集》中强调，好的诗歌是"强烈情感的自然流露"（the spontaneous overflow of powerful feelings），更被视为以情感为艺术核心的浪漫主义运动宣言——自此也确立了文艺创作和理论批评的一个重要维度，即"表现说"（expressive theory）。文艺理论家艾布拉姆斯将"表现说"概括为："一件艺术品本质上是内心世界的外化，是激情支配下的创造，是诗人的感受、思想、情感的共同体现。"②

　　把文艺看作艺术家的主观情感表现的思潮虽然在西方起源较晚，但却很快发展起来，得到了艺术家的广泛认同。从文艺复兴到启蒙运动时期，艺术尊重和表达人的情感，从人文主义方面为推进社会现代化进程贡献了力量；而在 19 世纪和 20 世纪以来，当现代社会暴露出其不合理的一面时，当启蒙理性和现代化进程对于人类而言成为异己力量，忽略和伤害人的个性及情感时，艺术表现又成为个体情感价值的守望者，在对个人情感世界的营构及坚守中，表达出对现代社会的疑虑和反思。对于此时相继兴起的表现主义、直觉主义、象征主义、印象派、野兽派、立体主义、意识流、荒诞派等现代艺术流派而言，在形式技法上的创新背后，主体的经验和情感世界才是理解其艺术形式的钥匙。

　　图 7-4 是蒙克的《呐喊》，藏于挪威蒙克博物馆。关于这幅画蒙克有一段这样的描述：我和朋友一起去散步，太阳快要落山了，突然间，天空变得血一样的红，一阵忧伤涌上心头，我呆呆地伫立在栏杆旁，深蓝色的海湾和城市上方，是血与火的空间。朋友相继前行，我独自站在那里，突然感到不可名状的恐怖和战栗，我觉得大自然中仿佛传来一声震撼宇宙的呐喊。

图 7-4　蒙克《呐喊》

---

　　①　［意］翁贝托·艾柯：《美的历史》，彭淮栋译，196～198 页，北京，中央编译出版社，2011。括注为编者所加。

　　②　［美］M. H. 艾布拉姆斯：《镜与灯：浪漫主义文论及批评传统》，郦稚牛、张照进、童庆生译，20 页，北京，北京大学出版社，2015。

4. 中国艺术史中的情感

在中国艺术史上，情感表现一直被认为是艺术的核心问题。孔子评论《诗经》时提出"《诗》可以兴，可以观，可以群，可以怨"（《论语·阳货》），其中的"兴"是说诗能够激发读者的感情，而实际上首先从作者层面来看，"托物起兴"便是其情感表达的必要手段。"诗可以怨"的"怨"同样是一个首先发于作者，又能启发读者的表现性概念。此外，无论是屈原的"发愤以抒情"（《九章·惜诵》）还是司马迁的"发愤著书"（《史记·太史公自序》）、陆机的"诗缘情而绮靡"（《文赋》），都把表达情感作为艺术的目的，而《毛诗序》的一段话最有代表性：

> 诗者，志之所之也，在心为志，发言为诗。情动于中而形于言，言之不足故嗟叹之，嗟叹之不足故永歌之，永歌之不足，不知手之舞之，足之蹈之也。

与西方艺术的情感表现不同的是，中国艺术往往不执着于个体的喜、悲、爱、憎等具体情感，而是通向精神的自由解放和对宇宙大道的体悟，从而升华为一种更便于审美认同和交流的"大我之情"。美学家李泽厚在谈及中国艺术的情感问题时指出："中国古代的'乐'主要并不在要求表现主观内在的个体情感，它所强调的恰恰是要求呈现外在世界（从天地阴阳到政治人事）的普遍规律，而与情感相交流相感应。它追求的是宇宙的秩序、人世的和谐，认为它同时也就是人心情感所应具有的形式、秩序、逻辑……文艺及美学既不是'再现'，也不是'表现'，而是'陶冶性情'，即塑造情感。"[1]可以说，中国艺术对个体情感的既认同又超越的态度，其更高目的不在于个人情感的抒发，而在于对一种具有群体性、社会性、共通性的情感的塑造和传达，从而实现审美的交流与认同。这使得中国的音乐、诗歌、绘画、书法等，在形式上并不像西方古典艺术一样，热衷于真实地再现和模仿自然，或是如浪漫主义艺术或现代艺术一样，倾向于表现纯粹主观的个人情感，而是以适度、中和的态度表现情感，以意趣、风骨的原则摹写对象，力求通过虚实结合的手法使艺术品营构出"气韵""意境"等具有共通感的审美想象空间（以倪瓒《六君子图》为例，如图7-5所示）。

图 7-5　倪瓒《六君子图》

① 李泽厚：《美学三书》，221～222页，天津，天津社会科学院出版社，2003。

二、情感与艺术形式

1. 情感作为艺术形式的先导

一幅印象派画作或者一首中国古典诗歌，最能打动我们的往往不是它的线条、色彩或者声律、对仗等技法，而是作品体现出的艺术家强烈而真挚的情感。可以说，情感作为艺术创作的先导，不仅是艺术诞生的源动力，其内容和强烈程度的不同也决定着艺术表现方式的不同，从而导致艺术形式的差异。尼采对于酒神艺术和日神艺术的区分，以及对音乐、悲剧、诗歌、雕塑等具体艺术形式的探讨，出发点便是艺术家情感力量的大小以及不同处理方式。前面我们提到的《毛诗序》中的那段话，形象地说明了情感与艺术形式的关系：人的情感有所生发，也就是"情动于中"之时，首先发言为"诗"，如果仍不足以表达，便"永歌之"，"永歌"还不够的话，便会情不自禁地"手舞足蹈"。可见，情感对于艺术形式起着先在的影响甚至决定作用，有着什么样的情感，便会产生相应的艺术。《礼记·乐记》对此说得更加明白：

> 乐者，音之所由生也，其本在人心之感于物也。是故其哀心感者，其声噍以杀；其乐心感者，其声啴以缓；其喜心感者，其声发以散；其怒心感者，其声粗以厉；其敬心感者，其声直以廉；其爱心感者，其声和以柔。

音乐是人心感于外物而生的，喜、怒、哀、乐等不同心情会产生不同的声音，这种情感与艺术形式的对应，并不是偶然随机的，而是有着内在的规律。我们不仅能够在音乐中发现不同的音调与情感的关联，也能在诗歌、舞蹈、绘画等艺术的不同门类、体裁和历史发展中见出情感的先导性影响和推动作用。在这种艺术场域和历史传统中，人或者说人的情感成为艺术创作与交流的核心，具有了本体性意义上的存在价值，正如李泽厚所言："为什么我们百听不厌那已经十分熟悉了的唱腔？为什么千百年来人们仍然爱写七律、七绝？为什么书法艺术历时数千年至今绵绵不绝？……因为它们都是高度提炼了的、异常精粹的美的形式。这美的形式正是人化了的自然情感的形式。"[①]

需要说明的是，情感和艺术形式的对应性关系，能够从心理学和人类学方面找到合理的解释。例如，美学家阿恩海姆曾结合格式塔心理学理论来论述这一问题。他认为，自然事物的运动、色彩、线条、形状等是自然力作用的结果："这些自然物的形状，往往是物理力作用之后留下的痕迹；正是物理力的运动、扩张、收缩或成长等活动，才把

———————————

① 李泽厚：《美学三书》，220 页，天津，天津社会科学院出版社，2003。

自然物的形状创造出来。"①例如，大海的波浪呈现出一种富有运动感的曲线，而这是海水上涨力与重力相互作用的结果；在云朵、山峦、树干、树枝和花朵的形式中包含的各种形状和线条，也无不体现出力的作用。这种客观世界的物理力现象，同样存在于人类的心理领域，表现为一种"内在的力"，它虽然是自发的、与情感活动密切相关的，却可能因为与外界事物（自然或者艺术）的力的同构作用而被激发出来，以直觉的方式体现在视知觉之中，从而形成一种创造性的、同时又与眼前对象具有对应关系的"形式结构"，这正是艺术创作和欣赏的基础。阿恩海姆认为"自然的力"和"内在的力"之所以能够形成同构性关系，关键在于力本身的运动和张力作用的突出特质在于"表现性"，而这也是艺术的一个重要的基本特征，因此他的结论是，所有艺术都是"象征的"。也就是说，艺术实际上折射出人类内在力（情感和心理、生理活动）与自然外在力之间的同构性和整体性关系。阿恩海姆的研究对于从人类心理机制层面理解艺术问题具有重要的启发意义，也提示我们对艺术的象征作用实际上既关涉审美主体也关涉自然客体，因为正是它们的同构性才导致艺术创作和审美的触发。艺术的这一重要的象征作用正是通过其形式来实现的。

2. 艺术形式作为情感的符号化表达

在西方艺术史和美学史中，浪漫主义、唯美主义、表现主义、直觉主义等艺术流派一直强调情感对于艺术形式的决定性影响，而从哲学美学层面对这一问题进行总结和反思的，是德国哲学家恩斯特·卡西尔。卡西尔的贡献在于，他不仅注意到了情感在艺术创作中的先决作用，更进一步指出了情感与艺术形式之间并不是"情感起决定作用，而艺术形式则受到被动影响"这样的简单关系，艺术形式与情感实际上具有同等重要的作用。他在《人论》和《符号形式的哲学》等著作中，都强调把艺术作品的形式看作人类情感的象征符号："艺术确实是表现的，但是如果没有构型（formative）它就不可能表现。而这种构型过程是在某种感性媒介物中进行的。"②卡西尔指出，艺术固然源于情感，但情感的强烈和自然并不是创作好的艺术的充要条件，艺术家更需要关注艺术形式对于情感的有效传达，在此基础上，为作品赋予外在形式的技巧便成为与情感具有同等重要地位的关键环节："对一个伟大的画家，一个伟大的音乐家，或一个伟大的诗人来说，色彩、线条、韵律和语词不只是他技术手段的一个部分，它们是创造过程本身的必要要素。"③

卡西尔对于艺术形式的重视，着眼点并不在于艺术的技巧和形式本身，而是艺术形式与情感传达的符号性关系，从而开启了艺术研究的符号学之门。在他之前，克莱夫·贝尔提出的艺术是"有意味的形式"，已经开始重视艺术形式同情感内容之间的重要关

---

① ［美］鲁道夫·阿恩海姆：《艺术与视知觉——视觉艺术心理学》，滕守尧、朱疆源译，596 页，北京，中国社会科学出版社，1984。

② ［德］恩斯特·卡西尔：《人论》，甘阳译，180 页，上海，上海译文出版社，1985。

③ ［德］恩斯特·卡西尔：《人论》，甘阳译，180～181 页，上海，上海译文出版社，1985。

系。所谓"有意味的形式"，就是"我们可以得到某种对'终极实在'之感受的形式"①。贝尔认为，艺术作为"有意味的形式"，其"意味"不仅是局部的，更是整体上的，艺术呈现的有意味的整体便是"构图"。这里的"构图"，首先是艺术家头脑中真实的"情感意象"的翻译，通过这种情感意象的有效转译，也就是将有意味的形式组织成一个整体，才能表达并唤起更加深刻的"审美情感"，从而对于艺术接受和欣赏起到关键作用。

受卡西尔理论启发，苏珊·朗格对情感与艺术形式问题做出了更加专门和系统的探讨，其《情感与形式》《艺术问题》等论著可视为从符号学角度出发探讨艺术情感与形式问题的里程碑。在苏珊·朗格看来，艺术是人类为了情感表现而创造的一种符号系统，也只有艺术能够有效地表达错综复杂、矛盾多变、微妙莫名的情感。这里的情感，不仅是作者的个人情感，更是超越自我的"人类情感"。艺术家通过具体的形式技巧将艺术品进行抽象加工，成为一种"幻象"，从而使其比自然物包含了更多的内容和意味。正是这种幻象，在不同艺术门类和艺术历史上表征着人类情感的流露与变迁。因此她断言："艺术即人类情感符号的创造。"②在此意义上，艺术形式不仅等同于情感本身，而且比一般意义上具体的、个人化的和流动易逝的情感更加明晰和强烈，它借助自身的符号化呈现，提炼、记录和强化了人类的情感。

可以看到，在情感与艺术形式的关系中，情感起着基础性的、先导性的作用，然而我们也不能把情感的作用片面夸大，表达情感与艺术创作之间并不是机械的对应和被动的决定关系。艺术形式作为情感的符号化表达，并不是情感直接转化而来的，而是受到艺术技巧、艺术历史和艺术门类的影响和制约，也正是这种艺术自身的形式技巧、惯例以及超越创新，对于人类情感的表征起到了更加重要的作用。按照形式主义理论的理解，通过特殊的形式化(陌生化)技巧，艺术不仅能够强化情感表达，还能够有效地唤醒人们在日常生活中趋于麻木的情感。在这个意义上，情感和艺术形式形成了辩证统一的关系：情感产生艺术，而艺术则既在创作中也在交流中不断地强化和再生产情感。

三、情感与艺术欣赏

我们已经了解了情感在艺术创作环节的重要作用以及情感与艺术形式的关系，那么对于艺术的欣赏和接受而言，应当如何看待情感的作用呢？人们对于这个问题仍然有着不同的理解。

一种观点认为，欣赏者的主观情感无益于艺术品鉴，应当将个人情感搁置一旁，在忘我的状态下欣赏艺术。老子提出的"涤除玄鉴"即要求人们洗去(涤除)尘垢从而令道

---

① ［英］克莱夫·贝尔：《艺术》，周金环、马钟元译，36页，北京，中国文联出版公司，1984。
② Susanne K. Langer, *Feeling and Form：A Theory of Art*，New York，Scribner，1953，p. 85.

（玄）显现（鉴），因为世俗的欲念和个人情感是我们体悟大道的羁绊。庄子在妻子去世后"鼓盆而歌"，就是一种对个人情感的超越，因为他体会到了生命循环的自然之道。这种超脱个人进入精神自由从而体悟宇宙大道的主张，既是道家的人生哲学观，也构成了中国艺术和美学的一条主要精神脉络。虚静、物化、心斋、坐忘、澄怀味象、无我之境等命题都体现出对艺术形象的直觉式把握，只有在超越个体欲望、情感和理性思维的直觉中，艺术形象的真理性才会显现出来。这种观点近似康德对美的论述。康德指出审美判断是超功利性的，人们对于美的感觉完全与个人的喜好、欲求等现实性因素无关，而是一种对于纯粹形式的愉快或不愉快感。正是美的这种超越个人因素的普遍性特质，使其能够符合多数人的目的。此外，叔本华的艺术观也要求审美主体进入"忘我"状态。他认为世界对人而言是作为意志的客体性表象而存在的，而艺术是人类理念或意志的最形象、最直接的客体化，艺术的目的就在于传达这一理念。因为意志的欲求永远得不到彻底满足，因此人生的本质注定是痛苦的。只有在艺术审美活动中，当我们不再执着于主观欲求的动机，而是作为"'认识'的纯粹主体"客观地欣赏和观察对象时，才能暂时摆脱意志的驱使和奴役，进入自由的审美和认识状态。这时我们"或是从狱室中，或是从王宫中观看日落，就没有什么区别了"①。可见，在许多哲学家和美学家看来，欣赏者的个人情感是有碍于艺术接受的。一方面，只有从小我中解脱出来，抛却个人情感、欲求和功利态度，以忘我的姿态面对艺术，才能够直击艺术之真谛。另一方面，艺术的价值也正在于此，它能够使人们超越自我，摆脱日常状态，洞见宇宙生命的美与规律。

另一种观点认为，欣赏者的主观感情是艺术欣赏中不可或缺的因素，正是欣赏者感情的充分介入才使艺术交流得以实现。"登山则情满于山，观海则意溢于海"（刘勰《文心雕龙·神思》），无论在艺术创作还是艺术欣赏中，人们都会很自然地把自己的主观情感投射到对象之上，使得"以我观物，故物皆着我之色彩"（王国维《人间词话》）。对于此问题的研究，西方美学中的"移情说"比较具有代表性。德国心理学家、美学家里普斯对艺术创作和欣赏中的情感投入现象做出了心理学方面的解释。他认为美感的根本原因在于"移情"，也就是我们的情感、意志、欲望等投射到了事物之上，使主观感情变成了事物的客观属性，达到了物我同一的"错觉"。在这一过程中，人的主观感情是最不可或缺的因素，它使艺术理解成为可能，也为艺术欣赏向个人化、经验化、自由化敞开了大门。对艺术欣赏者主观情感的重视，在现象学美学中得到了更加突出的体现。海德格尔的《艺术作品的本源》一文区分了艺术作品与一般物品的区别，认为艺术作品并不是一种实际的"物存在"，更是真理的"自行置入"，他通过对凡·高《农鞋》的鉴赏，揭示了艺术的奥秘在于真理的"敞开"与"无蔽"。海德格尔的艺术阐释，已经消解了对于美的本质性理解，艺术成为被我们的经验把握着的"意向性客体"，艺术美和艺术真理也同欣赏者的

---

① ［德］叔本华：《作为意志和表象的世界》，石冲白译，275页，北京，商务印书馆，1982。

"存在"更紧密地联系起来。法国美学家杜夫海纳进一步区分了"艺术作品"和"审美对象"：艺术作品并不等于审美对象，它仅是"审美对象未被感知时留存下来的东西"①，艺术作品和观众的审美知觉共同构成了审美对象，因此欣赏者审美经验的感性参与便显得尤为重要。杜夫海纳认为"审美经验运用的是真正的情感先验"，然而这并不意味着能够建立一种以情感范畴为核心的形而上学的纯粹美学，因为情感本身具有具体性、多样性、矛盾性、无限性等特点。但尽管如此，来源于现实的情感意义或者说审美经验仍然应该被赋予本体论的地位，也就是"承认情感先验的宇宙论方面和存在方面都是以存在为基础的"②。

此外，还有一种观点认为，艺术欣赏对于情感能够起到积极的影响。《礼记·乐记》《吕氏春秋》等文献中的音乐教育思想都体现出音乐对于陶冶性情、移风易俗、治国安邦等方面的重要作用。亚里士多德著名的"净化"说也指出，怜悯和恐惧等情感对于人们是有害的，但悲剧艺术能够充分激发这些情感的发泄，使欣赏者能够恢复平静的健康状态。他在《政治学》中论及音乐时还强调其情感愉悦和情感教育的价值：

> 谁能断言音乐的本性中就不会产生比普通的快乐更为崇高的体验呢？人们不仅从中得到彼此共同的快乐感受（因为音乐的享受是自然而然的，所以不分年龄和性情，所有人都能倾心于音乐），而且应该察觉到音乐对性情和灵魂的陶冶作用。若是人们的性情通过音乐有了某种改变，上述这一点就十分清楚了。事实上人们的性情通过这样那样的韵律有了种种改变，当然奥林帕斯的歌喉所起的作用也不可低估。毋庸置疑，这些音乐造成灵魂的亢奋，这种亢奋是灵魂性情方面的一种激情。此外，当人们听到模仿的声音时，即使没有节奏和曲调，往往也不能不为之动情。③

正是因为艺术对人的情感陶冶和性情培养的积极作用，美育也成为艺术家、美学家和教育家十分关注的问题。

可以看到，人们对于艺术欣赏与接受中的情感问题有着不同的理解，但实际上以上几种观点并不是相互对立和矛盾的，而是构成了一个统一的整体。一方面，日常的、个人的情感是我们欣赏艺术时难以完全抛却的因素，它们以不易察觉的方式构成了艺术接受的审美经验的先在结构；另一方面，艺术欣赏又只有在尽可能地"忘我"的状态中才能实现"目击道存"的直觉体悟，而且理想的、投入的艺术欣赏也确实能够令我们超脱个人情感的局限，在更广阔博大的想象空间中体会艺术和生命意义之美，从而产生纯粹的、

---

① ［法］米·杜夫海纳：《审美经验现象学》，韩树站译，39页，北京，文化艺术出版社，1992。
② ［法］米·杜夫海纳：《审美经验现象学》，韩树站译，581页，北京，文化艺术出版社，1992。
③ ［古希腊］亚里士多德：《政治学》，颜一、秦典华译，275～276页，北京，中国人民大学出版社，2003。括注系原文所有。

超越功利的审美愉悦感。这两方面的情感，前者是日常的、经验的，后者是艺术的、审美的，前者带有个人性，后者带有普遍性，但都真实地存在于艺术欣赏者自身的审美经验之中，从本质上说都是一种情感的存在，或者说是情感的进化与超越。

<h2 style="text-align:center">第二节　艺术的"感觉结构"</h2>

无论在艺术创作还是欣赏中，情感都首先是一种个人经验，因此对同一艺术题材的创作或者艺术对象的欣赏，不同人往往具有不同的情感立场，相应的艺术审美经验也可能大相径庭。主体的差异和艺术形象本身丰富的可阐释性，确实赋予了艺术创作和接受以自由，但一千个读者假若真的造就出了一千个哈姆雷特，这些形象也应该是建立在某些普遍共性的基础上的，而不可能是泛滥化的绝对自由，否则艺术活动便可能陷入纯粹个人化和相对化之中，艺术创作和欣赏也容易因为主体情感的差异而成为经验的碎片，难以产生审美的交流和认同。应该说情感既是个人的、心理的和经验的，同时也必不可少地带有阶层、共同体、时代、文化、意识形态等外在的社会历史特征。这两个层面共同影响着人的情感倾向，而艺术形象又凭借其自身的独特形式，在创作和欣赏中将主体内部的复杂情感因素协调为一个审美经验的综合体。因此，我们需要从一个更加宏观的视角研究艺术中的情感问题，既重视情感的个人化和自发性特征，同时更要重视其社会历史化特征，思考这些特征在艺术中的各自表达和协调统一。本节引入的一个关键概念——感觉结构，正是为了帮助我们深入地理解这个问题。

一、"感觉结构"的提出

感觉结构（structure of feeling），又译作情感结构、体验结构，是英国文化理论家雷蒙·威廉斯提出的概念。这一概念首先是针对英国早期马克思主义文论对文学艺术的简单、僵化理解，其《文化与社会》的矛头便直指这一倾向。威廉斯认为，马克思主义理论虽然确立了经济在社会发展和艺术生产关系中的根本地位，但这不代表可以把文学艺术的发展规律简化为经济决定论，实际上它与作为整体的生活方式的"文化"有关，我们需要重视的恰恰是其在现实中的复杂性和相对独立性。例如，英国早期马克思主义理论家考德威尔的《幻象与现实》把 15 世纪以来的现代诗歌称为"资本主义的诗"，把 20 世纪的西欧文学称为"颓废文学"，因为这些文学赖以产生的社会制度是"颓废"（decadent）的，这一结论显然就是一种简化理解，它把利用了颓废因素的下等艺术和大众文化，与认真探讨并且展示了资本主义现实和精神世界崩溃过程的内容充实的严肃艺术混为一谈。威廉斯指出，

"将过去 300 年英国人的生活、思想、想象简单地说成是'资产阶级'的，将现在的英国文化推述为'濒临死亡'（dying），这些都是用牺牲理实来成全公式"①。

　　正是在反拨这种对于文学艺术的简化和僵化理解中，在将文学艺术重新还原给个人、经验和社会整体生活方式的努力中，"感觉结构"的重要性逐渐凸显。威廉斯考察了 18 世纪到 20 世纪中叶在英国文学和思想领域产生重要影响的作家作品，以展示资本主义社会发展不同时期人们的思想和感觉世界的变化轨迹。在这一过程中，"感觉结构"成为分析理解文艺作品的有效方法。例如，盖斯凯尔夫人的《玛丽·巴顿》记述了 19 世纪 40 年代工人阶级家庭的生活，她仔细记录了当时食物的价格，描述每一件家具，并且抄录了当时的一曲民谣《织工老汉姆》，这造成了一种写实的手法，将真实的社会生活令人信服地反映出来。威廉斯特别注意到作品的一个重要改变：据盖斯凯尔夫人回忆，约翰·巴顿原本是小说主人公，他受尽生活贫困之苦，这引发了作者对工人阶级和底层民众的深切同情。但是，后来小说重点却转向了约翰·巴顿的女儿，连书名都改成了《玛丽·巴顿》。威廉斯认为这种超出作者预期的变化，正是感觉结构的变化。他指出，约翰·巴顿是工会指使的政治谋杀犯的代表，这个角色虽然不能代表当时英国工人阶级的主要倾向，却还是诱发了中上层阶级的"恐暴症"："对劳动人民要自己当家做主的恐惧，非常普遍，而且成为当时的特征。"②作品中为富不仁的哈利·卡尔逊被杀，就是由作者所代表的阶层想象出来的工人阶级主体意识的表露。作者把约翰·巴顿作为倾注了所有同情的主人公，却又在他的暴行之后，鬼使神差地转变了态度，作者真心同情的对象的最终结局，迥异于动笔时的初衷。威廉斯指出，造成这种感觉整体被破坏的最重要原因便是作者的怜悯、令人困惑的暴行以及作者对暴行的恐惧结合在了一起，这种写作模式实际上受到当时一种潜在共有的感觉结构的影响。通过对另外几部工业题材小说的分析，威廉斯进一步归纳出了这种感觉结构："认识到邪恶，却又害怕介入。同情未能转化为行动，而是退避三舍。我们还可以观察到这种感觉结构持续地进入到了我们这个时代的文学和社会思想的程度。"③这种感觉结构与作品所反映的真实社会生活不同，它代表了一种作家情感和经验的真实，这是在作品内容中难以看到的。

　　可以说，这一概念的提出虽然是针对马克思主义理论界某些对于文艺的简单、僵化理解，却更具有一般的启示价值。因为关于文艺的阐释，往往习惯于从先入为主的理论方法和社会历史观念入手，造成一种理论先行或观念带入，这样的阐释既使得文艺研究本身缺乏鲜活的生命力，也使其离文艺的丰富性和真实性相去甚远。"感觉结构"以作家真实的情感经验为出发点，从文化观念层面重新回到文艺的历史现场，这无疑是对于艺

---

　　①　[英]雷蒙德·威廉斯：《文化与社会》，吴松江、张文定译，358 页，北京，北京大学出版社，1991。括注英文系原文所有。

　　②　[英]雷蒙德·威廉斯：《文化与社会》，吴松江、张文定译，130 页，北京，北京大学出版社，1991。

　　③　[英]雷蒙德·威廉斯：《文化与社会》，吴松江、张文定译，153 页，北京，北京大学出版社，1991。

术与人的情感之间紧密对应关系的尊重与还原。

二、"感觉结构"的理论内涵

威廉斯本人并未对"感觉结构"概念的理论内涵进行过归纳，他更多地是将其用于文艺批评实践。在《马克思主义与文学》中，这一概念才作为文化理论的一个关键词得到了充分的阐释，并被赋予了新的意义。我们可以以《马克思主义与文学》为基础，结合威廉斯的其他论著，将"感觉结构"的理论内涵概括为以下几个方面。

首先，"感觉结构"是关于"可认知共同体"的情感经验。为了使"感觉结构"更利于分析和把握，也更体现出非个人的结构性特征，首先需要明确是谁的"感觉结构"。为此，威廉斯经常用"可认知共同体"（knowable community）来对感觉结构的主体加以限定和研究。"可认知共同体"既让我们理解感觉的现实来源，例如艺术家的家庭背景、教育程度、生活方式等，更重要的是，也正是相同的感觉和经验，使来自不同现实境况的艺术家能够形成某种情感和经验的共同体：

> 在这些（指一些突变性的、与主流观念格格不入的艺术）之中，我们能感觉到个人天分在起作用，事实上我相信也有作家所处的历史瞬间的社会性原因，来解释和发现其原因——为什么这些想象性的替代艺术得以产生。但我同样肯定这些创造性的行为在一个历史时期内，构成了一个具体的共同体：一个在感觉结构方面，以及首先在基本的艺术形式选择方面，明显可见的共同体。①

可以说，"可认知共同体"是理解"感觉结构"的起点和路径，它使捉摸不定的个人情感有迹可循，从而建立起以艺术形式为核心的对于艺术家的情感和经验的共性研究。在《漫长的革命》中，威廉斯曾运用史料数据来展示英国作家的社会历史变化。例如，1530到1580年的伊丽莎白时期文学时代，被记录在内的有38位作家，起初的2人不太明确。其余的36人中，15人来自贵族和上等学校（贵族学校3人，上等学校12人），9人来自专业性家庭（professional families）。另外12人来自商人、店主和手工业者家庭（人数分别是4、3、5），而他们的出现标志着重要的改变。在这段时期，剑桥大学和牛津大学的作用依然同以往一样重要，27位作家曾进入以上两所大学深造，2人赴海外大学，7人未进入大学（其中3人是店主和手工业者家庭的孩子）。被学校记录在案的19人中，8人上过国家语法学校，9人上过本地语法学校，2人接受了家庭教育。在维持生计方面，7人完全独立生活；2人在宫廷服务，基本独立；11人被雇佣，作为作家、宫廷人员、教

---

① Raymond Williams, *Culture and Materialism*, London & New York, Verso, 2006, p. 25.

会人员、法律工作者、大学人员或秘书以及贵族家庭的私人教师等。威廉斯通过这些作家的身份背景与之前的作家群体相比较，得出的结论是一个新兴的共同体——专业作家群体（a class of professional writers）逐渐出现。① 这种实证分析为"感觉结构"理论奠定了坚实的、令人信服的基础。

其次，"感觉结构"的分析需要从艺术形式入手，重新回到"经验现场"。威廉斯认为以往的文化分析、社会学甚至马克思主义理论，都习惯于用固定不变的理论和观念，把社会发展看作程序式、阶段式的过程，这实际上是把个人与社会分离开来，用一种虚假的总体性来掩盖社会与文化的复杂性，他需要借助更加灵活和积极能动的术语——意识、经验、感觉等，把被掩盖的文化与社会的构型过程揭示出来。威廉斯的理论武器是感觉结构，媒介便是艺术作品：

> 从某种意义上讲，艺术作品其实都是一些明晰的、完成了的形式，例如视觉艺术中的实际对象，文学作品中具体化的传统和表达方式（语义形象）等。但这不仅仅意味着，为了完成它们固有的过程，我们要通过积极能动的阅读而使它们保持"在场"（present），还意味着艺术品的制造绝不应局限于过去的时态，它始终是一个构型的过程，一个时时处于具体"在场"之中的过程。在历史上各个不同时期里，在各种意味不同的方式中，这些在场、过程和种类，以及这些具体事实的现实性和重要性，都被人们坚定地相信并且使用着，就好像这些东西都一直理所当然地实际存在一样。②

发现艺术中的感觉结构，实际上是揭示艺术的"在场性"，也就是艺术对于艺术家和历史亲历者而言真实的经验和情感世界的重构。这些因素表现在艺术中可能是紧张感、变异性、冲动、抑制等，它们往往被遮蔽在风格和惯例等艺术术语之中。而"感觉结构"正是为了让我们重新感知那些潜藏在艺术形式背后的"溶解流动状态的社会经验"（social experiences in solution），一种区别于"世界观"和"意识形态"的更强调主体性、情感性和个人性的"实践意识"。

最后，"感觉结构"的分析应该具有现实指向。受葛兰西"文化霸权"理论的启发，威廉斯强调"感觉结构"应该发挥抵抗霸权、推进历史发展的作用。他特别指出，并不是所有艺术都与"感觉结构"有关，也不是所有"感觉结构"都值得分析研究。"感觉结构"应当区别于明显可见的社会意义构型，而大多数的艺术都是这种明显的社会意义构型的附属品，也就是意识形态上层建筑的一部分，是主导或残余文化的表征。真正值得注意和分

---

① Raymond Williams, *The Long Revolution*, London, Chatto and Windus, 1961, p. 256.

② Raymond Williams, *Marxism and Literature*, London & New York, Oxford University Press, 1977, p. 129.

析的，则是处于"前构型"和边缘位置的新兴的"感觉结构"，因为它集中反映了一代人在特定时期的生活中形成的艺术经验——特别是那些在主导性社会观念和个人情感之间做出调适，并且能够代表历史动向的经验。例如，对于消费主义和大众文化紧密结合在一起的现代资本主义社会而言，先锋艺术、亚文化艺术等具有审美救赎和抵抗意义的艺术形式便是值得分析研究的特殊"感觉结构"。

三、"感觉结构"的理论启发

虽然"感觉结构"的提出是为了应对马克思主义文艺批评中的一些不良倾向，虽然这一概念被威廉斯赋予了抵抗文化霸权的鲜明指向，但文化理论影响的不断扩大以及这一概念自身的丰富内涵，使得人们对它的使用逐渐超出了威廉斯的设定。"感觉结构"如今已经成为从文化角度分析艺术与情感关系问题的有效方法，发挥着更为灵活自由的作用。它的理论启发主要表现在三个方面。

1. 艺术是一种"情感的文化"，记录着人们的感觉和经验世界应对社会变迁的反应

如威廉斯所言："文化观念的历史是我们在思想和感觉上对我们共同生活的环境的变迁所作出的反应的记录。"[①]这一记录不仅对应着我们生活环境的主要的和普遍的改变，而且是我们的一种积极主动的调适性"反应"，而不是机械的、被动的"反映"。感觉的个人性、主动性以及结构的稳定性和共同性，形成了应对环境变迁的"文化观念"，并以独特的形式书写为艺术作品，从而令自身得以保存。它真实地记录着艺术创作和欣赏主体在特定历史时期形成的植根于日常生活经验的审美经验。正是在此意义上，人类学家马尔库斯曾指出，"感觉结构"是一种带有民族志色彩的文化批评概念。[②]"感觉结构"的理论提示我们，分析理解艺术作品和文艺现象，需要从文化层面入手，将社会环境变迁、文化持有者的生活方式、主体情感经验、艺术作品的独特表达等方面作为一个整体加以考察，才能够得出更加完整和深入的理解。

2. 艺术的情感是个人化的，带有自发性和自由性

"感觉结构"源自主体的情感作用，是一种经验感和实践感，因此往往与意识形态、世界观等外部观念保持一定的距离。这种自发性和自由性使艺术的主题更加忠于人真实的主观世界。例如，儒家思想和基督教在东西方历史的很长一段时期都占据主导地位，它们左右着艺术的生产，但同时又总有艺术作品表达出对于它们的质疑和反抗，而这些作品往往更容易成为受人欢迎的经典。此外，这种个人化的自发性和自由性也使艺术的

---

① ［英］雷蒙德·威廉斯：《文化与社会》，吴松江、张文定译，374页，北京，北京大学出版社，1991。

② 参见［美］乔治·E. 马尔库斯、米开尔·M. J. 费彻尔：《作为文化批评的人类学——一个人文学科的实验时代》，王铭铭、蓝达居译，北京，生活·读书·新知三联书店，1998。

形式更加丰富多样。例如，对于"月亮"这样一个意象，不同的情感寄托，会形成截然不同的表现方式。即使同样的情感，也会因为艺术家的想象力和驾驭素材特点的差异，而呈现出不同面貌。杜甫的"露从今夜白，月是故乡明"与苏轼的"但愿人长久，千里共婵娟"都寄托着思念之情，却各具魅力。总之，艺术作为个人化的情感表达，其自发性和自由性确保了艺术的真实性和多样性。这启示我们应该特别注意艺术历史上对于传统和惯例的挑战与超越，因为艺术的创新可能源于真实情感的内在驱动；此外，还应重视艺术形式的个性化风格，因为正是带有鲜明个性的艺术表达，丰富并强化了情感的内容。

3. 艺术的情感具有社会历史化特征

虽然艺术的情感首先源于个人的经验，是自由的和多样的，但不可否认的一点是，任何人都无法脱离社会历史和日常生活而存在。马克思在《关于费尔巴哈的提纲》中指出，"人的本质不是单个人所固有的抽象物"，而是"一切社会关系的总和"。这里的一切社会关系，既包括大环境即国家、民族、文化、政治等社会历史性影响，也包括小环境即人的家庭、教育、职业、交往、日常生活方式等。小环境能够确定人的个体性和特殊性，使情感以个人的性情、直觉、经验的方式流露出来，以艺术的形式表达出来，形成个体特有的"感觉结构"。而实际上这种个人情感行为归根结底却又受到大环境的影响和制约，艺术的个性和独立性只有在个人所处的社会历史背景中才能寻求到更加合理的解释。正如马克思所言：

> 在不同的占有形式上，在社会生存条件上，耸立着由各种不同的、表现独特的情感、幻想、思想方式和人生观构成的整个上层建筑。整个阶级在它的物质条件和相应的社会关系的基础上创造和构成这一切。通过传统和教育承受了这些情感和观点的个人，会以为这些情感和观点就是他的行为的真实动机和出发点。①

我们在前面提到"感觉结构"实际上是属于"可认知共同体"的，即是强调情感和经验的社会历史共性。这种对于艺术与情感问题的社会历史化强调，并不是否认艺术的天才与个性，否认艺术接受的情感自由，而是反对艺术情感的个人化和神秘化的绝对倾向，为作为"个别现象"的艺术及其情感寻求更加根本的、现实的原因。例如，以王尔德、戈蒂耶等人为代表的"唯美主义"强调艺术的独立性和自由性，反对艺术表现现实生活、承载道德内容，反对艺术的功利性和实用性，主张艺术以纯粹的美为唯一目的。这种愤世嫉俗、特立独行和孤芳自赏的艺术行为大有"世溷浊而莫余知兮，吾方高驰而不顾"的意味，然而我们也必须看到，19世纪中叶以后的法国社会以及欧洲世界的总体精神信仰和社会现实状况，才是造成唯美艺术及其"感觉结构"的深层动因。

---

① 《马克思恩格斯选集》第 1 卷，611 页，北京，人民出版社，1995。

　　总而言之，"感觉结构"理论对于艺术与情感问题的启发在于，它作为一个内涵丰富且富有矛盾张力的概念，强调了艺术对情感的文化记录性、艺术情感的个人性及社会历史性等特征。这提示我们应该以"感觉结构"为切入点，以"文化"理论为总体思路，将艺术形式、不断继承惯例和超越传统的艺术史、艺术的情感表达作用等纳入社会发展变迁与艺术持有者(既包括艺术家也包括欣赏者)日常生活方式相交叠的历史脉络之中，在艺术个性与共性、情感的个人化与历史化之间考察艺术作为人类情感世界表征符号的重要价值，凸显其对于我们社会历史和生活世界变迁的重要而积极的"反应"作用。

思考题：

　　1. 古希腊艺术作品及美学家的理论是怎样对待情感问题的？

　　2. 应当如何理解情感与艺术作品形式之间的关系？

　　3. 什么是艺术的"感觉结构"？

　　4. "感觉结构"理论对我们研究艺术问题有哪些启发？

拓展阅读文献：

　　1. ［德］恩斯特·卡西尔：《人论》，甘阳译，上海，上海译文出版社，1985。

　　2. ［美］杜威：《艺术即经验》，高建平译，北京，商务印书馆，2005。

　　3. ［英］克莱夫·贝尔：《艺术》，周金环、马钟元译，北京，中国文联出版公司，1984。

　　4. ［美］鲁道夫·阿恩海姆：《艺术与视知觉——视觉艺术心理学》，滕守尧、朱疆源译，北京，中国社会科学出版社，1984。

　　5. ［美］苏珊·朗格：《感受与形式——自〈哲学新解〉发展出来的一种艺术理论》，高艳萍译，南京，江苏人民出版社，2013。

扫码阅读：

第八章 艺术与知识

艺术与知识具有同源性，不仅技艺性的人工制品被命名为艺术，基于"规则""知识"的文法和逻辑也在艺术的名下。文艺复兴时期的艺术家用科学的方法来探讨空间关系和光影特征，"透视法"的发现引起了欧洲绘画的一场革命。20世纪以后，解释学重审艺术与知识的关系，认为艺术活动可以达成真理性知识，知识的本质不是认识论所追求的符合论的真理，而是理解的真理。艺术人类学关注艺术知识的地方性和语境性，试图重建艺术与生活的联系。

第一节 从技艺到美的艺术

艺术是一个历史的概念，不同的时代有着不同的艺术观念。在现代美学思想中，通常从是否为美来界定艺术，但在历史上，艺术与实用知识的联系更加紧密和广泛，艺术和知识在一定意义上具有同源性。公元前5世纪至16世纪，艺术被解释为依照规则所作之物；1500年至1750年乃是一个转变的时期，艺术摇摆在知识和美之间；大约1750年以后，艺术就意味着美的产物。

一、作为技艺的艺术

创世纪神话中经常将神表现为某种工匠。《旧约》中的上帝像建筑家一样"立定地基"，像陶艺工或雕塑家一样"用地上的尘土"创造了人类。在古希腊神话中，普罗米修斯用黏土创造了最初的男人和女人。这些神话故事反映了人类对于制造物品、操纵材料、控制自然力所需的技艺的尊重。类似的尊重也体现在通常被视作工艺制品的巫具中：维纳斯的腰带能让任何看到她的人都爱上她。荷马讲述了珀涅罗珀当作礼物送给奥德修斯的一个胸针，可以将荷马对这个胸针的描述与他所知道的一件黄金工艺品（图8-1）做比较：

图 8-1　镶嵌金制浮雕版的器皿

它是金制的，有两个扣钩，从正面看，它制作得非常奇特：一只猎犬用自己的前爪抓住一只带有斑点的小鹿崽，并用自己的颚叼住这只正在扭动的小鹿崽。尽管是金制的，但人们还是非常好奇，这只猎犬如何叼住并掐死小鹿崽，以及这只小鹿崽又是如何用蹄子扭动，想挣扎逃走的。①

这些描写展现了把一件无生命的材料制作成工艺品的方法，技巧的力量瞬间把一个现实转换成另一个现实。艺术在神话中指向与技艺相关的人工制品，不同于作为"自然"过程而产生的物品。但艺术与自然并不是对立的关系，艺术模仿自然在古代很常见，而且经由柏拉图和亚里士多德的哲学发展，尤其是它暗示的艺术和知识的关系成为后世关于"什么是艺术"问题的决定性因素。

"Art"一词迟至 13 世纪才在英文世界中使用，可追溯的最早的词语是拉丁文的 artem，意指技术，有"技巧"和"规则"的含义。从古希腊至文艺复兴时期，无论是美学意味极强的雕塑还是日常生活中的土地丈量，所有这些技巧都被称为"艺术"。在古希腊时代，单凭灵感而没有规则者不但算不上艺术，而且根本就是艺术的反面，出自缪斯所赋灵感的诗歌，显然就与艺术无缘。中世纪依然延续这样的传统，诗人仍是先知而不是艺术家。

"艺术"一词连接手工艺和科学知识，不仅技艺性的人工制品诸如绘画或裁缝制品被命名为艺术，基于"规则""知识"的文法和逻辑也在艺术的名下，柏拉图在《理想国》中就对文法、修辞、逻辑进行过具体阐述。中世纪时，以"劳心"和"劳力"为划分标准，文法、修辞、逻辑、算术、几何、天文和音乐被指称为"自由的艺术"，以艺术才能的科目名义在大学中讲授。阿奎那就给出了自由艺术命名的理由，并且认为自由艺术的价值高于由身体操作所产生的艺术的价值，他论证道：

> 即使在思辨中，也有一些需要借助操作式的工作，例如，三段论推理，或调整演说的段落，或计算和测量。思辨推理中的这一类工作要求形成某些惯例，无论它们是什么惯例，参照其他技艺来说，都确实应当称作艺术，但它们是自由艺术，这个名称把它们与那些属于由身体操作所产生的艺术区别开来。由身体操作所产生的艺术，在某种意义上，是服务性的，较低一等，因为身体是服务于心灵的，而人认为自己的灵魂是自由的。②

---

① ［美］罗伯特·威廉姆斯：《艺术理论——从荷马到鲍德里亚（第 2 版）》，许春阳、汪瑞、王晓鑫译，3 页，北京，北京大学出版社，2009。

② 参见《西方大观念》，陈嘉映等译，52 页，北京，华夏出版社，2008。

　　与自由艺术相对的是"机械的艺术"，毛纺织、航海、农业、狩猎、医药、戏剧及盔甲制作都在这类艺术的名单中。绘画和雕刻是依据规则的技巧性产物，但由于需要身体的劳作，所以不常被视作自由的艺术，根据塔塔尔凯维奇的观点，绘画和雕刻没有在机械艺术中列名的主要原因在于，按照预定的计划，自由艺术和机械艺术的数量被限定为七种，因此只有最重要的才能被列名，而就机械艺术而言，重要性的标准在于功利，事实上，视觉艺术、绘画与雕刻的功利，都处在可有可无的边缘。[①] 所以，基于同样的理由，建筑和戏剧被归入机械艺术。

二、作为知识的艺术

　　"艺术"不仅指人工制品，也指制作物品时处理物质材料的心灵技能。许多艺术领域并不产生有形的结果，航海指向航海家的艺术，军事谋略指的是将军的艺术。诸如做鞋或雕像这样的事情，艺术也首先是在鞋匠或雕刻家的心灵和技艺里。虽然艺术属于心灵，包含经验和学识、想象和思想，但艺术仍有别于科学和道德行为。艺术的目标是生产，是知道如何制作某物或如何获得意欲结果的知识，科学则是关于事情如此这般的知识，关于某种事物具有某些性质的知识。当亚里士多德把艺术定义为"借助真正的推理过程进行制作的技艺"时，意味着他把艺术与制作（making）归在一起，而与行动（doing）和认识（knowing）区别开来。柏拉图曾有意把模仿性艺术与真正知识分开，亚里士多德则坚持将两者联系起来，指认艺术属于创制知识，不同于他所言的科学知识和实践知识。能够支持亚里士多德观点的艺术品很多，比如，一件艺术品如果根据数的关系制作就可能更美，这一观点至少在公元前 5 世纪中叶就被论证了。当时的雕塑家波利克里托斯创作了《持矛者》（图 8-

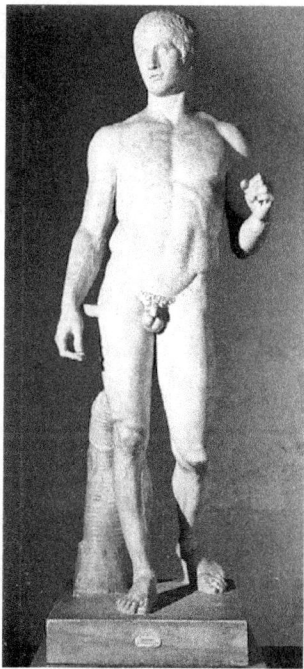

图 8-2　波利克里托斯《持矛者》

2）。其身体和头部的比例是 7 比 1，这个比例作为美学常数，成了当时人体雕塑的理想标准。

　　意大利文艺复兴时期的艺术实践曾对欧洲近代科学的发展做出贡献，艺术家以科学

　　[①]　参见［波］瓦迪斯瓦夫·塔塔尔凯维奇：《西方美学六大观念史》，刘文潭译，17 页，上海，上海译文出版社，2006。

的方法来探讨自然界的空间关系、光影特征以及再现的秘密，绘画中的透视法的科学意义也因此被反复提及。"透视法"的发现引起了欧洲绘画的一场革命，意大利文艺复兴时期的建筑师阿尔伯蒂曾详细地解释了绘画所必需的光学和几何原则，透视的功效证明了绘画对数学科学的依赖。在阿尔伯蒂看来，不仅各个门类的艺术和科学都对绘画有贡献，而且通过将这些艺术门类和科学结合起来并融为一体，绘画本身能显示为比那些艺术和科学更加深刻、更加基本的东西：

> 绘画是所有艺术门类的女王，或者首要的骄傲，这难道不是真的吗？如果我没弄错的话，建筑师从画家那里汲取了楣梁、柱头、柱基、柱子和山墙，还有所有其他建筑的细微特征。石匠、雕刻家和所有手工艺的作坊和行会成员都在画家的法则和艺术的引导之下。确实，除非是最为卑贱的艺术，几乎没有任何的艺术可以不在某种程度上和绘画发生关联。因此我愿冒昧地断言，无论事物中存在什么样的美，都是源自绘画。①

也就是说，绘画作为知识的形式高于其他的形式并将其他形式融为一体，绘画具有的智力重要性对古代和中世纪的思想家而言只是保留给哲学的。

艺术探讨的成功及其方法反过来又促进科学研究的发展，艺术和科学的相互促进在达·芬奇身上表现得最为突出。达·芬奇很早就意识到人体解剖、光学科学知识等对绘画艺术的影响。在研究光的折射现象时，达·芬奇让阳光穿过两个一大一小的半圆玻璃球体，以便观察光线是如何弯曲的。他在笔记中写道："通过这种方法你可以做无数的实验，并且得出你的定理。"②从他创作于1495年到1497年的《最后的晚餐》（图8-3）可以看出透视法对绘画的影响：场景的构思富于戏剧性，透视被同时用来构造空间和聚焦场面；人物特征的刻画富于变化，庄重高雅，每一个细节都详加考虑以增强整体效果。在回应阿尔伯蒂所说的绘画是"所有艺术门类的女王"时，他断言绘画处在最高的智力追求之列：

图8-3 达·芬奇《最后的晚餐》

---

① ［美］罗伯特·威廉姆斯：《艺术理论——从荷马到鲍德里亚（第2版）》，许春阳、汪瑞、王晓鑫译，57页，北京，北京大学出版社，2009。

② ［英］麦克尔·怀特：《列奥那多·达·芬奇——第一个科学家》，阚小宁译，210页，北京，生活·读书·新知三联书店，2001。

绘画是对自然的所有看得见的造物的唯一的模仿者，如果你轻视它，你也就轻视了以哲学和敏锐的思索去揭示所有包裹在光影中的形式——海洋和陆地、植物和动物、草和花朵——之本质的一种精湛的发明。确实，绘画是一门科学，真正的自然之子。因为绘画源于自然；更准确地说，既然所有可见的事物都是自然带来的，这些事物，自然的儿女们，又产生了绘画，那么我们应该说绘画是自然之孙。因此我们可以恰当地将绘画说成是自然之孙，以及上帝的后裔。①

文艺复兴时期的艺术力图逼真地描摹物象世界的光影特征和空间关系，在一维平面上重构三维空间世界，托马斯·库恩曾感慨道："我们越仔细地区分艺术家和科学家，我们的任务就变得越艰难。"②对培根来说，艺术是科学的必然产物。他在《新工具》开头宣称："人类知识和人类权力归于一；因为凡不知原因时即不能产生结果。要支配自然就须服从自然；而凡在思辨中为原因者在动作中则为法则。"③在这里，培根对思辨知识和实践知识所作的区分对应于科学和艺术的区分。如果科学是艺术必不可少的基础，而且存在于一种作为原因的知识中的话，那么在培根看来，艺术完全是科学的果实，因为它将知识应用到结果的生产中。

三、作为美的艺术

把艺术和美联系在一起的现代看法反映了 19 世纪把艺术理论合并于美学的倾向。艺术的古老概念迟至文艺复兴时代继续使用，但也是在那时，手工艺与科学知识逐渐被排除在艺术的范围之外，而诗歌进入了艺术的家族中。"美"在文艺复兴时代开始赢得较高的评价，美术于是自手工艺中独立出来。当艺术品被当作新的投资方式时，艺术家们的经济状况和社会地位得到了提升，他们逐渐脱离工匠之列，被当作自由艺术的代表者来看待。

美术从科学中分离的难度远大于手工艺，文艺复兴时期的艺术家所持的理想，便是去探查统辖其劳作的法则，并以数学的精确设计他们的作品。艺术和科学的差异虽缓慢

---

① ［美］罗伯特·威廉姆斯：《艺术理论——从荷马到鲍德里亚（第 2 版）》，许春阳、汪瑞、王晓鑫译，59～60 页，北京，北京大学出版社，2009。

② Thomas Kuhn，"The New Reality in Art and Science：Comment，"*Comparative Studies in Society and History*，vol. 11，no. 4，1969，p. 403.

③ ［英］培根：《新工具》，许宝骙译，8 页，北京，商务印书馆，1984。

但已经被逐渐地认识。① 自15世纪以降，绘画、雕刻、建筑、音乐、诗歌、戏剧与舞蹈形成了一个与工艺和科学有别的独立艺术家族。不过，虽然它们都共享了一个"艺术"共名，但是艺术之所以作为艺术的共通性一直没有得以建立，它聚集在"巧妙的艺术""音乐的艺术""高贵的艺术""纪念的艺术""图画的艺术"或"诗歌的艺术"等名称下。迟至1744年，维科在《新科学》中为它们提出了"快活的"艺术的名称。1747年，查尔斯·巴多将"美术"一名颁发给它们，艺术的独立才展现出普遍的性质。巴多列出了五种美术：绘画、雕刻、音乐、诗歌与舞蹈，并且加上"建筑"和"雄辩"这两种相关的艺术，这七种艺术包含在"美术"的概念之下。

18世纪以来，工艺便是工艺而非艺术，科学便是科学亦非艺术，只有美术才是真正的艺术。当人们借助"美"而不是规则和技艺来界定艺术，如席勒说"艺术便是那为其自身立法者"时，其实艺术的范围也随之窄化了。无论是"透过人为的作品表现美的产物"还是"其原理以美为基础之产物"的定义，美都是理解艺术的核心因素。不过晚近的艺术，至少是自达达主义者和超现实主义者的艺术实践，都不再符合以美为基础的定义。当代艺术的发展更加让人相信，纠结于美的艺术定义不再有效。诸如摄影、景观造园、工业建筑、海报绘画以及陶器、玻璃器皿、艺术地毯、武器等也逐渐赢得"艺术"这个冠名，在艺术收藏所以及博物馆中都可以找到它们。不过，反对的声音一直存在，它们被指认为出乎人类的手工而非人类的精神，所遵从的是功利性的目的而不是美，至少美得并不纯粹。这种在纯粹艺术与功利艺术之间强作区分的主张遭到了同样强度的谴责，的确如塔塔尔凯维奇所言，一件美丽的瓷器可能缺少一出悲剧所具有的那种深刻性，或一首交响乐所具有的那种表现性。但是如果这便是将瓷器排除在艺术领域之外的理由的话，那么，必须承认艺术关系到的不只是美，还包括思想和表现性。

其实，决定什么是一件艺术品和什么不是一件艺术品的标准有多种，虽然理论标准是美，但实际上，诸如思想的内涵、表现性、严肃性的程度、道德的正直性、个性以及非商业的目的等的考虑，也都扮演了一部分角色。古代的艺术概念虽十分明确，但不再符合今日的需要；现代的概念在原则上虽然可以被接受，但是其边界却滑动而模糊。虽然克莱夫·贝尔主张将艺术的范围止于"纯粹的形式"，然而一旦被指认为超出"纯粹的形式"，就是绘画、音乐和文学也会被排斥到艺术之外。有些当初只是为了实用而设计的对象，激发出来的艺术效果往往超过许多为审美而设计的作品，介于美术和商业性的生产之间界限即使已经建立，也从来不是无懈可击的。"艺术是美的产物"肯定艺术乃是一种有意义的人类活动，其目的在于达成美。经由巴多所建立的艺术的定义，在19世

---

① "对于这种准确、科学、数理的概念，只有在文艺复兴时期末了的几年，才出现一种成文的反对：艺术或许可以做出甚至超过科学的事情，但是它却不能做出相同的事情。"见［波］瓦迪斯瓦夫·塔塔尔凯维奇：《西方美学六大观念史》，刘文潭译，18页，上海，上海译文出版社，2006。

纪成为被众人接受的规范。即使美自身具有歧义性，在古典艺术的领域，艺术与美的关系也还是易于理解的，但是一旦涉及哥特艺术、巴洛克艺术乃至 20 世纪的艺术时，狭义之美就会遭遇挑战，因为哥特艺术奋力追求崇高，巴洛克艺术极力表现繁华。

当然，松动艺术与美之间的强力联系的原因并不全都来自艺术实践的丰富多样和难以归类，美学理论对"艺术是美的产物"观点的挑战也很致命。有些通用的名词抗拒以任何准确性去界定它们的企图。在这些名词的本性之中，它们所指示的对象在每一种情况之下，都按照它们被应用的实际状况，在一个广泛的范围之中游移不定。维特根斯坦据此用"家族相似"的观点颠覆了对诸如美、艺术这些概念进行本质化界定的任何企图。

第二节 艺术和真理

当艺术与美结缘以后，康德及其他浪漫主义美学家高扬主体性，使得艺术超越了现实成为纯粹的审美问题。解释学重审艺术与知识的关系，认为艺术活动可以达成真理性知识，知识的本质不是认识论所追求的符合论的真理，而是理解的真理。

一、从客观真理到艺术真理

柏拉图在《泰阿泰德篇》中指出知识要符合三个条件：明述的原理，确实的判断，带逻各斯的意见。虽然柏拉图言说知识的三个方向后来都被推倒了，但其开启了西方知识论的历程。以求知为目的的知识观在认识论领域中有其合法性，不过其追求与对象符合的知识观遭到了解释学的强烈挑战。传统知识观把知识生产者自身的历史性和境遇性完全排除在外，超越具体的现实境遇"客观"地认识文本或世界。解释学在真理观上也越出了认识论的科学真理的范围："在经验所及并且可以追问其合法性的一切地方，去探寻那种超出科学方法论控制范围的对真理的经验。"[①]这样，解释学就与那些处于自然科学之外的真理经验，尤其是艺术的真理经验接近了。

艺术真理问题是西方传统艺术哲学或美学的核心问题。从古希腊的柏拉图与亚里士多德开始，西方哲学就致力于从真理角度思考艺术问题。在传统哲学的视野中，真理性构成了艺术的存在规定及其合法性的根本来源。黑格尔说只有成为表现人类心灵最深广的真理的一种手段时，艺术才算尽了职责。在重提艺术经验中的真理问题时，伽达默尔

---

① [德]汉斯-格奥尔格·伽达默尔：《诠释学Ⅰ：真理与方法——哲学诠释学的基本特征（修订译本）》，洪汉鼎译，4 页，北京，商务印书馆，2007。

首先对康德的美学观进行批判。他质问道：

> 在艺术中难道不应有认识吗？在艺术经验中难道不存在某种确实是与科学的真
> 理要求不同、但同样确实也不从属于科学的真理要求的真理要求吗？美学的任务难
> 道不是在于确立艺术经验是一种独特的认识方式，这种认识方式一方面确实不同于
> 提供给科学以最终数据、而科学则从这些数据出发建立对自然的认识的感性认识，
> 另一方面也确实不同于所有伦理方面的理性认识、而且一般地也不同于一切概念的
> 认识，但它确实是一种传导真理的认识，难道不是这样吗？①

伽达默尔认为艺术能够传导真理，他在批判康德的"彻底的主观化"美学观以及与艺
术经验相对峙的科学经验时，进一步辨析了作为对真理的认识的艺术与科学真理是不相
同的，它并不受制于科学。

认识论美学在主客二分的知识框架中考察艺术，把艺术作品当作对象性的物，把创
作和欣赏当作对象性活动。主观论美学看起来似乎摆脱了对艺术作品的对象性理解，是
在"审美主体"的活动中把握艺术的本质。但在海德格尔看来，对象性思维方式是对物的
"扰乱"，不能启示物的本质。例如，对一双农鞋进行对象性分析和认知，不能真正理解
物的物性因素。但凡·高的一幅油画却能让人体验到农鞋的物性存在，向我们揭示了这
个器具的存在的意义：

> 这器具属于大地，它在农妇的世界里得到保存。正是由于这种保存的归属关
> 系，器具本身才得以出现而得以自持。②

在凡·高的油画中发生着真理，这不是说油画多么真实地描摹了现实，而是说由于
作品开启了农鞋的器具性存在，存在者整体亦即在其冲突中的世界与大地进入无蔽之中
了。澄明之光闪烁光辉嵌入作品中，闪烁光辉就是美，美即作为无蔽之真理的一种现身
方式。海德格尔认为，艺术作为真理的发生方式之一，其创作有别于工匠的制作，创作
不是一种对象性活动，它不是消耗和掠夺。一位雕塑家"用"石头，不是消耗石头，而是
让石头成就存在；画家不是消耗颜料，而是让颜料大放异彩；诗人"用"词语，不像常人
的消耗性的说和写，词语经诗人一"用"才成为词语。真理自行进入作品，创作接收和获
取真理并带出存在者之真理。

---

① ［德］汉斯-格奥尔格·伽达默尔：《诠释学Ⅰ：真理与方法——哲学诠释学的基本特征（修订译本）》，
洪汉鼎译，137～138页，北京，商务印书馆，2007。

② ［德］马丁·海德格尔：《艺术作品的本源》，见《林中路（修订本）》，孙周兴译，19页，上海，上海译
文出版社，2004。引用时去掉了德文括注。

二、艺术经验和艺术真理

自然科学方法论及其影响下的美学理论阻碍了我们承认艺术的真理，当康德把真理与美分开时，"我们能认识什么"已经在艺术或美学之前就被回答了，真理的问题在美的问题开始之前就结束了。在康德那儿，美的自主性指向了否定的意义：不是科学，不是知识，不是真理。伽达默尔试图通过召唤美学返回到它的源泉来克服美学自身的狭隘化，开启了艺术经验里的真理问题。伽达默尔解释道：

> 在解释历史对象时所追溯到的最初的所与并不是实验和测试的数据，而是意义统一体。这就是体验概念所要表达的东西：我们在精神科学中所遇到的意义构成物——尽管还是如此陌生和不可理解地与我们对峙着——可能被追溯到意识中所与物的原始统一体，这个统一体不再包含陌生性的、对象性的和需要解释的东西。这就是体验统一体，这种统一体本身就是意义统一体。[①]

艺术经验是真理经验，但真理不是经由科学方法能够获得的东西。艺术真理也不是隶属于主体的对象，而是主体所隶属的某物，这个某物是真理的事件，我们得到它是因为我们属于它。正是因为艺术经验属于艺术，真理事件在艺术语言里并不静止，而是向未来无限开放。伽达默尔说：

> 如果我们想知道，在精神科学中什么是真理，我们就必须在同一意义上向整个精神科学活动提出哲学问题，就像海德格尔向形而上学和我们向审美意识提出哲学问题一样。我们将不能接受精神科学自我理解的回答，而是必须追问精神科学的理解究竟是什么。探讨艺术真理的问题尤其有助于准备这个广泛展开的问题，因为艺术作品的经验包含着理解，本身表现了某种诠释学现象，而且这种现象确实不是在某种科学方法论意义上的现象。其实，理解归属于与艺术作品本身的照面，只有从艺术作品的存在方式出发，这种归属才能够得到阐明。[②]

在伽达默尔的理解中，面对艺术作品思考的对象不是审美的意识，而是艺术经验以及由此而来的关于艺术作品的存在方式，因此艺术作品不是与主体相对峙的对象，艺术

---

① ［德］汉斯-格奥尔格·伽达默尔：《诠释学Ⅰ：真理与方法——哲学诠释学的基本特征（修订译本）》，洪汉鼎译，95页，北京，商务印书馆，2007。引用时去掉了德文括注，后同。

② ［德］汉斯-格奥尔格·伽达默尔：《诠释学Ⅰ：真理与方法——哲学诠释学的基本特征（修订译本）》，洪汉鼎译，141～142页，北京，商务印书馆，2007。

作品在它成为改变经验者的经验中才获得它真正的存在。艺术的经验不是主体的经验，因为主体在艺术经验中改变自身，它同样也不是对象的经验，艺术经验是主客体的再结合和再统一。

三、艺术作品的理解

以何种方式"经验"艺术？在伽达默尔看来，"游戏"是艺术作品的存在方式，在艺术中"经验"到的东西如同在游戏中"经验"到的一样。伽达默尔对"游戏"概念的理解不同于康德、席勒以来近代美学对"游戏"主观性质的强调，他说：

> 如果我们就与艺术经验的关系而谈论游戏，那么游戏并不指态度，甚而不指创造活动或鉴赏活动的情绪状态，更不是指在游戏活动中所实现的某种主体性的自由，而是指艺术作品本身的存在方式。①

因为艺术只是游戏，而游戏乃是被游戏，所以，正如游戏如果离开它的被游戏就不存在，艺术作品如戏剧如果离开它们的再现或舞台的解释也就不存在。

如果艺术作品不是像纯粹美学所要求的可以脱离具体语境的抽象存在，艺术作品与世界不可分离的关系就包含了与原初世界以及往后世界的关系。艺术作品的原始世界以及它后来的再现——表演、解释都是艺术作品的本质规定，艺术作品存在于创造、再现和解释的具体情境里。戏剧、舞蹈和音乐这些表演型的艺术的再现联系着过去与现在，绘画、雕塑、建筑以及一般造型艺术这些非表演型艺术同样如此。伽达默尔说：

> 我们用"表现"所意指的东西，无论如何乃是审美特性的一种普遍的本体论结构要素，乃是一种存在事件，而不是一种体验事件，体验事件是在艺术性创造的刹那间出现的，而且总是只在观赏者的情感中重复着。从游戏的普遍意义出发，我们曾经在这一事实中认识到表现的本体论意义，即"再创造"乃是创造性艺术本身的原始存在方式。现在我们已经证明了，绘画和雕塑艺术，从本体论上看，一般都具有同样的存在方式。艺术作品的独特存在方式就是存在达到了表现。②

如果艺术作品在时间上属于它的世界，伽达默尔就称之为作品的偶缘性。按照伽达

---

① ［德］汉斯-格奥尔格·伽达默尔：《诠释学Ⅰ：真理与方法——哲学诠释学的基本特征（修订译本）》，洪汉鼎译，143页，北京，商务印书馆，2007。

② ［德］汉斯-格奥尔格·伽达默尔：《诠释学Ⅰ：真理与方法——哲学诠释学的基本特征（修订译本）》，洪汉鼎译，224页，北京，商务印书馆，2007。

默尔的定义，偶缘性就是作品的意义和内容是由它们得以被意指的境遇所规定的，或者说，"意义是由其得以被意指的境遇从内容上继续规定的，所以它比没有这种境遇要包含更多的东西"①。偶缘性不是附属的东西，而是属于艺术作品本质的东西。偶缘性在展演型艺术中有明显的表现，如戏剧所指称的意义和唤醒的反响都是通过演出完成的，每一次演出都不是一个与作品脱离的自行出现的事件。伽达默尔说：

> 一部艺术作品是如此紧密地与它所关联的东西联系在一起，以致这部艺术作品如同通过一个新的存在事件而丰富了其所关联东西的存在。绘画中所把握的东西、诗歌中所交流的东西、舞台上所暗示的对象，这些都不是远离本质的附属性东西，而是这种本质自身的表现。②

如果艺术作品在空间上属于它的世界，伽达默尔就将其称为作品的装饰性。像具有空间形式的建筑艺术，空间就是所有在空间中存在之物的场所，包括造型艺术、装饰物以及需要场所的音乐、戏剧和舞蹈的表演。在传统的美学观念中，装饰性的东西不是天才的艺术，而是工匠的技巧，因为仅仅是装饰性的东西不能分享艺术作品的性质。伽达默尔力图在艺术作品的存在方式中找寻装饰物的根据，他说：

> 对于装饰品来说，它们一定属于表现。但是，表现乃是一种存在事件，是再现。一个装饰品、一种装饰图案、一尊立于受偏爱地方的雕像，在这同样的意义上都是再现的，有如安置这些东西的教堂本身也是再现的一样。③

艺术品在时间和空间上无法离开其原始境遇或原来的世界，伽达默尔的"偶缘性"和"装饰物"观点对此进行了深入的说明。如何重建艺术作品的原始世界？按照施莱尔马赫的看法，由于历史传承物远离了它的原始境遇和原来的世界而变成不可理解的陌生物，所以诠释学的任务就是重构这种原始境遇和重建这个原来的世界，其方法就是我们必须详尽地收集关于作品、作者、原来的读者和听众，以及当时情况的历史知识，以便重构出作品的原始世界和作者原来的意思。问题是，对作品的原始世界和作者原来的意思的重构或返回，能否揭示艺术作品的真正意义呢？伽达默尔对此给出了否定的回答，他认

---

① ［德］汉斯-格奥尔格·伽达默尔：《诠释学 I：真理与方法——哲学诠释学的基本特征（修订译本）》，洪汉鼎译，202 页，北京，商务印书馆，2007。

② ［德］汉斯-格奥尔格·伽达默尔：《诠释学 I：真理与方法——哲学诠释学的基本特征（修订译本）》，洪汉鼎译，206 页，北京，商务印书馆，2007。

③ ［德］汉斯-格奥尔格·伽达默尔：《诠释学 I：真理与方法——哲学诠释学的基本特征（修订译本）》，洪汉鼎译，224 页，北京，商务印书馆，2007。

为随着时间的流逝，过去永远不可返回，因而历史的重构无非只提供了一个相像的僵死的东西，他争辩说：

> 这样一种诠释学规定归根结底仍像所有那些对过去生活的修补和恢复一样是无意义的。正如所有的修复一样，鉴于我们存在的历史性，对原来条件的重建乃是一项无效的工作。被重建的、从疏异化换回的生命，并不是原来的生命。这种生命在疏异化的延续中只不过赢得了派生的教化存在。新近广泛出现的趋势，即把艺术作品从博物馆中再放回到其规定的本来之处，或者重新给予建筑纪念物以其本来的形式，只能证明这一点。甚至由博物馆放回到教堂里去的绘画或者按其古老状况重新设立的建筑物，都不是它们原本所是的东西——这些东西只成了旅游观光者的意愿。与此完全一样，这样一种视理解为对原本东西的重建的诠释学工作无非是对一种僵死的意义的传达。[①]

与伽达默尔的观点相似，黑格尔认为艺术作品一旦脱离了其原始的世界，其意义就在于原始意义对现在的参与，因而艺术作品的理解不是消除过去与现在的差别，而是过去与现在的沟通。沟通意味着不存在任何对过去的直接的接近或返回，而是现在对过去的参与，过去不是它过去所是，而是它现在所是。

第三节　艺术知识的地方性

杜威等实用主义美学家将艺术与经验相连，格尔兹、范丹姆强调艺术研究的"地方性""语境性"，主张将艺术放回其产生的社会历史语境中加以考察，试图改变将艺术看成固定和自足对象的传统美学观。

一、艺术与经验

艺术与美结盟以后遭遇了诸多困境，导致艺术实践和艺术理论之间的紧张关系越来越无法调和，"艺术究竟是什么"依然是被不断重申的古老问题。在美国实用主义哲学家杜威看来，一件作品一旦被确认为艺术品，就成为独立的存在物，从而获得了某种特

---

① ［德］汉斯-格奥尔格·伽达默尔：《诠释学Ⅰ：真理与方法——哲学诠释学的基本特征（修订译本）》，洪汉鼎译，234页，北京，商务印书馆，2007。

权，结果是在它的周围就像筑起了一座墙，变得难以理解。在杜威看来，人类和动物一样不过是一种"活的生物"，与其周围所生活的自然环境紧密相连，在认识自然时不能超越自身所生活的环境之外：

> 当艺术物品与产生时的条件和在经验中的运作分离开来时，就在其自身的周围筑起了一座墙，从而这些物品的、由审美理论所处理的一般意义变得几乎不可理解了。艺术被送到了一个单独的王国之中，与所有其他形式的人的努力、经历和成就的材料与目的切断了联系。因此，从事写作艺术哲学的人，就被赋予了一个重要任务。这个任务是，恢复作为艺术品的经验的精致与强烈的形式，与普遍承认的构成经验的日常事件、活动，以及苦难之间的连续性。①

杜威强调要恢复艺术与非艺术之间的连续性，认为被奉为经典的许多古代艺术作品，在其产生之时就与当时人的生活有着密切的联系。

艺术与非艺术的连续性是经由"经验"完成的。经验作为一个强力语词，它的用法极其复杂和多变。人们有时把经验等同于感官知觉；有时认为经验还包含着更多的内容——记忆和想象行为；有时经验还被看作思想、感觉、欲望以至意识的全部内容及心灵或精神生活各个方面的总和。在哲学讨论中，人们倾向于从获得知识这个角度看待经验，所以经验里主体的"经受"这个因素就逐渐隐没了，"观察"这个因素就越来越突出。杜威扩展了经验的外延，认为经验是有机体与环境之间互动的产物，既包括经验的对象，又包括经验的过程；既包括经验什么，又包括怎样经验；既包括经验的对象，又包括作为经验主体的人。他进一步提出了"一个经验"的概念，"一个经验"就是其材料得到完满实现、具有独特个性的完整经验，它是所有经验的典范。凡是一个经验，都具有审美性，它是使一个经验变得完满和整一的性质。在杜威看来，日常生活中随处可见"一个经验"，如一件作品以一种令人满意的方式完成，一个问题得到了解决，一个游戏结束了，都可以成为带有审美性质的经验。

审美不仅仅发生于传统意义上的美的艺术中，杜威坚定地认为正是因为有了那些匿名的艺术家们在生产过程中的完美生活与体验，艺术的产生才成为可能。一个钓鱼者可以吃掉他的捕获物，却并不因此失去他在抛杆取乐时的审美满足。杜威认定艺术只有作为经验才有价值，它影响并作用于日常生活：

> 将艺术和审美知觉与经验的联系说成是降低它们的重要性与高贵性的说法，只是无知而已。经验在处于它是经验的程度之时，生命力得到了提高。不是表示封闭

---

① 〔美〕杜威：《艺术即经验》，高建平译，1~2页，北京，商务印书馆，2005。

在个人自己的感受与感觉之中，而是表示积极而活跃的与世界的交流；其极致是表示自我与客体和事件的世界的完全相互渗透。不是表示服从于任意而无序的变化，而是向我们提供一种唯一的稳定性，它不是停滞，而是有节奏的、发展着的。由于经验是有机体在一个物的世界中斗争与成就的实现，它是艺术的萌芽。甚至最初步的形式中，它也包含着作为审美经验的令人愉快的知觉的允诺。①

杜威致力于恢复审美经验与日常生活间的连续性，断言"人类经验的历史就是一部艺术发展史"②。作为新实用主义美学家，舒斯特曼肯定了"身体"对人们"经验"世界的重要性，认为身体的美学训练突破了"美的艺术"的范畴，指向生活艺术。

二、地方性和语境性

"地方性"问题的提出源自 20 世纪以来人类学理论的发展。在人类学逐渐成为一门独立的学科后，对"非西方文明"的考察成为人类学家工作的重心。随着泰勒、马林诺夫斯基等人对原始艺术及小型社会艺术形态的考察，非西方式的"艺术"进入学者们的眼中，如何研究这些艺术形式成为一个新问题。美国人类学家克利福德·格尔兹长期致力于对东南亚地区社会形态、艺术形式的考察。在对并存于东南亚地区的三种法律形态的探讨中，格尔兹将法律视作一种"地方性知识"，认为其具有很明显的地方性：

> 我一直在说，法律……乃是一种地方性的知识；这种地方性不仅指地方、时间、阶级与各种问题而言，并且指情调而言——事情发生经过自有地方特性并与当地人对事物之想像能力相联系。我一向称之为法律意识者便正是这种特性与想像的结合以及就事件讲述的故事，而这些事件是将原则形象化的。③

地方性知识与认识世界的普遍知识形态不同，它反映了不同的意义世界和生产了这些不同意义的当地人的观念，与某个地区、族群的生活方式息息相关。地方性包含了特定的地域意义，同时也产生了特定的价值观与看待问题的立场。格尔兹对地方性知识的论述，就是希望人们在考察知识时不要仅仅关注其普遍的准则，也应该同时考虑知识生成的具体情境条件。同样的理论方法也适用于格尔兹对"文化"这一概念的研究，地方性成为他认识异文化的重要视角。他写道：

① ［美］杜威：《艺术即经验》，高建平译，19 页，北京，商务印书馆，2005。
② ［美］杜威：《经验与自然》，傅统先译，311 页，北京，商务印书馆，1960。
③ ［美］克利福德·吉尔兹：《地方性知识——阐释人类学论文集》，王海龙、张家瑄译，273 页，北京，中央编译出版社，2004。该书将"格尔兹"译为"吉尔兹"。

> 我与马克斯·韦伯一样，认为人是悬挂在由他们自己编织的意义之网上的动物，我把文化看作这些网，因而认为文化的分析不是一种探索规律的实验科学，而是一种探索意义的阐释性科学。①

正如格尔兹所说，文化的"意义之网"具有阐释性和符号性，文化符号的含义具有不确定性，在不同的文化背景中呈现出不同的面貌，意义能指与所指的获得取决于特定族群认识世界的方式。正是因为文化意义的复杂，地方性对于认识不同民族的文化才具有极强的适应性。当然，地方性尽管强调重视不同地区的差异性，但它并不意味着空间上的封闭和不同地方间彼此的隔绝。某种地方性的知识和情境可以转换到另一种地方性，为知识的流通打开了新的空间，从这个意义上来说地方性又呈现出一种开放性的姿态。

虽然格尔兹主要关注的是东南亚的社会形态与部落风俗，他最初提出的"地方性知识"也是针对当地法律而言的，但是"地方性知识"本身具有很强的解释力，地方性强调思考同一文化符号的差异性也有助于把握认识对象的复杂性。"艺术"作为"知识"的一种具体形式，也具有了可以被放置在地方性中讨论的可能，即将"地方性知识"引申为"地方性艺术知识"。对"地方性艺术知识"的探索可以弥补传统艺术研究的不足，将艺术研究置于具体的地域与情境中，从而更好地了解不同于传统"大写艺术"的其他艺术形态，特别是那些非西方地区的艺术形式。长期以来人类学领域对原始艺术和小型社会文明形式的关注也促使艺术研究与人类学研究相结合，用地方性、情境性的眼光审视非西方艺术，弥补传统西方经典艺术研究中对"他者"的忽视。

艺术学、美学与人类学的结合产生了诸如艺术人类学、审美人类学等交叉性学科，它们以田野调查、民族志研究等为研究工具，努力发现并了解在经济全球化背景下边缘族群独特的审美经验，在艺术的普遍原则中发现这一原则下不同形式的风格。在这里，"地方性"逐渐发展为一种"情境性"或更加抽象意义上的"语境性"，对艺术的讨论已经不再局限于艺术内部的审美，而是从更加广阔的视野上将艺术放在一种流动的文化中观照，在关注艺术普遍规律的同时也注重展现其多样性。正如莱顿在谈到自己的《艺术人类学》一书时所说的那样，"本书的意图更多的是考察遍及世界的小规模社会中的艺术，一方面试图从中发现艺术表现的一般原则，另一方面关注的是体现这些原则的各种各样的风格"②。通过对不同文明的艺术考察，莱顿将对艺术的理解放在了其所处的具体的文化背景下，强调了艺术的差异性和地方性，不同背景下姿态各异的艺术形态反映了不同社会传统下知识生产和运作的不同。情境性与社会语境成为艺术人类学学科的重要理论

① ［美］克利福德·格尔兹：《文化的解释》，纳日碧力戈等译，5页，上海，上海人民出版社，1999。
② ［英］罗伯特·莱顿：《艺术人类学》，李东晔、王红译，4页，桂林，广西师范大学出版社，2009。

资源，摩根·珀金斯和霍华德·墨菲在《艺术人类学读本》一书的序言中说：

> 人类学研究将艺术放置于它的社会语境中，人类学的相对主义理论通过解释这些语境——不管它们是地方性的还是全球性的——扩展了艺术的定义和概念。这个相对主义与当代西方的艺术实践趋势一致，它已经见证了自身对加强西方标准来定义艺术的这一假设的挑战。①

由此可见，情境性与语境性已经成为重新认识艺术知识的重要工具，与艺术人类学一样，审美人类学的研究者也都坚持这样的认识方法，主张在具体的情境中研究审美现象，将审美与艺术植入日常生活。审美人类学关注"活态的文化现象"，将丰富的具有地方性的美学资源带入当下，重新思考艺术和美学与文学、社会的关系。

范丹姆是语境论美学的倡导者，他的代表作《语境中的美：美学的人类学方法》（*Beauty in Context：Towards an Anthropological Approach to Aesthetics*）主张美有其自身的情境性，提醒我们去关注西方世界以外的艺术形式。范丹姆将人类学研究方法融入艺术研究中，以田野调查、跨文化视角和语境主义的方法建构了自己的美学体系。对特定研究对象的语境分析，有助于松动非西方社会没有可用语言表达的审美观这一偏见，他的研究尝试在情境性的考察中对不同民族文化间的审美经验进行通约，关注这些边缘族群的审美情感以何种审美表达方式展现出来：

> 在研究某种特定的文化时，人类学家通常将收集到的实证资料置于其更大的社会文化母体之中，并且通过在这些资料之间发展出系统性的联系，从而使这些认真收集到的资料得到语境化的研究。如果我们在文化研究中运用这种方法，那么就人类学的另一特点，亦即它的跨文化比较视角而言，对语境的强调则是有用的。更特别地，当我们分析可见的跨文化差异现象的原因时，我们通过提出这样一种看法，即，这些差异性事实上是由在某一既定的文化及其所赖以产生的变化着的社会文化语境之间的系统的、有效的跨文化联系所形成的，这种语境性研究方法有可能会具有一种解释性的价值。②

贾克·玛奎（又译雅克·马凯）在其代表作《美感经验——一位人类学者眼中的视觉艺术》中重点讨论了美感经验的问题。在他看来，艺术是一种被建构的存在，不论是外在世界或是思想与本质的领域里，艺术都不是独立的实体，而是由一群人同意的心智建

---

① Morgan Perkins & Howard Morphy(eds.)，*The Anthropology of Art*，*A Reader*，Oxford，Blackwell Publishing，2006，pp. 21-22.

② ［荷］范丹姆：《审美人类学导论》，向丽译，载《民族艺术》，2013(3)。

构。他说：

> 艺术品和美感客体、风格和社会网络、沉思和美感经验，它们都是建构的现实（constructed realities），无论就物质或非物质面，它们都不是外在的实体，可以让我们将我们的认知建构，与之比较来评量它们的"真实性"（truth）。真象（realities）只是心智的建构。[①]

在艺术观念的建构中，每个个体都发挥了作用，通过个体的感受、沉思赋予艺术以意义，客体在"被观赏"中成为一件艺术品。因此，玛奎书中的"艺术品"除了我们通常所认为的绘画、雕塑之外，还包括了一些其他物品。通过"预定为艺术"和"转变为艺术"的区分，玛奎扩展了艺术的含义，一些原本为了某种目的而制造的物品在后来"转变为艺术"，那些丧失原有工具性的物品中，有的显示具有美感形式，欣赏者借着感受与沉思这些形式赋予这些物品新的意义，并使它们成为艺术品。[②] 所以，一个物品具有艺术意义在某种程度上可以说是外在社会的一种赋予。玛奎认为，要了解一件物品的文化成分，最好的办法是将它放回到活生生的文化中。这一点与语境论的主张不谋而合，体现了艺术知识地方性对社会环境、活态文化的强调。

由人类学家开启的"地方性""语境性"视角大大改变了艺术的传统研究方式，它结合人类学实证性的资料采集和跨文化视野的方法，为我们提供了一个更加全面的艺术图谱，使长期以来被忽视的边缘族群的生活方式被纳入艺术研究中，同时也试图在此过程中展现不同族群的审美经验。反过来，这一研究方式又为人类学提供了新的视野，促进了人类学本身的进一步发展，因之具有重要的意义。

三、地方性与普遍性

古希腊时期，在美学以及"艺术"概念的初创期，对美和艺术本质的追问成为认识它们的最好途径。康德在《判断力批判》中更是总结了审美无功利、审美共通感、美的理想这三大审美普遍性，普遍性也延续了古希腊以来的观念，成为审美所极力追求的目标。不过，自19世纪以来，康德所提出的三大审美普遍性也遭受了许多质疑。比如，马克思以及受马克思理论影响的理论家们认为审美活动具有阶级性，这就使得审美活动无法避免地带有功利性。又如，现代分工的精细化和科学的专门化使得审美普遍性的目标越来

---

① ［美］贾克·玛奎：《美感经验——一位人类学者眼中的视觉艺术》，武珊珊、王慧姬等译，308页，台北，雄狮图书股份有限公司，2006。英文括注系原文所有。

② ［美］贾克·玛奎：《美感经验——一位人类学者眼中的视觉艺术》，武珊珊、王慧姬等译，118页，台北，雄狮图书股份有限公司，2006。

越难以达到。此外，还有来自地方性、情境性和日常生活审美化的挑战。

格尔兹的"地方性知识"用既有的知识也就是"普遍性"无法概括。因此，要认识那些边缘族群，只有悬置我们对这些群体的既有偏见，才有可能以地方性的视角对他们进行研究。格尔兹对特定族群所作的语境性考察使得意义本身的获得具有开放性，这一理论并不是要在人类学领域得出某种规律性的东西，而是通过多维的理解可能对意义本身进行探索。地方性知识要求我们与其考察知识的普遍性准则，不如着眼于知识形成的具体社会条件。

从地方性知识出发，地方性艺术知识也是基于这样的思路而存在的。与其思考艺术的本质、艺术内部的关系，不如思考"谁在何种情况下把何种东西当作艺术"。传统的"普遍性艺术"重视经典和西方文明，长期忽视大众通俗文化以及非西方文明可能存在的丰富艺术形式。随着"西方中心主义"神话在人类学领域被打破，人们发现以往针对西方经典艺术所作的分析在面临非西方艺术时缺乏有效的解释力，从这点上看，地方性有着巨大的积极意义。由此也提醒艺术研究者们需要将社会语境的维度加入对艺术的研究中，将情境性视作艺术品之所以是艺术品的重要因素。

不过，对艺术普遍性的反驳并不意味着彻底否定艺术或者是审美的普遍性。地方性知识产生于后现代主义对"本质"发生质疑的理论背景下，这使得它与后现代主义类似，在一定程度上对普遍性和本质性有所反叛，看上去似乎和当今的经济全球化时代格格不入。但是，实际上这两者并非绝对对立的存在，就艺术研究而言，在坚持地方性的同时也不能完全忽视对普遍性的考察。艺术知识的地方性虽然具有更强的针对性和解释力，但将不同地方的艺术审美经验结合起来看就不难发现，不同民族间有可能存在着一种"审美的普遍性"，存在着一些能为全人类所欣赏的形式或形式的原则，这与康德所谓的"共通感"有类似之处。范丹姆和贾克·玛奎虽然主张语境论的研究方法，但也注意对普遍性的总结，如贾克·玛奎就探讨了构图对和谐视觉艺术的塑造作用。在玛奎看来，不同艺术品之间所表现出的美感特质并无不同，它们都引发了相同的美感知觉，使观者获得愉悦的体验。由此我们也可以说，艺术知识的地方性也蕴含了普遍性的审美愉悦。

虽然知识的普遍性在解释某些艺术现象时可能出现"失灵"的情况，但是这并不意味着要彻底抛弃艺术知识的普遍性。地方性的研究模式结合具体的社会语境，使得它对不同群体中的艺术充满解释性，也更有助于人们去理解边缘族群所具有的审美经验。不过，针对不同民族艺术形式的讨论所希望达成的目的是能在更高的层面上把握艺术，过于孤立的地方性知识反而容易使艺术研究变得琐碎，类似"形式美""共通感"这样的美的普遍性原则在今天的艺术研究中依然有意义。坚持地方性和语境论的同时，也不能忽视普遍性对审美现象自身的塑造，应通过结合艺术知识的地方性与普遍性，在更宽广的视野上回答艺术与审美经验的问题。

思考题：

1. 为什么说艺术是一个历史的概念？

2. 如何理解客观的真理和艺术真理之间的关系？

3. 何谓艺术知识的地方性？

拓展阅读文献：

1. ［美］罗伯特·威廉姆斯：《艺术理论——从荷马到鲍德里亚（第 2 版）》，许春阳、汪瑞、王晓鑫译，北京，北京大学出版社，2009。

2. ［德］汉斯-格奥尔格·伽达默尔：《诠释学Ⅰ：真理与方法——哲学诠释学的基本特征（修订译本）》，洪汉鼎译，北京，商务印书馆，2007。

3. ［德］马丁·海德格尔：《林中路（修订本）》，孙周兴译，上海，上海译文出版社，2004。

4. ［美］杜威：《艺术即经验》，高建平译，北京，商务印书馆，2005。

5. ［英］罗伯特·莱顿：《艺术人类学》，李东晔、王红译，桂林，广西师范大学出版社，2009。

6. ［美］贾克·玛奎：《美感经验——一位人类学者眼中的视觉艺术》，武珊珊、王慧姬等译，台北，雄狮图书股份有限公司，2006。

扫码阅读：

第九章　艺术与伦理

艺术与伦理的关系问题是美学的原发性问题。在人类自我意识的产生过程中，真善美是一个整体，东西方皆然。而审美意识和伦理意识则是只有人类才拥有的不同于动物界的类意识，即自由自觉的人类自我意识，而非动物基于肉体需要的本能意识。但是，人类这种自由自觉的意识并非始终处于同一、完整状态，而是随着人类物质生产生活、科技、交往和分工的发展，分离出各种不同的意识形式及其相对独立而又交互影响的发展变化，譬如宗教、伦理、政治、法律、艺术、审美等。尤其是自近代以来，随着文化教育的发展，各种意识形式和精神现象更是获得了自主发展，越来越强调自身的特异性与独立性，学科化、孤立化、片面化倾向日益凸显。而也正是在这个意义上，对于艺术和伦理起源问题与复杂关系的探讨，既具有厚重的历史感，又兼具鲜明的时代性。

第一节　艺术与伦理的起源

从本质上而言，艺术与伦理所面临的都是人类生活的价值判断问题，艺术涉及的是美的判断，伦理涉及的则是善的判断。而关于这两种判断存在着各种不同的理论范式，每一种范式与方法背后所反映的并不仅仅是品位与风格的差异，更蕴藏着某种人生态度乃至社会理想的不同。综合来看，无论是艺术活动还是伦理活动，都是属人的活动，其所内含的关于美与善的价值判断与追求，恰恰是人类全部历史的生成物，是人类自由意识的棠棣之花。而"根据康德主义的理论，定义人类生活的问题事实上就是恰当表达人类所具有的自主能力的问题。而这一问题的提出又建立在人类拥有自由意识的事实前提下，因为我们并非仅为外力所左右的玩物"[1]，在这个意义上，蕴藏着人类自由意识的求美、求善活动不仅仅是美与善的获取问题，更是一种表征着人的类本性或者说确证着人

---

[1]　Richard Eldridge，"Aesthetics and Ethics,"in Jerrold Levinson(ed.)，*The Oxford Handbook of Aesthetics*，New York，Oxford University Press，2003，p. 726.

之为人的本质的一种活动，极大关涉着人类生活所面临的普遍问题，而要推究其起源，也就必然要追溯到体现着人之本质的劳动生产活动，据此，本节将从劳动起源论入手，对艺术和伦理的原初问题予以阐明。

一、劳动——作为人的类本质活动

尽管有科学研究指出，动物与植物也能进行审美抑或艺术活动，但严格地讲，其更多只是一种生物本能被人类拟人化之后的自然流露而已。虽然在群居的动物界也有相互关系和各种秩序，例如蜂群、狮群、猴群等，但它们往往只囿于血缘和生存需要，与人类社会复杂的人伦秩序相比显得简单而粗陋。

究其本质，正如马克思所说的那样，"动物和它的生命活动是直接同一的。动物不把自己同自己的生命活动区别开来。它就是这种生命活动。人则使自己的生命活动本身变成自己的意志和意识的对象。他的生命活动是有意识的"①，由此可见，动物的生命活动与生产行为是狭隘的、无意识的、受制于本能的，因而往往是不自觉、不自由的。与此相对，人却能够凭借个体意识掌握自然规律，实现对世界有目的的改造。因此，人的生产是自由、自觉的活动，是"能动的类生活"。

人作为类存在物的本质特征就在于其所具有的生产自由性与自觉性，"一个种的全部特性、种的类特性就在于生命活动的性质，而人的类特性恰恰就是自由的自觉的活动"②。如果考察人类的劳动过程，不难发现其所蕴藏的自由与自觉的特性：人的"劳动过程结束时得到的结果，在这个过程开始时就已经在劳动者的表象中存在着，即已经观念地存在着"③。这个特征并不只是表现在一些零散的劳动行为上，而是贯穿整个劳动过程的始终。由此可见，人类个体所从事的劳动行为往往有着明确的观念和目的，具有生命活动的自觉性。此外，马克思在论述生产与消费的关系时还曾说道："生产在外部提供消费的对象是显而易见的，那么，同样显而易见的是，消费在观念上提出生产的对象，把它作为内心的图象、作为需要、作为动力和目的提出来。消费创造出还是在主观形式上的生产对象。"④由此可见，正是通过劳动生产活动，人类才能够将自己与外在世界及自己的实践活动区分开来，也正是在这个意义上，人类的活动才是自由的活动，人类的生产才是全面的、不受肉体需要支配的真正的生产。

因此，劳动作为与个体生命相关联的活动，不是外在于我们的行为，而是对自由自觉意识的彰显，对人的类本性的体现，对人的本质力量的确认，也正是在这个意义上，

---

① 《马克思恩格斯全集》第42卷，96页，北京，人民出版社，1979。
② 《马克思恩格斯全集》第42卷，96页，北京，人民出版社，1979。
③ 《马克思恩格斯全集》第23卷，202页，北京，人民出版社，1972。
④ 《马克思恩格斯选集》第2卷，9页，北京，人民出版社，1995。

劳动或者说生产活动，是人类的本质性活动，其在维持个体物质需要的同时，也体现着人类的所有本质特征。

二、艺术的起源

艺术活动作为人类与自然、社会关系中的一个特殊组成部分，事实上也正起源于人类的劳动生产活动，这主要体现在以下四个方面。

首先，劳动作为一种生产实践，奠定了艺术起源的物质基础。正如恩格斯在《自然辩证法》中所论述的那样："由于手、发音器官和脑不仅在每个人身上，而且在社会中发生共同作用，人才有能力完成越来越复杂的动作，提出并达到越来越高的目的。劳动本身经过一代又一代变得更加不同、更加完善和更加多方面化了。除打猎和畜牧外，又有了农业、农业之后又有了纺纱、织布、冶金、制陶器和航行。伴随着商业和手工业，最后出现了艺术和科学。"[1]因为艺术必然是人的创造物，而在漫长劳动过程中形成的人的大脑、骨骼、肌肉、双手和各种感觉器官，无疑构成了艺术起源的物质基础。其中，劳动生产过程中人手的高度发展，在艺术起源中扮演了尤为重要的角色，因为正如恩格斯所说的那样："手不仅是劳动的器官，它还是劳动的产物。只是由于劳动，由于总是要去适应新的动作，由于这样所引起的肌肉、韧带以及经过更长时间引起的骨骼的特殊发育遗传下来，而且由于这些遗传下来的灵巧性不断以新的方式应用于新的越来越复杂的动作，人的手才达到这样高度的完善，以致像施魔法一样造就了拉斐尔的绘画、托瓦森的雕刻和帕格尼尼的音乐。"[2]由此可见，人手的高度完善和在此基础上形成的艺术创造技能，是原始艺术得以产生的前提条件。

其次，劳动孕育了人类最初的艺术感觉与审美意识。在物质生产实践中产生的艺术感觉与审美意识，是人类艺术起源的关键环节，因为正是得益于人类对美的察觉与体认，个体才能对外界刺激产生各种敏锐的审美体验，进而综合各种感受，按照美的标准改造客观世界，从事艺术创造。在这个意义上，如果没有审美意识的产生，人类就不可能进行复杂的审美欣赏和艺术活动。劳动一方面促进了生产活动的发展，将人类从自然的压力和束缚中解放出来，使其得以把生命的创造力量和本质力量自由地在客观对象上释放出来，从而大大增强了其对于客观对象的主观能动性，获得了和谐、自由的真正审美感受；而另一方面，劳动让人类在改造世界的同时也改造了自身，使后者在劳动过程中得以不断扩大丰富自己的感性认识，并通过思维上升到理性认识，形成审美体验。具体而言，人在通过劳动改造自然的过程中，其主体创造性得以实现，而这种创造性会使

① 《马克思恩格斯选集》第4卷，380～381页，北京，人民出版社，1995。
② 《马克思恩格斯选集》第4卷，375页，北京，人民出版社，1995。

人产生一种愉悦感，这既是对主体本质力量的欣赏，也是人类审美意识的最初萌芽。如此，人的感觉器官就从一种仅用以满足肉体需要的生产器官，发展成一种可供发现美、享受美的审美器官，并最终随着审美经验的积累和审美能力的提升，建构出人类稳定的审美意识系统与审美心理结构。此外，在劳动过程中，人类不断发现对称、和谐、完整和平衡的工具最能发挥效力、促进生产，而对这些因素的自觉追求，在物质生产活动中不断得到总结和强化，共同孕育出人类最早的审美理想。譬如，毕达哥拉斯学派认为"美是和谐与比例"，平面图形中圆形最美，立体图形中球形最美，最美的长方形要符合"黄金分割律"。而罗丹曾生动描述了希腊雕塑的特色——"从头到足有四个彼此相反的面"，这四个面之间则是平衡、匀称、和谐的，显示出一种"稳静优美"，寓意"人生的幸福、安宁、优美、平静和理性"。①

再次，劳动孕育了人类原始艺术的最初形态。原始社会的人类在集体劳动过程中，为了满足协调动作、提高效率、交流感情、减轻疲劳、鼓舞情绪等现实需要，产生了原始歌谣、原始音乐、原始舞蹈等原始艺术的最初形态。其中，原始歌谣是原始人在集体劳动过程中，为了协调动作，使肌肉的张弛和工具的运用得到配合，自然发出的有一定高低和间歇的劳动呼声，而这种呼声或重复或有规律地变化，形成了简单的节奏，构成了原始音乐、舞蹈节拍和诗歌韵律的起源。原始音乐的产生同样来源于原始人的集体劳作，普列汉诺夫在《唯物主义历史观》一文中，明确提出了"音乐起源于劳动"的观点，在他看来，"原始人在劳动时总是伴着歌唱，音调和歌词完全是次要的，主要的是节奏。歌的节奏恰恰再现着工作的节奏，——音乐起源于劳动"②。事实上，在劳动过程中，人们为了提高效率，减轻疲劳，就必须按照一定节奏的劳动呼号来工作，而这种在集体劳作中得到锻炼的节奏感，为原始音乐中基本节奏的产生奠定了基础。原始舞蹈则是原始人生活和情感的动作化，其往往由人们在劳作时的不同动作美化加工而成，并最终形成了以开山、耕种、纺织等作为舞蹈内容，反映现实生产过程的生产劳动舞蹈，例如澳大利亚土著人的划桨舞、新西兰原始部落的造船舞，都直接描述了人类的劳动过程。③

最后，劳动过程中产生的劳动工具是人类艺术品的雏形。在原始人的生产实践过程中，许多劳动工具逐步演变为带有审美价值的工艺品，譬如玉圭由石斧演变而来，玉璋由石刀演变而来，玉铲由石铲演变而来。中国上古时期的许多乐器，也是直接由劳动工具演变而成的，如埙源自狩猎工具石流星，磬源自农耕用具等。④

① [法]奥古斯特·罗丹：《罗丹艺术论》，沈琪译，105～107页，北京，人民美术出版社，1978。
② 《普列汉诺夫哲学著作选集》第2卷，755页，北京，生活·读书·新知三联书店，1961。
③ 宋建林：《马克思主义艺术起源论》，载《北京联合大学学报》，1992(2)。
④ 宋建林：《马克思主义艺术起源论》，载《北京联合大学学报》，1992(2)。

三、伦理的起源

伦理作为人类处理与他人、自然和社会关系的一整套行为规范，总是与一定的社会背景和生活世界相关联，因此，伦理既是特定时代的产物，又必然为社会生产实践所决定。而人类所有社会历史实践的基础，便是人类的物质资料生产活动——劳动，也正是在这个意义上，劳动构成了人类伦理起源的历史前提与重要基础，其主要表现在以下几个方面。

首先，伦理的主体产生于劳动中。伦理的主体是人，在动物中并不存在所谓的伦理，因为"动物不对什么东西发生'关系'，而且根本没有'关系'；对于动物说来，它对他物的关系不是作为关系存在的"①。此外，动物只有本能的冲动，而没有所谓的道德规范，更不具备人类社会的复杂道德关系与道德标准，也因此不会具备稳定的伦理关系。而人类作为伦理的唯一主体，其所经历的进化发展在很大程度上为劳动生产所支配和决定，因为正是劳动使猿进化为人，并创造了人本身，从而为人最终成为伦理关系的主体奠定了自然基础。

其次，劳动发展出了伦理所必需的生理机制。一方面，人类的语言在劳动中产生，这不仅指劳动过程进化出了人类的发音器官，更是因为劳动的需要产生了语言。在集体劳动的过程中，人们往往需要共同协作，但这光靠只具有简单表意功能的呼号、表情和手势已远远不够，必须借助更为复杂丰富的语言来表达。由此，人类不仅喉、唇、颊、齿、舌等发音器官得到了长足发展，还最终学会了发出一个个清晰的音节和更为复杂多样的声调。于是，人类的原始语言便在劳动中产生了，从而极大促进了人类个体之间必要的思想交流和信息沟通。另一方面，劳动还促进了人脑的发展，这主要是因为猿类大脑皮层运动区管理上、下肢的比例是相等的，而人类大脑皮层运动区管理手的区域则比管理足的要大得多，这说明人脑的进化与手的发展和使用关系紧密。② 正是伴随着人脑处理复杂信息能力的提高，对于伦理的需求乃至伦理的进一步发展，才得以在人类的思维世界中率先涌现。也正是在这个意义上，劳动带来的人类语言和大脑的发展，为伦理的产生提供了必要的生理机制。

最后，对于伦理的需要是在劳动中产生的，劳动为伦理创造了社会历史条件。如前所述，伦理是人类处理与他人、自然和社会关系的一整套行为规范，而在这里面，人类与外界发生的各种关系是伦理产生的基本前提。在原始社会中，人类生活环境恶劣，需要不断同自然界做斗争，而个体力量又十分弱小，无法单独生存，这就决定了其在面对

---

① 《马克思恩格斯选集》第1卷，81页，北京，人民出版社，1995。
② 参见陶富源：《实践主导论——哲学的前沿探索》，356页，合肥，安徽人民出版社，2001。

严酷的外部生存条件时，必须集体协作、共同劳动。也正是在这个意义上，劳动将原本孤立的个体联接起来，形成了相互依赖、彼此协作的生产关系，并在此过程中发展出原始的互助精神。此外，对劳动成果的分配也形成了在集体内部协调处理彼此关系的基本规范与道德观念，而这也同集体劳动过程中的互助精神一起，构成了伦理道德的最初萌芽。而随着生产力的进一步发展，人类社会开始有了基本分工，个人在生产中的作用日益凸显，形成了个人利益，并最终演化为个人利益与共同利益之间的矛盾，这就需要一系列制度规范去协调和处理个人与社会之间的关系。而随着关于劳动过程中分工与协作的行为规范越来越多，"劳动的发展需要有一种新的东西来执行维持劳动过程职能的东西，这就是风俗习惯和后来的道德"①。而这些劳动过程中自发形成的交往规范不仅调节着人们的利益关系，也强化了个体的自我控制，并最终发展为一种人人遵循的普遍伦理。

由此可见，无论是艺术活动，还是伦理规范，其归根结底都是社会生产或者说劳动行为的产物，后者不仅构成了孕育艺术与伦理的基本历史条件，也同时作为与二者相伴相生的发展促进因素。在这个意义上，劳动作为艺术与伦理的共同起源，事实上也表征着艺术与伦理在本质上的某种同构性：首先，它们都来源于劳动这一表征人的类本性的实践活动，并在此过程中不断发展；其次，劳动起源论决定了它们必然带有人类生产活动的基本特征，即生产自由性与自觉性；最后，无论是艺术，还是伦理，它们都是人类自由意识的产物，是对人类本质力量的确认，体现着人类所具有的基本特征，也正是在这个意义上，艺术和伦理都来自人们对外部世界的真实体认，它们必须回应人类生存的基本问题，必须追索人类生存的终极意义，必须面对人类生存的普遍困境。由此，艺术和伦理虽然在学科领域、研究对象乃至基本范式上都存在诸多差异，但它们并非空泛理论的海市蜃楼，而必须扎根于现实土壤，在强而有力的实践中，完成对人类生存的终极拷问。

第二节　艺术与伦理的复杂关系

毛姆在读书随笔中曾经说过这样一段话："小说家通过自己所讲述的事件、选择的人物以及对他们的态度，为你提供一种对生活的批判。这种批判也许既不新颖也不深刻，但它已在那里了；其结果是，尽管他自己都没注意到，他已经通过他这种简单的方

---

① 罗国杰：《伦理学》，30 页，北京，人民出版社，1989。

式成了一个道德家。"①在他看来，艺术作品为人类提供了"一种对生活的批判"，并借由这种"批判"，实现了对受众的某种道德教化，而这无疑也正是对艺术伦理功能的揭示。事实上，艺术的真正兴趣是对社会人生的兴趣，伟大的艺术家不仅帮助人们享受艺术之美，更借由复杂而深刻的审美体验，发掘受众的人性潜能与生活潜能。在《伟大的传统》中，利维斯不赞成从"审美问题""谋篇布局"之美与"生活之真"的奇妙结合这些角度对简·奥斯丁的《爱玛》予以评价，而是认为其卓越之处在于强烈而热忱的道德关怀："实际上，细察一下《爱玛》的完美形式便可以发现，道德关怀正是这个小说家独特生活意趣的特点，而我们也只有从道德关怀的角度才能够领会之。"②此外，他还将乔治·艾略特的伟大之处归结为"强烈的对于人性的道德关怀，这种关怀进而便为展开深刻的心理分析提供了角度和勇气"③。也正是在这个意义上，艺术经典所构制的"伟大的传统"不仅仅是文化的传统，更是伦理道德意义上的传统。事实上，蕴藉于一切艺术作品中的体裁内容与形式技巧，只有回应人类生活世界的普遍问题，实现对社会伦理的终极追问，才是真正有意义的。艺术究其本质，其实是在探讨"人应该怎样生活"这样的伦理学核心命题，而是否充分实现伦理功能，解决人生问题，也在很大程度上成为判断艺术作品好坏的重要标准。在这个意义上，艺术与伦理，美与善，实现了某种终极目的层面的深刻对应。据此，本节将结合历时分析与共时分析，由古至今，东西对照，考察艺术与伦理之间既顺从又背离的复杂关系。

一、"比德"传统与"诗教"说：艺术对伦理的依附

1. "比德"传统

艺术作为对人类社会生活的反映，必然要接受一整套社会伦理道德的制约与规范，否则，其内含的艺术价值将不会为整个社会所承认和接受。在这个意义上，艺术必须顺从于伦理，这一方面体现在艺术品所宣扬的关乎世道人心的价值观念与美学思想必然受到同时代社会伦理的钳制与规训；而另一方面，对于伦理的反映与刻画，也常常被作为艺术品所必须包含的一部分而存在。在这个意义上，宣扬伦理既构成了艺术品所必须具备的重要功能之一，也同时作为其标准而存在。而这种顺从与依附关系，也构成了艺术审美与伦理道德之间复杂关系的第一个面向。

从历时性的角度来看，在人类早期的审美观念中，就存在着显著的实用、功利色彩，审美并不具有独立性，而是常常作为反映社会伦理道德的载体而存在。中国自先秦

---

① ［英］毛姆：《毛姆读书随笔》，刘文荣译，25～26 页，上海，上海三联书店，1999。

② ［英］F. R. 利维斯：《伟大的传统》，袁伟译，14 页，北京，生活·读书·新知三联书店，2002。

③ ［英］F. R. 利维斯：《伟大的传统》，袁伟译，208 页，北京，生活·读书·新知三联书店，2002。

时代便有了对自然山水的审美观照，而这种对于自然美的欣赏，则往往是人格化、道德化的，通常将"物"的自然属性与人的伦理道德品质相比附，而这种融审美和伦理道德于同一"物"的思想观念，便是中国古代的"比德"传统。在这种审美思维的观照下，物的自然属性与人的道德品质之间有着天然的异质同构的关系，物可以用来比拟、反映个体的道德品质，并最终实现教人以德、促人向善的伦理教化目的。而这种"比德"思想也在儒家著作中体现得最为明显，其中尤以"以玉比德"为甚。儒家学者从玉光洁纯净却又平淡含蓄的自然品质中找寻到了与其所推崇的以"仁"为核心的伦理道德之间的极强相似性，从而在玉质与道德的相互比照中，实现了由美到善的转化。因此，儒家学者常以玉之美比附道德之美，借玉进行道德说教，而这种"以玉比德"的思想更在《礼记·玉藻》中得到了系统阐释：

> 古之君子必佩玉，右徵、角，左宫、羽，趋以《采齐》，行以《肆夏》，周还中规，折还中矩，进则揖之，退则扬之，然后玉锵鸣也。故君子在车则闻鸾和之声，行则鸣佩玉，是以非辟之心无自入也……君子无故玉不去身，君子于玉比德焉。

而许慎《说文解字》言玉有五德，《荀子·法行》言玉有七德，《管子·水地》言玉有九德，《礼记·聘义》言玉有十一德，玉承载着超越其自然品质的道德意涵，成为善的表征与载体，而这种人类理想人格的外化，也最终形成了以儒家思想为核心的"比德"传统。

随着"比德"范畴的不断扩大，不仅佩玉可以劝人以德，万物都可以作为崇高人格理想与卓越道德境界的寄寓，正所谓"知者乐水，仁者乐山"（《论语·雍也》），"岁寒，然后知松柏之后凋也"（《论语·子罕》），无一不是从自然物的品质习性联想到人类品格。而在这种物被普遍赋予道德内涵与象征意义的情况下，艺术作品对自然美的刻画，也就必然将对人格善的表现作为其最重要乃至于唯一的目的，譬如屈原的《橘颂》就是通篇比德，而曹魏名士钟会的《菊花赋》也是借菊花的高洁淡泊姿态譬喻自身人格之美。由此，人们以道德眼光审视艺术，并通过借物喻人的方式，构建人格理想，张扬道德风范。

2. "诗教"说

与审美层面的"比德"思想形成鲜明对应的，则是中国古代的"诗教"传统。所谓"诗教"，即以"诗"为教，提倡诗歌的教化目的与伦理功能。《礼记·经解》中有言："孔子曰：'入其国，其教可知也。其为人也，温柔敦厚，诗教也。'"明确提出了"诗教"思想，认为学诗可以陶冶性情，使人达到"温柔敦厚"的理想境界。而《论语·阳货》更进一步提出了"兴观群怨"说，具体阐发了"诗教"的社会伦理功能："《诗》可以兴，可以观，可以群，可以怨。迩之事父，远之事君，多识于鸟兽草木之名。"其中，"兴"主要指诗歌中具体艺术形象所引发的人类的各种情感与思维活动，包括审美冲动、联想想象等；"观"主要指观察民情风俗、政治兴衰和个人志向；"群"主要指团结社会成员，增强社会凝聚力；"怨"主要指对在各种社会关系中遭到压抑的个体欲求和情感的伸张。由此，儒家的"诗教"传统以"温柔敦厚"为理想人格，以"兴观群怨"为诗的社会伦理功能，强调文学作品的政教伦理意义和济世安邦功用，希求通过诗歌的教化，建构出完整的社会道德规范与等级制度，最终达到促进社会和谐稳定的目的。这种对艺术作品政治功能和社会作用极端强调的"诗教"思想，也在后世得到了以杜甫、白居易为代表的现实主义诗人和以韩愈、柳宗元为代表的古文家的继承，最终发展为"文以载道"的文艺理论思想，并经由欧阳修、王安石的发展，到程朱理学达到了顶峰。在理学家眼中，艺术是伦理的载体，伦理功能是艺术作品的唯一功用，也正是在这个意义上，艺术成了伦理的依附。

这种"诗教"传统在西方同样源远流长。苏格拉底提出美即是善，善即是美，这里的善，就是有用或有益。在他看来：

> 我们说一匹马，一只公鸡或一只野鸡美，说器皿美，说海陆交通工具，商船和战船美，我们说乐器和其他技艺的器具美，甚至于说制度习俗美，都是根据一个原则：我们研究每一件东西的本质，制造和现状，如果它有用，我们就说它美，说它美只是看它有用，在某些情境可以帮助达到某种目的；如果它毫无用处，我们就说它丑。①

由此可见，苏格拉底眼中的美是实际的美而非空泛的美，即判断一个事物的美丑必须依据其发挥的社会效用，也正是在这个意义上，艺术之美必须具备实际的社会伦理功用。而贺拉斯则接续了苏格拉底的美学思想，并具体阐述了"诗教"的社会功用：

> 这就是古代（诗人）的智慧，（他们教导人们）划分公私，划分敬渎，禁止淫乱，制定夫妇礼法，建立邦国，铭法于木，因此诗人和诗歌都被人看作是神圣的，享受荣誉和令名。其后，举世闻名的荷马和堤尔泰俄斯的诗歌激发了人们的雄心奔赴战场。神的旨意是通过诗歌传达的；诗歌也指示了生活的道路；（诗人也通过）诗歌求得帝王的恩宠；最后，在整天的劳动结束后，诗歌给人们带来欢乐。②

而从这段话中也可以看出，"诗教"所要实现的具体目的是包括道德教化、文化熏陶、遵纪守法和精神培育等在内的社会伦理功能。而当"诗教"思想发展到席勒，其更将艺术视为实现人性完整和谐所必需的工具，在他看来：

---

① 《柏拉图文艺对话集》，朱光潜译，194～195 页，北京，人民文学出版社，1963。
② ［古希腊］亚理斯多德、［古罗马］贺拉斯：《诗学·诗艺》，罗念生、杨周翰译，158 页，北京，人民文学出版社，1962。该书将"亚里士多德"译为"亚理斯多德"。括注系原文所有。

  人类已失去其尊严，但艺术拯救了它，并将它保存在有价值的巨石里；真理在假象里存在下去，原型在复制品中得以恢复。高贵的自然已没，高贵的艺术犹存，同样，它在热情上也走在自然的前面，起着教育和振聋发聩的作用。还在真理将其胜利向前的光线射入心灵深处之前，诗歌创作力就截取了它的光芒，当潮湿的黑夜还在深谷里徘徊时，人类的山峰已是晨光辉灿了。①

  由此不难看出，席勒认为艺术具有完善人性，使人性变得和谐、高尚的功能，其需要在"人类已失去其尊严"时，超越时代的腐朽堕落，通过对人类理想的抒写，"让高尚的、伟大的、聪颖的形式环绕在他们四周，让卓越事物的象征把他们包围起来，直到假象战胜真实、艺术战胜自然"②，从而履行美育职能，完成改造人性、改造人类社会的伟大使命。而这一自苏格拉底开端，经由贺拉斯、席勒等人发展的"诗教"传统，也在黑格尔对于美学的论述中达到了顶峰。在黑格尔的视域中，人类的艺术生产为一个时代具体的伦理环境所规定，在这个意义上，艺术必然也必须负有伦理责任与道德使命，需要关注人类生存的本质问题与现实情态，需要回应一个时代中人的普遍需要与精神诉求。

二、"文德有别"与唯美主义：艺术对伦理的背离

1. 中国古代的"文德有别"观

  在东西方有着悠远历史传统和深厚文化底蕴的"比德"思想与"诗教"观念，无疑昭示着艺术对伦理的依附，前者仅仅作为后者的载体和工具而存在，后者则充当着前者几乎所有的判断标准与现实功能。然而，艺术和伦理虽然同属社会劳动的产物，共同反映着人类的现实生存状况，但二者毕竟有着不同的发展规律与领域面向，如果仅仅将艺术视为伦理的附属而存在，不仅否定了艺术理应获得的独立地位，也将极大束缚艺术创作所必需的个性与创造性，使艺术在充当社会伦理道德宣讲机、传声筒的过程中窒息死亡。事实上，正如德国哲学家倭铿在《道德与艺术——生活的道德观与审美观》一文中所揭示的那样："艺术与道德经常冲突由来已久，它们彼此保持着紧张和敌对的关系……这两个领域似乎把生活的任务和价值摆在对立的位置：道德要求从属于普通适用的法则，艺术热望个性极自由地发展；道德以责任的严肃声音说话，艺术造就人们一切能力的自由发挥；道德领域是内在的、纯粹的领域，它倾向于不太考虑看得见的成就，而艺术的唯

---

  ① ［德］弗里德里希·席勒：《人的美学教育书简》，张佳珏译，见《席勒文集》第 6 卷，194 页，北京，人民文学出版社，2005。

  ② ［德］弗里德里希·席勒：《人的美学教育书简》，张佳珏译，见《席勒文集》第 6 卷，196 页，北京，人民文学出版社，2005。

一价值在于外部的具体表现。"①也正是在这个意义上，艺术与伦理之间基本特征的不同，构成了前者对后者的反叛动因，和二者彼此背离的潜在趋向。而这种隐性的对抗关系的存在，也揭示了艺术与伦理在依附之外的另一重关系，并由衷昭示着一种复杂性。

在古代中国，人们对"比德"观念和"诗教"传统的全面反抗始于魏晋时期。彼时文人认识到了儒家礼教对个体生命的束缚和"文以明道"思想背后的政治虚伪性，出现了一股反抗儒家礼法、回归自然本性的社会风潮。而这一时代精神反映在文学艺术领域，便是魏晋南北朝文人对儒家"文以明道"思想的排斥与批判。嵇康在《声无哀乐论》中系统探讨了音乐的本质问题，提出了"声无哀乐"的思想，指出音乐本身的曲调变化与人在情感上的哀乐毫无关系，强调音乐具有独立的审美价值，而非社会伦理观念的映照物和传声筒。而宗炳的"畅神"说则认为山水画的最高审美境界是"畅神"，即为主体带来审美层面的愉悦，强调艺术的审美价值和个体的审美自由，从而使绘画彻底摆脱了"致用"和"比德"的单一功用。葛洪则在《抱朴子·尚博》中明确提出了"文德有别"的观点："德行为有事，优劣易见；文章微妙，其体难识。夫易见者，粗也；难识者，精也。夫唯粗也，故铨衡有定焉；夫唯精也，故品藻难一焉。"并且他反对重德轻文、将文艺作为道德附庸的思想："尔则文章虽为德行之弟，未可呼为余事也。"综合来看，魏晋南北朝时期这种对儒家"比德"思想和"诗教"传统的整体矫正，极大消弭了文艺对伦理的依附关系，使前者真正获得了独立的审美价值与艺术地位。而这种强调艺术审美趣味和玩赏心态的文艺观念发展到明清，便是一系列以"玩物"为全部目的、不牵涉任何伦理道德思想的文学笔记的出现，譬如袁宏道在《瓶史》中对插花、浴花、浇花、赏花等一系列工艺技巧进行了详尽介绍，并道出了花的性情与精神："夫花有喜怒寤寐，晓夕浴花者，得其候，乃为膏雨。淡云薄日，夕阳佳月，花之晓也。狂号连雨，烈焰浓寒，花之夕也。唇檀烘日，媚体藏风，花之喜也。晕酣神敛，烟色迷离，花之愁也。欹枝困槛，如不胜风，花之梦也。嫣然流盼，光华溢目，花之醒也。"然而，无论对花进行怎样细致的描摹，袁宏道都严守玩赏目的，没有将花之美丑与人之善恶进行任何形式的联系与对应，体现了其专注艺术审美层面的心态趣味。类似取向的作品还包括陈继儒的《小窗幽记》、张岱的《陶庵梦忆》、李渔的《闲情偶寄》、文震亨的《长物志》等。此外，在艺术理论上，董其昌还明确提出了"以画为乐"的观点："画之道，所谓宇宙在乎手者，眼前无非生机，故其人往往多寿。至如刻画细谨，为造物役者，乃能损寿，盖无生机也。黄子久、沈石田、文徵仲皆大耋，仇英短命，赵吴兴止六十余。仇与赵虽品格不同，皆习者之流，非以画为寄，以画为乐者也。寄乐于画，自黄公望始开此门庭耳。"在他看来，绘画应当表现整个宇宙大自然，描摹其中的无限生机，而人们从绘画中得到的，也止是这份蕴蓄着宇宙自

---

① ［德］倭铿：《道德与艺术——生活的道德观与审美观》，何光均译，见刘小枫主编：《现代性中的审美精神——经典美学文选》，334 页，上海，学林出版社，1997。

然之美的灵气，而非刻板的伦理道德教化。绘画仅为一种"自娱"，既无为他人服务的职责，也无需承担经国大业的使命。至此，中国古代的"比德"观念和"诗教"传统受到极大冲击并逐渐式微，艺术与审美开始走向独立，而这也构成了前者对千百年来儒家礼教思想和文艺观念的深刻背离。

2. 西方世界的唯美主义思潮

在西方，对于"诗教"传统的反叛主要体现在现代唯美主义思潮的涌现与发展。所谓唯美主义，就是强调艺术的审美本质及其与社会伦理道德乃至其他人类生活形式之间的区别，认为艺术有自己的独立价值，不应服膺于任何先验的外部目的，从而极大消弭了艺术的功利性和社会功能，体现出一种唯"美"是从的艺术观念。但在唯美主义之前，必须提到一个关键人物，那便是被视为形式主义和唯美主义先驱的康德。在他看来：

> 在所有这三种愉悦方式中惟有对美的鉴赏的愉悦才是一种无利害的和自由的愉悦；因为没有任何利害、既没有感官的利害也没有理性的利害来对赞许加以强迫。……鉴赏是通过不带任何利害的愉悦或不悦而对一个对象或一个表象方式作评判的能力。一个这样的愉悦的对象就叫作美。①

这段话阐明了两个重要观点：其一，在康德看来，审美所带来的愉悦仅仅涉及对象的形式，而与对象的效用无关，从而强调了审美的非功利性；其二，借由对审美非功利性的分析，康德将美（艺术）与善（道德）区别开来，为艺术乃至一切审美活动开辟出了独立的活动空间。而这两点也构成了康德"审美无利害"思想的基本面向。② 而唯美主义则充分借用了康德这一观点，在标志着唯美主义思潮产生的《莫班小姐》的序言里，戈蒂耶这样写道："真正称得上美的东西只是毫无用处的东西。一切有用的东西都是丑的，因为它体现了某种需要。而人的需要就象其可怜虚弱的天性一样是极其肮脏、令人作呕的。"③而在诗集《阿贝杜斯》的序言里，他还写道："一般来说，一件东西一旦变得有用，就不再是美的了；一旦进入实际生活，诗歌就变成了散文，自由就变成了奴役。所有的艺术都是如此。艺术，是自由，是奢侈，是繁荣，是灵魂在欢乐中的充分发展。绘画、

---

① 杨祖陶、邓晓芒编译：《康德三大批判精粹》，431页，北京，人民出版社，2001。
② 在这里必须指出的是，康德虽然认为艺术具有独立性和超功利性，但其也充分肯定了审美判断力在教育方面的重要作用，强调艺术赋予人的崇高感的道德性质与伦理功用，在这个意义上，唯美主义对康德"审美无利害"思想的发展，其实是一种颇为片面的、远超康德想象的历史演绎。
③ [法]戈蒂耶：《〈莫班小姐〉序言》，吴康如译，见赵澧、徐京安：《唯美主义》，44页，北京，中国人民出版社，1988。

雕塑、音乐，都决不为任何目的服务。"①从而戈蒂耶明确提出了艺术至上、为艺术而艺术的观点。与此同时，波德莱尔也宣称："诗在诗的自身之外，毫无目的，也不能另有目的。除了为作诗的快乐而作的诗之外，决不是真诗。"②而唯美主义发展到王尔德，更是彻底否定了艺术与社会人生的关系。王尔德在其著作《道连·葛雷的画像》的序言中这样写道："艺术的宗旨是展示艺术本身，同时把艺术家隐藏起来。……认为美的作品仅仅意味着美的人，才是精英中的精英。书无所谓道德的或不道德的，书有写得好的或写得糟的。仅此而已。……艺术家没有伦理上的好恶。艺术家如在伦理上有所臧否，那是不可原谅的矫揉造作。……一切艺术都是毫无用处的。"③在他看来，艺术既不以功利为目的，也不用向道德负责，只需致力于用想象和虚构编织出一个由艺术家主观经验堆砌而成的"谎言"世界。而到了后现代哲学鼻祖尼采，他将艺术视为个体对生命本质和能力意志的自我确认，引导人们关注艺术创作的无意识层次和非理性因素，借以冲破现代理性文明对鲜活人性的钳制与戕害，从而极大拔擢了艺术的个体性与独立性。此外，尼采质疑现代社会的伦理道德，认为其构成了对个体生命活力和自然欲望的压抑，并将艺术与道德对立起来，"艺术是对道德约束和道德广角镜的摆脱"④，视文艺为"服务于生长着、战斗着的生命的药剂和辅助手段，它们始终是以痛苦和痛苦者为前提的"⑤，从而在将艺术规定为人的本能和冲动、否定其社会性与伦理功能的同时，赋予艺术以超越道德束缚、重建人生意义的伟大使命。

　　无论是中国魏晋南北朝文人和明清笔记对儒家"载道"思想的背离，还是西方唯美主义思潮对古希腊以降"诗教"传统与极端道德主义的反抗，都在一个更为广博的历时维度上，揭示出艺术与伦理之间的深刻背离。而其最为重要的成果，不仅仅是将艺术从伦理的规约中解放出来，使其作为一个独立领域，得到了更为清晰的厘定与更为深入的研探，更是将掩藏在艺术独立、审美纯粹之后的对于自由人性的张扬渴求释放出来。在这个意义上，艺术对伦理的反抗，其实质是自然人性对社会规约的撞击，是借由审美内核实现的对主体性和个人力量的确认与拔擢，而这亦构成了艺术与伦理漫长对抗背后更为复杂却也更为深刻的诱因。

三、大众文化的兴起：当代艺术与伦理的割裂危机

　　从 20 世纪直至今天，艺术与伦理之间表现出了一种更为深刻的背离，但这种背离，

　　① ［法］戈蒂耶：《〈阿贝杜斯〉序言》，黄晋凯译，见赵澧、徐京安：《唯美主义》，16 页，北京，中国人民出版社，1988。
　　② 徐京安：《序》，见赵澧、徐京安：《唯美主义》，6 页，北京，中国人民出版社，1988。
　　③ ［英］奥斯卡·王尔德：《道连·葛雷的画像》，荣如德译，3～4 页，上海，上海译文出版社，2006。
　　④ 《悲剧的诞生——尼采美文选》，周国平译，366 页，北京，生活·读书·新知三联书店，1986。
　　⑤ 《悲剧的诞生——尼采美文选》，周国平译，253 页，北京，生活·读书·新知三联书店，1986。

既不是基于对艺术审美特性的确认，也并非出于对艺术独立性、创造性的追求，更不是对人类自由本性的张扬和释放，而是一种大众文化语境下的市场需要。具体而言，随着市场经济的发展和现代科学技术的进步，一种产生于 20 世纪工业社会，以大众传播媒介为载体，以城市大众为对象的复制化、模式化、批量化、普及化的大众文化形态应运而生，而其所提供的文化语境，也从以下三个层面彻底割裂了艺术与伦理之间的历史联系。

首先是商品化。大众文化是以工业方式大批量生产、复制消费性文化产品的文化形式，这就决定了大众文化语境下的艺术产品首先需要具备商品性，要满足市场需求。在这个意义上，艺术不再承担任何道德职能与伦理功用，而是一切唯市场是从，唯金钱是从，由此，是否能够迎合大众的文化趣味，进而获取充沛的市场利润，成为大众艺术产品的重要标准与价值。

其次是表层化。当下社会的审美趣味，"消费进入了欣赏，感受代替了沉思，瞬间愉悦取代了持久魅力"①，大众文化语境下艺术作品表层化趋势日益凸显，艺术家们放弃了对文艺作品深刻内涵与复杂形式的追索，追求感性享乐与瞬时刺激，让一切服务于快感，让一切停留在表面，在肤浅而片面的文化消闲与感官刺激中，实现其艺术创作的全部价值。也正是在这个意义上，艺术既不能够回应人类社会的普遍问题，也无法完成对人类存在的终极拷问，从而丧失了对于伦理的把握与思考，失去了自我反思与社会批判的能力，沦为了廉价的文化消费品。

最后是庸俗化。大工业生产模式下的文化艺术产品在为受众带来短暂欢愉的同时，必然在题材、内容与风格上日趋单调雷同，这就迫使艺术作品不得不另辟蹊径，以色情、暴力、血腥、扭曲、怪异的内容迎合人们为过度膨胀的个体欲望与过分张扬的个人主义所共同支配的畸形异化的审美趣味。也正是在这个意义上，艺术放弃了以崇高感化人，转为以丑陋刺激人，而这种对于善的摒弃，不仅表征着当代艺术对伦理的背离，更由衷彰显着前者对后者的消解。

然而，从更深层次来看，当代社会表现出的艺术与伦理之间的深刻裂隙，并非传统意义上的美与善的对立，换言之，其并不是艺术出于对自己审美内核的维护与张扬而进行的一场文化反叛。事实上，究其本质而言，当代艺术之所以同社会伦理之间产生了尖锐对立，最主要的原因是"美"的失落，即"娱乐"攫取了"美"作为艺术本质的核心地位，从而消弭了传统意义上艺术的唯美与崇高，不仅使其失去了所有美学特征与审美价值，更让艺术在"审丑"的道路上愈行愈远。也正是在这个意义上，失去了"美"这一历史内核的艺术，无法再同"善"建立起任何层次上的关联，从而丧失了一切社会伦理功能。而这份"美"的失落，既构成了当代艺术与伦理关系在历史维度的特异性，也同样酝酿着二者

---

① 潘知常：《反美学——在阐释中理解当代审美文化》，9～10 页，上海，学林出版社，1995。

在现实维度的深刻危机。

当我们此时回看历史长河中艺术与伦理关系的嬗变，会发现它们既同源，又异质，既依附，又反抗，彰显出一种相依相反的复杂性。这种复杂性，也许正如陈晓明所说的那样："一方面是千百年来人们对理性为基础的普遍自由、平等和正义的信仰；另一方面，则是人的本性、实现过程、表达的可能性以及特殊性的要求。这两方面的对立，与其说是对与错的对立，不如说是知识在历史演进中所采取的轮换形式。更为中庸一点的说法，后者不过是把一直被一种历史强势知识话语遮蔽的那些方面加以发掘。"①换言之，无论是伦理对艺术的规约，还是艺术对伦理的反抗，都只不过是历史维度下强弱话语对抗的过程与结果，同时合理，一样有效。

然而，在这种复杂背后，我们却又能够看到一种简单，那便是无论艺术与伦理的关系如何随着时代的发展更迭演变，艺术都必然也必须具备伦理功能，因为艺术来源于生活，来源于实践，其既是人类自由意识的产物，也是个体生产活动的结果。在这个意义上，艺术体现着人类的本质属性与最终理想，而这也决定了其必然需要观照个体生活，回应人类生存的基本问题。即便尼采等人排斥艺术的道德属性，但其所强调的艺术对于人类生命本能与自然意志的反映，正体现了艺术对于个体生存境况与精神世界的关怀。事实上，艺术的所谓伦理功能，指的既不是道德，也不是信条，而是生活，是一种广博的对于自然、社会、人际、心灵的反映与观照。而深陷于大众文化语境与商品经济浪潮下的当代艺术，要恢复其失落已久的伦理功能，唯有直面生活，重返深刻，在寂寥中思考，于苦痛中前行，在与一派繁荣的格格不入中，寻回审美核心，重觅精神家园。

思考题：

1. 如何理解艺术与伦理的共同起源？
2. 如何理解中国古代的"比德"说和中西皆有的"诗教"传统？
3. 你对当代大众文化语境下艺术与伦理之间的关系有何看法？

拓展阅读文献：

1. ［法］奥古斯特·罗丹：《罗丹艺术论》，沈琪译，北京，人民美术出版社，1978。
2. ［英］特里·伊格尔顿：《人生的意义》，朱新伟译，南京，译林出版社，2012。
3. ［美］唐纳德·帕尔玛：《为什么做个好人很难？——伦理学导论》，黄少婷译，上海，上海社会科学院出版社，2010。

---

① 陈晓明：《道德可以拯救文学吗？——对当前一种流行观点的质疑》，见白烨：《2002中国年度文论选》，277页，桂林，漓江出版社，2003。

4.［英］布莱恩·巴里：《正义诸理论》，孙晓春、曹海军译，长春，吉林人民出版社，2004。

5.［英］舍勒肯斯：《美学与道德》，王柯平、高艳平、魏怡译，成都，四川人民出版社，2010。

扫码阅读：

第十章　艺术与政治

　　学界在理解艺术与政治的关系时，一直存在分歧。一些人认为追求审美的艺术活动与政治活动无关，只有如此，艺术才能自由自在，天然美好；一些人认为艺术活动与政治活动密切相关，甚至认为艺术只有为政治服务，才没有辜负社会的期望，没有丧失应有的社会功能。我们认为，艺术与政治之间应当用想象来结缘，它们相互关联，相互作用，却又各具特性，不会相互取代。艺术的政治性是一个源自生活需要与艺术需要的问题，但只有承认它们具有各自的特性，这才是一个合理的命题。一些艺术创作可以不具有政治性，这证明了艺术的独立性。不过，一些艺术创作具有政治性，也可以扩大艺术对社会现实的介入广度与深度，这是艺术的荣耀而非耻辱。

第一节　艺术的政治性

　　艺术与政治的关系所提出的问题是：艺术应该不应该具有政治性，艺术能在多大程度上具有政治性，艺术又是如何具有政治性的。确切的回答是：古今中外的艺术创作实践告诉人们，艺术活动是与政治活动相交织的，艺术创作可以反映社会政治现实、参与社会政治斗争。因此，人们在认识艺术的政治性时又试图建立政治优先于审美的批评标准，通过政治批评，促进艺术参与社会政治斗争的广度和深度，借此为政治活动积累审美的力量。但由于现实的政治力量总是十分强大的，它往往凌驾于审美活动之上，难免伤害艺术创作的自主性。防止政治批评的僭越，同样成为一个不得不面对的难题。解决之道就是确认艺术的政治性只有以艺术的审美性为基础，才能保证政治批评在合适的范围与程度上被运用，从而具有合法性。

一、艺术的政治性

　　艺术的政治性指艺术的内容可以与政治生活有关联，从而显示一定时代里的政治状况；也可以包含政治意义，产生干预政治的力量，为政治活动提供必要的思想与情感基础，有时候甚至成为引领政治前进的极为重要的推动力量。

孔子是名副其实的政治批评家，他曾清醒地认识到艺术对于政治的作用，在编选《诗经》时坚持"诗无邪"的标准，意欲通过"诗教"培养社会所需要的政治人才。孔子认为自己的时代已经礼崩乐坏，决心用正确的思想情感来培养教育人们。他揭示了学诗的用途："小子何莫学夫《诗》？《诗》可以兴，可以观，可以群，可以怨。迩之事父，远之事君，多识于鸟兽草木之名。"（《论语·阳货》）其中的"可观""可怨"指的是诗歌可产生相关的政治作用，"可观"指通过诗歌可体察民情世态，了解民生疾苦，用以作为制定国策的参考；"可怨"指通过诗歌可抒发、宣泄所压抑的情感，批评统治者。读《采薇》《伐檀》《硕鼠》《鸨羽》一类诗，就可了解当时民众生活的窘迫与遭受的剥削，这类诗作批判了统治者并期望社会有所改进。其中的"迩之事父，远之事君"是指读诗可为伦理政治服务，维护社会秩序。这里的"事"并非简单地等同于"服从"，而是含有"协助"义，指积极参与社会伦理秩序的建构。

中国的《乐记》总结了音乐与政治的深刻相关性，指出："凡音者，生人心者也。情动于中，故形于声。声成文，谓之音。是故治世之音安以乐，其政和；乱世之音怨以怒，其政乖；亡国之音哀以思，其民困。声音之道，与政通矣。"强调不同的音乐之声表现了人的不同心境，而人的不同心境与政治治理的好坏相关，所以从音乐中可体认到政治的治乱好坏，这说明音乐创作与政治紧紧相依。中国古代的统治者就充分认识到了利用音乐来实现治理国家民众的重要性，将音乐的政治作用与礼、刑、政相并列，强调各有其用，"礼以道其志，乐以和其声，政以一其行，刑以防其奸。礼、乐、刑、政，其极一也，所以同民心而出治道也"。这不仅将刑政事务和礼乐文化共同视为国家治理的必要环节，甚至认为后二者更重要。古人提出"审声以知音，审音以知乐，审乐以知政"的鉴赏要求，就是试图从音乐中窥见政治情状，找到具有针对性的治理方式。嵇康后来提出"声无哀乐论"这个纯粹的音乐审美的命题，可是，在大多数论者那里，音乐通过间接或直接的方式表现政治情绪与社会状态，产生政治影响，仍然是音乐认知的一个基本层面。

西方的艺术从来就是与政治相关的。柏拉图主张在"理想国"中驱逐诗人，理由有两个：一个是诗歌"对于真理没有多大价值"，另一个是诗歌"逢迎人性中低劣的部分"。[①]前一个指诗歌不像哲学那样是理性的，不能创造知识，所以没有什么大的作用；后一个指诗歌虽然表现人性，却表现各种出格的情感如乱伦、通奸、谋杀、叛乱等，会煽动人心，破坏稳定。柏拉图指出，如果"准许甘言蜜语的抒情诗或史诗进来，你的国家的皇帝就是快感和痛感；而不是法律和古今公认的最好的道理了"[②]。他希望城邦不要受到不

①《柏拉图文艺对话集》，朱光潜译，84页，北京，人民文学出版社，1963。
②《柏拉图文艺对话集》，朱光潜译，87页，北京，人民文学出版社，1963。

良诗歌的坏影响。但是，柏拉图并非反对所有的诗歌创作，而是认为诗人要洁身自好，创作出服从理性的、愉快的、有用于城邦的诗歌。柏拉图判断诗歌价值的标准显然过于狭隘，忽略了艺术的审美性。柏拉图与孔子一样，他们进行的政治批评都强调了理性、知识、秩序、公德的重要性，显示出早期的政治批评与人类的伦理诉求是相契合的。

日丹诺夫则从文学应当有用于政治的角度强调艺术的政治性。他明确主张："我们的苏维埃文学是不怕被指责为'有倾向性的'。是的，苏维埃文学是有倾向性的，因为在阶级斗争的时代，没有也不会有一种文学是没有阶级性的、没有倾向性的所谓非政治的文学。我想，我们每一位苏维埃作家都能对任何愚蠢的资产阶级，对任何市井无赖，对任何可能非议我们文学的倾向性的资产阶级作家说：'是的，我们的苏维埃文学是有倾向性的，我们为此而骄傲，因为我们倾向的目标就是要解放劳动者，把全人类从资本主义奴役的枷锁下解放出来。'"① 日丹诺夫的逻辑是：处于阶级斗争时代的所有文学艺术活动都要反映阶级斗争，无产阶级政党领导下的文学艺术创作，应该加入阶级斗争，谋求阶级斗争的胜利，绝没有置身阶级斗争之外的任何可能性。正是在这一思想的支配之下，苏联文学艺术以"社会主义现实主义"为指导，"苏联艺术家永远同人民在一起，同党在一起，和平建设时期是这样，严峻的战争时期也是这样。他们的创作表达了人民的意愿，人民的劳动成就和祖国保卫者的英雄主义。优秀的艺术作品揭示了苏联人性格中的力量和美，表现了丰富多采的生活和共产主义的远景"②。艺术家成为"人类灵魂的工程师"，他们为争取千万人的思想与心灵而工作，为讴歌胜利与成就而写作，为抵抗各种资产阶级的思想而战斗。如纪念碑成为教育人民的教材，戏剧影视、书籍装帧、招贴画、民间工艺的创作无不"充满战斗的积极政治性"，为艺术的党性与人民性而奋斗。

从上述艺术与政治之间扯不断的关系看，艺术的政治性是指艺术创作、艺术内容与艺术评价总是离不开政治立场、政治情感或政治价值的介入，证明艺术活动绝对不是与政治无涉的"象牙塔"，可以无视政治的实际存在而作纯粹的审美陶醉状。当然，这也不是说艺术只有政治化了才能成功，决定艺术创作成败的原因是多重的，最为关键的是遵循艺术规律办事。在强调艺术的政治性时不能忘记艺术规律的根本作用。

有两种现象值得重视，即以削弱乃至完全否定艺术自身特征为前提，将艺术当作政治产品或将政治当作艺术产品。它们都歪曲了艺术与政治的关系。前一种产生的是"政治艺术"，它往往出现于政治活动趋向白热化的时代，后一种产生的是"国家审美主义"，比起前一种，它的危害超出了艺术活动的范围而加诸整个人类生活，这是应当予以警惕

---

① ［苏］A. A. 日丹诺夫：《苏维埃文学》，见［英］拉曼·塞尔登：《文学批评理论——从柏拉图到现在》，刘象愚等译，527 页，北京，北京大学出版社，2000。

② 苏联共产党中央委员会：《致苏联美术家第三次代表大会》(1968 年 11 月 26 日)，见北京师范大学外国问题研究所苏联文学研究室：《勃列日涅夫集团关于文艺问题的决议和言论选编》，30 页，北京，人民文学出版社，1978。

与拒绝的。在"国家审美主义"的状态下，政治成为一门轻而易举地就能被创造出来的"艺术品"，于是政治也像实验艺术一样，花样翻新，激情代替理智，想象代替写实。这两种对艺术与政治关系的理解，看似提高了艺术的地位，实则因不恰当地赋予艺术以绝对的政治内涵而使艺术的审美独特性丧失殆尽，从而消灭了艺术；或者因不恰当地利用艺术思维来实施国家治理，陷入了迷狂状态而丧失了政治的有效性，从而破坏了政治治理的规律。这两种现象及其实践都是艺术政治性的极端显现，必须予以否定。

二、艺术的政治批评

艺术的政治性也是一个批评的问题，并在批评中生成。普列汉诺夫提出了艺术批评的两个标准，一个是政治批评，一个是审美批评。就其讨论艺术的政治批评而言，他的理论源自经济基础决定论，他说："我深深地确信，从今以后，批评（更确切些说，美学的科学理论）只有依据唯物史观，才能够向前迈进。我也认为，批评在自己过去的发展中，它的代表者们愈加接近于我所捍卫的历史观点，它就获得愈加牢固的基础。"[1]在论述艺术的审美性时，他也不忘强调艺术的思想性，认为"艺术家用形象来表现自己的思想，而政论家则借助逻辑的推论来证明自己的思想。如果一位作家不运用形象而运用逻辑的推论，或者如果他虚构出形象来论证某一论题，那末他已经不是艺术家而是政论家了，即使他所写的不是著述和论文，而是长篇小说、中篇小说或剧本。这一切的确就是如此。但是决不能由此得出结论说：思想在艺术作品中是不重要的。我还要进一步这样说：没有思想内容的艺术作品是不可能有的。甚至连那些只重视形式而不关心内容的作家的作品，也还是运用这种或那种方式来表达某种思想的"[2]。在普列汉诺夫看来，政治批评就是分析作品的思想内容，并依据唯物史观，分析作品与社会生活关系的性质，从而判断这部作品的政治思想是否正确。普列汉诺夫期望艺术为"促进人的意识的发展和社会制度的改善"[3]而发挥作用。

毛泽东结合中国革命的需要提出了文艺批评的两个标准问题，指出："文艺批评有两个标准，一个是政治标准，一个是艺术标准。按照政治标准来说，一切利于抗日和团结的，鼓励群众同心同德的，反对倒退、促成进步的东西，便都是好的；而一切不利于抗日和团结的，鼓励群众离心离德的，反对进步、拉着人们倒退的东西，便都是坏的。"他从政治标准出发，要求"对于一切包含反民族、反科学、反大众和反共的观点的文艺作品必须给以严格的批判和驳斥"。但他明确表示不能用政治标准代替艺术标准，"政治

① ［俄］普列汉诺夫：《论艺术（没有地址的信）》，曹葆华译，40页，北京，生活·读书·新知三联书店，1964。括注系原文所有。
② ［俄］普列汉诺夫：《普列汉诺夫美学论文集》Ⅱ，曹葆华译，836页，北京，人民出版社，1983。
③ ［俄］普列汉诺夫：《普列汉诺夫美学论文集》Ⅱ，曹葆华译，815页，北京，人民出版社，1983。

并不等于艺术，一般的宇宙观也并不等于艺术创作和艺术批评的方法"。不过，政治家们在讨论艺术活动时总是首先突出政治标准的重要性，毛泽东亦像普列汉诺夫那样，强调"任何阶级社会中的任何阶级，总是以政治标准放在第一位，以艺术标准放在第二位的"。① 于是，艺术的政治批评一直是马克思主义文论中的第一位问题，批评家总是在判定了艺术作品的政治价值以后才肯定它的艺术价值。这反映出当人们将革命置于第一位置的时候，艺术也就必然成为服从革命斗争的工具。

强调文学"内部规律"研究的韦勒克，虽然反对经济基础决定论，但也揭示了政治批评的适用范围与价值。他说：

> 一般说来，文学与具体的经济、政治和社会状况之间的联系是远为间接的。当然，人类各种活动范围都是相互联系的。我们最终还是可以在生产方式和文学之间找到某种联系，因为，存在着什么样的经济制度，通常也就会出现什么样的政治制度，而且这种经济制度一定还决定着家庭生活的形式。而家庭在教育上、在两性关系和爱的观念上、在人类感情的整个习惯和传统上，都具有重要的作用。因此，我们可以把抒情诗与爱的风习、宗教偏见以及自然观念等联系起来。但这些关系可能是拐弯抹角和迂回曲折的。②

他列举的下述情况就属于政治批评的范畴：

> 有研究作家与文学这一职业和实践的社会学，即研究文学生产的经济基础，作家的社会出身和地位及其社会意识的整个问题。这个问题可在文学以外的舆论和活动中表现出来。接着还有文学作品本身的社会内容、含义和社会目的的问题。最后还有读者和文学的实际社会影响等问题。文学实际上取决于或依赖于社会背景、社会变革和发展等方面的因素。总之，文学无论如何都脱离不了下面三方面的问题：作家的社会学，作品本身的社会内容以及文学对社会的影响等。③

由韦勒克的说明可知，政治批评可研究艺术家的政治身份、政治情感、政治倾向与政治追求，政治对艺术的征召即政治要求艺术为其服务，艺术受众的政治情感与倾向要

---

① 毛泽东：《在延安文艺座谈会上的讲话》，见《毛泽东选集》第3卷，868～869页，北京，人民出版社，1991。

② ［美］雷·韦勒克、奥·沃伦：《文学理论》，刘象愚等译，106页，北京，生活·读书·新知三联书店，1984。

③ ［美］雷·韦勒克、奥·沃伦：《文学理论》，刘象愚等译，94页，北京，生活·读书·新知三联书店，1984。

求，艺术的政治价值，等等。

当代文化研究从权力角度分析文化艺术现象，着重揭示文化活动中潜藏的权力关系，总是认为诸如政治的、阶级的、性别的、统治的、征服的、边缘化、身份等问题包含在文化与艺术之中。詹姆逊强调，必须"摈弃我们自己美化事物的习惯"，认识到"文化的审美和悠闲、恢复和空想的外表是一种假象"。① 艺术活动作为文化现象，无法脱离权力关系的制约，它不是表现为这种权力关系，就是表现为那种权力关系。在分析黑帮影片《黑手党》时，詹姆逊认为其中潜藏了国家意识形态——为美国制度进行辩护。他分析道：

> 以犯罪代替大商业，将美国制度引起的所有愤怒策略地转移到电影屏幕和各种电视系列提供的大商业镜像上面，因此可以理解为对"黑手党"的迷恋仍然是意识形态的，即使实际上有组织的犯罪在美国生活中确实具有这种表现所归之于它的重要意义和影响。实际上，"黑手党"叙述的作用是促使人们相信，今日美国日常生活的恶化是一个伦理问题而不是经济问题，不是与利润相联系，而是"完全"与不诚实相联系，与某种无所不在的道德腐败相联系，而这种道德腐败的神话根源则在于"黑手党成员"本身的邪恶。对于晚期资本主义经济现实的真正的政治洞察，黑手党的神话策略地代替的观点是那种被看作破坏规则的犯罪的观点，而不是关于规则本身的观点；实际上，政治和历史分析被伦理批判和思考的替代，一般说标志着一种意识形态的活动和那种神秘化的意图。因此黑手党电影投射出一种对社会矛盾的"解决"——廉洁，诚实，同犯罪作斗争，最后是法律秩序本身——这种解决显然与那种为美国苦难开出社会革命处方的诊断是一种非常不同的主张。②

在詹姆逊看来，影片《黑手党》理应通过揭示与经济相关的犯罪问题批判美国的政治制度，可是它却转而从伦理问题入手，将制度引起的问题转化为诚实、廉洁的伦理问题而加以表现，削弱了政治制度批判与谋求社会革命的紧迫性，转移了人们的视线与思考的重点，扑灭了可能的革命火种。当然，将文化活动的一切种类与形式的分析都与权力相结合而不做出有效的区分，是不准确的。这将消解艺术活动的独特性，而这正是艺术之所以区别于权力的根本所在。所以，文化研究关于艺术活动的权力化定义不应是无限定的，尤其是不能否定艺术包容了权力的内容却可以超越权力的制约的那种自由特性。

---

① ［美］弗雷德里克·詹姆逊：《论"文化研究"》，见《快感：文化与政治》，王逢振等译，435 页，北京，中国社会科学出版社，1998。

② ［美］弗雷德里克·詹姆逊：《大众文化的具体化和乌托邦》，见《快感：文化与政治》，王逢振等译，262 页，北京，中国社会科学出版社，1998。

三、山水诗、花鸟画有没有阶级性的争议

在从事政治批评时，面对描写社会生活的作品，容易解析出其政治性。但是，表现自然山水的作品有没有政治性，曾引起中国学者的极大争议。蒋孔阳从题材的客观性角度认为一些作品可以没有阶级性，"在阶级对抗的社会中，也有一些文学作品，并不一定都反映作家的阶级意识，都具有为某一阶级的利益而服务的思想本质，因此，它们也就不一定具有阶级性了。例如有些描写自然风景的作品，如像苏东坡咏西湖的诗：'水光潋滟晴方好，山色空濛雨亦奇。欲把西湖比西子，淡妆浓抹总相宜。'或者像王维的诗：'空山新雨后，天气晚来秋。明月松间照，清泉石上流……'在这里，作者只是把客观存在的自然的美，真实地艺术地表现了出来，你能说它们有什么阶级性呢？"①反对者却从创作主体的角度强调"在阶级社会里，不受自己的思想感情的支配或制约，而能超然于阶级之外，去写凌驾乎社会现实之上的作品，是根本不可思议的事"，"在阶级社会里，没有不带阶级烙印的文艺，就连山水、花鸟画也不例外"。②

如何从山水诗、花鸟画中寻找到阶级性，成为政治批评的一大挑战。一些批评者从时代背景出发去寻找作品具有阶级性的间接证据，如陈贻焮认为，山水诗的兴起与一定时期的阶级斗争相关，当然具有政治性。他说："魏晋以来，由于统治阶级内部争夺权势，互相残杀，战乱频仍……腐朽软弱的封建士族统治阶级就要求纵欲享乐、苟且偷生。这种生活要求和人生态度，与传统的老庄虚无学说结合起来，就形成清谈和隐逸的社会风尚。清谈是谈玄。玄学标榜老庄。而老庄哲学又给隐逸行为提供了理论根据，因此，当玄风大炽的时候，那种以隐逸为'高尚'的思想也普遍流行于士大夫中间，形成了隐逸之风。"他举富豪石崇、大地主阶级代表人物谢安与王羲之为例，说他们结伴相隐，"住在山林（实际上是庄园）之中，酒醉饭饱，无所事事，游山玩水，就成了他们的主要生活内容之一（此外还有清谈、服食等）。偶有所得，表现为诗歌，就是山水诗。写的人多了，自成一派，就是山水诗派"。陈贻焮把山水诗的兴起与阶级活动相关联，处处突出这是大地主阶级的所作所为，表明山水诗与阶级性脱不了干系。他对山水诗派的评价不高，认为它虽然比玄言诗、宫体诗要好得多，"没有那么反动、堕落，而且还产生过一些艺术成就较高的作家，和一些无害或为害不大而较有审美价值、艺术价值的诗篇、名句，对我国古典诗歌艺术的发展，曾起过一定的促进作用。但它是在地主士大夫山林隐逸生活的基础上形成的。这一诗派的作家，借助于自然景物的吟咏，以表现消极的思

---

① 蒋孔阳：《文学的基本知识》，见《蒋孔阳全集》第1卷，42页，合肥，安徽教育出版社，1999。
② 山东大学中国语言文学系文艺理论教研组：《文艺学新论》，62～63页，济南，山东人民出版社，1959。

想感情，粉饰太平，逃避现实，却是他们的主导的方面"。①

　　俞剑华承认花鸟、山水画是有阶级性的，但分析了其间的复杂性，指出："花是植物，鸟是动物，它们本身既没有社会组织，也没有思想意识，当然也不可能有甚么阶级性。假设花鸟有阶级性的话，也是依照人的阶级社会观念给它们敷会上去的，并非物之本然。"所以，以牡丹为花王，以芍药为近侍，以菊花为隐逸，以莲花为君子，以竹子代表有节之士，以梅花代表冰洁佳人，以水仙代表凌波仙子，以松柏代表后凋忠臣等，其实是"依照人的道德标准以及与人的利害关系而分别对待的"。俞剑华接受了经济基础决定论，他承认："花鸟画是一种艺术，是上层建筑，是意识形态的反映，在阶级社会里所画出来的花鸟画自然应该具有阶级性是毫无疑问的。不过这个阶级性有的比较明显，有的比较隐晦，有的比较直接，有的比较曲折，不是在每一幅画上都能清楚地寻找出来。更不能指明那一朵花是无产阶级的，那一只鸟是资产阶级的。……总之，花鸟画上的阶级性比人物画是较为淡薄的。它常常是象征的，寓意的，而且一大部分是借用同音异义的手法的。……其中情形是相当复杂的。如……八大山人画鱼鸟，眼珠向上，是对清朝表示愤慨的白眼。苏东坡画竹子不画节，表示通脱旷达；而石涛则认为必须画节，表示志节不屈……齐白石常常画螃蟹，但在日本帝国主义者侵略中国，横行霸道的时候，他在螃蟹上就题上'看你横行到几时？'等到日本投降了，他又画了两只死螃蟹，题上'为何不行！'"由此可见，大概在具有亡国之痛，或处在阶级矛盾或民族矛盾特别严重的时候，画家常用画作来隐寓反抗，抒写牢愁，画中的思想性和阶级性比较浓厚，否则就比较淡薄。俞剑华的论证表明：花鸟画是可以打上阶级烙印的，但阶级性不是花鸟本身的特性；花鸟画的阶级性是随着时代状况的变化而变化的，不可将花鸟题材与某种阶级特性等同起来。不过，他在看到花鸟画的阶级性时，未能承认花鸟画也可以不表现阶级性。②

　　关于山水诗、花鸟画阶级性的讨论属于文化批评，它要极力证明艺术是无法规避政治的，一切文化都是政治化的。这有几点值得反思：其一，出身于某一阶级，是否永远只具有某一阶级的思想感情而不可能具有人类共通的思想感情？其二，一个艺术家在创作时，是不是每时每刻都在表现阶级的思想感情而不会有时也要表现一下非阶级的思想感情？其三，面对没有阶级性的题材，可以打上阶级的烙印，是否也可以不打上阶级烙印？实际上，正确地理解艺术的政治性，需要时时防范教条主义。

　　① 　陈贻焮：《王维的山水诗》，载《文学评论》，1960(5)。
　　② 　俞剑华：《花鸟画有没有阶级性？》，载《美术》，1959(8)。

第二节　艺术与社会反抗

艺术作为一种区别于一般意识形态的审美形式，当然可以按照自己的特性进行创作，但这并不意味着艺术与社会之间是隔绝的。艺术总会这样或那样地面对社会问题，与社会政治产生这样或那样的关系，或认同一种政治，或反对一种政治，从而参与到社会政治活动之中去。就艺术促进社会发展的功用而言，艺术的社会反抗是其发挥政治作用的一种方式。但是必须清楚，艺术的社会反抗是一种特殊的审美活动，不同于一般的社会反抗，自有它的自由与限度。

一、艺术与政治的想象关系

过去曾出现过"服务论"，认为艺术要为特定的政治斗争服务，有什么样的政治就该有什么样的艺术。这严重束缚了创作自由，使得艺术在政治的压迫下无法舒展自己，去表现丰富多彩的生活领域。其实，艺术与政治之间是一种自由的想象关系。

艺术作为对美好生活的想象与政治作为对美好生活的想象，才是它们遇合的基础。这个看法的核心是，如政治不是对于美好生活的想象，则艺术不必与政治相结合。政治作为试图构建一种"相当令人满意的社会制度"的工作，其实是向人们宣示一种人生理想。

革命就是因为它包含这样的想象而令人着迷。英国政治学家彼得·卡尔佛特认为，革命包括四个方面的内容："首先，它指一个过程：一些重要集团不再留恋既有政权，并转向反对这一政权的过程。其次，它指一个事件，一个政府被武力或威胁使用武力而推翻的事件。再次，它指一个计划，新成立的政府试图改变它所要负责的社会的各个方面的计划。最后一个但并非最终一个方面，它指一个政治神话，讨论的更多的是应该是什么而非实际上是什么。"[①]这里的"应该是什么"，就是基于对美好生活的想象而提供的理想生活的蓝图。"实际上是什么"指的是充满丑恶、痛苦的现实生活，人们正是出于对这种现实的不满，才积蓄了革命的欲望。强调"实际上是什么"，激起的总是痛苦的记忆，人们并不乐意再次体验它。所以，从有效地组织群众的角度看，告诉他们生活实际上是什么，往往会赶走群众，因为他们需要规避痛苦；告诉他们生活应当是什么，则正好与他们希望变革的反抗心理一致，能够将群众紧紧地团结在自己的周围，因为他们认

---

① ［英］彼得·卡尔佛特：《革命与反革命》，张长东等译，22 页，长春，吉林人民出版社，2005。

为这里才有他们需要的幸福、美好、快乐。

　　革命的这一特点与艺术的追求不谋而合。亚里士多德在谈到诗人与历史学家的区别时说："诗人的职责不在于描述已发生的事，而在于描述可能发生的事，即按照可然律或必然律可能发生的事。历史家与诗人的差别不在于一用散文，一用'韵文'……两者的差别在于一叙述已发生的事，一描述可能发生的事。因此，写诗这种活动比写历史更富于哲学意味，更被严肃的对待；因为诗所描述的事带有普遍性，历史则叙述个别的事。"[①]这是强调文学创作可以根据事物的发展规律写出某些可能状态，诗人所描写的既可以是生活的实际状态，也可以是生活的可能状态，诗人的描写领域远比历史学家要广大得多。这里的"可然律或必然律"问题，就是指文学可以展开对于人类美好生活的想象，将读者领入一个全新世界，让他们在那里享受平等、友爱、公正、自由、民主等。

　　探寻艺术与革命的关系，恰恰证明了对于美好生活的想象是二者的共约性。郁达夫指出：

　　　　习风纯朴，政治修明的有托譬耶（Utopia）是现世中外的文人在脑里创建之国。古今来这些艺术家所以要建设这无何有之乡，追寻那梦里的青花的原因，究竟在什么地方呢？约而言之，不外乎他们的满腔郁愤，无处发泄；只好把对现实怀着的不满的心思，和对社会感得的热烈的反抗，都描写在纸上；一则在生前可以消遣他们的无聊的岁月，二则在死后可以使后起者，依了他们的计划去实行。所以表面上似与人生直接最没有关系的新旧浪漫派的艺术家，实际上对人世社会的疾愤，反而最深。不过他们的战斗力不足，不能战胜这万恶贯盈的社会，所以如卢骚等，在政治上倡导了些高尚的理想，就不得不被放逐；又如凡尔伦（Verlaine）、淮尔特等在道德上宣传了些自由的福音，反而要被拘囚。[②]

　　郁达夫认为，文学家创造与追求的乌托邦，是革命的种子，"法国的大革命，美国的独立战争，德国的反拿破仑同盟，意大利的统一运动，都是些青年的文学家演出来的活剧，即是前代的理想主义者散播下的种子的花果"[③]。若艺术与革命不是共有一个同样的梦想，艺术就不会对革命产生兴趣，革命也不会需要艺术去帮助自己。艺术与革命之间所存在的内在关联，使它们能够走到一起。

　　艺术与政治在想象美好生活时是有区别的。如政治家是想象者，但同时也是实践

---

　　① ［古希腊］亚理斯多德、［古罗马］贺拉斯：《诗学·诗艺》，罗念生、杨周翰译，28～29页，北京，人民文学出版社，1962。

　　② 郁达夫：《文学上的阶级斗争》，见《郁达夫全集》第5卷，46页，杭州，浙江文艺出版社，1992。括注英文系原文所有。

　　③ 郁达夫：《文学上的阶级斗争》，见《郁达夫全集》第5卷，48页，杭州，浙江文艺出版社，1992。

者，一旦想象将因实践的限制而大打折扣，就会减弱人们对于政治想象的信任度。为此，政治家就得不断地提供"应当是什么"的许诺，以坚定人们的信心。可是，这另一个"应当是什么"的许诺还是会变成另一个"实际上是什么"，从而造成政治想象的透支或枯竭。艺术家的想象不必付诸实践，它永远都是想象的本身，是对"应当是什么"的一次性造型，永远散发魅力。所以，当艺术的想象遭遇政治的想象时，它们会因不谋而合而欢欣鼓舞并迅速结合在一起；可继之则必然出现政治实践所造成的想象流失而使艺术家失望，二者间就会产生矛盾；最后，解决矛盾的方法或因政治的强行干涉而使艺术臣服，或因艺术的逃离而使政治孤单。但这不能否认艺术与政治曾经结合过，而且是自愿的、出自本性的。肯定这个曾经的结合，是对艺术事实的一种承认，它代表的是艺术创作的正途而非歧途。

艺术与政治的这种结合产生了特殊的艺术政治现象。艺术政治是指艺术中的政治，它与现实政治相区别。艺术政治是艺术对政治的自由选择与想象，主要对应于政治理念而非政治制度与方针政策；现实政治包含想象，但受制于各种现实利益的制约，难以全面展现想象的纯粹性。艺术政治是一种整体的政治、终极的政治，体现了对于美好生活想象的完整把握与表现；现实政治则是一种分层政治，虽然体现了对于美好生活的追求，但只是指向这一终极目标而无法变身为终极目标。艺术政治不是实践的政治，所以没有实践的必要，从而得以保持它的纯粹性，因而充满魅力；现实政治需要实践，会因实践而丢失想象的成分，经实践检验后必定受到修正，所以无法保持原有魅力与影响。艺术政治是一种超越性的政治，可以超越现实政治的具体利益诉求，实现对于现实政治的有效监督与批判。

王国维揭示了艺术的这种自主性，他说："政治家之眼，域于一人一事；诗人之眼，则通古今而观之。词人观物，须用诗人之眼，不可用政治家之眼。"①这里的"须用诗人之眼"是强调艺术具有超越性，在保持对于美好生活的想象时，应当始终是追求完美的，向着无限而展开，从而使得艺术能够对于现实政治进行独特的介入与纠正。这里的"不用政治家之眼"是强调政治家往往局限于所认识的具体事物，谋求局部利益，不思考人类长远的、根本的利益。艺术政治是"诗人之眼"的创造，而非"政治家之眼"的构造。

二、艺术的反抗形式

基于艺术与政治之间是一种想象的而非统制的关系，艺术可以自由地作用于政治，它作为反抗社会的一种形式，既可以为政治奠基，也叫以批判政治，还可以为政治提供一种远非一般政治实践所能提供的远大图景。表现为以下几点。

---

① 王国维：《人间词话未刊稿》，见《王国维文学美学论著集》，380 页，太原，北岳文艺出版社，1987。

（1）奠基性。人的宗教活动，是受人的宗教文化影响的。人的伦理活动，是受人的伦理文化影响的。人的政治活动，是受人的政治文化影响的。所以，有什么样的政治文化，就会产生什么样的政治活动并出现什么样的政治制度。甚至还会出现这样一种情况：即使拥有了好的政治制度，若没有好的政治文化，这个好的政治制度也难以在全社会真正实行。因此，建设一个好的政治文化，是推动政治改革的奠基性举措。阿尔蒙德、鲍威尔指出："政治文化是一个民族在特定时期流行的一套政治态度、信仰和感情。"①作为连接政治活动与一般文化的中介物，政治文化要将一般文化的观念、信仰、感情、态度、习俗转化为政治活动的资源。而政治文化本身显然受到人类一般文化的影响，是它的有机构成部分，所以，有什么样的一般文化或民族文化，就有什么样的政治文化，再有什么样的政治制度。艺术的特性就在于它要深刻表现人类一般文化的精华，并成为一般文化生产的选择机制之一，事关一般文化的建设，当然也就事关政治文化的建设。因此，看似与政治无关的艺术创作，却在最深层里与政治相关联，培养着政治态度与情感，影响着政治制度的选择与落实。

例如，艺术通过反映现实生活以反对传统宗教的束缚，就曾推动了历史的巨大进步。如意大利画家乔托关于圣方济各的传记绘画《约阿希姆回到羊舍》和《金门会晤》等，显示了人与人之间、人与自然之间和人与上帝之间的一种新的易于理解的关系。这些作品摆脱了中世纪圣像画的程式，传达了人文主义精神。但丁不仅在《神曲》中热情称颂了这位画家，也用自己的长诗反对中世纪的蒙昧主义，表达了追求真理的执着精神，对欧洲后世的人文主义思想产生了极为深远的影响。诚如分析所指出的，一旦"拥有政治权力又是负责世俗事务机构的教会被置于严密的监视之下"②以后，就产生了宗教改革，接着就产生了政治改革的现代进程。

梁启超就认为小说具有"支配人道"的政治力量，分别以四种方式影响人：一曰熏，"熏也者，如入云烟中而为其所烘，如近墨朱处而为其所染"；二曰浸，"浸也者，入而与之俱化者也"；三曰刺，"刺也者，刺激之义也"；四曰提，"提之力，自内而脱之使出，实佛法之最上乘也"。所以读小说者往往会受到小说人物的影响，提高自己的人格修养，"然则吾书中主人翁而华盛顿，则读者将化身为华盛顿；主人翁而拿破仑，则读者将化身为拿破仑；主人翁而释迦、孔子，则读者将化身为释迦、孔子，有断然也。度世之不二法门，岂有过此！此四力者，可以卢牟一世，亭毒群伦，教主之所以能立教

①　［美］加布里埃尔·A. 阿尔蒙德、小 G·宾厄姆·鲍威尔：《比较政治学——体系、过程和政策》，曹沛霖等译，29 页，上海，上海译文出版社，1987。

②　［美］威廉·弗莱明、玛丽·马里安：《艺术与观念》上，宋协立译，261 页，北京，北京大学出版社，2008。

门，政治家所以能组织政党，莫不赖是"。① 艺术影响人心于此可见一斑。梁启超倡导创作出能够引导社会生活的艺术作品："凡人之性，常非能以现境界而自满足者也。而此蠢蠢躯壳，其所能触能受之境界，又顽狭短局而至有限也。故常欲于其直接以触以受之外，而间接有所触有所受，所谓身外之身，世界外之世界也。……小说者，常导人游于他境界，而变换其常触常受之空气者也。"②梁启超自创的"新中国未来记"，就是想带读者进入一个理想的生存状态，让他们得到陶冶与提升，从而改变社会现实。

美国学者玛莎·努斯鲍姆好像是接着梁启超往下说的一般，她认为"文学有足够的潜力为我们的公共生活提供特殊的贡献"③，打破生活的陈规陋习，产生"畅想"的力量，跨越族群，实现人心的共鸣与情感的交融。"好的文学在某种程度上具有刺激性，而历史与社会科学作品通常没有。因为它召唤强有力的情感，它使人们惊惶和困惑。它鼓励人们对习以为常的虔诚产生怀疑，并且强迫人们与自己的思想和目标进行常常是痛苦的对抗。一个人可能被告知他所处社会中的人们的许多事情，但仍旧和这些信息保持距离。那些促进认同与情感交流的文学作品刺穿了这种自我保护的计谋，逼迫我们去观察和感应许多可能难以正视的事情"④。努斯鲍姆强调文学可以帮助达到人与人之间的感应，这正好为社会的建构提供了内在的情感基础。"阅读一部类似《艰难时世》这样的小说，使我们接受了我们自身阶级之外的其他社会阶级成员的平等人性，使我们接受了工人是活生生的主体，具有复杂的爱、渴望和丰富的内心世界。小说使我们把他们的贫困，他们受压迫的工作环境和这些情感、渴望联系在一起。通过强调每个人生活的复杂性和个体差异的显著性，小说打消了简单的乌托邦的政治方案，主张采取一种专注于自由同时又能包容多样性的进路。"⑤正是文学传递了情感，消除了人与人之间的思想与情感的壁垒，才有可能在一种更加宽阔的领域中实现人与人的共存。艺术的政治性，并非只是反抗这种政治或支持那种政治，而是有可能为政治活动提供基本的核心价值，作用于政治的根基部分。

这种思想源自席勒，他说："只有审美趣味才能够把和谐带入社会之中，因为它在个体心中造成和谐。一切其他的表象形式都使人分裂，因为它们不是仅仅建立在人的本

---

① 梁启超：《论小说与群治之关系》，见《梁启超文选》下集，4～6 页，北京，中国广播电视出版社，1992。

② 梁启超：《论小说与群治之关系》，见《梁启超文选》下集，3～4 页，北京，中国广播电视出版社，1992。

③ ［美］玛莎·努斯鲍姆：《诗性正义——文学想象与公共生活》，丁晓东译，13 页，北京，北京大学出版社，2010。

④ ［美］玛莎·努斯鲍姆：《诗性正义——文学想象与公共生活》，丁晓东译，17 页，北京，北京大学出版社，2010。

⑤ ［美］玛莎·努斯鲍姆：《诗性正义——文学想象与公共生活》，丁晓东译，56 页，北京，北京大学出版社，2010。

质的感性方面上，就是仅仅建立在人的本质的精神方面上；只有美的表象才使人成为一个整体，因为人的两种本性为此必须协调一致。一切其他的传达形式都使社会分裂，因为它们不是仅仅同个别成员的私人感受发生关系，就是仅仅同个别成员的私人技能发生关系，因而也就是同人与人之间的不同之处发生关系；只有美的传达才能够使社会联合起来，因为它是与一切成员的共同之处发生关系。"①在席勒这里，审美趣味的王国是自由的王国，艺术所散播的正是对于这个审美趣味的肯定，也就是对于自由王国的肯定。如果一个社会拥有了真正的审美趣味，它难道不就同时成为一个公正的自由王国吗？艺术的审美性作为一个政治的问题，是为现实政治的发展提供自由人性的基础。

（2）批判性。艺术要去改造社会，政治未必全部接受。政治有自身的运行逻辑，而这个逻辑的展开往往会使社会上掀起一阵又一阵的血雨腥风。因此，艺术作用于政治时，除了提供政治所需要的情感基础与人性基础之外，它也直接对抗社会，形成它的批判品格。

中国传统文人就一直坚持对社会的批判。白居易在"新乐府运动"中创作了一批讽喻诗，宗旨是"惟歌生民病，愿得天子知"。他的《卖炭翁》揭露下层民众的困苦，批判统治者的冷漠无情。他强调"始知文章合为时而著，歌诗合为事而作"，一边作为谏官，向朝廷上呈大量奏折，力图革除弊端；一边在"启奏之外，有可以救济人病，裨补时阙而难于指言者，辄咏歌之，欲稍稍递进闻于上"。他强调创作要反映社会政治现实，表达自己的政治批判意识，作用于现实政治实践。

王安石是一位政治改革家，曾说："尝谓文者，礼教治政云尔。其书诸策而传之人，大体归然而已。""策"本指用来写字的竹片或木片，后指古代的一种议论文体，宋以后科举考试中多有策论科目。策论要求从当前的政治、经济大事出发，加以详备论证，发表看法，提出对应方法。王安石要求创作与"礼教治政"结合，就是强调创作要反映社会现实，有用于社会现实，要像做策论那样实在，有补于世。王安石特别推崇杜甫，认为杜诗直接反映社会政治事件，表现自己的忧愤、同情与批判。他不太满意李白，认为李诗表现了太多的女人与酒。在文学史上，人们将杜甫视为"诗史"的代表者，就因为杜甫"以诗为史"，描写了严酷的社会现实情状，可以从他的诗中观察社会矛盾与人心向背。如钱穆论杜诗之美，就肯定了诗作对社会人生的批判：

中国人向来推尊杜诗，称之为诗史，因杜甫诗不仅是杜甫一人私生活过程之全部写照，而且在其私生活过程中反映出当时历史过程的全部。杜甫成为当时此一全部历史过程中之一中心。杜甫在此历史过程中所表现的他私人内心的道德精神与艺术修养，时时处处与此历史过程有不可分割之紧密关系。杜甫一人之心，即可表现

---

① ［德］席勒：《审美教育书简》，张玉能译，95～96页，南京，译林出版社，2012。

出当时人人所同具之心。所以杜甫诗可称为当时之时代心声。后人把杜甫诗分年编排，杜甫一生自幼到老的生活行历、家庭、亲族、交游，以至当时种种政治动态，社会情况，无不跃然如在目前。而杜甫个人之心灵深处，其所受文化传统之陶冶而形成其人格之伟大，及其人生理想之崇高真切处，亦莫不随时随地，触境透露。故在杜甫当时所刻意经营者，虽若仅是一首一首诗篇之写作，而其实际所完成者，乃杜甫个人一生之自传，及其当代之历史写照，乃及中国文化传统在其内心深处一种活泼鲜明的反射。若求在文学中能有此表现与成就，则在文学技巧之外，必更大有事在。①

在面对重大的历史事变之际，艺术更能体现这种批判精神。立志于介入社会政治的作家的批判性是尖锐与深刻的，同时也是普遍性的，充满了对于历史的责任心。不过，作家在从事这种批判的同时应当拥有审美体验与表现力，从而使其批判建立在审美的基础上，防止艺术在从事批判之际丧失自身特性，变成单纯的宣传品而失去永久的力量。

当然，在米兰·昆德拉看来，仅仅强调艺术的审美性还不够，还应强调艺术（此处主要指小说）在表现生活时，应当摆脱社会政治的束缚，在一个更广泛的范围或者说在存在的意义上来描写它们，他说："不应把他们的小说作为一个社会与政治预言来读……反之，小说家们所发现的……是'只有小说能够发现的东西'：它们表明在'终极悖论'的条件下，存在的范畴如何突然改变了意义。"②这表明，如果从更加深刻的角度来理解批判性，艺术应当是对存在本质的探讨与思考，而非仅仅是一些生活现象的直接批判，这不是削弱批判性，而是强化批判的彻底性。

音乐创作同样能够成为介入生活的强劲之音。就音乐作为音符的组合来看，其本身并不直接地引起人们向往什么或指向什么。但是"乐乃心声"，一旦心中的忧愤形成了，并且将这种忧愤表现在创作上，尤其是结合抒发某种特定的情感，叙述某种特定的故事，就可体现出对于社会政治的批判性。如《国际歌》中高唱"起来，饥寒交迫的奴隶；起来，全世界受苦的人；满腔的热血已经沸腾，要为真理而斗争。旧世界打个落花流水，奴隶们起来起来，不要说我们一无所有，我们要做天下的主人。这是最后的斗争，团结起来到明天，英特纳雄耐尔就一定要实现。从来就没有什么救世主，也不靠神仙皇帝，要创造人类的幸福，全靠我们自己。我们要夺回劳动果实，让思想冲破牢笼，快把那炉火烧得通红，趁热打铁才能成功"。这是对旧世界的批判，也是对新世界的呼唤。中国革命音乐的代表人物聂耳，其创作也相当清晰地诠释了音乐的批判性，他强调："'什么是中国的新兴音乐？'这是目前从事音乐运动者，首先要提出解决的问题。我们知

① 钱穆：《中国学术通义》，60页，台北，学生书局，1975。
② ［捷］米兰·昆德拉：《小说的艺术》，孟湄译，11页，北京，生活·读书·新知三联书店，1992。

道音乐和其他艺术、诗、小说、戏剧一样，它是代替着大众在呐喊。大众必然会要求音乐的新的内容和演奏，并作曲家的新的态度。他们感觉到有闲阶级所表现的罗曼蒂克的、美感的、内心的情调是不适切的，是麻醉群众意识的。"①鉴于这样的理解，聂耳投身革命，反对躲在"象牙塔"里创作作品，呼吁音乐家要倾听地球上的无穷大众的呐喊、狂呼，深入到群众中去，用这些新鲜的材料创造出新鲜的艺术。他创作了《义勇军进行曲》《矿工歌》《码头工人歌》《大路歌》《开路先锋》《卖报歌》《毕业歌》《新的女性》等鼓舞人心的群众歌曲，还创作了《梅娘曲》《塞外村女》《铁蹄下的歌女》等优美的抒情歌曲，意在批判当时的社会现实，激发群众的反抗意志。音乐是抒发情感的，尽管它的形象性、故事性不强，但可直接诉诸人的情感，能够激起更为强烈的情感反应，为广泛的社会批判提供情感动力。

从艺术史的角度来看，艺术总是成为现实社会的天然批判者，揭露社会黑暗与人性之痛。有人误解了这个传统，认为艺术的批判是给社会添乱。其实，艺术是本着追求美好生活理想而展开它的批判之维的，它的批判正是对于美好生活的承诺。

（3）异在性。异在性是指提供一种不同于现实政治的生存方式，它与艺术的批判一样，也是否定现实政治的一种力量。中西方的乌托邦思想正是这种异在性的集中体现，而艺术无疑是乌托邦思想的最为有力的创造者。孔子提出的"克己复礼""大道为公"的"大同"社会想象，是不满春秋时期的"礼崩乐坏"，对未来社会图景进行的重新设计。康有为在《大同书》中说，"总诸苦之根源，皆因九界"，提出"破九界"的大同社会构想②，这是对彼时中国传统政治制度混乱状态的一种价值重估。陶渊明的"桃花源"则是对置身其中的社会政治现实的彻底否定，所以想象出另一种生活方式，传达出诗人对美好生活的向往。在西方，柏拉图的"理想国"、托马斯·莫尔的"乌托邦"等叙事，也是建构这种异在性的不懈努力。在想象一种美好生活时，艺术的想象与政治的想象一样，都不可避免地具有以异在性来否定现实的倾向。

到了近代，随着宗教影响力的减弱，艺术越来越成为这种异在性的体现者。席勒提出的"审美自由"、蔡元培提出的"以审美代宗教"，都是这种思想的典型反映。马尔库塞提出"单向度人"的问题，并试图从"审美之维"予以解决，就是现代西方人面对现实政治的失望所开辟的新的探索之域。他认为，"单向度人"是由"单向度的社会"造就的。"单向度的社会"是指当代西方发达的工业社会，它用极权主义的制度与文化压制了反对派与反对声音，消除了人们心中的否定性、批判性和超越性，从而使得生活于这个社会中的人成为"单向度人"，社会因此失去了革命的力量。③ 解决的办法就是用艺术、审美来

① 聂耳：《聂耳日记》，425页，郑州，大象出版社，2004。
② 参见康有为：《大同书》，52页，上海，上海古籍出版社，2005。
③ 参见[美]赫伯特·马尔库塞：《单向度的人——发达工业社会意识形态研究》，刘继译，译后记205～206页，上海，上海人民出版社，2008。

显示另一种存在，用这另一种存在作为反抗方式，达到引导与改变社会的目标。马尔库塞指出："艺术真理的根基在于：让世界就象它在艺术作品中那样，真正地表现出来。""艺术的政治潜能仅仅存在于它自身的审美之维。……艺术作品直接的政治性越强，就越会弱化自身的异在力量、越会迷失根本性的、超越的变革目标。""艺术对现存现实的控诉，以及艺术对解放的美景的呼唤，艺术的这些激进性质，的确是以更基本的维度为基础的。""艺术作品只有作为自律的作品，才能同政治发生关系。"①工具论者认为，政治需要什么，艺术就提供什么，不能为政治提供服务的艺术，就应被政治排斥。马尔库塞则认为，只有当艺术紧紧围绕自身的特性来完成自己的时候，艺术才真正有用于政治，艺术的异在性应当成为发挥积极的政治作用的基础与保证，失去了艺术的自律，就失去了艺术作用于政治的有效方式。马尔库塞具体说明了异在性的作用，它可以激发人的渴望，让人发现自己。他说：

> 出色的资产阶级艺术通过把苦难和忧伤变为永恒、普遍的力量，曾在人们的心灵深处不断摧毁向日常生活的轻易妥协。由于它给五彩缤纷的今生今世织入人和事物之美妙的、来世的幸福，因此，正是它，在穷困的慰藉和虚假的幸福这块资产阶级生活的土壤上，培植着一种真实的渴望。……古典资产阶级艺术把它的理想形式与日常事件的距离拉得如此之大，以致那些在日常生活中受难和充满希望的人们，只有跃入一个全然不同的世界才能发现自己。在此意义上，艺术滋润着这样的信念：以往所有的历史只是行将来到的生存之黑暗和悲剧的前史。②

他为什么如此重视艺术呢？原因在于"在社会生活的整体化中，只有在艺术中、即在理想美的处所里，幸福才有可能作为一种文化被再生产。哲学与宗教，这两个在其他方面与艺术一样表现着理想真理的文化领域，都不能再生产作为一种文化的幸福"③。既然哲学与宗教丧失了再生产幸福的能力，那就只能由文学艺术来承担这个重任。马尔库塞的"审美之维"实为拯救之维，拯救人于现实生存之中而不沉沦，它"在资本主义社会，以其创造性的形式，表现出新鲜的、充满活力的生机：给人的需求—感官结构造就新的可能性，给人性的解放开启了新的光亮"④。或者说"艺术即'异在'"，"艺术借助其内在

---

① 以上所引见《审美之维——马尔库塞美学论著集》，李小兵译，206、210、243 页，北京，生活·读书·新知三联书店，1989。

② 《审美之维——马尔库塞美学论著集》，李小兵译，11 页，北京，生活·读书·新知三联书店，1989。

③ 《审美之维——马尔库塞美学论著集》，李小兵译，29 页，北京，生活·读书·新知三联书店，1989。

④ 《审美之维——马尔库塞美学论著集》，李小兵译，译序 14 页，北京，生活·读书·新知三联书店，1989。

的功能，要成为一股政治力量。它拒绝作为博物馆或陵墓而存在，拒绝作为不再存在的贵人展出，拒绝作为灵魂的节日或大众的超脱——它想获得现实性"①。因而从根本上看，艺术成为人的一种解放力量："只要艺术借助它对幸福的承诺，保存其对曾已失败的过去的目标的眷念，它就能够作为一个'指导性的理念'，投身到变革世界的殊死搏斗中去。在反对一切对生产力的盲目崇拜，和反对一切借客观条件（它们依然是统治人的条件）对个体继续奴役的斗争中，艺术代表着所有革命的终极目标：个体的自由和幸福。"②注意，在这里，艺术的"异在"与期望"获得现实性"，不是指艺术仅仅作为人的修养体现在人的身上，而是指艺术作为一种否定力量出现在人的身上和社会上，从而否定现存制度。艺术成为一种"大拒绝"的革命力量。"单向度人"要变成丰富的人，变成具有否定力量的人，其途径就是艺术化。这个社会要想获得改造，其途径就是依靠审美的力量。

　　中国作家沈从文的看法也是一种佐证。他被视为反对艺术政治化的自由主义作家，可他实际上看到了艺术与政治结合的必要性。他指出：

　　　　个人对于诗与政治结合不仅表示同意，还觉得应再进一步。……一个诗人若仅仅以工作能依附政治，推动政策，用处未免太小。诗人不只是个"工作员"，还必需是个"思想家"。我们需要的就正是这么一群思想家。这种诗人不是为"装点政治"而出现，必需是"重造政治"而写诗！

　　　　这自然近于一个梦，但想想，若灵魂中最纯洁的诗人，也缺少了对于国家的前途的憧憬，这国家，还能不能像个国家？③

　　　　我要说的是真正现代诗人得博大一些，才有机会从一个思想家出发，用有韵或无韵作品，成为一种压缩于片言只语中的人生观照，工作成就慢慢堆积，创造组织出一种新的情绪哲学系统。它和政治发生关联处，应当由于思想家的弥湛纯粹品质，和追求抽象勇气，不宜于用工作员的社交世故身份，以能适应目前现实为已足。这个区别极其分明，不应混淆也不能混淆。若说诗人中有真伪，真伪之辨或即在此。④

　　沈从文反对政治对文学的蔑视与侵害，反对把作家的所言所行完全等同于政治表态

---

①　[美]马尔库塞：《艺术，作为现实的形式》，见《现代文明与人的困境——马尔库塞文集》，李小兵等译，375页，上海，上海三联书店，1989。

②　《审美之维——马尔库塞美学论著集》，李小兵译，255页，北京，生活·读书·新知三联书店，1989。括注系原文所有。

③　沈从文：《谈现代诗》，见《沈从文全集》第17卷，478～479页，太原，北岳文艺出版社，2002。

④　沈从文：《致柯原先生》，见《沈从文全集》第17卷，474页，太原，北岳文艺出版社，2002。

并进而认同功利主义的政策。沈从文提出的"重造政治"，就是主张通过"创造新的情绪哲学"——创造一种全新的美好品质来创造一种全新的美好生活，唯其如此，文学才能对政治有所裨益。他提出的"诗人博大"同于王国维的"诗人之眼"，认为诗人的眼光要远大，要抓住根本问题来表现。由此可以看出，文学与政治的结合，不是枝节上的结合，而是根本处的结合，即都要为创造美好生活而工作。文学与政治结合了，是因为它们在创造美好生活的过程中都实践着诺言；文学与政治不能结合，那是因为在坚守美好生活这一理想时，文学坚守了，可政治却游离或违背了。沈从文就是一位坚守理想的作家，"他怕揭露人性的丑恶"，因而"颂扬人类的'美丽与智慧'，人类的'幸福'即使是'幻影'，对于他也是一种'德性'，因而'努力'来抓住，用'各种形式'表现出来"，他的《边城》因之成为"一部证明人性皆善的杰作"。① 沈从文创造了一座"人性小庙"，其所散发的人性之光永续不断地照进现实，显示了追求美好生活的正当性。

艺术的异在性是对现实的"持久的审美颠覆"，在艺术永续不断的美好想象中，现实被粉碎并重组而向着更高阶段升华。

三、艺术反抗的限度

在强调艺术的反抗作用时，审美的作用被大大地提高了，但怀疑也随之而起，人们认为这既无力，也无法从实际上改变现实。十月革命的领袖托洛茨基就曾对文艺的作用不屑一顾："在一个伟大时代的开端，艺术总是表现得令人吃惊地无能。没有被召唤去作神圣牺牲的诗人们，照例显得比世上所有微不足道的孩子更微不足道。"② 接受托洛茨基影响的鲁迅表达了相似看法，他认为："改革最快的还是火与剑，孙中山奔波一世，而中国还是如此者，最大原因还在他没有党军，因此不能不迁就有武力的别人。近几年似乎他们也觉悟了，开起军官学校来，惜已太晚。"③"我现在愈加相信说话和弄笔的都是不中用的人，无论你说话如何有理，文章如何动人，都是空的。他们即使怎样无理，事实上却着着得胜。然而，世界岂真不过如此而已么？我要反抗，试他一试。"④"一首诗吓不走孙传芳，一炮就把孙传芳轰走了。"⑤ 这似乎处处都在证明着艺术的反抗没有社会效力，以致有人认为艺术的反抗只是隔靴搔痒、无关宏旨。甚至有人担心当艺术真的反抗政治的时候，它会遭遇政治的无情压制而导致毁灭。

---

① 李健吾：《〈篱下集〉——萧乾先生作》，见《李健吾文学评论选》，64页，银川，宁夏人民出版社，1983。

② ［苏］托洛茨基：《文学与革命》，刘文飞、王景生、李耶译，7页，北京，外国文学出版社，1992。

③ 鲁迅：《两地书·一〇》，见《鲁迅全集》第11卷，40页，北京，人民文学出版社，2005。

④ 鲁迅：《两地书·二二》，见《鲁迅全集》第11卷，76页，北京，人民文学出版社，2005。

⑤ 鲁迅：《革命时代的文学——四月八日在黄埔军官学校讲》，见《鲁迅全集》第3卷，442页，北京，人民文学出版社，2005。

其实，要认识到艺术反抗的限度，完全不必全盘否定艺术反抗的必要性与可行性。艺术反抗与社会治理混乱所引起的政治反抗相比，它们各有特性，各自通过不同的方式作用于社会。政治反抗可以在历史的某个转折时期发挥重要作用，可是当政治反抗在获得了政治权力形成新的压抑力量时，对其进行新的政治反抗变得不太可能之际，艺术反抗却能取而代之，一如既往地发挥作用。政治反抗更具爆发性，完成权力的更替。艺术反抗则在看似无用之中起着改造社会的恒久作用。但必须明白，艺术的反抗是一种审美判断，政治的反抗是一种功利判断，一个追求自由，一个追求权力。在审美判断与功利判断相一致时，它们会暂时地统一起来；在二者终究发生冲突时，它们又会对抗起来，在现实的层面上，往往是政治迫害了艺术。

比较而言，艺术反抗与政治反抗具有以下三个方面的不同点。

（1）艺术反抗具有精神性，政治反抗具有物质性。艺术反抗着力于在人的精神层面产生作用。人在长久的社会历史文化发展过程中，会形成相对稳定的文化心理结构，这种文化心理结构会制约人们做出认知、评判、选择，并形成不同的生产方式、社会政治制度、宗教伦理形态。艺术反抗主要不是针对社会政治制度进行的，尽管它也会表现出对于社会政治制度的具体看法，但它所主要探索的应该是人类的文化心理结构，即对于习性、传统、情感模式、认知系统等进行解剖，以便达到改造、颠覆、创新等效果。随着文化心理结构的变化，实际上也就影响到了人类精神面貌的变化，再将其扩大，也就达至社会政治制度层面的改变。艺术反抗对于社会政治制度的影响是间接的、内蕴的、非同质的，比如新文化运动倡导个人主义取代传统的家族本位主义，就是一种新范式的输入与旧范式的汰除，而非旧范式的翻新与沿用。可是，用一种政治去反抗另一种政治，则是通过物质的力量来达到消除另一股物质力量的目标。政治反抗是物质力量的对比，受制于物质利益的驱动，所引起的也只是物质力量的移动。政治反抗往往是同质力量的对抗，只有当政治反抗与崭新的文化理想相关联时，政治反抗才具有精神改造的意义。

（2）艺术反抗具有个体性，政治反抗具有群体性。艺术反抗建立在艺术特性的基础上，这个特性就是艺术所引起的情感反应总是与特定个体相结合的。任何一件艺术作品，从接受的角度看，它的作用都是个体化的，会因个体的不同而引起不同的情感反应，这造成了多样性。即使在艺术发生反抗社会的作用时，其效果也是千变万化的，不可能在艺术反抗之中寻找到某种统一的反应模式。明白了这一点，就应明白在肯定艺术反抗时，不可持有特定的尺度并加以限制，期望艺术反抗产生完全同一的反应结果。越是限制艺术反抗，就越是挫败艺术反抗。但基于美感的普遍性，即使艺术反抗所引发的都是个体性的反应，也同样可以产生普遍的呼应性。这是艺术反抗的个体性走向艺术反抗的普遍性的内在契机所在。政治反抗是群体性的，只有首先结合成群体，政治反抗才有可能实现自己的目标。但是这一群体体现了如下特点：冲动、易变和急躁，易受暗示与轻信，夸张与单纯，偏执、专横与保守。① 群体活动中的从众心理导致即使形成了一个群体，其人员的内在心理构成与利益诉求仍然有可能是四分五裂的。政治反抗具有天然的歧义性。它在形成反抗力量的方面是直接的、强大的，但在人类思想情感的建设上，却可能是极端的、混乱的。艺术反抗可以为人类社会的未来发展提供统一的美好图景，而政治反抗所提供的即使是看似统一的图景，实际这个图景本身也可能是充满裂隙的。

（3）艺术反抗具有超越性，政治反抗具有现实性。艺术反抗在追求美好生活时是永不满足的。奴隶制度存在时，它批判奴役，提倡自由劳动；可一旦奴隶制消失了，自由劳动出现了，它又批判分配的不公；即使一个社会实现了一定程度上的公平公正，它又会继续批判所存在的其他不公正与不平等。在艺术反抗者的眼中，眼前没有"黄金世界"，他们是永远的质疑者。如同维戈茨基所说："艺术主要是组织我们未来的行为，是前进的方向，是一种要求，它也许永远不会实现但却迫使我们去追求生活表面以外的东西。"② 艺术反抗是一种彻底的反抗形式。但政治反抗不同，它追求短期目标，并为取得的成就辩护。这造成了艺术反抗与政治反抗只会在较为短暂的时期内结成同盟，从最终的意义上看，二者发生冲突是难免的。鲁迅曾举过苏俄文学的例子，"苏俄革命以前，有两个文学家，叶遂宁和梭波里，他们都讴歌过革命，直到后来，他们还是碰死在自己所讴歌希望的现实碑上，那时，苏维埃是成立了"。鲁迅揭示了造成这一现象的原因："文艺和政治时时在冲突之中；文艺和革命原不是相反的，两者之间，倒有不安于现状的同一。惟政治是要维持现状，自然和不安于现状的文艺处在不同的方向。"③ 革命前，艺术的理想与革命的理想往往相一致，艺术可以与革命同路。革命成功后，革命的阶段性理想已经实现，可艺术的理想还存在，二者就会爆发冲突。如果因为艺术与政治的再次冲突而仅仅埋怨艺术家们跟不上时代，那是失察的。只有同时深刻反省政治的所行所为，并谦虚地倾听艺术的声音，才有利于政治更进一步的发展与升华。

思考题：

1. 如何理解艺术与政治之间是一种想象关系？
2. 为什么说艺术的反抗是有限度的？
3. 为什么说"艺术的政治潜能仅仅在于它自身的审美之维"？
4. 谈谈你对"大众美学"与"高级美学"划分的意见。

---

① 参见［法］古斯塔夫·勒庞：《乌合之众——大众心理研究》，冯克利译，20 页，北京，中央编译出版社，2005。
② ［苏］列·谢·维戈茨基：《艺术心理学》，周新译，337 页，上海，上海文艺出版社，1985。
③ 鲁迅：《文艺与政治的歧途》，见《鲁迅全集》第 7 卷，121、115 页，北京，人民文学出版社，2005。

拓展阅读文献:

1. 安徽大学苏联文学研究组:《列宁与高尔基通信集》,北京,外国文学出版社,1981。

2. 周扬:《表现新的群众的时代——看了春节秧歌以后》,见《周扬文集》第 1 卷,北京,人民文学出版社,1984。

3. 夏中义:《故国之思与泼墨云山境界——论张大千题画诗的心灵底蕴与其绘画的互文关系》,载《文艺研究》,2016(1)。

4. [英]乔治·奥威尔:《政治与文学》,李存捧译,南京,译林出版社,2011。

5. [美]阿兰·布鲁姆、哈瑞·雅法:《莎士比亚的政治》,潘望译,南京,江苏人民出版社,2012。

扫码阅读:

第二编

×

东方美学

第十一章　中国美学

　　中国美学是中国学者以西方美学为参照坐标，从中国传统思想资源中梳理的结果。与西方一样，中国早在两千多年前的轴心时代就已经有了对于审美问题的零星看法。这些看法长期以来内容渐趋丰富，并形成了自己的传统，只是在中国的近代以前没有得到规范、总结和西方式的学理化而已。在中国传统的哲学思想里，包含着中国古人对审美问题的见解，对道器、道艺的见解。而文学艺术和批评里更是有着丰富的美学思想。宗白华先生曾说："中国古代的文论、画论、乐论里，有丰富的美学思想的资料，一些文人笔记和艺人的心得，虽则片言只语，也偶然可以发现精深的美学见解。"[①]这些思想反映出中国人在审视问题的角度和方法等方面与西方有相同之处，也有不同之处，有些西方曾经忽略了的审美问题，中国古代的学者也提出了一些精湛的见解。而中西方在审美趣味等方面的明显差异，也体现在作为理论概括的美学思想中。无论是相同还是相异，中国美学在一定程度上与西方美学是互补的，中国美学的独特性对国际美学界的发展是有推动的。

第一节　中国美学的历史变迁

　　中国古代审美思想的演进和发展，始终与每个时代的哲学思想和艺术理论相伴，但毋庸置疑的是，儒家思想和道家思想作为中华文化的两大思想源头，几乎参与了每一时代的美学思想的酝酿、形成和发展，并使得中国古代美学思想的内涵保持了自身的民族特性，而外来文化的影响与每个时代诞生的新的哲学思想，特别是佛学思想等，则激活了每个时代美学思想的民族内涵，推动了中国古代美学思想的创新与发展，从而使中国的古代美学思想既具有鲜明的民族特色，又具有独特的时代特色。

　　从中国美学的变迁历程实际出发，我们可以将中国美学的历史变迁划分为四个时期：史前夏商周秦汉时期作为上古时期，为萌芽兴起期；魏晋南北朝隋唐五代时期作为中古时期，为发展期；宋金元明清时期作为近古时期，是中国美学的转型期；20世纪以

来，则是中国美学的新变期。尽管按朝代来对中国美学的发展进行分期未必能贴切地体现审美意识和美学思想自身发展变迁的特征，但是考虑到研究和章节划分的便利，大体以朝代来划分从粗线条上看基本上还是有其合理性的。

一、萌芽兴起期

中国早期文明，尤其是旧石器时期至西周的文明，由于缺乏直接和丰富的原始文献资料，我们尚无法做学理上的考究，而只能依据考古发现的文物遗存，依据先民生产和生活的思维及心理特点，采取一种对话性的方式来发掘和再现其原生态的审美文化。这一时期，虽然完整而系统的审美思想还未形成，但先民们朴素而原始的审美意识却异常丰富，并且他们的审美体验与其劳动实践、器物创造是浑然一体的。透过旧石器时代至西周时代的石器、玉器、陶器和青铜器等工艺品的制作，我们依稀可见蕴含于其中的审美意识的历史变迁。

中国最原始的审美意识，最初在旧石器时期先民的身体进化和劳动实践中得以酝酿，继而在他们的器物制作中，尤其是石器的多样化造型中得以物化，实现了主观的审美形式感和审美情感同客观的人造物的结合，原始自发的审美活动得以发生；到了新石器时代，中国原始的审美意识在先民的生产和生活经验中进一步演化，先民也开始了自觉的审美活动，具体表现为这一时期陶器和玉器的制作在注重造型的同时，也追求纹样和图案的装饰作用，表现为实用性与审美性并重，有的甚至更加追求装饰的表意性艺术功能，形成了多样统一的审美风格。进入夏商周时代之后，则出现了丰富多彩的青铜文明：夏代的九鼎和铜爵、商代的青铜饕餮纹以及西周的钟鼎铭文，它们以庄严、肃穆的艺术风格取代了朴素、自然的审美取向，将原始的审美意识推向了新的高度，也为即将到来的春秋战国时期的美学思想的诞生奠定了坚实的物质和心理基础。

春秋战国时期是中国美学的奠基期，以儒家和道家美学为代表。

孔子是儒家美学的创始人，孔子的美学思想体现了政治、伦理、美学的统一。如孔子提出"尽善尽美""文质彬彬""兴于诗、立于礼、成于乐"等审美观念，体现了礼乐相成、美善合一的审美理想。另外，在人生境界上，孔子一方面追求"从心所欲不逾矩"的独立自由，另一方面又追求自强不息的进取精神——"三军可夺帅也，匹夫不可夺志也"，体现了合规律性和合目的性的统一。孟子是儒家美学的主要代表，更强调内心修养，孟子认为"充实之谓美"，而这种审美理想是通过"养浩然之气"实现的。孟子主张性善论，在此基础上强调美感的共同性。在文艺观上，孟子提出了"知人论世""以意逆志"说，对后世影响很大。荀子作为儒家美学的后期代表，既注重顺天，又强调后天的努力，既主张"虚壹而静"，又主张君子以"全""粹"为美，提倡繁丽和奢华。

道家思想则以老子和庄子为代表。老子的自然观作为审美的崇高理想，对中国传统的文学艺术产生了广泛的影响。他的"大音希声"说和"大象无形"说，认为优秀的艺术超越了物质形态的"声"和"形"，成就了感性的审美境界。而他的虚静说与"涤除玄鉴"理论，通过庄子对后世产生了深刻的影响。他的"有无相生"理论，对后代艺术理论中的动静相成、有无相生等观点也产生了广泛的影响。庄子发展了老子的自然观，他提出顺任自然、由技进道的游心境界。他的"得意忘言""言不尽意"等思想，最终指向大美不言的胜境。

《周易》作为肇始于商末周初、在战国时期完成的《易传》中得到充分展开的上古经典，系统阐释了"天人合一"的思想，体现了阴阳化生的生命意识，其所具有的比兴特征的诗性思维方式，本身就体现了审美功能，对中国古代的诗歌和其他艺术产生了深远的影响。其中的"易象"理论在"观物取象""立象尽意"等层面对中国古代的意象学说产生了根本性的影响。《考工记》作为中国第一部工艺美术著作，阐述了工艺创造的"天人合一"的原则，从色彩等方面阐述了五行相生的思想，并结合具体的工艺创造，对纹饰的仿生性和虚实相生的创构思想进行了阐释。《乐记》作为中国第一部系统的音乐理论专著，从音乐的产生、功能、性质、方式和效果诸方面论述了音乐缘情、和谐和"以道制欲"等方面的内在规律。

秦汉时期是中华民族走向"大一统"的时期，秦汉美学对先秦诸子美学进行了整合，又对新形势下的中国美学思想作了进一步的拓展。秦汉美学有以下特点：第一，秦汉美学受道家宇宙观的影响，把审美与宇宙的统一性联系起来，同时又受儒家思想的影响，兼收墨、名、法、兵、农各家，是对先秦诸子美学的概括和综合，如《淮南子》《诗大序》等秦汉时期的著作对儒道各家都有不同程度的继承和发展。第二，秦汉时期的美学思想还没有摆脱原始巫术观念的影响，日常生活的审美观往往表现为一种吉凶观。汉初，黄老思想流行，后儒家思想盛行。儒学经历了一个"儒学经学化，经学谶纬化"的过程。受经学思想影响，汉代美学具有一种气象庞大、风格繁丽的时代审美特征，汉大赋、汉建筑和石雕是其代表。另外，汉代后期谶纬思想流行，为此，王充提出要"疾虚妄"。第三，围绕屈骚的评价，自淮南王刘安始，司马迁、扬雄、班固、王逸等展开种种争论，司马迁对屈原的人生遭际感同身受，对其伟大的人格给予极高的评价，在此基础上提出"发愤著书"说，打破了儒家"中庸之道"的美学理想。第四，秦汉时期书法艺术走向独立，出现了一些对后世影响深远的书法理论，如许慎提出"象形"说，崔瑗提出"观其法象"的观点，蔡邕提出"势"的审美范畴，并指出书法创作者的心志要"散"和书法与自然的内在联系。

二、发展期

魏晋南北朝时期，以《老子》《庄子》《周易》"三玄"为阐释对象的玄学成为美学与艺术理论的哲学基础。玄学抨击名教、崇尚自然，其情性自然观催生了以情为本的审美观的确立。玄学清谈中的言、象、意之辩催生了意象理论，并为中国古代美学的核心范畴——意境理论奠定了基础。玄学的基本概念"道""玄""无"对审美直觉体验理论启迪深远，对宇宙本体的追求使魏晋南北朝美学富有形而上的特色，变化日新的发展观又影响了南朝求新变的美学思想。

魏晋南北朝时期，在美学基本理论方面，奠定了中国古代以审美体验、审美感兴、审美形式的创造等为核心的基本美学风貌；揭示了审美活动贯通宇宙万物和主体生命，使得主体与宇宙韵律和谐运动的最高境界；确立了审美与艺术活动对于实现个体生命完善、不朽、超越、自由和享受的独立价值；重要范畴如虚己应物，触物兴感，神与物游，即物悟道，文气说，缘情绮靡说，性灵说，情景关系，情文关系，言、象、意关系，道与文，声律理论，形神关系，传神写照，气韵生动，自然，文质，神思，意象，风骨，神韵，滋味，通变，才，气，识，学，等等，无不成为后代新的文艺美学思想的生发点。

魏晋玄学清谈中的人物品藻，达到了中国古代人物审美思想的较高水平；关于自然的审美，魏晋南北朝开创了中国古代系统的自然美理论；音乐、绘画、书法、文学等各个门类美学理论在这时也得以建立。阮籍、嵇康的音乐美学思想，顾恺之、宗炳、王微、谢赫的绘画美学思想，王羲之、孙绰等人的自然美理论，陆机、刘勰、钟嵘的文学美学思想，都是这一时期美学思想的代表。

隋代是中国美学思想由魏晋南北朝向唐代转化的过渡期，在这一时期南北文化开始整合，但由于国祚短促，整合的过程并没有真正完成，只呈现为过渡状态。诗文方面，隋代出现过两次改革文风的活动，以李谔、王通为代表，但因其理论薄弱而未起多大作用；书法方面，隋代书法美学的代表人物为智永、智果，相传智永确立了"永字八法"的理论，智果注重汉字结体的平衡与变化的美学原则，体现出隋代书法美学思想出现了朝向强调书法"法度"发展的趋势；绘画方面，隋代最为鲜明的特色在于壁画的大量出现，但就绘画理论而言，由于时间的短促，并未出现绘画美学专著，仅留下些只言片语。这一阶段的艺术创作领域和美学界都没有堪称大家的人物出现，作品数量不多，题材、风格单一，流派并未形成。

唐代是中国美学走向成熟的建构期，各门类艺术理论体系基本成形。唐代诗文美学思想璀璨夺目，孔颖达延续了儒家"诗言志"的美学思想主流，李白、杜甫糅合与渗透儒、道两家思想系统及形式美学风尚，白居易秉承儒家诗教传统提出了"美刺"说，韩愈、柳宗元坚持文以明道，掀起风起云涌的古文运动。盛唐诗歌从"兴寄"到"兴象"，体现了特有的诗美；司空图提出"象外之象"之意境观与"味外之旨"之诗味说，代表了晚唐诗歌美学理论的最高成就。唐代还是中国书法艺术开疆封域的时代，颜真卿、柳公权、张旭与怀素等名家辈出，正楷、行楷、行草、草书等各体兼备，唐书作品约可分为形、象、意三个层面，彼此之间又相互统构。唐书"尚法"，通过唐代书法家的创作，中国书法"法度"的格局已基本奠定。绘画方面，唐代画论以王维《山水诀》、张彦远《历代名画记》为代表，其中《历代名画记》纵横开阖，体大思精，是中国历史上第一部绘画通史。唐代文人画强调写意，崇尚自然，张扬个性，对于中国绘画史影响巨大。乐舞方面，唐代乐舞较之前代更为丰富，体现在佛教音乐的兴起、西域乐舞的传入、民间曲子的流行、燕乐的发展等方面，但就乐舞美学而言，隋唐五代的乐舞理论并不突出。

图 11-1　欧阳询《九成宫醴泉铭》(局部)

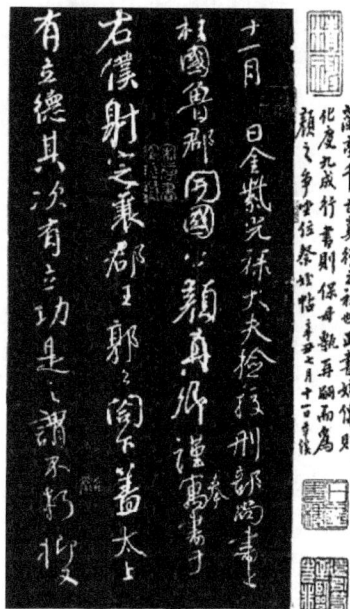

图 11-2　颜真卿《争座位帖》(局部)

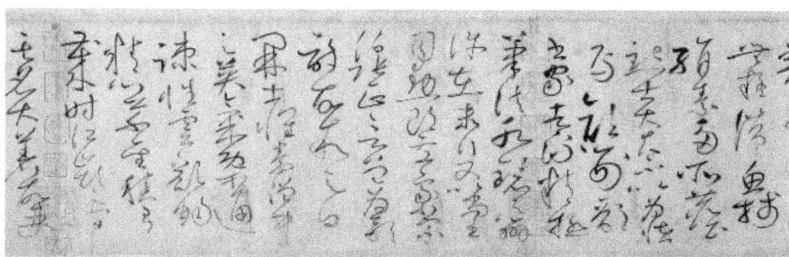

图 11-3　怀素《自叙帖》(局部)

　　唐代是楷、行、草书全面发展，篆、隶书短暂繁荣的时期。唐人"隆归尚法"，经过唐人的发展，法度也渐趋完整。然而他们崇尚的并不是千篇一律的法度，他们所尚乃是继承、完善、创新之法。与这个时代相呼应的是全面多样化发展的书法艺术（图11-1、图 11-2、图 11-3）。

　　五代十国是中国历史上一段政治较为混乱的时期。五代时期的诗文代表作家有前后蜀《花间集》的作者群及南唐李璟、李煜、冯延巳等。其中《花间集》所表现出来的是当时的一种追求轻艳淫靡的风尚，而温庭筠、韦庄虽写闺阁，但多少有了些女性身姿之外的内心生活。五代时期的诗文理论曾出现过两种理论导向，一是强调文学的政教化以致功利化，二是体现五代时期诗文美学最重要特征的缘情说。缘情说又分为滥情和真情两支，西蜀文论重于滥情，而南唐文论重于真情。五代书学是一个禅学入于书学的时代，一大批具有深厚书法造诣的僧人，如贯休、亚栖、鬐光，另有吴融居士等。在绘画上，荆浩的《笔法记》是唐代画学走向宋代画学的转型标志。五代美学思想既带有唐代美学的印迹，也拓展了唐代美学的思路，远承魏晋美学，终于酝酿出宋代美学的思想脉络。

三、转型期

宋金元时期的艺术创作和文化思潮呈现出日益内省化和义理化的特点。宋金元美学虽然和唐代美学一样，重视对艺术和自然的审美鉴赏而轻视哲理性学说建构，但仍然有很多学者从对艺术和自然的感悟中生发出了一些有普遍意义的美学命题和美学学说，如"外游论"与"内游论"、"以我观物"与"以物观物"、"诗中有画"与"画中有诗"等。宋金元艺术创作在意境的老熟中蕴含着飘逸之气；宋代理学思潮的兴起，使得传统儒学在义理化的层次上达到了一个新的高度；与此同时，传统隐逸文化也在宋金元时期有所发展。

就各门类艺术美学而言，音乐主要涉及字声关系、情律关系、音乐表演的美学问题及其艺术境界等；书法尚韵、尚意，反对"束于法""拘于法"，提出了"无法之法"的见解，同时注重意境的空灵之美，强调"适意""乐心"的审美愉悦与娱乐消愁的作用，并高扬以人论艺、以艺喻人的传统。宋金元绘画美学将"逸格"视为画格之最高境界，苏轼论画形理并重，强调神似。山水画理论以郭熙、郭思父子的《林泉高致》中的《山川训》为最著名。在审美意象的营构问题上，苏轼提出了"成竹在胸"与"身与竹化"两个命题。宋人强调画家要多角度、立体、全景式观察事物，提出"以大观小"的主张，并追求"远"的美学境界；文学方面，高扬文道"两本"的观念，推崇自然与平淡的风格，重含蓄、余蕴、韵味和言外之意。以禅喻诗是宋金元美学思想的一大特色，以严羽的《沧浪诗话》为代表。

宗白华先生说："中国画最重空白处。空白处并非真空，乃灵气往来生命流动之处。且空而后能简，简则炼，则理趣横溢，而脱略形迹……中国绘画能完全达到此境界者，首推宋元大家。"以马远《寒江独钓图》（图11-4）为例，画家以严谨的铁线描，画一叶扁舟，上有一老翁俯身垂钓，

图11-4　马远《寒江独钓图》（局部）

船旁以淡墨寥寥数笔勾出水纹，四周都是空白。这片白既表现出烟波浩渺的江水和强烈的空间感，更突出了"独"这一意境，正谓"虚实相生，无画处皆成妙境"。

明代的文学艺术理论与明代心学相呼应，明代"前后七子"以复古为口号，强调兴寄，反对宋人以议论为诗的非审美倾向。唐宋派文人强调直抒胸臆，提倡本色自然，并遗貌取神，注重作品的内在生命力。到明代后期，随着市民文化的兴起，个性解放思潮的汹涌澎湃，徐渭倡导本色与自然，对戏曲、小说给予了相当的重视，理学受到了根本性的冲击，文学主张充满了清新浪漫的情调。李贽以人为本，强调发乎情性，由乎自然，要求艺术家具有绝假纯真的童心。汤显祖则从戏曲的角度，提倡文以意趣为主，强调性灵、灵气和情感。到公安派的袁氏三兄弟，则要求作品有自家本色，反对为格套所拘，反对复古，崇尚个性和时代精神的表现，强调艺术作品要有自然之趣。

明代思想在其早期虽有以理节情的一面，后期的艺术实践也有对人欲横流津津乐道的一面，但其整体趋向乃是引发个性伸张和审美趣味的市民化倾向，使得经典的审美理论受到了一次冲击和震撼。到清代，审美趣味虽有回归倾向，但市民文化对于整个社会心理的渗透已经势不可当了。伴随着明代政治制度和社会经济秩序的变更，人性解放和个体自由成为时代主题。相应地，明代美学除了在总结中拟古守旧，更多的是在探索中革旧创新。

清代对以往各文艺门类的美学思想都进行了深入的探讨和系统的总结。诗歌散文美学方面，中国古代诗文创作与理论发展到清代达到了新的高潮，王夫之的诗歌美学思想，标志着中国诗歌美学发展史上"言志"与"缘情"两股思潮的汇合。散文美学方面，姚鼐是桐城派影响最大的代表作家和文学理论的集大成者。小说戏曲美学方面，以金圣叹为代表的清代小说批评家比之前代，更看重小说自身的特殊性，反映了清代小说理论对审美特性的重视。正是在这个意义上，金圣叹的见解更富典型性。李渔的《闲情偶寄》第一次系统地从"戏"的角度来研究戏曲艺术自身的规律，构成了一个较完整的体系，在中国美学史上，这是前无古人的。绘画、书法美学方面，石涛的《画语录》是中国传统绘画美学著作中最为重要的著作，他从哲学的高度揭示了以山水画为代表的中国画的美学本质，并阐明了中国画家如何在艺术创作活动中获得自由这样一个根本问题，从而将古典画论提升到前所未有的高度。书法美学方面，康有为《广艺舟双楫》最有美学价值的地方就是对阳刚之美、崇高之美的竭力张扬。刘熙载完成了对中国古典文艺美学的总结。他以自己深厚的学识根底和博大的精神力量，融会贯通，夺胎换骨，使中国古代积淀的重要的文艺美学思想都向形而上的高度超升，从而使中国古典美学得到最充分的发展与完形，为中国美学的转型和新变做了准备。

四、新变期

中国在近代以前的五千年文明史里，虽有悠久的审美意识史和丰富的美学思想，但并不存在严格意义上的"美学"。中国有"美"有"学"的历史，要到20世纪初年才算真正开启。"美学"在中国，其诞生主要是19世纪末20世纪初"西学东渐"的产物，其发展主要是中西学术文化与美学思想激情碰撞、初步交融的成果。

中国现代美学大体可以分为三个时期：20世纪初的美学启蒙及其学科创建时期，三四十年代的中国现代美学奠基和中国马克思主义美学诞生时期，20世纪后期的"实践论美学"在论争中不断发展的时期。在中国现代美学的百年进程中，成就最卓越、地位最崇高、影响最深远的是四大美学家，即王国维、朱光潜、宗白华和李泽厚。王国维的美学启蒙及其悲剧、境界理论中所体现的中西美学融合之初步尝试，朱光潜对西方美学的翻译介绍、批判综合以及他在美学研究中所体现的心理学方法与向度，宗白华对中国美学与艺术的精深微妙的体验、把握以及他在艺术境界理论的建构中所体现的中国美学的本土立场，李泽厚美学研究中的体系意识、哲学高度以及他在实践论美学中所体现的对马克思主义哲学的深刻理解与重新阐释，共同为中国美学现代体系的构建和21世纪的重新发动奠定了坚实而厚重的理论基础。

回望百年中国美学的现代进程，我们看到，中国现代美学家的美学努力与现代探索，取得了令世界瞩目的丰硕成果。但是，我们又不能不清醒地认识到，中国美学由古典而现代的转型任务还远远没有完成，富于民族特色的中国现代美学体系的真正构建还有待于21世纪中国美学家们继往开来的学术努力与创新。

第二节　中国美学的基本特征

与哲学思想与文学艺术理论一样，中国美学思想在思维方式、范畴和研究方法等方面有着自己的特点，这些特点既有其可以与西方美学互补、值得全球美学界珍视的方面，当然也有一些需要扬弃或需要改造的方面，了解中国美学的基本内容，反思中国美学的思维方式、范畴和研究方法等，有助于我们对中国美学进行反思，知其然且知其所以然，也有助于纵横交错，史论结合地研究中国美学。

一、思维方式

中国传统美学思维方式有着独特特征。这种思维方式通过譬喻、连类和想象等手法，以诗意的情调体悟自然和人生，从中反映出体现生命意识的天人合一的思想和以人为中心的体悟特征，并且从中体现出和谐的原则。作为一种触及整个身心的活动，审美活动通过感物动情的诗意方式，体现了对象与主体身心的贯通——使全身心都获得一种愉快，并通过虚静的心灵和特定的感悟方式，使主体的生命进入崭新的境界。

中国传统美学强调审美中独特的重感悟的思维方式。这种思维方式作为一种始终不脱离感性形态的直觉体悟，经由情的感动，通过类比和感兴，使得主体在物象中从生理到心理，乃至在生命本原的体道境界中能与自然及自然之道合而为一，从中体现出主体生命的创造精神。这首先表现为一种比兴的方式，即类比和感兴的思维方式。这种方式是主体先通过感知与审美对象发生联系，引景入心，然后感物而生情。主体将自己的情性、志趣寄托在所感受的物象中，心物感应，遂成就了审美的主体。所谓外感于物，内动于情，就是主体感知的事物通过想象、类比等加工，在想象力的作用下举一反三，衍生出相关的情感，创造出崭新的审美意象。从先秦开始有自觉意识的自然比德说，和从魏晋开始有自觉意识的畅神说，都反映了主体审美的比兴思维方式，体现了对象的特征与主体情调的对应贯通关系。

这种比兴的思维方式，使得主体的心灵受到了自然山水的感发获得了升华，形成了一种使自然对象超越物质的障蔽，成为独特的精神形态的传统。李仲蒙把比兴视为主体对自然山水体悟的两种思维方式，即借景抒情和即景生情（胡寅《与李叔易书》引，见《斐然集》）。其中比不只是艺术中的比喻方式，更是审美活动中比拟的体验方式。善用比喻，反映了中国古人审美的感受特征和思维特征。这使得主观情感投注到对象上，通过联想等方式丰富了感受的内涵，强化了感受的情趣。这种比类取象的方法被进一步运用到艺术观上。艺术品被视为一个有机的整体，仿佛是系统的、完整的人的外化。

在中国古代思想中，以自然比附社会文化的方式所形成的比德传统，把自然看成是德性的象征，乃是一种成熟的比喻文化。比德说认为，自然对象之所以美，是因为对象的某些自然特征与人的德性等精神品质有一定的相通之处，主体在观照它们的时候，以己度物，引发了特定的联想，将山水性情或特征与主体心灵贯通起来，使自然山水具有丰富的意蕴，从中获得审美享受，并借以感发和提升自己。在感受者的眼里，自然成了道德的象征，构成了审美的境界。在现存文献中，这种比德思想最早来源于孔子。如"子在川上曰：逝者如斯夫，不舍昼夜"（《论语·子罕》），以滔滔不绝的流水与时光的流逝相比拟。刘向《说苑·杂言》中，记载了孔子以水为君子移情比德的对象，正是天人合一思维方式的运用。后来孟子、荀子等均对此加以阐释、发挥，形成了一个比德理论的传统，并深深地影响了后世对自然的审美领悟。后世诗画中盛行的松竹梅兰菊等题材，均受比德思维方式的影响。

兴是感性物态直接感发主体的情意，引发丰富的联想和深切的体验。这是一种即兴的体验，包含着当下的灵感。"兴"发之时，眼前的景物便染上了人的感情色彩，欣赏者的情思和意趣正通过这种景物获得感性、具体的表现。因此，兴的感发是沟通物我、融合情景的欣赏方法，是依物生情，由自然引起的激荡和回应。它使得自然山水作为心灵的对应物，作为主体精神成就的对应物而存在。物象感动心灵，而兴会的灵感让我们豁然贯通，从对象中受到情感的激荡，在审美活动的瞬间，在忘我的刹那，实现物我交融。这是一种心物偶然相遇、适然相合的心理体验。通过兴的思维方式，主体在审美活动中即景会心，自然灵妙，有一种浑然天成、不着痕迹的特点。在审美活动中，主体感物兴情，兴以起情。感而能兴，是以主体的感慨和体验为基础的，是一种直觉体验。

自然之象与主观情意的融合，乃是通过比兴实现的。中国古代的诗歌以鸟兽草木比兴，重视心物间的感应。孔子的"知者乐水，仁者乐山"，通过比拟和譬喻的思维方式，从自然中寻求精神寄托，拓展自我的精神生命。人们从山水比德中获得欣悦，以自然特征与人的精神品质相类比，把自然看成人的特定心态的象征。在对人生的审美体验中，比兴具体表现为"以己度人，推己及人"。

中国古人特别重视审美活动中悟的特点。悟本意为心领神会。心解、了达，就是一种透彻的领会。佛教禅宗则讲究了悟本心，由悟见性，通过悟来寻求生命的归依，是整个审美活动中体悟的写照。在审美活动中，悟是一种主客体沟通的思维方式。这是一种通过直觉、经神合到体道的审美体验，而这种体验又是在瞬间完成的。它以意会为基础，但又超越意会，既体验到对象，又把握到自我，包含着豁然贯通的觉醒。

在审美活动中，悟是通过对自然大化的生命精神的体验，通过对社会道德律令的比附贯通的把握，并且借助于内心的省思，主体对人生心领而神会，从而超越了现实的既定的人生体验，消解了自然规律与社会法则的对立，进入一种物我两忘的个体与社会、主体与自然之道的交融境界。悟使得诗情与物象交融为一，是一种即景而会心，或因景生情，或因情而触景，实现物我合一。这是一种物我之间由感而通的境界。悟是在景的感动下情感的激荡与生命的勃发。通过悟，人在审美中实现了物态人情化、人情物态化。通过妙悟，主体由感官感受到的感性对象，激发起内心澎湃的情思，由悟而通神，使得心灵突破身观局限，超越现实的时空，由主体体悟自然之道，而使自我得以升华，从而神超形越，从了然于心进入游心于道的化境之中，使大化精神汇入个体的精神生命，从而创构出自由的人生境界。

"天人合一"是中国传统的农业文明的产物，但对于美学至今仍有着深刻的意义。天人合一是中国传统文化中的一个重要的核心命题。在审美的意义上，它体现了人们以人情看物态、以物态度人情的审美的思维方式。在中国传统的审美思想中，人与自然是统一的，万物生命是息息相通的，处在相互对应的有机联系中，存在于统一的生命过程中，体现出生命的某种象征意义。天人合一的思维方式，体现了中国传统审美活动的独特特征和有机整体的思想方法，这对我们总结人类审美活动的基本特征，乃至将中国传统的文艺理论思想发扬光大，有着重要的理论意义和实践意义。

天人合一不但意味着对象与人被视为一体，而且使主体在审美体验中跃身大化，与天地浑然为一。天人合一的境界是一种天人和谐的境界，个体投身到自然大化中去，实现个体生命与宇宙生命的融合。人可与日月同辉，与天地并生。人参天地化育，反映了人对自然的积极回应及人与自然的亲和关系。在审美活动中，天人合一不是单纯的主体对自然之道的被动接纳，而是主体对自然的能动顺应，从对天地自然的积极适应和相融协调中伸张自我，实现心灵的自由。

中国艺术既源自自然，又参赞化育，造于自然，以笔补造化，正是天人合一的一种表现。天人合一的境界是一种天人和谐的审美境界。天人合一在人与自然亲密的基础上形成了一种相关的文化心理，这是人以诗意的情怀去体悟自然的结果，认为人与自然本为一体，是一种亲和关系。自然万物是愉情悦性的对象，人们可以从中获得身心的愉悦。中国美学正是从天人合一的生命情调中，即人与自然的亲和关系中寻求美的。

二、范畴特点

中国传统的美学范畴既受到传统的哲学等范畴的影响，也取自现实的人生，以抽象的概念记录自己的直接印象。其中的许多单体范畴相互结合或主从修饰，或并列融合，构成了新的复合范畴。同时，中国传统的美学范畴还在借鉴外来范畴的基础上衍生了新的范畴。中国古代哲学和艺术批评中的范畴，如体现天人合一的思维方式和生命意识的气韵、风骨等，是中国古人对审美问题的独特的理论概括。他们将自然与人生感悟相贯通，尤其关注现实人生的价值。有的可与西方美学相互印证；有的则反映了中国人的独特贡献，与其他国家的美学理论互补，对当代美学理论建构有启发，应予重视和深化。

第一，中国传统美学范畴与哲学范畴是相贯通的。这些范畴深受中国传统的哲学体系的影响，在某种程度上，我们甚至可以说，中国美学范畴是中国古代哲学体系的有机组成部分。从有机整体观出发，中国传统美学将审美现象放在与宇宙自然、社会历史和人类的整个精神世界的广泛联系中进行考察，把审美现象看作一个由各种不同因素多层次结合在一起的有机体，看作一个生气贯注、血脉相通的生命整体。体现生命意识的"神""气""意""象""味"等思想都是受中国传统哲学影响的结果。受哲学思想的影响，中国传统美学思想还重视辩证方法，以形神、动静、虚实、意象、情景等范畴进行分析，有着非常自觉的对立统一意识，二者缺一不可。

第二，中国古代美学的范畴还体现了生命意识。中国古人认识到艺术作品不仅是人生命的体现和结晶，而且它本身的结构形式具有人的生命特征，艺术作品亦如人，有肌肤、骨骼、血脉、精神，是一个生机盎然、有血有肉的生命体，是一种生气贯注的有机形式。它源于生命，在表现生命的同时，自身又获得了生命形式的特点，并且以自身生命形式的特点而给人以无穷的美感。如"气"，既是作品作为有机生命整体的气、作品的内在生意等，又是作为作品源头的作家内在气质、个性的气，从中反映了中国古代美学对艺术作品的独特领悟和灵性；又如作为艺术风格的"风骨"范畴，其内涵也体现了中国美学的生命意识，描述作品由言辞表达出来的强健有力的感人风采；再如"神韵"一语，最早见于南朝，本是人物评品用语，意为人物的神采气度，如"神韵冲简，识宇标峻"

（《宋书·王敬弘传》）、"神韵峻举"（梁武帝《赠萧子显诏》）等，后来这些评品人物的话语被转向评画，南齐谢赫也以"神韵"论画，其意与"气韵"相近，诗论中的"神韵"是受画论影响的结果，如明代陆时雍、王渔洋等均以神韵论诗。

中国传统美学往往以生命喻艺术作品，或以植物如"根情、苗言、华声、实义"评诗，或以人与动物喻诗，如神明、骨鲠、肌肤、声气，都是生命意识的体现。他们特别近取诸身，以人喻艺，以气、以性论人，如气、才、性、情、志、骨神、脉、文心、句眼、肌理、神韵等。归庄《玉山诗集序》云："气犹人之气，人所赖以生者也，一肢不贯，则成死肌，全体不贯，形神离矣。"以人的生命作喻，如《文心雕龙·附会》之"情志为神明，事义为骨髓，辞采为肌肤，宫商为声气"，把作品比作人体生命、风骨。胡应麟《诗薮》云："诗之筋骨，犹木之根干也；肌肉，犹枝叶也，色泽神韵，犹花蕊也。"《环溪诗话》也说："诗有肌肤，有血脉，有骨格，有精神。"王铎《文丹》云："文有神，有魂，有魄，有窍，有脉，有筋，有腠理，有骨，有髓。"这些以人喻诗、喻文，将艺术生命化的观点，反映了中国古人对艺术审美特征的深刻认识。

第三，与生命意识相关的，中国传统美学还将自然感悟与社会特征贯通起来。如"味"本来是生理感官的快感，陆机则以"味"来比喻作品的艺术感染力。这是基于生理基础上的心理体验。他在《文赋》中说，"或清虚以婉约，每除烦而去滥，阙大羹之遗味，同朱弦之清泛，虽一唱而三叹，固既雅而不艳"，即好的作品留给人的长久回味。刘勰在《文心雕龙》中也多次提到了"味"或"滋味"。钟嵘《诗品序》也在刘勰之后提出了五言诗的创作要有"滋味"。宋代的张戒、杨万里、严羽、朱熹等人，大都在继承陆机、刘勰、钟嵘的基础上既有继承，又有创新。

第四，中国传统美学范畴还借鉴了外来文化中的范畴，特别是佛教理论的范畴。如盛行于东晋南朝时期的佛教境界理论在借鉴玄学理论内核的基础上，对"境"和"境界"作了较为系统和深入的阐述，为意境说的产生提供了思想基础和思维方法。尤其佛教理论家们对"心"与"境"关系的论述与艺术意境理论的基本特征相契合，故影响更为广泛。在唐代佛教各宗派中，对境界理论作系统阐述并对意境说形成产生影响的首推禅宗。禅宗吸取了唯识宗对"识"与"境"关系的论述，提出了"境界"观。自盛唐以后的诗论多有以"境"论诗的，很多受到了禅宗思想的影响，如殷璠《河岳英灵集》中评王维的诗"一句一字，皆出常境"。一直到王昌龄《诗格》中对"物境"、"情境"和"意境"的内涵给予了界定，他把唐代山水田园诗人的诗趣与佛家的"境界"相融合，从而加强了"意境"概念的内涵和风韵。佛教思想和禅宗的影响，使"意境"的内涵得到了延伸与拓展。

这些全然不同于西方美学的中国传统范畴，充分体现了中国古人对于对象的感性直觉体验，虽然有着缺乏知性思考和逻辑性的弱点，但超越了认识论对审美问题研究的局限，在对人生体验的感悟方面，可以契合于审美活动作为精神价值体现的独特性，重视了知性所不能剖析的审美的感性特征，使得美学学科体现着美学精神。

三、理论形态

在美学的理论形态上，中国传统的美学思想常常通过直觉的方式对审美现象进行反思。与西方传统的分析方法相比，中国传统的思维方式更趋于综合，更具有人文情调。这是一种诗性思维，它始终不脱离感性形态，具有不即不离、若即若离的特征。中国古代的思想家们往往依靠敏锐的直觉体验，重领悟、重描述、重整体感受和印象，带有较多的直观性和经验性，对读者进行感性引导，富于启发性，多给人以启示，让人了然于心，在体验中获得共鸣，从中反映了中国古代美学思想的诗性内涵。对于艺术作品，中国古代的学者常常"寓目辄书"，或比较，或比喻，或知人论世，或形象喻示，均为诗性话语，但遗憾的是它们缺少缜密的分析。它具体表现在以下几个方面。

首先，中国传统的美学思想重视感悟和连类无穷的诗性表达，其美学思想自身就是诗意的、审美的。艺术批评如诗论，就有以诗论诗的传统。杜甫的《戏为六绝句》和《解闷五首》，白居易的《与元九书》等都是批评文体中的名作。韩愈的论诗诗，数量多，诗语奇，如《调张籍》用了一系列奇崛的比喻来状写李杜诗风的宏阔与雄怪，读来令人惊心动魄。司空图的《二十四诗品》更是运用优美的语言来评说诗人诗作和诗意诗境。其他如陆机的《文赋》、曹丕的《典论·论文》、欧阳修的《六一诗话》等本身就是文学艺术作品。这是由中国传统文化的基本特征决定的。中国上古时代的农耕文化造就了中国传统的诗性文明。农耕的生产方式，决定了中华民族特定的心理特质和思维方式。中国传统的美学思想之所以会走向与西方不同的诗性道路，就在于中国古代早期文化中所孕育出来的诗性智慧，同时这也是儒、道、释共同作用的结果。中国艺术重赏会与妙悟，中国传统的美学思想与艺术思想也重赏会与妙悟，这种妙悟的方式本身也是诗意的方式。他们从创作和欣赏活动的切实体验出发，引发读者通过体验而共鸣。

其次，中国传统美学思想还具有具象性特征。中国传统美学思想常常以象喻义，具有暗示性和启发性。中国文字以象见义，象形会意的文字不但给中国文学带来了特点，也给中国的学术带来了特点。中国文字具有单体独文和表意性特征，在文法上没有主动被动、单数复数以及人称和时间的严格限制。涵喻的字词是流动的，随时相配而构成新的单元，而不拘于宾主、人称等种种关系和要求，所以它多变、简洁、富有弹性。用它构成的文学作品也富于暗示、朦胧的特性，同时，适于情调、气氛的描写。这些特点造成了美学理论中文学修辞的发达，诗文评论讲究炼字和炼句，散文评论讲求整齐和谐的俪偶和短长高下的气势特点。这就造成了中国美学理论比较重视感性，又超越于感性；基于具象，又超越具象；重体验，直诉直观体验，重视心印，以感性形象喻诗；通过生动的形象对对象加以表述，想象奇特、引譬连类，形象地表达了抽象的内容，如《二十四诗品》中常用"如""若""犹""似"来形容一些基本的审美特征。

再次，中国传统的美学思想本身也体现了生命意识。中国艺术特别是书画和文学等，为了能使形更好地表达出神韵来，常常用骨、气、血、肉、肌肤等加以描述，无疑也是生命意识的体现。钟嵘《诗品》所谓"真骨凌霜"，明末清初宋曹所谓"用骨为体"（《书法约言》），沈宗骞所谓"画以骨格为主"（《芥舟学画编》）等，分别在诗歌、书法和绘画诸方面用骨来对作品作生命的描述。荆浩《笔法记》称："笔有四势，谓筋、肉、骨、气。"唐岱《绘事发微》要求"骨肉相辅"。刘勰《文心雕龙·附会》云："必以情志为神明，事义为骨髓，辞采为肌肤，宫商为声气。"苏轼论书云："书必有神气骨血肉，五者阙一不为成书也。"（《东坡题跋》卷上）张怀瓘论画云："象人之美，张（僧繇）得其肉，陆（探微）得其骨，顾（恺之）得其神。神妙亡方，以顾为最。"（《画断》）。其他如风骨、气韵、风力、骨气等，均属生命系统的范畴。中国艺术常常追求"一片化机之妙"的境界，正是一种体现生命意识的体道境界。

最后，中国传统艺术具有重机能轻结构的特点。中国传统艺术注重的不是维纳斯式的结构比例，也不强调对形体的简单模拟，对自然、对外界，既是亲近的，又是敬畏的。他们认为无需细腻地模拟自然对象的形态，"论画以形似，见与儿童邻"（苏轼《书鄢陵王主簿所画折枝》），也不可能写出对象的逼真形态来。人在这一点上，是不能与自然匹比的；而人之神态、气质，美丑好恶，又非摹形所能传达。"欲得其人之天"（苏轼《传神记》），必当重以传神，必当重其充盈的生气。于是，人们便从神，从风骨气血肌肤等生命力的表征上去谋求表现。中国艺术的所谓骨气血肉，也非肉体的现实，而是从功能角度去把握的。无物之象，无骨之肉，必不能立，更无风力可言。故画虽无骨，却处处见骨。字虽无血，却能墨中见血，无血则不生。至于肌肤，则更是神采的体现。故传统的艺术，轻形而重神，以神为中心，从机能的角度，以人比艺，将艺术视为一个生命的系统。

第三节　中国美学的研究方法

中国美学既有与西方美学相印证的一面，又有与西方美学互补的一面，更有对世界美学丰富和启示的一面。这就需要我们在具体的研究中要尊重中国美学的本来面目，既不可以西方美学简单地取舍中国传统美学，对其进行同化，又不可用狭隘的实用观点，对其进行肢解。

第一，中国美学有自己的学科疆域，它应当是美学的历史，而不应当是文化史或艺术理论史甚至风俗史等。我们主张中国美学和中国美学史研究，可以突破一些狭隘的理解，兼顾理论与实践，但这并不意味着放弃美学这一学科的基本边界。时下一些研究美学或中国美学的著作，把中国美学和中国美学史的概念泛化了，以文化为美学的全部内容，以现实生活的一切内容为美学研究的对象，衣食住行，无所不包，在人格品评中美善不分，甚至以消费活动为审美活动，以动物性的感官快适为美感，这是对美学这个词的滥用，不但降低了美学学科的格调和品位，而且使美学学科成为无边的学科，最终会导致美学被解构，这是美学和美学史研究中的一种堕落行为。我们要维持美学学科的严肃性，不能泛化美学。中国美学与西方美学在研究内容和范畴体系等方面确实有着相当的差异，但这不是中国美学没有边界的理由。尽管学术界包括美学界对审美和美学的对象和内容的界定还存在分歧，作为严肃的学术问题当然还可以讨论，但我们还是一定要将美学与文化等区分开来，而不能使美学失去定性。尽管我们可以从中国文化思想里提炼美学思想，但美学本身必须尊重美学的基本学术规范，不能把美学同艺术学、伦理学混为一谈，更不能把它看成意识形态的附庸。中国美学所讨论的基本问题应该而且必须是审美问题。我们应当尊重迄今为止美学前辈对美学和中国美学学科的研究成果。

第二，中国美学应当体现出中国美学理论与实践的统一，而不应当只有美学理论。中国美学的资源既包括前人已经总结出来的理论内容，也包括尚待总结的感性材料，需兼顾形而上的思想资源和形而下的感性审美物态。整理古代学者的美学思想，是我们美学工作者的责任，而在古人的艺术（包括工艺）创造的实践中概括和总结他们的审美意识同样是我们的责任，而且更有难度，在某种程度上说也更有价值。我们应当超越局限于美学理论来研究美学的思路，从更为广阔的视野中研究中国美学。因此，研究中国美学既要以已有的理论和思想为基础，又要在审美的感性形态尤其是艺术实践中对其进行概括和总结，而不能把那些尚未归纳、总结，或归纳总结得不够的审美现象搁置。即使是已经从前人视角做过总结的对象，也可以用新的方法进行总结。这些艺术实践不但可以给我们提供印证已有理论和思想的基础，而且其中保留了丰富多彩的审美趣味和审美理想的标本。因此，我们要重视古代的优秀艺术品，重视出土文物，要以感性对象为基础。中国早期的器物、工艺、绘画、音乐、园林建筑、文字的创造和书法，乃至社会制度等具体的创造物和艺术作品，都显示了中国人独特的审美理想和审美趣味，并且将技艺与宇宙之道贯通起来。由此而产生的相关的艺术理论和批评，体现了中国古人的审美理想和审美趣味。可以说，中国美学在中国哲学体系的背景下，更充分地体现在各门类艺术理论中，并对各门类艺术产生了深刻的影响。在此基础上，我们应该对中国美学中的道与器、雕饰与自然以及雅与俗的趣味均给予足够的重视，使审美意识得到更全面的展示。

第三，中国美学在全球视野下，从内容到研究方法均应该具有鲜明的中国特色。因此，我们要反对不顾中国美学的实际，以西方的方法简单套用中国美学的做法，也反对用个人的思想去割裂中国美学。既然美学作为一门学科是在西方诞生的，西方在美学学科上已经先行一步，积累了丰富的经验，那么用它作为研究中国美学的参照坐标，是非常必要的，我们可以借此看出中国美学的特点。要重视比较，在比较中能够更加深入地看到中国美学的特质。中国美学有自己的特点，即使在和谐等与西方相通的范畴上，也与西方美学在角度、内涵等方面迥然不同。相比之下，中国美学更重视技能效果，而轻结构形式。但西方美学也只能作为参照坐标和比较的对象，而不能以西方的范式削足适履，不能以中国美学比附西方美学，更不能以西方美学肢解中国美学，不能在中国美学范畴和西方美学间简单画等号，比如不能在天人合一和人化自然之间简单地画等号。过去那种用唯物主义、唯心主义作为主线去贯穿中国美学史，或是用现实主义、浪漫主义去划分文艺现象的做法，都是不符合中国美学具体实际的。中国美学与西方美学既有逻辑上的一致性，又有内涵上的差异性。中国美学既有依托于中国哲学传统的独特的范畴系统，又与审美体验和艺术实践有着天然的联系。因此，我们需要处理好中国哲学与中国艺术理论和中国艺术实践的天然关系。比如，中国美学高度地体现了生命意识，重视内在的肌理和功能的评价。如"气韵生动"不仅体现在各门艺术的评价中，也体现在对人物气度的评价中，贯穿在整个中国美学中，而不像西方美学那样拘泥于黄金分割一类的形式规律。在思想形态上，中国美学更注重生动活泼的感性评点，表述主体的体验和感受，而不同于西方以理性的逻辑论证为主。中国文人和艺人的笔记、体会，表达了他们对美学的精湛的见解。我们应该尊重中国美学自身的特征。

第四，个人对中国美学的研究应该尊重客观事实，而不能把美学变成个人思想的注脚。个人可以有自己独特的视角和独到的研究方法，但必须尊重中国美学这一具体、特定的对象本身，而不能通过"六经注我"式的方法，在中国美学的史料中望文生义，断章取义，剪裁割裂，取其所需，甚至肆意歪曲，把中国美学看成研究者个人观点的注脚，也不宜对中国美学用当代的思想做过度阐释。个人对中国美学的研究，只能从中发现真理，而不能借此发明真理。有些研究者从已有的经典出发，把美学变成某一经典的注脚，也是"六经注我"的一种表现。经典也应该是规律的体现，它应当在美学中得到印证。中国美学有自身的源流和逻辑，概念范畴也自成系统，既有其科学性和历史性，又有其特殊性和独立性，我们要直面中国美学的历史事实，尊重中国美学发展的逻辑线索，尊重中国美学中的文本和审美现象，对其进行具体实证的研究。那些单纯用西方逻辑体系来解读中国美学，或对其加诸狭隘的实用主义方法，或把中国美学套入现有的美学体系的做法，都是牵强附会的。如果说"六经注我"作为一种学术方法在论证过程中有它的可取之处的话，那么它至少在中国美学这种历史科学的研究中，是不可取的。"六经注我"凸显了研究者的历史意识，虽然也常有闪光的、独到的发现，但从根本上违背了美学的客观规律。美学的实证研究中并不反对理论创新，但理论创新需要置于历史意识的基础上。在中国美学研究的历史与逻辑的统一中，历史应该是优先的，历史背景是逻辑的基础。注重历史的美学研究有助于破除美学家心中先在的逻辑偏见和思想成见。对于中国美学研究来说，尤其是目前来说，只能论从史出，而不能把美学作为既有观点的注脚，否则会使中国美学失去作为一种史学的自身价值。

第五，中国美学研究应当体现出当代意识。中国美学和中国美学史作为独立的学科，是现代中国学者参照西方美学建立起来的，是以现代学科意识和学科规范来对中国传统审美思想和艺术实践等进行梳理的结果。因此，中国美学并不是材料的简单罗列，也不是古董的陈列，应该体现出新方法、新视野和新视角，尤其应重视其当代意识和当代价值。这种当代意识在于它首先要有自觉的学科意识，从当代既定的学术规范来研究中国美学。这就要求我们要按照国际通行的学术规范，将中国美学的资源转化成在未来有生命力，可以与西方和其他文化体系中的美学思想进行对话的美学系统，以当代的意识和全球的视角去审视，从中实现现代学术体系的规范和要求与中国美学的内在精神的统一，并且从史料中发现前人所未曾发现的线索和独特的思路，体现当代研究的水平，以便补苴罅漏，张皇幽眇，为当代的中国美学理论的基本建设做贡献。可见，在中国美学研究中体现当代意识与中国美学实际并不矛盾，与中国美学研究中的当代性与实用主义的"六经注我"式的美学方法有着本质的区别。

在中国美学的研究方面，宗白华先生是我们的楷模。他的《中国美学史中重要问题的初步探索》，充分表达了他对中国美学独特特征的理解。他对中国古代哲学和工艺美术思想的阐释，对中国绘画、书法、音乐等艺术及批评的灵心妙悟，乃至对晋人风神的剖析，对雕饰和自然风格的强调，对虚实、骨力等范畴的重视等，都对我们后来的中国美学研究产生了或隐或显的影响。20世纪60年代，他在指导了《中国美学史资料选编》后，本来想主编一本《中国美学史》，但由于编写者不同意他的美学观念和基本构架，导致这一计划流产。今天，我们许多中国美学史的研究者对宗白华中国美学史研究方法的继承，或许多少可以弥补他未能成功主编一部《中国美学史》的缺憾。

第四节　中国美学的当代价值

中国传统美学对于当代美学理论建构无疑具有活力和价值。中国的史前和夏商周时期的石器、玉器、陶器和青铜器等器物的创造，其造型和纹饰及其构图章法等方面的探索，世代传承，不断发展；原始岩画、神话和诗歌乃至象形表意的汉字等，其观物取象、立象尽意的意象创构方式，需要我们从当代的视角加以总结和继承。而中国古代哲学和艺术批评中的范畴，如体现天人合一的思维方式和生命意识的气韵、风骨等，是中国古人对审美问题的独特理论概括。他们将自然与人生感悟相贯通，尤其关注现实人生的价值，有的可与西方美学相互印证，有的则反映了中国人的独特贡献，与其他国家美学理论互补，对当代美学理论建构有启发，应予重视和深化。在理论形态上，中国传统美学思想有自己独特的致思特点，它们常常重直觉体验，以象喻义，体现了诗性的思维方式，具有具象性等特征，与西方美学的逻辑论证可以互补。

中国美学不仅是世界美学遗产的重要组成部分，而且具有着自身的独特性。中国古代对审美问题的丰富见解，有些与西方美学是可以相互印证的。这是出于人类共同的生理机制和心理机制，"人同此心，心同此理"，在审美活动中必然有着共同的特征，有着相似的反思与概括。同时，面对一些共同的审美现象，中国古人会有一些不同于西方人的独特的见解，或是独特的看待问题的视角。中国传统思想对审美基本规律的概括，揭示了人类审美活动的普遍规律，既可以印证西方美学的基本观点，还可以纠正一些西方理论中的谬误，补充西方美学基本理论所存在的盲点，它们与西方美学思想共生互补。当然另外也有一些中国古代的美学思想，是中国人在长期的审美实践中所形成的独特趣尚，这些现象及其理论上的反思和总结，是西方所不曾有的。其中有些内容可以获得普遍接受，能够丰富世界美学宝库。

我们建构当代美学理论体系，必须继承中国传统美学方面的优秀成果，必须具有历史意识。当代美学体系应该是整个人类审美思想发展的结果与延续，许多固有的基本范畴和理论系统，都是历史地形成的。当代人的审美意识，是同整个人类审美意识发展史血肉相连、一脉相承的，是千百年来历史演变的必然结果。在任何时候，人类的审美意识和审美理论都不可能在短时间内发生彻底的变革，因此我们既不能割断历史，也不可能凭空发明一整套审美意识取而代之。

有些反映中国人独特的审美要求和愿望的思想，在中国范围内，或特定的时间内，具有其存在的合理性。但它们不应该只是属于中国的，更应该是属于世界的，它们有利于当代美学学科的完善。虽然中国传统的美学思想有许多是零散的、缺乏系统性的，但它们确实是非常丰富的，对当代美学理论的建构具有相当的价值和启发性。中国传统的美学思想，不仅是中国人独特的审美趣味与审美实践的理论概括和总结，而且引导过、影响过中国人的审美趣味与审美实践。其理论概括既有人类审美活动的共性特征，又有民族的个性差异。它们必将对世界的美学思想产生重要影响，成为世界美学的重要组成部分。因此，建立中国特色的美学理论，是继承中国传统美学宝贵遗产的需要，更是当代中国人对世界美学做出贡献的重要角度。

为了让中国美学的资源在当代中国乃至世界范围内得到合理的运用，中国现代美学的先驱王国维、朱光潜和宗白华等一批美学家已经做出了不懈的努力，取得了卓越的成就，但是目前这项工作进行得还很不够，需要更多的中国学者乃至世界学者为中国传统的美学资源在当代美学理论建构中的运用做出努力。

思考题：

1. 中国美学发展的阶段性特征是什么？
2. 中国美学的理论形态特征有哪些？

3. 如何理解中国美学中的生命意识？

4. 如何充分发挥中国美学的当代价值？

拓展阅读文献：

1. 叶朗：《中国美学史大纲》，上海，上海人民出版社，1985。

2. 李泽厚：《美的历程》，见《李泽厚十年集》第 1 卷，合肥，安徽文艺出版社，1994。

3. 宗白华：《艺境》，合肥，安徽教育出版社，2006。

4. 郭绍虞：《中国文学批评史》，北京，商务印书馆，2010。

扫码阅读：

第十二章　日本美学

　　东方审美文化系统中的日本美学，从艺术精神到审美意识的主体性坚持，再到独特的文学艺术的民族形式，如文学方面的和歌、物语、俳句、浮世草子等，戏曲方面的谣曲、狂言、能乐、净琉璃、歌舞伎等，绘画方面的大和绘、浮世绘等，都是在自己民族的风土中创造出来的、世界独一无二的文明财富。日本古典美学思想的形成受到日本特定自然环境以及"他者"民族的文化影响，其美学思想的民族性体现在特征鲜明的审美文化中。审美世界是心灵的家园、情感的归依，日本传统审美文化是日本民族情感浇灌的花朵。本章将在对日本传统审美文化的分析和归纳中，概述日本美学的基本特征和审美形态。

第一节　日本美学的特征

　　日本美学的发展，坚持了两个基本点：一是坚持本土审美文化的主体作用，二是坚持多层次引进及消化外来审美文化。其特征主要表现在：由自然风土而形成的植物美学观、由文化交融形成的"他者性"、由神道和佛教（万物有灵）而形成的宗教性、由批评意识而形成的理论形态的经验性、由艺术生活化而形成的世俗性和日本审美文化的抒情性。这里重点阐述日本审美文化的抒情性。

一、日本审美文化的抒情性概述

1. 地理与人文：抒情性的"定调"

　　一个民族的心理是其审美心理形成的源头活水。细腻敏感是日本民族心理的一个鲜明特征。自然地理环境是形成这一心理特点的最根源性的决定因素。

　　首先，日本是一个狭长的群岛国家，具有多样的地理条件和气候条件，富于变化的自然风景能够触动人敏锐细腻的情感心理，从而培养出日本民族心理丰富多变的一面。其次，日本的山河脉络狭小，缺乏气势，但是柔和婉转，富于情趣。自然景物、风土人情是日本艺术家反复观照、体味、表现的对象，这对于日本民族心理以及审美心态的形成，有着久远的潜移默化的影响。再次，日本是一个适于耕作、物产富饶的国家，又是一个地震频繁、台风肆虐的国家。就是在对生活的幸福快乐和悲苦惨烈的反复品尝和深度体验之中，日本民族形成了悲剧性的心理特征，以及尽情享受、苦中作乐的幽默心态。最后，日本远离大陆，四周是茫茫大海，长期远避大陆，处于封闭状态。这一方面造就了日本民族心胸不够开阔、民族观念淡薄的心态，另一方面推动了日本民族内倾心态的形成。日本民族的心理特点决定了日本民族独特的情感反应模式，也从根本上决定了日本民族审美心理的特点，决定了日本审美文化的抒情性特色。

情感是艺术家进行创作的动力，艺术作品是艺术家情感和思想的物态化。所以，对于一件艺术作品来说，情感一方面内化为作品内在的感性内容，另一方面外化为作品的意蕴和情调。与中国传统文学艺术相区别，日本审美文化的抒情性同时具有细腻敏感的感受主义和素朴畅达的自然主义两种风格。

2. 幽玄与自然：抒情的二重性

细腻敏感的情感传达，使日本艺术具有鲜明的感觉主义风格。日本的文学艺术，更关注作品题材对象的情感意味，更擅长通过对题材对象的描述、摹写，运用比拟手法把握主人公情感的现实态和流动态。譬如日本的小说，无论是摹写贵族心态的《源氏物语》，描述武士心态的战争物语，还是展示市民心态的浮世物语，都能够深入细微地玩味主人公的个人经历，把握人物细微的个体感受。可以说，日本的文学善于用幽微的笔法摹写日本人幽微的心态，从而呈现出日本人特有的文学性格——"幽玄之美"。如果说，中国传统审美文化在情感表现方面具有君子风度的"淡雅之美"，那么，日本传统审美文化则具有情感传达细腻幽微的"幽玄之美"。

自然主义风格是日本文学艺术抒情风格的另一个特色。它表现在两方面：其一，日本民族对自然物持有强烈的亲和观念。自然风物普遍频繁地进入艺术家的创作领域，成为艺术家进行创作的基本题材，甚至是主要表现对象。比拟手法的运用使自然风物成为艺术家寓意抒情的象征物，或者可以说，艺术家笔下的自然物象就是某种观念和情感的物态化。如果说西方的象征主义是用神灵和圣物的形象寓含西方人的宗教观念和宗教情感，那么日本的象征主义则是用自然物的形象寓含日本人民的生活观念和生活感受。其二，日本文学艺术中的情感抒发也是自然主义的。日本人倾向于承认人类的自然欲望和情感，而且更坦诚更直率，不借重道德伦理的伪饰。日本人并不认为欲望和情感有损人的道德品格，而感官享乐和人生情爱的体味也不必然是道德堕落的情由。所以，以男女情爱为主题的诗歌在日本传统诗歌中占有很大的比例。这些诗清闲自然，情感真挚，没有规避道德原则的小心翼翼、束手束脚，也没有附会道德伦理的强烈、鲜明的意图。

考察日本审美文化的历史可以感受到，当日本文化受到外国的文化的冲击时，在受其影响而产生的文学艺术中，上述两种风格表现得就比较模糊；当本土文化消化了外来文化，创造出新的文化形态时，这两种风格就表现鲜明起来。下面我们对具体艺术门类的审美抒情性进行考察。

二、日本传统文学的抒情性考察

对日本文学抒情性的考察，就是对日本文学抒情性传统的形成和源流相继的发展过程的考察。日本民族文学的根源，可以追溯到汉字汉文传入前的原始歌谣和传说。原始歌谣是我们现在可以考察的日本民族最古老的文学样式，可供分析的材料也就主要依靠保存在《古事记》（以下简称《记》）和《日本书纪》（以下简称《纪》）中的古代歌谣了。《记》和《纪》成书于8世纪，即古代天皇制确立初期。书中的歌谣形成于封建时代以前，歌谣多以英雄时代的传说和生活为题材，能够真实地传达出那个时代所特有的强烈的情感、雄大的气魄，整体上具有粗犷、朴厚的风格。与后世的文学作品相比，这些歌谣里没有由于人物的自省所带来的阴郁和敏感，情感表现是直接而明快的，具有活泼、健康的风格。题材是自由的，面向生活和外部世界，既有关于狩猎、捕鱼及耕作等生产活动的民众生活的歌谣，也有表达爱情乃至怀乡题材的歌谣。

《记》和《纪》是以汉文书写的，这是由于在汉语输入以前和文还没有形成。到平安朝时期，日本的假名文字创制并成熟起来。文学以文字为表达载体，文字的使用对于文学的意义十分重要，能驾驭文字语言恰当地表达自己的思想情感，对于民族文学确立自己的审美风格至关重要。使用外来文字记录本地的自然风物和生活，特别是运用外来文字抒发自己的情感，总是缺乏准确的对应性，有碍于情感的自然流畅的抒发。所以，平安朝初期假名文字的确立，使日本文学迅速从汉文中解放出来，使人们可以自由、亲切地表达自己思想情感的变化。和歌和假名文字的结合，也促进了和歌传统的确立。《万叶集》就是这种结合的产物。

《万叶集》的出现，标志着日本文学抒情性传统的形成。从其风格上来说，它已经逐渐丧失了古代歌谣中那种浑厚粗犷的力度和朴拙的美，而逐渐走向纤巧和细腻。从题材上来说，《万叶集》的和歌中恋爱题材仍然十分普遍，它收录了许多民谣，这些民谣能够把诗歌的意趣直接与日常生活联系在一起，活生生地表现出人的淳朴自然的品质，表现出不为教养所浸染的天真淳朴的特点，更好地继承了古代歌谣抒情的自然清新和质朴的风格。值得注意的是，部分和歌中体现出了悲剧性韵味。譬如在柿本人麻吕的作品中体现出英雄时代的自由精神与古代天皇制形成时期的社会压力之间的悲剧性冲突；山上忆良在作品中表现出的则是有文化有教养的贵族阶级的苦闷与落寞，同是奈良时代的大伴旅人则生活在大伴氏和藤原氏的斗争旋涡中，大伴氏的没落和失败，生活的苦恼和凋敝，影响着旅人的心灵，但是旅人悲苦的心境与老庄思想的结合，使他的和歌作品流露出的平淡有致中又含着难以舍弃的淡淡的哀愁。

自平安末期以来，连歌就在宫廷和民间作为和歌的余兴盛行起来。连歌是一种问答应对的新的和歌形式。这种问答的形式从《万叶集》就已经开始了，连歌延续了这种传统，使高雅的和歌也深深地植根于人们的日常生活。这种传统因为始终不断流变的生活世态而具有蓬勃的生命力，也因为连歌能够在游戏中触及人生的机微而受到尊重和喜爱，并得以广为流传。连歌发展的另一方向，是对意蕴的注重。一首富于意蕴的和歌，在情感对象的选择和富有表现力的语言运用上都要精心锤炼，要表现出内心受到感动的感情，语言要富有蕴味。连歌的集大成者二条良基在《筑波问答》中讲道："有志于此道之人，必须注意先进入'幽玄'之境地，然后方可有成。"①继二条良基之后，宗祇进一步把连歌带向更深层的意境。宗祇是一个漂泊的浪漫诗人，是一个具有代表性的歌人，他的连歌由"幽玄"向"闲寂"的境界拓展，无疑是对大伴旅人的和歌传统的深化。

对意蕴和语言的过分推重，与连歌的即兴应答是相背离的，也不是平民所能接受和胜任的，所以当连歌走向规范化和贵族化时，它的生命力也走向了衰竭。而俳谐却作为适应新时代的新的和歌形式兴盛起来。俳谐继承了早期和歌即兴咏出的传统，在语言上开始运用宫廷歌人所不能使用的语言来描述平民生活，取材的对象也突破了后期连歌的藩篱，注目于早期连歌作者未曾注意到的平民世界，特别是植根于生活的真正的诙谐，表现了纯朴的平民的情感。

真正的俳谐巨匠与普通俳谐诗人的不同，就在于前者的诗歌情感表达的深沉、意境的隽永。比如松永贞德，他不避俗语，但不是把重点放在富有生活趣味的诙谐上，而是倾向于追求技巧上细微末节的诙谐，表现出异乎寻常的机智。以西山宗因为中心的谈林俳谐自由使用了比贞门更通俗的语言，而且更为生动地描写了町人阶层的生活和情感。谈林派俳谐奔放、自由，抒情直率、素朴，却绝少腐儒的道德气味。当谈林派末流走向放逸和轻浮时，松尾芭蕉则将俳谐带向了幽隐的情感世界和深邃的意境。大师的出现，为俳歌的创作确立了典范，带动了俳谐向规范化、凝练化的发展。

松尾芭蕉的生活经历使他逐渐远离人世和社会，转向了自然界。他厌恶现实生活，接受了禅宗思想，把自己的真诚情感倾注于俳谐创作中。他本人就是从武士阶层中脱离出来的，在那个时代找不到生活的落脚点，心情极度孤独苦闷，而且曾在旅途中病倒，几乎死去，所以闲寂和幽雅成为松尾芭蕉俳谐的风格基调和美学观点。他把全部的生命和情感倾注在俳谐创作中，才创造出这种能够深深触动人心的闲寂和幽雅风格来，体现出真诚的境界。

在率直自然和幽玄闲寂两种格调之间选择，在选择中求发展，展示出了日本传统诗歌发展的简约的脉络，从不同侧面表现出日本诗歌的抒情传统。日本文学的另一大源

① 转引自[日]西乡信纲等：《日本文学史——日本文学的传统和创造》，佩珊译，164页，北京，人民文学出版社，1978。

流，物语散文文学，也呈现出同样的特色。

古代的日本社会，在 10 世纪初的延喜时期出现了一次巨大的转折。在新旧贵族争夺权力的斗争中，没落的旧贵族失败了。旧贵族在阶级没落中所感到的不安、孤独和恐惧，就在他们的日记体散文中深深地流露出来。最敏锐地体验到贵族社会的矛盾和危机，能对现实进行最深刻的反省，并能够把这种心情细腻地用文字表露出来的，是那些属于中层贵族阶级的妇女。在这一时期，产生了占绝对优势的文学体裁——物语、日记、随笔等散文文学。纪贯之的《土佐日记》是出现较早影响也较深远的日记体散文。在这部作品中，他假托为女人，开创了用假名文字自由书写的新文体。它在文学史上的意义，就在于开创了运用日本民族的文字，自由地向日常生活和日常语言汲取养分的创作之路，形成了新的具有文学韵味的散文文学。《枕草子》也是妇女日记体散文中的优秀作品。其作者清少纳言具有敏锐的感受力，善于捕捉事物刹那间的幽微之美，把事物的细微之处与微妙的感情变化巧妙地结合起来，创造出一种独特的情趣。

物语是古代日本比较规范的小说文学。物语文学利用强大的叙事功能和虚构铺排技巧，通常以个人命运和经历为中心线索，运用包罗世态风情的题材，利用和歌意蕴幽雅的特色，烘托气氛，以细致入微的笔触展示人物的内心纠葛和情感历程，并且不牵强地表现作者的社会责任感和历史使命感，形成了日本传统小说注重气氛渲染和情感力量的"私小说"风格。紫式部的《源氏物语》是早期物语文学的代表之作，它是一部真实地描绘处于没落过程中的贵族面貌的长篇物语。从她对自己创作意图的讨论中，可以看出她明确意识到物语文学是借助虚构故事来说明人生的真实的。因此，可以说《源氏物语》奠定了日本物语文学创作的基本路径，也就是通过摹写人物内心世界的历程来探询现实的真实、人生的真实，用现代批评话语来说就是从人的精神史（心灵史）的角度来展现历史的真实。《源氏物语》表现了作者的内省精神和批评意识，这是在体验了那个时代的贵族生活特别是贵族妇女的不幸生活后才创作出来的。这种理性精神是通过作者对主人公幽微心理的把握和表现传达出来的，也是通过选择运用富于情感的语言描写人物的生存空间乃至自然环境传达出来的，作者努力使文本的空间成为情感的空间。所以本居宣长指出《源氏物语》的基本精神是"幽情"。他说："在人的种种感情中，只有苦闷、忧愁、悲哀——即一切不能如愿的事，才是使人感受最深的。"[①]《源氏物语》奠定的"幽情"风格，成为后世物语文学的基本精神之一。

到中世纪，旧贵族已经彻底瓦解，武士阶层已经夺取政权，适应武士阶层需要的战争物语一时繁盛起来。战争物语在内容题材和情感基调上与过去的贵族物语完全不同，气势刚健、豪壮。但是战乱起伏波折，动荡无常，使武士阶层乃至整个社会普遍接受了

---

① 转引自［日］西乡信纲等：《日本文学史——日本文学的传统和创造》，佩珊译，77 页，北京，人民文学出版社，1978。

佛教的无常观念。所以，战争物语在关注人物内心感受，展示人物内心历程这一点上继承了贵族物语的传统。作家们能够深入地把握弥漫在人物心中的内心状态，比如为地位低微的自卑感所束缚的武士的内心矛盾，又如挥之不去的对战乱无常、人生无常的现实哀感。西乡信纲在《日本文学史》中讨论《平家物语》时这样讲过：《平家物语》毋宁说是凭着这种哀感，才成功地将支配中世纪变革期这一社会危机时期的悲剧性加以具体形象化了。①

从语言和文体的角度来看，平安时代贵族男子使用汉文，妇女使用假名文字，到战争物语的创作时期，产生了日汉混合的新文体。这种新文体能够更生动、自如地描绘出武士阶层行动的世界。它到了《平家物语》这里，才真正臻于成熟。因此西乡信纲高度评价了《平家物语》，认为它是划时代的作品，使日本文学获得了真正的独立。②

到中世纪末，町人阶层的逐渐兴起，使町人阶层的审美需要和审美趣味影响了散文文学的发展过程。这个时代的散文作品叫假名草子，它运用已经逐渐成熟起来的假名文字进行写作，更易接近现实生活，特别是町人阶层的生活和情感世界。作为城市文学，假名草子采取问答的形式，使用新鲜生动的口语，开辟了不为陈腐的、模式化的文学用语和美丽词句所束缚的自由文体。

然而，标志着町人阶层自己的文学得以确立的，却是浮世草子的出现。浮世是町人自己命名的现实社会。假名草子虽然在题材上有所突破，但也只是含混、片段地描写这种题材，而且带有明显的说教。比较起来，浮世草子则进一步脱出了中世纪道德观念的束缚，成为正面描绘生活在这种浮世中的人们的文学。由于浮世草子通过文学的形式直面时代的现实生活，因此能够最真实、最充分地展现生活在那个时代的町人阶层的生活世界和感情世界，从而使日本文学的抒情性传统在新的时代获得新的风采。

从抒情性的角度思考日本的散文文学，可以说，日本的散文文学在发展过程中始终通过向现实人生融入来获取发展的动力和养分，更为关注个体的人生经历和人生体验，不仅注重对人物内心世界的发掘，而且注重通过对人物行动和环境进行极富主观抒情色彩的描写，营造一种整体的氛围和意境。日本文学也讲情志结合，更强调情的抒写传达。事实上，真正触动人心、深入人心的，不是作者拣选出来奉给读者的东西，而是寓于动读者之情的故事中由读者体味出来的东西。简言之，日本文学的抒情性就表现在它从整体上体现出来的那种朦胧的、感性的美。

---

① ［日］西乡信纲等：《日本文学史——日本文学的传统和创造》，佩珊译，117页，北京，人民文学出版社，1978。

② ［日］西乡信纲等：《日本文学史——日本文学的传统和创造》，佩珊译，129页，北京，人民文学出版社，1978。

三、日本传统绘画的抒情性分析

与传统文学相比较，日本传统绘画的抒情性也表现为对意境营造的注重和对情趣传达的关注。正像日本的古代歌谣是日本文学的源头一样，日本在远古时期也有自己的绘画的源头。弥生时期出土的陶瓮上的雕刻图案和铜铎上的线条浮雕，取材于人们熟悉的动物，或者幻想中的半人半神的形象，描绘粗犷、简朴，仅是一种"纯朴而自发的心灵上的幻想流露"，还有古坟墓葬中的壁画，都体现出朴素的自然主义作风。

佛画伴随着古代天皇制的确立而传入日本并广为传播。在长时间内，日本佛画无论在题材还是技法上都受到外来文化特别是唐代佛画创作的影响，因此这一时期日本佛画所能容纳的也只能是民众的宗教感情。在创作实践中，日本佛画的装饰意味不断加强，比如创造出"切金"的装饰手法，以此来造出并加强作品的宗教情调和氛围。凤凰堂的壁画能够有力地展示出日本佛画的独特风格，这些作品具有精妙的阴影色彩和丰富多彩的装饰形式，有力地烘托出宗教信仰的神秘和迷狂氛围。

日本画家逐渐掌握中国绘画作品的技法后，开始描绘一些本土的风物和生活，这是将唐代风格加以本土化的努力。因此在平安时代，日本自己的风俗画则逐渐形成一种表达本土生活方式与精神面貌的民族形式——大和绘。大和绘是与唐绘对应的。唐绘是指中国式的绘画作品。大和绘的最初变革，就是在题材上的突破，描绘日本本土的自然风物的大和绘能够更亲切、更自然、更便利地寄托日本人民的生活情感。而且，细腻柔和的笔法也是与描写日本的自然景物相适应而逐渐形成的。

大和绘在题材上的进一步拓宽是随着物语小说的兴盛而取材于现世生活世界。比如《源氏物语》问世后，出现了与之对应的图画解说，称为绘卷，这种浸染了宫廷的柔靡细腻趣味的图画艺术，在《源氏物语绘卷》里达到了完美的境界。虽然这些绘卷作品并不通过人物五官和表情的细微刻画传达人物的情感和性格，却善于通过人物行动的刻画和环境设置烘托出一种整体的氛围，暗示出人物的内心情感世界，从而与文学作品相得益彰，更好地实现了抒情功效。与《源氏物语》追求画面整体诗意的幽雅氛围不同，我们可以感受到《信贵山缘起》和《伴大纳言绘词》中简约急促的笔触和整体的动势，《鸟兽戏画》的活泼情趣以及《地狱草纸绘卷》阴暗恐怖的气氛，虽然情趣各异，但是就在这一时期已经基本确定了风貌：通过色彩的对比变化，构图的繁复多变，追求装饰意味，注重整体气氛

图12-1　藤原隆能(传)《源氏物语绘卷》之一

的渲染烘托，传达或深沉或激荡或细腻的情绪感受。

13—14世纪，日本画坛受到来自中国的水墨画的冲击。中国的水墨画本以抒情写意见长，然而日本绘画对这种新的绘画形式的融化吸收仍需要一个掌握水墨技法表现自我生活情感的过程。雪舟无疑是深谙水墨画写意本质并能够自如地运用水墨技法表现自我情感和个性的伟大画家，他无愧于日本"画圣"的称号。也许雪舟的水墨作品是最具有中国水墨巨匠神韵的，但这还不是日本的风格。其实，在雪舟后期的作品如《花鸟图》中，装饰意味就已经加强了。狩野永德则明显地通过装饰手法的运用，烘托气氛，图写情趣。比如在《狮子图》中，永德用极富装饰性质的线条描绘狮子的鬃毛和尾巴，创造出富有装饰意味的形象，情趣盎然。在设色方面，永德用金地艳色与浓墨轮廓的结合，创造出富丽堂皇的华贵风格，自成一家，对后世有深远影响，日本水墨画的传统和风格就在题材的拓展和画面装饰风味不断加强的过程中显露出来了。强烈的装饰性体现出了日本民族的独特的审美情趣和审美心理需要。

到16—17世纪，町人阶级兴起，市民的审美趣味推动了新的艺术形式的出现。浮世绘的兴起正是适应了时代的需要。描写普通生活画面，当然不是什么时代的最新创造，毋宁说是继承了传统绘画形式大和绘的传统。代表新兴工商业阶级的町人阶层，对于以他们的日常生活为图画主题，表现他们的喜怒哀乐和情趣好恶的浮世绘，是十分欢迎和喜爱的。随着町人阶层的经济实力的增长，他们成为绘画特别是浮世绘的主要赞助者，所以他们的趣味和好尚进一步影响了浮世绘的发展。从题材来说，为了符合群众的趣味，画家的兴趣从一般景象转移到琐细的凡俗小景。版画的出现则进一步促进了绘画走向民间生活和民众趣味。渐渐地，许多传统绘画领域的画师也加入浮世绘和版画的创作领域中，他们带来了精湛的技法，促进了新的绘画形式的水平的提高。为了防止日益增强的西方冲击带来社会动乱，德川幕府用"闭关锁国"的政策求得了暂时的稳定，日本传统绘画的装饰风格在这一时期得到了进一步的发展。法桥宗达和尾形光琳做出了极大的努力和贡献。宗达经过艰苦的努力和探索，摆脱了狩野派和长谷川派的影响，摸索出了一套与日本民族审美心理情趣相符合的画风。他的作品具有明显的装饰风味，事物的形象依据事物的真实形状加以提炼概括，因此简练的用笔、深远的空间、构图的虚实映衬、金碧色彩的鲜明对比，使他的作品在整体上具有了清雅而华丽的装饰风格。光琳在追求装饰风格的过程中，越来越加进抽象元素，在结构上追求图案化的审美意味。他运用多样的曲线和弧线给人以运动感和节奏感，再加以着色后的色块、

图12-2　铃木春信《雪中相合伞》

色点的鲜明对比，使其作品带有图案化的装饰意味，成为日本民族绘画史上光辉的代表。

图 12-3　葛饰北斋《富岳三十六景》(之一)

日本绘画的装饰性是与抒情性密切联系的，这集中表现于日本作品对情韵、情调的推重。装饰手法的运用最有利于烘托一种情调，与中国传统绘画不同的是，日本绘画更重视色彩的装饰效果，所以欣赏日本绘画能够感受到笼罩于作品之上的浓烈的情调，如果说水墨画传达的是日本封建士人的情味，那么浮世绘传达的则是新兴市民阶层的情趣。与西方传统绘画追求的形象的写实、空间感受的幻觉真实不同，日本绘画作品追求的是情感的可沟通性，是以作品为媒介和诱因的画家和欣赏者的情感共鸣。所以日本绘画作品对色彩和线条装饰功能的发挥，是以烘托某种情调、传递某种可沟通的情感为旨归的。这也是东方绘画艺术共有的一个特点。

四、日本传统审美理想的抒情性分析

审美世界是心灵的家园、情感的世界。日本民族理想的审美风格也是民族情感浇灌的花朵，所以我们可以从对日本传统的审美理想的分析和归纳中，把握日本传统的审美理想，追寻悠远的民族情感。

1. 风姿与情感

情感外显为艺术作品整体的风貌。日本传统的审美批评对"风姿"的强调，说明传统美学对艺术情感力量的关注。这涉及内容与形式、意义与形象的关系问题，也就是藤原公任所谈到的"心"与"姿"的关系问题。在其所著《新撰髓脑》里，他认为理想的和歌应该"心深姿清"，这就是说作为表现内容的"心"是作品的灵魂。[①] 然而心或感情内容是看不见的，只

---

① 参见曹顺庆：《东方文论选》，642页，成都，四川人民出版社，1996。

能通过可见可感的"姿"来把握，这种情形正如和风看不到，但凭借其流动可以看到木叶扶疏摇曳的姿。所以，日本传统艺术十分重视对作品风姿的确立和表现。风姿的理论成为和歌批评理论的中心话语，随着时代的发展，也进入能剧表演的批评话语世界，乃至进入其他艺术门类的批评话语世界。能乐表演成熟的境界是自然，这一点世阿弥在《风姿花传》中有所阐发，他认为表演者在四五十岁时应该达到这样的境界：自是时起，勿须再为细微的模仿，"当以大方之风姿，悉心用力，与手持鲜花之配角，相应缓缓而动"①。

图 12-4　日本能剧剧照

　　日本美学以姿代替形，也表明日本的艺术家和美学家认识到了形式对于情感和意义的表现力量，这也就是当代美学界所讨论的形式的本体意义。所以，今道友信把日本传统美学称为"风的美学"，是很能揭示日本传统美学的独特风格的。

　　认识到风姿所昭示的本体意义，也就很容易认识到姿和体不是隔离相对的关系。姿表现了体，包含着体，对姿的感受体验将欣赏者带向对体的感受和把握，这就是藤原定家所说的"余情"。定家在《每月抄》里说："姿于歌中必先言秀逸之体，遗万机而不滞于物……而觉其姿似可挟，余情荡漾，必令人有见心襟坦荡，衣冠整肃者之感。"②体是作品的灵魂，因此超越姿深入体，对于深入认识令人回味无穷的民族情感，是十分必要的。

　　2. 和歌：情感的游戏

　　日本的文学艺术传统对于艺术的抒情本质有清醒的认识。以和歌为例，在和歌初兴的年代，当官场上的贵族男子高吟汉诗时，作为"后宫文学"的和歌在贵族妇女中悄悄流传，和歌不过是一种游戏，与"经国之大业，不朽之盛事"的汉诗不能同日而语。但是和歌最终取得了胜利，得到了朝野上下的喜好，却并未沾染汉诗道德文章的气质，仍然是一种情感的游戏。纪贯之在《古今和歌集》的假名序中说："和歌者，以人之心曲为种，生出万叶之言，凡俗之众，生计繁杂，有感于心，寓于所见所闻，言表于心，为歌。"他指出和歌应该具有的情感力量，"安抚众人之心灵，融洽男女之情愫，强悍之武士亦为之心动者，和歌是也"。③ 贯之的和歌思想对于和歌的发展有深远的指导意义。作为和歌的后续，连歌和俳句都在向世俗生活和民间世界的拓展中获得了新的生命动力。和歌作

　　① 转引自曹顺庆：《东方文论选》，646 页，成都，四川人民出版社，1996。
　　② ［日］今道友信：《东方的美学》，蒋寅等译，213 页，北京，生活·读书·新知三联书店，1991。
　　③ ［日］尼个崎彬：《日本诗论》，见牛枝慧：《东方艺术美学》，136 页，北京，国际文化出版公司，1990。

为古老的文学样式，对日本文学艺术的情感性和民众性的定位，有着无可替代的深远影响。所以，日本的文学和绘画都善于在平常的生活题材中仔细体味世俗情感的款款曲韵，并不喜好从重大的社会政治事件中追寻永恒，也不急于从普通的事件中完成道德的升华。从和歌与汉诗的对峙开始，散文和小说的发展，戏剧由能乐向歌舞伎的发展，绘画由大和绘向浮世绘的发展，日本传统艺术的主流始终具有民众性和情感性，它所关注的是日常的欢恋悲悼，离合无常，倾心于对种种日常经历和情感的玩味和品悟，传统的审美也就随着文学艺术的发展逐渐形成。

3. 幽玄：哀伤与静寂

幽玄是传统日本艺术铸就的理想境界，与优美、壮美这些基本的美的范畴不同，幽玄美是一种复合哀感和静寂的美。日本人的生活是那样动摇不定、极易毁灭、无常而又可哀，自然与人世环境一样，是那样变幻无常，美好的事物常常在一瞬间毁灭。因此，人与自然常常在这种充满哀感和无常感受的悲剧性体验中走向同一，那种纤细敏锐而又深沉悠远的幽玄之美就成为日本传统的审美意识的核心范畴。藤原定家认为，幽玄体就是把深沉的内心情感用言辞表露出来。情感物态化、环境情绪化的比拟手法的普遍运用，把不能明言的感情和观念用可观可感的物象表现出来，这就是托物言志、借物抒情，在传统日本美学中形成了"物哀"的观念。与中国传统观念对自然的态度相比，这种物哀观念要阴冷、幽深和静寂得多。

日本民族是一个心灵中禀有悲剧气质、思想上背负着极为沉重的宿命观的民族，幽玄和物哀都体现了日本民族的生死观念和生命意识。日本人对生命的感悟和体验，通过对植物生命的审视和感情表现出来。植物的生存和繁衍过程是一个发芽、开花、落英、结实的循环过程。与动物的流血死亡、嘶鸣哀号不同，这是一个无声的生命世界，但同样有生命的荣与枯、繁盛与凋落，有生命的奋斗与挣扎。日本人就是在对这个独特的生命世界的谛听中感悟一切生命的真谛，感悟人的生命自身。对樱花的喜爱和崇尚集中体现了日本人对生与死的观念。樱花开得灿烂，衰落得也迅速，白色的樱花在凋落时如雪纷飞，但是日本人在樱花开放时尽情享受欢乐，珍惜这短暂的幸福和美好。对于秋天，日本诗人这样吟唱："红叶秋山茂，将来落叶时。正因将落叶，更欲见秋姿。"又有"红叶今来矣，秋花似落霞"的诗句，都表现出日本民族对灭死持审美态度。日本民族借由对灭死的玩味，在对沉沉寂灭的深情凝望中，望穿了这寂灭，使生之机趣从中透露出来。

4. 俳谐：滑稽与戏谑

日本民族也有对生活的爱，也有生的意趣，所以在日本传统审美文化中，也有久远的幽默的传统，追求滑稽和戏谑的俳谐精神。俳谐这个词来自中国，在《史记》里是作为滑稽的意思来使用的。具有俳谐精神的诗歌在《万叶集》和《古今集》中有一条发展的脉络。只是到了近代的新兴市民社会，对旧传统和旧模式的否定和戏谑日益显露出来，俳谐精神也成为代表这个时代的审美潮流和艺术精神。在文艺思潮中出现的俳谐歌、狂言、浮世绘和浮世小说等文艺形式在题材选择和创作态度上都表现了这一事实。但是由于传统已经为俳谐的出场预设了幽玄的背景，因此俳谐风格的艺术在观照市民阶层的生活和情感世界时，不是肤浅的，而是善于在生活中捕捉生命的感情和体味人生的意趣，表现出洒脱、飘逸的游戏境界。这种境界进一步趋于洗练枯寂，发展成为一种空寂的艺术，比如芭蕉的俳句，便是传统和时代因素相结合的结果。

上文从几个角度对日本审美文化的抒情性传统进行了简要的分析，但是艺术的本质特性就在于表现心灵和情感，因此不是说抒情性是日本传统艺术独有的特性，而是只有更深入地感受和探讨艺术作品中的抒情风貌，才能认识日本审美文化抒情性的独特之处。

第二节　日本美学的理论形态

审美形态关涉着特定民族的现实社会生活，表征着文化实践活动中特定审美风格的感性凝聚，是在文化历时性的积淀和文化共时性比较的过程中，所彰显出的具有民族性和世界性的审美范畴。艺术和审美都有其发生和展开的具体"生境"，在日本特殊的自然生境、生活生境以及艺术生境的"间性弥合"中，生成了如"幽玄""物哀"等特殊的审美范畴。

一、日本美学理论形态的形成

1. 艺与道的合一

日本人善于在自然美及日常生活的饮食起居中捕捉微妙的灵感。10 世纪纪贯之编著的《古今和歌集》中，就强调了和歌写景抒情的特征，体现了一种"世上万物皆为歌"的审美意趣。13 世纪藤原俊成提出著名的"幽玄体"的审美范畴，将余情和静寂作为和歌内容，实际上表达了一种带有悲哀感的朦胧的美，富有深婉的余情。日本人受佛道精神影响，注重所谓"没有说尽的空间"，追求一种无法说尽的绝对超理性的理念。而随着佛教传入形成的"艺道"传统，主张将作为技能的"艺"与作为理法的"道"统一起来，要求超越单纯的技能训练，追求内在心灵的修养。到近世，日本已经形成了一种渗透在各种生活美中的审美文化，如茶道、花道、画道、书道等。日本茶道正是以精美的茶具，香郁的茶，在细致的品味与比较中，在淡雅之中感觉到幽、枯、瘦等的意境。日本人认为他们的美学思想来源于宇宙生命的自我表现，而自然万物正是人的心灵自由的栖身之所，据此，艺术、人生与自然三者是统一的。[①]

2. 泛东方化的审美思维

日本是在汉字基础上创立文字的，审美思维方式也受到了中国的影响。中国以形为主的文字特征，寄于他体的潜文本特质，非体系且模糊含混的表达方式，以及逻辑运思的直观具象和综合性，都是中国美学未过滤于新理性的原生态性，体现了东方美学的原汁原味，从而形成了可以和西方美学相对比参照的独特的话语系统。

日本文化、韩国文化和朝鲜文化都深受中国文化的影响。在世界的东方，以中国为中心的东亚文化圈，已成为一个自成体系、源远流长、绵延不断、生生不息的文化生态群落。"从很早的时候起，中国文化就在朝鲜、日本、越南、柬埔寨、泰国、马来西亚等亚洲地区和国家传播流布，给这些国家和地区的文治教化和科技工艺的开化发展以深远的影响，成为亚洲文化圈的核心。"[②]日本爱知文教大学的陈德文教授在《日本文化的美意识》中认为，古代的日本文化是从学习和模仿中国文化发展起来的，可以说中国文化是日本文化的乳母。明治维新以后，日本人的精神文化融入了西方文化的诸多要素，成为文化上的复合体。

正如安德森所说，中国、韩国、日本的国民文化具有被创作的"想象共同体"的这一侧面，东亚或所谓"儒教文化圈"这一表象具有与西欧或新教主义相对抗的观念化的侧面，无论是从"儒教"和汉字方面，还是从历史影响关系来说，二者都是浓密的统一体，可以说东亚的美学源头在中国。

东方各民族的浑然、和谐、调协、均衡、融通的思维习惯反映在艺术领域中，就形成了以象征性、含蓄性、暗示性、神秘性为主的鲜明的美学特色，这也恰恰是中国古典美学"意象"范畴所具有的"隐"与"奇"美学特征在更广泛意义上的表现。因此，尽管完备的审美意象理论诞生并成长于中国古典美学，但东方其他民族的美学体系的基本特征也无不在一定程度上与其所表现出来的美学精神相契合。日本的哲学和美学受中国文化的深刻影响，崇尚人与自然的和谐统一，在艺术中呈现的是物我一体、意与境浑的淡泊恬静的境界。在日本人的观念中，美是通过描绘植物在四季各个时段的状态（如华丽、繁盛、苍劲、枯瘦等）而产生并抽象化的概念，这种审美意识致使日本人善于发现自然的美，在自然与人生之间寻求对应，借春夏秋冬时令的变化表现内心的喜怒哀乐，在和歌与俳句等短小精致的诗行中流露出心灵情绪的微妙变化，以及宇宙万物之间的相通感应之情。他们追求的是"感触"和"寓意"的创作方式，以自然界的景象含蓄地表达内心的感情。

3. 自然即美

日本民族审美意识的最主要特点是象征性和含蓄性。日本民族的美学意识多源于大

---

① ［日］今道友信：《日本的美学史论》，见牛枝慧：《东方艺术美学》，北京，国际文化出版公司，1990。
② 李振纲：《文化忧思录——中国文化的历史走向》，导言3页，保定，河北大学出版社，1994。

自然，也由大自然的风物所规定、所影响。在他们看来，大自然就是美的本源、美的蓝本、美的极致。一句话——自然即美。从自然风物来感悟美，植物的生长状态当然就积淀为审美意识。今道友信说，日本"审美意识的基本语词中的最重要的概念都是来自植物的"，"诸如静寂、余情、冷寂等，也大多与植物由秋到冬的状态有关"。[①] 正是在这个意义上，日本文化才被称为"象征的文化"。日本文学和艺术对自然的感受方法与思维模式，是把人看作自然的一部分，人融进自然中，主体的人与客体的自然没有明显的区别，自然与人相依存，可以亲和地共生于同一大宇宙中。人不需要征服自然、战胜自然，而需要顺从自然，与自然对话，与自然和谐。这种人与自然的无间融合是人的自然化与自然的人化的统一，也就是我们所说的"天人合一"。

这种自然观和美学思想，成为日本民族把握自然和创造艺术美的底流。在日本文学中，自然不仅是一种素材，更是一种美感。日本诗歌中的象征意象都采用了直接的自然物的形象来表达其美学观念，如用竹象征正直，雪象征纯洁，风象征生命的瞬间存在，月光象征清白之心，花象征爱情和少女等。所谓"雪月花"就是其自然美乃至整个审美意识的核心。日本文学最爱写残月、初绽的花蕾和散落的花瓣儿，因为这些意象中潜藏着一种爱惜的哀愁情绪，会增加美感；同时日本文学企图通过残月、败花来联想满月和花盛时的自然美景，使之留有诗韵和余情。这种对自然美的感受性导致了日本审美意识中的两大传统精神：象征性和含蓄性，在美学理念上则表现为日本特有的"物哀""幽玄""空寂"等范畴。

二、物　哀

"物哀"是日本平安时代出现的"和歌精神"，它代表着日本的民族精神。"物"就是自然风景、自然风物；"哀"则指由自然景物诱发，或因长期审美积淀而凝结在自然景物中的人的情思。"物哀"一词代表的是一种自然景物与人的情思之间的同形关系、感应关系。这一特征与"意象"理论中"意"与"象"的关系有着根本的相似之处，即强调的是"心"与"物"，即主观的"意"与客观的"象"之间的相互契合、浑然统一。在"心"与"物"二者的关系中，一般层次的审美只满足于达到"情景交流"的阶段，其特征为借助于"物"，但不能抛弃"物"；高层次的审美则能上升到"物我两忘"的境界，其特征正如今道友信所言，是通过物而实现了对物的突破。

"物哀"的观念，就其哲学本质而言，是一种主客体的同构；就其审美倾向来说，它更注重"天物"对"人情"的诱发和催生，深化和远延。而且这种"情"是由自然风物的随季

---

①　[日]今道友信：《东方的美学》，蒋寅等译，191、192 页，北京，生活·读书·新知三联书店，1991。

枯荣引发的主体生命体验中那种虽与自然风物同根同源却不能同体同归的无常感和孤寂感，是"多半充满倾向于感伤、孤寂、空漠而又有所希冀的一种朦胧的情感、意趣和心绪"①。这也是"物哀"一语的美学含义。

"物哀"观念产生并贯穿于和歌理论中。日本和歌理论大师纪贯之在其《古今和歌集》假名序中，将和歌的规律归纳为"利用大自然的形象寓意由人生旅途中产生的无法解脱的苦恼而产生的个人情绪，用诗歌的形式表达出来"，以达到镇静情绪、净化心灵的目的。同时，他在修辞上规定了"有感于心，寓意于所见所闻之事"的方法，这又颇似"意象"中言与意的关系。也就是说，内心所想不直接表达出来，而是寓意于风花雪月等意象上。"有感于心"的原型是"赞花""咏露"，即由自然的"物"和人的感触——"思"组成。早期的和歌所表现的都是由"物"触发人的"思"，在修辞上，这些和歌积蓄往复过程中表现"物"的词汇便很容易引出对"物"的感触。比如，"花"这个词汇也包含着歌人咏花、恋花的感触；"露"这个词汇也包含着歌人为露珠瞬间即逝而伤感落泪的情思。这种修辞方法就是以"物"来表现与之相似的感触，这是"言"与"意"关系的第一层含义：以言达意。也有一些歌人不直接用对"物"的感触而用深化了的"物"的印象来表达主体的感情，如把露珠的形态比喻为情人的泪，这样，无常、易逝、短暂的感触退居到背景地位，同时深化了的露水的印象使人就像看到了美丽、晶莹而又寂寞的泪。这样露珠就成了歌人感叹人生易逝、无常、短暂的感触的寄托物，也是歌人赞美爱情之泪的寄托物。言语只是作为感情的一种寄托物，在其之外所蕴藏的感情还需主体去寻找和体味。这又是"言"与"意"关系的第二层含义：言不尽意。言意关系在和歌之中得到了充分的表现。

可以说，和歌所代表的"物哀"思想在"心"与"物"、"言"与"意"的关系上都与"意象"精神达到了一定的契合。同时，这一观念浓缩了日本民族人文精神的方方面面，集中显示了日本民族的深层文化心理结构特征，即以情感化（"哀"）、象征化（"物"）的方式把握世界和自身的命运，而这也恰恰是意象理论"天人合一""主客浑融"的审美方式的题中应有之义。"物哀"思想是日本一切审美思想的基础，因此也可以说，它是意象理论在日本审美意识中表现的开端。

三、幽　玄

日本审美意识中另一个重要范畴是"幽玄"。"幽玄"集中体现了象征性、含蓄性的美学特点，同样与"意象"理论有许多相通之处。它是随着日本中世禅宗的世俗化而形成的。佛教禅宗以"悟"为目的，"悟"的体验是需要超越理智分析的神秘存在。任何艺术都充满神秘性，也就是"神韵"、"气韵"和"妙"。艺术家把握住它们，就达到了悟境。"悟"

---

① 林少华：《谷崎笔下的女性》，载《暨南学报（哲学社会科学）》，1989(4)。

是带神秘色彩的，当"悟"作为艺术来表现时就产生了幽玄。

　　"幽玄"是日本中世文学精神的最高理念，它在日本文艺中又是与"空寂"的美意识相互融通的。空寂意识的出现可以远溯古代，而发展到中世与禅宗精神发生深刻的联系，就含有禅的幽玄思想的丰富内涵，从而更具象征性和神秘性。人的哀伤、苦恼与忧郁所表露的空寂情绪，是与自然的秋相互交错的，因为秋在四季中时间最短，最富有微妙的变化，最适合歌人的情绪性、伤感性的抒发，给人留下余情余韵。歌人以自然的秋寄托自身的忧郁和寂寞之情，容易涌现空寂的心绪。因此，空寂具有象征的意味，成为一种"幽玄"的状态。从《古今和歌集》真名序首次提出"兴入幽玄"起，歌论多引用空寂的幽玄之说。任生忠岑的《和歌体十种》不仅将"余情"作为一种风体，强调了"是体，词标一片，义笼万端"，而且在解说"高情体"时提出："此体词虽凡流，但义入幽玄。"他的"幽玄"作为艺术思想对其后的文学论、艺术论产生了重大的影响。藤原基俊在"歌合"评语中提出"言隔凡流而入幽玄，实应为上科"，"词虽拟古质体，义却似通幽玄之境"等，赋予幽玄深邃和幽远的余情意味。鸭长明在《无名抄》中则明确地写道，"幽玄体不外是意在言外，情溢形表，只要'心''词'极艳，则其体自得"，把幽玄当作"只是语言难以表达的余情"，即幽玄就是余情，从而将幽玄的重点放在余情上，即将深远微妙的含蓄性深化为余情，余情与幽玄发生了直接的联系。正式将和歌的空寂思想称作"幽玄"，并定"余情幽玄"为歌风的标准之一的是藤原俊成。他所讲的幽玄，包含了寂寥、孤独、怀旧和恋慕之意。这种场合，几种复杂的感情或情调的结合，创造出一种甚深的微妙的意境，也就是达到"幽玄之境"。所以，他主张"以心为本，来取舍词"。藤原定家继承其父俊成的主张，在《每月抄》中将幽玄体列在十体之首，并且进一步将幽玄与有心相连，作为其基本范畴，提出"有心论"，强调"心词二者，如鸟之左右翅"，但"以心为先"。"心"与寂寥、孤独、忧郁诸感情的空寂幽玄性相通，已经不是原初那种朦胧的感伤的情趣。也就是说，重视空寂的意境，追求余情，已经带有了象征性的意味和精神主义倾向。到了纪正彻时代，便以幽玄作为咏歌的最高理想。他在《正彻日记》中说："所谓幽玄，就是心中去来表露于言词的东西。薄云笼罩着月亮，秋露洒落在山上的红叶上，别具一番风情，而这种风情，便是幽玄之姿。幽玄，恐怕是难以言状的，是要用心领略的。"因此，幽玄由朦胧和余情两大因素构成，毕竟是难以用言词表达的。在这些思想的基础上，能乐大师世阿弥对幽玄中"心"与"物"的关系做了深刻的论述。他认为，在艺术中应着重强调"心"的作用，但他主张"心"并没有与"物"绝对对立，还强调要在"状物"上下功夫。他调适了"心"与"物"的对立而达到融合，使神与形达到完美的统一。这样，幽玄根源于"心"，又立足于"状物"。如果忽视"心"，不可能求得神似；如果脱离"状物"，也就只会剩下形骸。所以，幽玄就存在于两者的统一之中。

　　可以看出，关于"幽玄"的这些论述与中国古典美学中的审美意象论在基本精神上是完全一致的，所不同的是它更多地具有日本民族审美意识的特点。因此，"幽玄"思想的发展、成熟，可以看作"意象"思想在日本的发展和成熟。

幽玄空寂思潮的影响，不仅限于文学和戏剧，而且及于绘画、茶道、空间艺术等广泛的艺术范畴。在这些艺术领域中，都可以见到具有"意象"性的审美表达方式。

在绘画领域，这种空寂的幽玄美体现在用墨色代替色彩制作的水墨画上。日本水墨画画面留有很大的余白，这种余白不是简单的"虚"和"无"，而是一种具有很深远的意蕴和内涵，要用心来填补和充实的"意象"。比如，绘月往往不描绘月本身，而描绘承受月光的感觉性的东西，通过月的光这一意象，来体味没有描绘出来的月之美。同样道理，日本水墨画将"心"所捕捉的对象的真髓，用单纯的线条和淡泊的墨彩表现出来。它表面简素，缺乏色彩，内部却充满多样的丰富的线和色。可以说，日本水墨画最大的特色是通过余白与省笔，浸在空漠的"无"中来创造一种超然物外的艺术力量。中世的造园艺术的"枯山水"，也是贯穿了空寂幽玄的艺术思想的。"枯山水"是日本最具象征性的庭园文化，它是用石头、石子造成的山和水的式样，企图让人生起一种山村野景的情趣。可以说，枯山水是从禅宗冥想的精神构思出来的，并在禅的幽玄空寂思想的激发下，无与伦比地表现了"空"和"无"，成为一种日本特有的象征性艺术。日本独特的茶道艺术中也有幽玄思想的痕迹。千利休开创的"空寂茶"强调简朴、静寂，它与能乐、水墨画、枯山水一样，具有"无"的性格。它们都强调从"无"的境界中发现完全的、纯粹的、精神性的东西。它们的创造者们没有把空寂的"无"看作一种消极的情绪，相反从中发现了其积极的内核，可谓"无中万般有"，这与文学上"不立文字"而"意在言外"，即追求一种以空寂为中心的幽玄精神，也就是"意象"的美学精神相一致。

四、空 寂

所谓"空寂"，根据日语语义，就是幽闭、孤寂、贫困。空寂是以"贫困"作为根底的，"贫困"是空寂的本质构成。所谓"贫困"，就是不随世俗（诸如财富、权力、名誉等），就是不执着于分辨生死、善恶、美丑、荣辱，就是随缘任运、顺其自然、无拘无束，就是无所执着。空寂的基本特征是通过"无"而实现对"无"的突破。"空寂"完全排除"物"的世界，建立在"无"的美学基础上。拒绝"物"而显枯淡，就意味着精神的寂寥。"空寂"立足于无而超越无，就是精神上的寂寥和"绝对无"的孤独。为此，"空寂"的境界就是"主客泯灭""物我两忘"的境界。今道友信在《东方的美学》一书中的一段话正好能说明"空寂"的这一特征：存在的根据在于无，而无却不是精神还原的终点，"在超越无的思维里，精神获得最高的沉醉，这样的沉醉越过无之上，将精神导向绝对的存在。所谓绝对存在，是在相对的世界之外实存着的东西。美学是沉醉之道，其思想体系的最高点，就是与作为绝对的东西——美的那存在本身在沉醉里获得一致。艺术的意义就在于它使精神开始升华，艺术唤起了我们对美的觉醒，结果，我们精神就以某种方式超越了世界"①。可见，"空寂"所达到的境界正是日本民族的审美理想所要求达到的境界，换句话说，"空寂"是日本民族审美的最高境界。

空寂美意识对日本文化艺术有着深刻的影响。空寂美意识的影响，不仅表现在文学、绘画领域，而且及于茶道、造园、盆栽等艺术领域。空寂的艺术精神，在歌论表现为余情，在水墨画表现为余白，在枯山水表现为"空相"，在茶道更是表现为彻底化的"无"。

在文学领域，空寂美意识直接导出余情余韵的文学风采。日本文学作品，无论是诗歌、散文还是小说、戏曲，都尽量节约、压缩其内容，表现文学素材的主要部分，省略其他部分，而着力把握其神髓、神韵，并且通过含蓄性、暗示性、象征性来表示。今道友信在《东方的美学》一书中说道："他们（东方诗人）要直接观照事物现象的精神或灵魂，而且要用少量几个虽被限度数目但内涵非常丰富的词将它象征地表现出来。"②"藤原公任《和歌九品》……作了如下论述：'上品上，此须语妙且有余情也。'就是说，上品上即最上品的歌，必须语言非常优美，同时还要有余韵。"③在日本文学史上，和歌比俳句出现要早。和歌通常是以简约的形式、个别的事物来表现时空的永恒和生命的怡然情趣，它们或以瞬间的声响来反衬永恒的静寂，或以个体生命的弱小来显示宇宙生命的充盈……如《古今集》卷 18 中有一首："风劲吹，白浪滚滚若滔天，在那龙田山。夜半君行去，独自越此关。"俳句则是仅由"五、七、五"共三句 17 个音节组成的小诗，其形式非常短小，然而其"文约而意深""志深而笔长"，以简约的形式和浓郁的意象来表现丰富的情感，以浓缩的语意抒发深厚的思想，其简约的语言中充满着象征、含蓄的韵味，富于生命感悟。日本江户时代著名俳句大师松尾巴蕉的俳句之所以动人心灵、发人感悟，正是由于其在对微小的自然景物的感受和理解中，在对"人是行人"的无常本质的领悟中产生出来的禅趣和无我的境界。如："古池塘呀，青蛙跳入波荡响。""夜中声窃窃，虫儿钻入月下栗。""风寒入心，荒原何处曝此身。""此道无人行，秋日黄昏。""朦胧马背眠，远处淡淡起茶烟，残梦晓月天。"这些俳句所表达的正是一种对禅境的感悟，对无常人生的诗性的理解；这些俳句所给人的正是如如不动的"空性"所展示的最高审美境界——空寂。

在绘画领域，空寂美意识体现在用墨色代替色彩制作的水墨画上。日本水墨画最大的特色就是通过余白与省笔，浸在空漠的"无"中来创造一种超然物外的艺术力量，从"无"中发现最大的"有"，即"超以象外，得其环中"。日本水墨画是将"心"所捕捉的对象的真髓，用单纯的线条和淡泊的墨色表现出来，它表面简素，缺乏色彩，里面却充满多样的丰富的线和色，以及多样的变化。比如画面中央部分本是非常重要的，但日本画家

---

① ［日］今道友信：《东方的美学》，蒋寅等译，133～134 页，北京，生活·读书·新知三联书店，1991。

② ［日］今道友信：《东方的美学》，蒋寅等译，139 页，北京，生活·读书·新知三联书店，1991。括注为编者所加。

③ ［日］今道友信：《东方的美学》，蒋寅等译，139 页，北京，生活·读书·新知三联书店，1991。

往往使这一大块空间成为余白。他们只用画面的"一角"以简约数笔表现出一种古雅、纯朴和稚拙，在你平常希望有一条线、一个块面或平衡翼的地方，你的感觉放空了，失去了。但是这种余白不是作为简单的"虚"的"无"，而是作为一种充实的"无"，即用"无心的心"去填补和充实，因此不摆脱虚妄之念，不用"无心的心"去感受，是无法感受到其中所蕴含的丰富内容的。又比如，风本无色，但日本水墨画却描绘风作为无色的色，"能画一枝风有声"，当观赏者用心之眼来看时，不但可以感受到存在无限的色，还仿佛可以听见风声。今道友信在《东方的美学》一书中说道："绘画最重要的中心内容不在于以那绘画的写实技巧所能模仿地再现的外在事物和外部现象，而在于事物的看不见的本质乃至于自然之气韵。"①"它（水墨画）比其他绘画种类可以说更近乎超越性，并且，水墨画试图用它那象征的有意识的形变来将现象理想化，结果就能暗示所看不见的东西，神的东西。"②"水墨画借助于其象征性的形象化，具有一种指示的力。水墨画就是要实现各种各样事物的可能性，完成创造。这其中的道理，就在于水墨画让物内在的力展开到了最高点。"③

　　茶道是日本民族特有的审美生活方式之一。日本茶道以拂去俗尘而体认并表现清净寂静的佛心为第一要义，特别强调禅茶一如。茶道名人以吃茶为契机，自"无"中创造出禅茶一如的茶道文化，其目的即在于引导人们"飞向以茶为媒介的宗教性自由境地"。千利休曾经说过："就像夏天时，使人觉得凉爽；冬天时，使人觉得温暖；用木炭烧开水，可使茶变得更好喝，这就是茶道的奥秘所在。"可见，茶道之奥妙完全在于一种禅的心境，即禅茶一如。日本茶道的精神含义所在恰是"和、敬、静、寂"的茶道理念。"和"意味着主客之间的和合相融，无有隔阂；"敬"谓两者之间的相互尊敬；"清"指主客各别之心地的清净无垢；"寂"则是周遭的寂静与主客的无相无为，有如三昧于此境识双泯，身心脱落而超越动静、有无、内外的二元对立。由于茶道明确地提出以空寂作为其基本精神，所以千利休提倡的草庵式"空寂茶"，强调去掉一切人为的装饰，追求简素的情趣。首先，将茶室简化为草庵式的木质结构建筑，且将茶室缩小为二铺席乃至一铺半席的小面积，土墙壁上抹上沉静的中间色。其次，在茶室内配上质素色沉的茶壶，形状不均整的粗茶碗，在壁龛里挂上一轴水墨画或简洁的字幅，摆放一个花瓶，插上一朵小花，并在其上点上一滴水珠，观之晶莹欲滴。最后，茶道品茶，严格地按照规范动作缓慢而有序地进行，造成一种静寂低回的氛围。在这样的艺术空间之中，茶人容易在情绪上进入枯淡之境，引起一种难以名状的感动，不断升华而产生一种悠久的余情，并在观念上生起一种美的意义上的空寂感，茶人也就容易达到纯一无杂的心的交流。由此，茶道特别

---

　　① ［日］今道友信：《东方的美学》，蒋寅等译，137页，北京，生活·读书·新知三联书店，1991。
　　② ［日］今道友信：《东方的美学》，蒋寅等译，138页，北京，生活·读书·新知三联书店，1991。括注为编者所加，引用时去掉了英文括注。
　　③ ［日］今道友信：《东方的美学》，蒋寅等译，138页，北京，生活·读书·新知三联书店，1991。

强调"自然""脱俗""寂静"的性格。所谓"自然"，意指无有造作意、无心无念而无事无为。譬如茶道使用的茶碗就不但讲究不均齐、非刻意制造，还讲求稍带锈味，以显出自然之精神。所谓"脱俗"，就是通过露地而进入茶席，从禅茶一如的观点来看，即茶客扫去一切烦恼尘念而显露本来心地，即忘却世俗妄念，以禅茶净化己心，使之不再有俗尘系缚。"寂静"则表示安宁、镇定、平静、无有喧嚣、悠闲自在等义，但并非指死板的清净，而是强调越是嚣扰之中越能感受到寂静，即陶渊明之诗句"结庐在人境，而无车马喧"。而茶道文化"自然""脱俗""寂静"的性格，皆来自"本来无一物"的根源主体性，也就是说，禅宗的"无"即是茶道文化之精神的创造性本源。可见，空寂美意识表现在茶道之中就是"无"的境界。

图 12-5　日本园林

造园艺术的"枯山水"也贯穿了空寂的艺术思想。所谓枯山水就是在没有池子、没有用水的地方，用石头、石子造成偏僻的山庄、缓慢起伏的山峦、或早晨山中的村落等模样，企图让人生起一种野景的情趣。枯山水是在室町时代禅宗精神广为传播之后，从禅宗冥想的精神中构思出来，并在禅的空寂思想的激发下，无与伦比地表现了"空相"或"无相"，而形成的一

图 12-6　日本枯山水

种独立的最具象征性的庭园模式。枯山水以石头、白砂、苔藓为基本材料，充分发挥石头的形状、色泽、硬度、纹理以及其他石的个性，使静止的素材在自然光照或人工照明之下，产生动的感觉，幻化出一种抽象的形象。枯山水最具代表性的作品，是著名的龙

安寺石庭。作者创作动机的深奥和构思的奇拔，在于他在无一树一草的庭内，将置在其中的石、白砂和苔鲜，抽象化为海、岛、林，产生出另一种世界，构成一望无垠的大海、星星点点散落的小岛和岛上郁郁葱葱的茂密森林……所以龙安寺石庭也称"空庭"，意思是以"空相"即"无相"作为主体。具体地说，以必要的界限，恰到好处的地方，置有限的、奇数的、不均称的石，石底部缀满苔藓，以掩盖其肤浅，表现出"空"即"无"的状态，使人从小空间进入大空间，由有限进入无限，以引出一种"空寂"的情趣，收到抽象为丰富境界的艺术效果。

思考题：

1. 日本美学的特征是什么？

2. 物哀的美学内涵是什么？

3. 空寂对于日本艺术创作有何影响？

4. 日本美学为何重视"自然"？

拓展阅读文献：

1. 叶渭渠：《日本古代文学思潮史》，北京，中国社会科学出版社，1996。

2. 彭修银：《东方美学》，北京，人民出版社，2008。

3. ［日］今道友信：《东方的美学》，蒋寅等译，北京，生活·读书·新知三联书店，1991。

4. ［日］本居宣长：《日本物哀》，王向远译，长春，吉林出版集团有限责任公司，2010。

5. ［日］能势朝次、大西克礼：《日本幽玄》，王向远编译，长春，吉林出版集团有限责任公司，2011。

扫码阅读：

第三编

×

美学与当代艺术批评

第十三章　先锋派艺术的美学问题

　　"先锋派"是一个存在很大争议的艺术批评概念，其具体内涵、起源、发展与所涉艺术流派等问题至今尚存诸多分歧。当然，"先锋派"在此既指先锋派艺术，也指先锋派理论。因为，随着先锋派艺术的发展，先锋派理论也应运而生。尽管两者分属于艺术实践和艺术理论两个完全不同的领域，但先锋派艺术及其美学精神与其他艺术流派和美学理论有明显差异，"先锋派"一词因此专指 20 世纪上半叶出现的具有明显反艺术特征的艺术实践，以及对其进行的理论研究。先锋派艺术是一种充满悖论的艺术：它既涉及诸多复杂的艺术实践，又内蕴一种独特的美学精神；它既强调艺术创新，又颠覆一切；它既拒斥过去，又推崇未来；它受益于市场与技术，又被其摧毁……它在游走于艺术与政治之间的同时，也以其矛盾与冲突体现出人类在现代社会中的审美情趣与艺术追求。先锋派理论则在深入考察先锋派艺术实践的基础上，以其内蕴的悖论与张力为研究对象，努力揭橥并阐释其所倡导或体现的"破坏即创造"的美学精神。

第一节　先锋派艺术的发展及其美学特点

　　先锋派艺术尽管一般被认为主要存在于 20 世纪上半叶，但自先锋概念的提出到先锋派艺术的形成则经历了近百年的发展。最初作为军事术语的"先锋"概念逐步脱离军事与政治领域，还将其自身所包含的超越当下、否定传统、打破停滞等意义转移到文化艺术领域，在以艺术为本位的同时也与政治保持紧密联系。特别是进入 20 世纪，先锋派艺术作为一场涉及范围极为广泛的艺术运动，明显体现出一种独特的美学精神。同时，先锋派艺术与兴盛于 20 世纪上半叶的现代主义艺术关系极为复杂。除了在时间方面有重合之外，先锋派艺术在美学特征方面也与现代主义艺术无法彻底厘清。从美学研究的角度来看，先锋派艺术更应该被看作现代主义艺术的一股影响力颇大的支脉，其以现代主义艺术的强烈反叛精神为基质。不过，与其他现代主义艺术流派相比，这种反叛精神更为强烈，已经达到了要彻底摧毁与颠覆艺术自身的程度。因此，先锋派艺术更应该看作以艺术自身的一切为反叛对象并必然走向虚无主义乌托邦的现代主义艺术。

一、先锋派艺术的发展

1. 先锋派的概念史

先锋派目前主要出现于文学艺术与美学研究领域，但其起源却与文学艺术没有任何关系。"先锋"一词最早是一个军事术语，指作为大部队前驱的一小队人马。进入18世纪，"先锋"一词才逐步扩展到政治领域，主要指法国大革命之后出现的激进政治思想。法国的圣西门在19世纪初将先锋与艺术联系起来，认为艺术家作为从事想象工作的人，应该发挥一种特殊的"先锋"作用，既要预言未来的繁荣图景，更要运用一切艺术手段表现这种美好未来。正是从这时起，"先锋"一词才开始由政治领域走向文化艺术领域，逐步凸显其本身包含的关于进步立场的比喻性意义。卡林内斯库指出："先锋隐喻及与之相关的那些军事类比的功用已发生了重要转移。重要的变化在于下述含义：先锋派是或者说应该是有意识地走在时代前面。这种意识不仅给先锋派的代表人物加上了一种使命感，而且赋予他们以领导者的特权与责任。"①这也就是说，艺术应该升华世俗现实，构想美好未来并将其描绘出来。先锋派艺术的这种以未来为明确指向的特点意味着，其先锋性是建立在与现实的复杂关系的基础上的。这为先锋派后来在政治与艺术之间的双重变奏奠定了基础。

先锋派自19世纪中后期开始，一直徘徊于政治与艺术之间，形成两种不同的先锋派。政治先锋派主要强调未来社会的先进性，并将之与党派政治结合在一起，认为文学艺术应该与先进的阶级观念相结合，以其革命性的内容在大众宣传中发挥先锋作用。"这主要是由于先锋派一词本身所具有的积极内涵。这些积极内涵最终压倒了先锋派作为一个文学术语所具有的贬义内涵，而在政治语言中，先锋派的积极内涵还要强烈。"②文学艺术在此只能是革命先锋派的"螺丝钉"，作为巨大社会民主机器的构成要素服务于先进的革命事业。但是，与政治先锋派强调文学艺术的革命性不同，艺术先锋派则更多将先锋精神引入艺术形式领域。"新的先锋派艺术家感兴趣的——无论他们多么赞同激进的政治观点——是推翻所有羁束人的艺术形式传统，享受探索先前被禁止涉足的全新创造境域的那种激动人心的自由。因为他们相信，对艺术进行革命与对生活进行革命并无二致。因此，艺术先锋派的代表人物有意识地背离一般公众在风格上的期望，这些一

---

① ［美］马泰·卡林内斯库：《现代性的五副面孔——现代主义、先锋派、颓废、媚俗艺术、后现代主义》，顾爱彬、李瑞华译，112页，北京，商务印书馆，2002。

② ［美］马泰·卡林内斯库：《现代性的五副面孔——现代主义、先锋派、颓废、媚俗艺术、后现代主义》，顾爱彬、李瑞华译，123页，北京，商务印书馆，2002。

般公众是政治革命家试图通过陈腐的革命宣传来争取的。"①艺术先锋派尽管拥有激进的
政治观念，但并不要求艺术服务于并服从于政治，而主要强调在艺术领域形成一场针对
艺术形式的不断革故鼎新的革命。

进入20世纪，艺术先锋派得到进一步发展，逐步演变为一种美学精神。进入20世
纪20年代，"先锋派作为一个艺术概念已经变得足够宽泛，它不再是指某一种新流派，
而是指所有的新流派，对过去的拒斥和对新事物的崇拜决定了这些新流派的美学纲
领"②。先锋派此后以反传统和追新为基本追求，不断突破现有的艺术形式，成为现有艺
术体制的彻底反叛者与否定者。先锋派也因此成为20世纪上半叶所有现代主义艺术的
一种集体征候。"从逻辑上讲，每一种文学或艺术风格都应该有它的先锋派，因为认为
先锋派艺术家走在他们时代的前面，准备去征服新的表现形式以供大多数其他艺术家使
用，这是再自然不过的事情。但文化意义上的先锋派一词的历史——我仅简略述及
过——却与此相反。先锋派并没有宣扬某种风格；它自己就是一种风格，或者不如说是
一种反风格。"③艺术先锋派此时最重要的表现是颠覆现存的各种艺术形式，通过形式实
验构成与现存艺术体制的对立和决裂，在与各种现代主义艺术合流与分化的同时也造成
了自身边界的模糊性与内涵的复杂性。先锋派与现代主义艺术到底是什么关系，是一对
同义词，还是具有很大的差别？这成为20世纪艺术史上一个充满争议的问题。

2. 先锋派艺术的流变

关于现代主义艺术的起源与发展问题，到目前为止仍然存在较大争议。"广义上说，
现代主义是1900年至1940年期间国际上出现的一系列执着于'新'观念新思想的艺术创
新运动。"④进一步细分，作为激进先锋派的现代主义出现于1918年之前，此后则出现了
保守的"高雅"现代主义。从具体艺术流派来看，自19世纪80年代开始，象征主义、未
来主义、意象主义、表现主义、意识流、达达主义和超现实主义等现代主义艺术流派先
后出现，形成了一股席卷欧美各国的艺术潮流。随着现代主义艺术的发展，先锋派也进
入了鼎盛时期。第二次世界大战之后，随着现代主义艺术的终结，"先锋派的概念本身
也相应地变成一个被广泛使用(和滥用)的广告标语"，"这是因为它已从一种惊世骇俗的
反时尚变成了——在大众媒介的帮助下——一种广为流行的时尚。欧文·豪同样认定了

---

① ［美］马泰·卡林内斯库：《现代性的五副面孔——现代主义、先锋派、颓废、媚俗艺术、后现代主
义》，顾爱彬、李瑞华译，121页，北京，商务印书馆，2002。

② ［美］马泰·卡林内斯库：《现代性的五副面孔——现代主义、先锋派、颓废、媚俗艺术、后现代主
义》，顾爱彬、李瑞华译，126页，北京，商务印书馆，2002。

③ ［美］马泰·卡林内斯库：《现代性的五副面孔——现代主义、先锋派、颓废、媚俗艺术、后现代主
义》，顾爱彬、李瑞华译，128页，北京，商务印书馆，2002。引用时去掉了英文括注，余同。

④ ［英］蒂姆·阿姆斯特朗：《现代主义：一部文化史》，孙生茂译，41页，南京，南京大学出版社，
2014。

‘先锋派的终结’”①。事实上，英美和欧陆理论界关于先锋派与现代主义艺术的关系问题，存在着完全相反的观点。

在英美学术界，先锋派被视为现代主义的同义词，涵盖了20世纪上半叶所有的现代主义艺术流派。但是，欧洲大陆的理论家则更倾向于将先锋派与现代主义区别开来，甚至将两者对立起来。"在法国、西班牙和其他欧洲国家，尽管先锋派有着各种各样且常常是互相矛盾的诉求，但它倾向于被认为是艺术否定主义的最极端形式——艺术本身成为首当其冲的受害者。至于现代主义，不管它在不同的语言中以及对不同的作者来说有何具体意义，它都从未传达出如此典型地属于先锋派的那种普遍的和歇斯底里式的否定感。现代主义的反传统主义往往很微妙地是传统式的。"②在这些理论家看来，先锋派主要是指未来主义、达达主义、构成主义和超现实主义等艺术流派，现代主义则应该包括象征主义、意象主义、表现主义和意识流等艺术流派。20世纪70年代，比格尔对先锋派与现代主义做出明确划分。"如果我们注意艺术在现代社会中的不稳固的地位——‘艺术’的‘制度’——我们就能看到现代主义与先锋派的否定性策略的根本不同之处。现代主义也许可以被理解为一种对传统写作技巧的攻击，而先锋派则只能被理解为为着改变艺术流通体制而作的攻击。因此，现代主义者与先锋派艺术家的社会作用是根本不同的。"③

理论家们之所以对先锋派与现代主义之间的关系持有不同观点，主要是因为他们的角度不同：英美理论界把先锋派看作20世纪上半叶出现的一种文化现象，既不同于浪漫主义与自然主义，也与后现代主义有差别；欧洲大陆的理论家则将先锋派看作一种借助艺术形式进行反叛的美学精神。不过，即使在欧洲大陆，不同理论家对先锋艺术所发挥的政治作用的看法也存在很大分歧。加塞特和阿多诺等理论家认为，先锋派艺术是一种自主性艺术，在凸显艺术形式的"非人化"与自律的过程中强化与资本主义社会的距离感，进而实现对其的批判。比格尔等理论家则认为，先锋派"不再批判存在于它之前的流派，而是批判作为体制的艺术，以及它在资产阶级社会中所采用的发展路线。这里所使用的‘艺术体制’的概念既指生产性和分配性的机制，也指流行于一个特定的时期、决定着作品接受的关于艺术的思想。先锋派对这两者都持反对的态度"④。先锋派通过反对艺术品所依赖的分配机制与艺术观念，力图将艺术与生活重新结合，在艺术的基础上创造出新的生活，从而实现对资本主义的批判。

---

① ［美］马泰·卡林内斯库：《现代性的五副面孔——现代主义、先锋派、颓废、媚俗艺术、后现代主义》，顾爱彬、李瑞华译，130、131页，北京，商务印书馆，2002。括注系原文所有。

② ［美］马泰·卡林内斯库：《现代性的五副面孔——现代主义、先锋派、颓废、媚俗艺术、后现代主义》，顾爱彬、李瑞华译，151页，北京，商务印书馆，2002。

③ ［德］彼得·比格尔：《先锋派理论》，高建平译，11~12页，北京，商务印书馆，2002。

④ ［德］彼得·比格尔：《先锋派理论》，高建平译，88页，北京，商务印书馆，2002。

二、先锋派艺术的美学特征

1. "求新"的形式

现代主义艺术最为突出的特征是对形式及其变革的强调。罗杰·弗莱在 20 世纪初曾指出，现代主义所体现的"美学最基本的品质与纯粹的形式有关"①。弗莱与其信徒克莱夫·贝尔还认为，对现代主义艺术进行美学研究只需要根据形式特征进行分析，根本不需要涉及主题。"随着现代艺术的进一步发展，随着现代艺术更远地偏离了欧洲的具象艺术传统，形式主义批评迅速蔓延开来。对现代艺术史进行纯粹的形式主义阐释，很快就变成了正统的阐释（到目前为止仍然是）。弗莱的批评强调视觉艺术的形式，这对现代文学领域也产生了深远的影响：它影响了 30 年代到 50 年代占统治地位的新批评，影响了 20 世纪第一个十年以来一直都是英语先锋派诗歌特征的形式实验。"②这一观点也得到了蒂姆·阿姆斯特朗的进

图 13-1　毕加索《鸟笼》

一步印证。他指出，"1914 年意象主义运动的内部分裂集中体现了现代主义的派别分歧"，其中一派"是刚刚崭露头角的形式主义，它在 1917 年以后因为有了庞德与艾略特的联手推动得到了长足发展"。③ 实际上，"现代主义的派别分裂"是指先锋派从现代主义中分化出来。与现代主义艺术相比，先锋派艺术更加强调求新与变革的美学精神，以其对形式的破坏性与否定性宣扬一种凸显变革与重塑的"求新观念"。这种"求新"的形式能够以抽象化的方式打破各种已存的艺术观念、读者身份和文学体制，形成独特的艺术表达方式。

立体主义与达达主义作为先锋派艺术的最为重要的两个流派，对形式的探索都具有明显的开拓性。"被认为是 20 世纪绘画艺术最具原创性的"艺术流派的立体主义，无论

---

① ［美］格伦·麦克劳德：《视觉艺术》，见［美］迈克尔·莱文森：《现代主义》，田智译，274 页，沈阳，辽宁教育出版社，2002。

② ［美］格伦·麦克劳德：《视觉艺术》，见［美］迈克尔·莱文森：《现代主义》，田智译，274 页，沈阳，辽宁教育出版社，2002。括注系原文所有。

③ ［英］蒂姆·阿姆斯特朗：《现代主义：一部文化史》，孙生茂译，145 页，南京，南京大学出版社，2014。

图 13-2　毕卡比亚《画布上的羽毛和木头》

是前期的分析性立体主义，还是后期的综合性立体主义，都"轻视表现性色彩的应用，这种创作方法一直被认为是西方艺术的一种激进而具创造力的方式"。① 立体主义完全抛弃了以色彩和线条为主的传统艺术语言，强调以线、块以及移用各种现成的几何形体通过交错叠放构成不同时空的美学原则。特别是后期立体主义，除靠描绘的线和块来建构图像之外，还大量运用由壁纸、活页乐谱、明信片、报纸、戏票和其他单调的城市垃圾所构成的拼贴画。与立体主义的形式实验相比，达达主义则更为激进，构成现代艺术史上的一场"反"运动。"达达不意味任何东西"，"在作品中，这个世界既没有被详细说明，也没有下定义，它是以千变万化的形式属于观众的。对于创作者来说，它既无原因又无理论。秩序＝混乱；我＝非我；肯定＝否定：这是艺术至高无上的光辉"。② 达达主义坚持否定一切、破坏一切的美学原则，根本不需要任何的形式，而是要努力表现各种反复无常，揭示行为的偶然、荒唐与放任，以及自由的无限性。

先锋派对形式的"求新"探索，并不是简单地替换或转变形式观念或形式技巧，而是要否定所有形式、颠覆现有的艺术体制。杰姆逊针对这种现象曾指出："表达问题是现代主义面临的一个重要问题，表达出现了一种危机。"③在他看来，这种危机的根源在于，随着城市的工业化和文化的大众化，语言得以批量生产，丰富的日常语言遭到前所未有的排斥和贬值。为了对抗这种程式化的语言，现代主义艺术家以语言纯化为职责，努力将不同的表达方式混合在一起，形成形式的正常语言无法企及——以音乐、唱歌、各种图形甚至现成物进行表现——的表达方式。在这种情况下，先锋派的形式探讨主要集中于正常语言背后使用何种语言以及前后两种语言的关系等方面。"现代主义绘画中似乎具有了一种自我否定的倾向。现代主义艺术使用的是传统的媒介，又力图利用这种媒介来超越媒介自身，对媒介的局限性进行批判。写诗是为了改变生活，不能为了诗而写

① ［美］理查德·布雷特尔：《现代艺术：1851—1929》，诸葛沂译，42 页，上海，上海人民出版社，2013。

② ［法］特·查拉：《一八一八年达达宣言》，项嫄译，见袁可嘉等：《现代主义文学研究》上，464、466 页，北京，中国社会科学出版社，1989。

③ ［美］杰姆逊讲演：《后现代主义与文化理论》，唐小兵译，177 页，北京，北京大学出版社，1997。

诗，为了诗而写诗是坏的意义上的文化，是资产阶级的概念。"①也正是基于这种美学追求，马里内蒂以语言实验的方式写作了诗歌《战斗》：

重量＋气味

正午 3/4 笛子 呻吟 暑天 咚咚 警报 咳嗽 破裂 噼啪 前进

叮铃铃 背包 枪支 马蹄 钉子 大炮 马鬃 轮子 辎重 犹太人 煎饼

面包——油 歌谣 小商品 臭气 光辉 脓 恶臭 肉桂 霉 涨潮 退潮

胡椒 格斗 污垢 旋风 橘树——花 印花 贫困 骰子 象棋 牌 茉莉＋蔻

仁＋玫瑰 阿拉伯花纹 镶嵌 兽尸 螫刺 恶劣

机关枪＝石子＋浪＋群蛙 叮叮 背包 机枪 大炮 铁屑

空气＝弹丸＋熔岩＋300 恶臭＋50 香气

2. 乌托邦美学

先锋派艺术作为一种形式上不断"求新"的激进艺术，以具体的创作行为与艺术形式宣扬乌托邦精神。加塞特提出艺术的"非人化"的观点。他通过比较 20 世纪初叶的先锋派绘画与此前的绘画指出："现代艺术家不再笨拙地朝向实在，而是朝与之相对立的方向行进。他们明目张胆地把实在变形，打碎人的形态，并使之非人化。"先锋派艺术一改此前的艺术作品努力描摹现实生活、尽最大能力提高与现实生活的相似度的追求，不但努力拉开与现实生活的距离，而且以各种稀奇古怪的形象组成隐晦难解的艺术世界。"年轻艺术家逃离了人的世界，与其说他关心目的地在何处，不如说他更关心从哪儿走向目的地，亦即彻底摧毁人的外观"，因此"对现代艺术家来说，审美的愉悦就来自这种战胜人类事务的胜利"。② 格林伯格则指出先锋派艺术是一种"非客观的"的艺术。他认为，先锋派艺术最重要的特点并不在于模仿外在事物，而是模仿行为本身。"先锋派艺术家和诗人完全从大众中退离出来，通过把艺术局限于或提高到表现绝对来努力保持自己高水平的艺术。在这种对绝对的表现中，要么解决一切相对性和矛盾，要么对这些问题不予理睬。于是，'为艺术而艺术'和'纯诗'便应运而生，它像逃避瘟疫一样逃避题材或内容。"③

事实上，加塞特和格林伯格尽管具体的观点不一致，但都强调先锋派艺术要超越世俗的现实生活，以自成一家的独特风格和表达方式展示出杰姆逊所谓的现代主义艺术的

---

① ［美］杰姆逊讲演：《后现代主义与文化理论》，唐小兵译，176 页，北京，北京大学出版社，1997。

② ［西班牙］何塞·奥尔特加·伊·加塞特：《艺术的非人化》，周宪译，见周韵：《先锋派理论读本》，158、159 页，南京，南京大学出版社，2014。

③ ［美］克莱门·格林伯格：《先锋派与庸俗艺术》，周韵译，见周韵：《先锋派理论读本》，15 页，南京，南京大学出版社，2014。"克莱门·格林伯格"又译"克莱门特·格林伯格"。

乌托邦精神。杰姆逊认为，艺术的基本功能是表现"物质"与"历史"之间的断裂与张力，先锋派艺术在凸显艺术品的物质性的同时，也能够将物质性与历史性统和在一起。在工业化社会中，个人的内心欲望无法得到满足，永远处于被压抑、受摧残的状态。为了缓释社会对个人的精神摧残，个人的内心世界中普遍地存在着乌托邦式的冲动，幻想能够对整个世界做出乌托邦式的改造。现代主义艺术能够以这种完全属于感官的乌托邦式的新世界对人的内心世界做出补偿。凡·高的《农鞋》的物质性存在于色彩和油画颜料的质感等方面，其本身则蕴含着急切改变世界、创造美好生活的理想。"梵·高的油画正是这样一种艺术，集中表现出对现实、客观世界的乌托邦式的改造。""在梵·高那里，色彩是乌托邦式的，表现出对世界进行改造的欲望，那已经贫瘠荒凉的世界，仿佛在画框里被丰富的乌托邦式的色彩改变了，依靠的是意志的行动和尼采式的迸发。"①先锋派艺术与现实生活所拉开的距离以及努力将不协调的形式语言发挥到极致的艺术追求，都为了彰显乌托邦精神，以作为现实生活对立者的姿态与之展开决不妥协的对抗。

雷蒙·威廉斯则进一步分析了先锋派的乌托邦美学与政治之间的复杂关系。先锋派艺术自初创时就以明显的激进色彩徘徊于政治与艺术之间，特别是进入 20 世纪之后更是不断与各种新的政治势力相结合，形成完全相反的政治立场。未来主义者马里内蒂与马雅可夫斯基在这方面表现得最为明显。他们尽管都强调先锋派艺术应该反传统，反理性，发挥除旧布新的破坏性作用，力求表现速度和力量以及现代人的新型时空意识，但其政治立场却背道而驰：马里内蒂明确支持法西斯主义，马雅可夫斯基则转向了共产主义。因此，威廉斯认为："信奉对过去的强烈突破（最明显的是在未来主义中），要导致早期在政治上的模棱两可。"②先锋派艺术的政治立场之所以走向两个极端，是因为先锋派艺术对现存社会秩序及其文化的拒绝是借助较为质朴的民间化的艺术形式实现的。这些艺术形式容易与当时出现的左翼或右翼政治运动相结盟。除此之外，先锋派艺术还因强烈的反叛意识，"存在着一种各种形式的无政府主义和虚无主义的强烈吸引力，而且也是各种形式的革命的社会主义的强烈吸引力，它们在美学表现方面具有相似的启示性的特征"③。

---

① ［美］杰姆逊讲演：《后现代主义与文化理论》，唐小兵译，188 页，北京，北京大学出版社，1997。该书将"凡·高"译为"梵·高"。

② ［英］雷蒙德·威廉斯：《现代主义的政治——反对新国教派》，阎嘉译，83 页，北京，商务印书馆，2002。

③ ［英］雷蒙德·威廉斯：《现代主义的政治——反对新国教派》，阎嘉译，83 页，北京，商务印书馆，2002。

第二节　先锋派艺术的价值与意义

先锋派艺术的美学研究除了要审视先锋派艺术自身的特点之外，还要从外部探索先锋派艺术的价值和意义。先锋派概念从被提出开始就与社会，特别是与政治关系密切，并且也正是基于这一原因后来才转变为一种美学精神。与先锋派艺术自身存在着诸多矛盾与悖论相似，先锋派艺术与社会也存在着复杂的张力关系。先锋派艺术因充满强烈的反叛精神，并将其充分体现于艺术表达自身，因此往往被看作一种自主性艺术。但是，这种自主本身就是悖论性的，因为越是强调自主，先锋派艺术就越能够以疏离的方式实现对社会的批判性介入。当然，无论是自主还是介入，都与 20 世纪上半叶资本主义社会的技术与市场的发展有内在关联。随着技术与市场在 20 世纪上半叶的蓬勃发展，先锋派艺术在获得发展动力的同时，也最终被转变为其对手——大众文化，成为 20 世纪下半叶迅猛发展的大众文化中的一员。因此，20 世纪下半叶的先锋派的内在美学精神已不复往昔，历史先锋派已死！

一、先锋派艺术的自主与介入

1. 先锋派艺术的自主性

先锋派艺术的自主性问题在很大程度上并不是先锋派自身所独有的问题，而是启蒙运动以后的艺术都无法回避的问题。"随着启蒙运动对艺术所能承担的一切严肃任务的全盘否定，艺术好像是纯粹单一的消遣，同时消遣本身也变得一如宗教，好像是一帖灵丹妙药。把艺术从如此低劣的水准解救出来的方法只能是诏谒众人：艺术提供的经验是不能从任何其他形式的社会活动中汲取的，这种经验只有以本来的面目出现，才具有价值。"①特别是随着康德的美学理论的提出，艺术的自主性观念成为艺术坚守自己的领地并获得独立发展的最大保证。先锋派艺术尽管自开始就与政治存在着极为复杂的关系，但却努力以一种破旧立新的"反"艺术精神维护着艺术的自主性，在艺术理念与表达方式等方面都具有明显的独特性。"在现代主义中，作品的意图是要完全压倒观众，以使艺术作品本身——通过绘画中透视的缩短。或是诗歌中杰勒德·曼利·霍普金斯式的'弹跳韵

---

① ［美］克莱门特·格林伯格：《现代派绘画》，见［英］弗兰西斯·弗兰契娜、查尔斯·哈里森：《现代艺术与现代主义》，张坚、王晓文译，4 页，上海，上海人民美术出版社，1988。

律'——将自己强加给观众。"①这主要是因为，先锋派以前的艺术的存在很大程度上依赖于欣赏者获得的美感，而先锋派艺术则主要依赖艺术家以及艺术品本身的抽象化表达。

抽象化的表达方式是先锋派艺术自主性的最重要的表现。"抽象一词可以适用于令人眼花缭乱的形形色色的现代艺术。一方面，它可以指从自然中（在任何程度上）抽象出来的任何形式；另一方面，也可以指与自然毫无关系的纯粹的抽象形式。它包括了从生物形态（如胡安·米罗）到几何形体（如皮埃特·蒙德里安）的所有形状。"②这种抽象化的表达

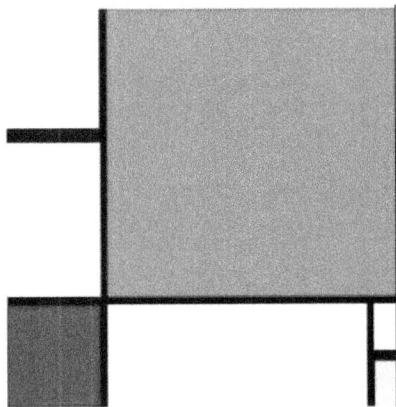

图 13-3　蒙德里安《红、黄、蓝的构成》

方式，既表现在绘画、电影等视觉艺术中，也表现在诗歌中。例如，意象主义诗人庞德指出，意象是"一瞬间感情和理智的复合物"，努力把"知"引入以情为主的诗歌中。美国意象主义诗人埃米·洛厄尔进一步提出了意象主义的六点纲领，其中的两条分别是：写出硬朗、清晰的诗，绝不要模糊的或无边无际的诗；凝练是诗歌的灵魂。正是遵循这样的美学原则，美国意象主义诗人威廉·卡洛斯·威廉斯创作了意象派小品《红色手推车》：

红色手推车

那么多东西
依仗

一辆红色
手推车

雨水淋得它
晶亮

旁边是一群
白鸡

---

　　①　[美]丹尼尔·贝尔：《资本主义文化矛盾》，赵一凡、蒲隆、任晓晋译，95 页，北京，生活·读书·新知三联书店，1989。

　　②　[美]格伦·麦克劳德：《视觉艺术》，见[美]迈克尔·莱文森：《现代主义》，田智译，277 页，沈阳，辽宁教育出版社，2002。括注系原文所有。

　　这首诗其实并没有实际的意义，只是把红色手推车、晶亮的雨水和一群白鸡并置在一起，"构成一幅有颜色，有亮度，有实物的画面（这是平日我们容易忽略的），而且出之于一种惊喜的口吻（'那么多东西/依仗……'），好像发现了什么奇迹"①。作者通过细心观察，从一个全新的角度将各种互不相干的事物拼凑在一起，以具象化的事物展示出一种常人难以觉察的抽象美。

　　当然，先锋派艺术自主性的悖论在于，先锋派艺术越是追求这种自主性，其越容易借助对艺术体制和现实生活的背离实现对现实的批判。阿多诺对先锋派艺术的重视就是很好的例证。阿多诺之所以重视先锋派艺术，在很大意义上源自他对文化工业的批判。文化工业引以为豪的是，它凭借自己的力量，把先前笨拙的艺术转换成为消费领域以内的东西，并使其成为一项原则，文化工业抛弃了艺术原来那种粗鲁而又天真的特征，把艺术提升为一种商品类型。艺术因此而失去了创造性，成为一种以获取最大利润为目标的商业生产，同时也不再追寻真理，而是转变为一种消遣与娱乐。为了对抗文化工业对大众的侵袭，阿多诺强调先锋派艺术的否定性特征。"艺术作品在本质上是否定性的，因为它们受到客观化法则的制约；也就是说，艺术作品消除或扼杀其客观化的事物，将其从直接性和现实生活的关联中强行分裂开去。艺术作品因为招致消亡而得以存活。现代艺术尤其如此，我们从中发现一种普遍的模拟性的热衷于物化的现象，也就是热衷于消亡的原理。"②先锋派艺术正是借助这种否定性，通过抵制或对抗鲜活的现实，以抽象化的表达方式保持着自身的独立性，通过对现实保持不可调和的对立完成对其的批判。

2. 先锋派艺术的介入

　　与阿多诺强调以艺术的自主性实现对社会的批判不同，先锋派艺术的介入观主要强调艺术与生活的融合。这一观点是基于对以工具理性为核心的启蒙精神以及现代工业社会所引发的物化意识的批判而提出的。先锋派艺术所处的20世纪上半叶的资本主义世界，与此前的资本主义社会相比出现了很大的变化。杰姆逊认为，资本主义进入帝国主义阶段之后，现实主义根本无法适应时代的发展，现代主义才是符合时代要求的艺术。因为，在这一时期，启蒙精神所追求的最高原则——"等同原则"——以量的平等抹杀了质的差异，整个社会成为黑格尔意义上的总体。同时，"现代工业社会和商品社会一统化的生产方式和消费方式所带来的物化意识，由机械劳动和无差别的商品世界造成的一体化状态，它普遍占据了人们的思维和行动方式"③。社会现实完全转变为社会意识的建构之物，人根本无法直接把握真正的现实。因此，本雅明和比格尔提出了先锋派

---

　　① 袁可嘉：《欧美现代派文学概论》，218页，上海，上海文艺出版社，1993。括注系原文所有。

　　② ［德］阿多诺：《美学理论》，王柯平译，233页，成都，四川人民出版社，1998。

　　③ 杨小滨：《否定的美学——法兰克福学派的文艺理论和文化批评》，26页，上海，上海三联书店，1999。

艺术的介入理论，主要强调艺术作为生活的革命性力量，要对生活形成直接的否定和挑战。

本雅明虽然与阿多诺同属法兰克福学派，但在先锋派艺术与生活的关系问题上与阿多诺的观点完全相反。面对机械复制技术与大众文化的蓬勃发展，本雅明对此持非常乐观的态度，认为先锋派艺术能够借助机械复制技术实现了对生活的介入，从而鼓动大众积极参与反法西斯斗争。他认为，大量因机械复制技术而产生的艺术复制品不再具有以往艺术品所具有的光韵和膜拜价值，转而借助震惊的艺术效果和展示价值增加人们对其进行欣赏的机会，也带来了艺术接受的民主化。"艺术作品的机械复制性改变了大众与艺术的关系。这种关系从最落后状态，例如面对毕加索的作品，一举变成了最进步状态，例如面对卓别林的电影。这里，进步状态的标志是观赏和体验的乐趣与行家般的鉴赏态度直接而紧密地结合在一起了，这种结合是一种重要的社会标志。"①达达主义是最为典型的。达达主义诗歌充满了各种无意义乃至猥亵性的词语，绘画则运用大量的现成物，具有明显的机械复制的印迹。这类艺术品"由一个迷人的视觉现象或震慑人心的音乐作品变成了一枚射出的子弹，它击中了观赏者，获得了一种触觉特质。这样，它推进了对电影的需求"②。

与本雅明从机械复制的角度解释先锋派艺术的介入特点不同，比格尔则从先锋派对艺术体制的批判入手提出了艺术与生活相融合的观点。比格尔通过分析艺术自律与资本主义发展之间的关系指出："艺术自律是一个资产阶级社会的范畴。"③他采用历史类型学的方法，分析了艺术在不同历史阶段中的生产、接受与功能，提出只有到了资本社会，艺术的生产和接受才是个人化的，并且其主要发挥展现资产阶级自我认知的作用。正是在这样的条件下，审美被看作独特的经验领域，艺术因此而与生活相分离，自律性的艺术体制也应运而生。"欧洲先锋主义运动可以说是一种对资产阶级社会中艺术地位的打击。它所否定的不是一种早期的艺术形式（一种风格），而是艺术作为一种与人的生活实践无关的体制。"④先锋派艺术所反对的正是艺术自律的观念，相反却强调艺术与生活实践的重新结合。不过，先锋派艺术与生活实践的结合，与文化工业完全不同。文化工业所生产的大众艺术，主要靠降低自己的艺术品位与美学情趣来获得社会的认可，是马尔库塞所谓的"肯定性"文化。在比格尔看来，先锋派艺术的目标是，阿多诺所谓的"现实在一种微妙的意义上应当模仿艺术作品，而不是艺术作品来模仿现实"，因为"艺术作品

---

① ［德］瓦尔特·本雅明：《摄影小史、机械复制时代的艺术作品》，王才勇译，136页，南京，江苏人民出版社，2006。
② ［德］瓦尔特·本雅明：《摄影小史、机械复制时代的艺术作品》，王才勇译，142页，南京，江苏人民出版社，2006。
③ ［德］彼得·比格尔：《先锋派理论》，高建平译，117页，北京，商务印书馆，2002。
④ ［德］彼得·比格尔：《先锋派理论》，高建平译，120页，北京，商务印书馆，2002。括注系原文所有。

借助自身的此在标志着非存在事物的可能性；艺术作品的现实性证明了非现实事物与可能事物的可行性"。①

二、先锋派艺术与社会

1. 先锋派艺术与技术

先锋派艺术与技术的关系问题也是先锋派理论应该探讨的问题，因为圣西门在使用"先锋"概念时就提出，先锋派艺术应该促进新兴技术的发展，为社会的进步贡献力量。当然，20世纪的先锋派艺术与技术之间的关系更为复杂。"没有任何一个因素和技术一样影响了新的先锋派艺术的出现，技术不仅激发了艺术家的想象（动力主义、机器崇拜、技术美、构成主义和生产主义的态度），而且穿透了作品的核心。"②技术的进步不仅促进了大众文化的蓬勃发展，也对先锋派艺术产生了不可忽视的影响。先锋派艺术至少与技术存在着两个方面的关联：一方面，先锋派艺术借鉴了一些技术手段，较为细致地描绘了技术所带来的审美体验；另一方面，先锋派艺术也表现出对技术的憎恶与恐惧，以激进的反叛姿态对其提出深入批判。因此，先锋派艺术与技术存在着张力关系：它既受惠于技术的发展并将其作为一种非常重要的表达手段，又较为清醒地认识到技术自身所隐存的负面效应，对以技术进步为具体表现形式的工具理性深怀隐忧。当然，先锋派艺术与技术的复杂关系，也导致了其在20世纪下半叶逐步被大众文化收编，原本充满"先锋"意味的技巧尽管仍然存在，但已失去原来的意义，成为大众艺术不可或缺的构成性要素。

本雅明在《作者即生产者》中分析了先锋派艺术与技术的互动关系，认为先锋派艺术的革命性是由技术带来的。在他看来，先锋派艺术之所以具有革命性，是因为运用了与机械复制技术相同的文学技巧。"适用于摄影形式的也同样适用于文学形式。这两种形式普及程度的突飞猛进都归功于出版技术：无线电和图像新闻。让我们回想一下达达派吧。达达派的革命力量在于检验艺术的真实性。由纸片、线团和烟头等组成的静物与艺术的组成部分连接。……这种革命内容的很大一部分曾力求以照相蒙太奇的形式生存下去。"③达达主义对摄影技术的挪用的确改变了传统的艺术创作与传播方式，也为实现创作者、艺术品以及受众之间的良性互动提供了更多可能。先锋派艺术正是因为得益于技术，才获得了对抗资产阶级艺术体制的动力，也才拥有了政治的"先锋性"。本雅

---

① ［德］阿多诺：《美学理论》，王柯平译，231页，成都，四川人民出版社，1998。

② ［美］安德烈亚斯·胡伊森：《大分野之后：现代主义、大众文化、后现代主义》，周韵译，9页，南京，南京大学出版社，2010。括注系原文所有。

③ ［德］沃尔特·本杰明：《作者即生产者》，见［英］弗兰西斯·弗兰契娜、查尔斯·哈里森：《现代艺术和现代主义》，张坚、王晓文译，343页，上海，上海人民美术出版社，1988。

明后来以电影为例指出了达达主义的革命性。电影能够借助摄影机、灯光装置等技术手段，通过拆解并重组现实的各种构成要素构造出幻想性的第二自然，从而彻底打破人们关于现实的各种惯常的虚假体验。"因此，电影对现实的表现，在现代人看来就是无与伦比地富有意味的表现，因为这种表现正是通过其最强烈的机械手段，实现了现实中非机械的方面。"①

先锋派艺术毕竟与技术存在着本质差异，并且先锋艺术所反对的正是不断推动技术进步的工具理性。阿多诺和马尔库塞等理论家都意识到，启蒙精神发展到 20 世纪开始走向了"野蛮"，技术不但为历史带来了更为深层的蒙昧主义，而且借助合理化转变为有效的统治方式。胡伊森在接受阿多诺等人的观点的基础上，进一步分析了先锋派艺术的技术批判特点。他指出，先锋派艺术借鉴和吸收现代技术的目的是，对技术逻辑进行深入批判。"通过把技术引入艺术，先锋派就把技术从工具方面解放了出来，从而动摇了资产阶级技术是进步的，艺术是'自然的''自主的''有机的'观念。在更为传统的再现水平上（从未完全放弃），先锋派对资产阶级启蒙原则及其对进步和技术的颂扬进行了激进的批判，这一批判展现在绘画、雕塑和其他艺术品中，人类在其中呈现为机器、木偶和模型，常常是空洞的头颅、无脸、瞎眼或茫然的目光。这些呈现的目的不是什么抽象的'人类状况'，而是对资本主义技术工具性在日常生活结构中，甚至在人的身体中的侵占的批判。"②

2. 先锋派艺术与市场

除了与技术存在张力关系之外，先锋派艺术与市场之间也存在较为复杂的关系。从市场的角度审视先锋派艺术，其起源、发展以及终结与社会之间的关系能够得到进一步剖析。威廉斯认为："在 20 世纪先锋派运动的实践和观念，与 20 世纪大都市特定的条件和关系之间，存在着各种决定性的联系。"③他认为城市在 20 世纪成为一个全新的文化维度，既存在着首都与其他城市在社会文化方面的不平衡，也存在着市场发展的不平衡。这种城市发展格局导致了关于城市的文化体验的复杂性以及城市文化机构的霸权地位，从而促使先锋派艺术更为强调形式创新。"这个阶段的艺术家、作家和思想家们，摆脱或者突破自己民族的或外省的文化，处于和其他民族语言或民族视觉传统的全新关系中，同时遭遇一种很多旧的形式明显疏远了的、新奇的、有生气的共同环境，找到了他

---

① ［德］瓦尔特·本雅明：《摄影小史、机械复制时代的艺术作品》，王才勇译，135 页，南京，江苏人民出版社，2006。

② ［美］安德烈亚斯·胡伊森：《大分野之后：现代主义、大众文化、后现代主义》，周韵译，11 页，南京，南京大学出版社，2010。括注系原文所有。

③ ［英］雷蒙德·威廉斯：《现代主义的政治——反对新国教派》，阎嘉译，54 页，北京，商务印书馆，2002。

们可以得到的唯一的社群：一个媒介的社群；一个他们自己实践的社群。"①首先，都市的发展以及由此带来的市场关系的复杂性，促使先锋派艺术家延续了浪漫主义以来的强调艺术家的职业伦理与艺术特权的观点，以与此前的艺术流派更为新颖的艺术实践与美学原则对抗市场；其次，先锋派艺术家面对全新的文化体验，既要以全新的"反"艺术的姿态传达独特的时代体验，更要通过贬低甚至排斥此前的艺术流派、各种印刷品以及方兴未艾的大众文化赢得市场的接受与认可。

先锋派艺术家还充分尊重并运用市场规则，努力提升先锋派艺术的市场认可度与影响力。很多先锋派艺术家善于运用广告做宣传，向市场兜售其先锋艺术精神。"意象主义和旋涡主义奉行的信条，即追求直观效果，减少文字叙述，注重形象塑造，也都预示着战后广告的发展趋势。旋涡画派以'反艺术中心'为依托，试图开拓高雅装饰艺术市场；后来，刘易斯建议改版《上帝之猿》，为'轮船、航线、牙膏和割草机'广告腾出版面，并允许广告商以小说这种'永恒的形式'进行投资，不过，正如他的其他话语一样，这绝对是一个莫大的讽刺。"②还有一些先锋派艺术家则借助作家赞助制度获得生存与创作所必需的条件。美国意象派女诗人埃米·洛厄尔家资颇丰，不但自己创作，还资助了一批意象派诗人，形成了一个以她为中心的意象派诗人群体。受到洛厄尔资助的杜利特尔在给其写信时，除感谢洛厄尔的经济资助之外，"同时称许她的诗作，又不无尴尬地保证，在介绍洛厄尔时不提她的财富，并保证让 F. S. 弗林特主动修改其作品（因为其在初稿中违背了那些规定）"③。

先锋派艺术正因与市场的这种复杂关系，才在 20 世纪下半叶受到市场的收编，失去了先锋艺术精神。因此，比格尔将 20 世纪上半叶的先锋派运动称为历史先锋派，将 20 世纪下半叶的先锋派运动称为新先锋派。这是因为，尽管从表面看来，波普艺术、偶发艺术、行为艺术、大地艺术等各种先锋派运动在 20 世纪下半叶纷纷出现，大有传承并延续历史先锋派的势头，但是此时的先锋派运动已经与历史先锋派有着本质的区别。例如，以沃霍尔为代表的波普艺术不但失去了历史先锋派拒斥过去、打破一切的"求新"精神，而且努力与以艺术评论与收藏等为代表的艺术体制合流，形成一种表面诉诸历史先锋派的艺术形式而内在实质却宣扬商品拜物教精神的新型艺术。"先锋派的艺术创新和技巧被西方大众媒体文化所吸收和增选，从好莱坞电影、电视、广告、工业设计和建筑到技术的审美化和商品美学，无一不展示出这一现象。文化先

---

① ［英］雷蒙德·威廉斯：《现代主义的政治——反对新国教派》，阎嘉译，67 页，北京，商务印书馆，2002。

② ［美］蒂姆·阿姆斯特朗：《现代主义：一部文化史》，孙生茂译，90～91 页，南京，南京大学出版社，2014。

③ ［美］蒂姆·阿姆斯特朗：《现代主义：一部文化史》，孙生茂译，95 页，南京，南京大学出版社，2014。括注系原文所有。

锋派——曾经抱着对社会主义解放性大众文化的乌托邦希望——的合法地位，已经被大众媒体文化的出现以及支持它的工业和体制所优先占有。"①先锋派艺术进入 20 世纪下半叶已经死亡了。然而，吊诡的是，这种已经过世的艺术并没有烟消云散，各种从外形上来看毫无差别的艺术品仍然不断涌现，只不过其内在的美学精神却完全凋零了。

思考题：

1. 先锋派艺术的美学特征有哪些？
2. 如何理解先锋派艺术的介入性？
3. 先锋派艺术的美学价值有哪些？

拓展阅读文献：

1. 周韵：《先锋派理论读本》，南京，南京大学出版社，2014。
2. 袁可嘉等：《现代主义文学研究》，北京，中国社会科学出版社，1989。
3. ［德］彼得·比格尔：《先锋派理论》，高建平译，北京，商务印书馆，2002。
4. ［德］阿多诺：《美学理论》，王柯平译，成都，四川人民出版社，1998。
5. ［美］马泰·卡林内斯库：《现代性的五副面孔——现代主义、先锋派、颓废、媚俗艺术、后现代主义》，顾爱彬、李瑞华译，北京，商务印书馆，2002。

扫码阅读：

---

① ［美］安德烈亚斯·胡伊森：《大分野之后：现代主义、大众文化、后现代主义》，周韵译，16 页，南京，南京大学出版社，2010。

第十四章　美学与文化研究

探讨伯明翰传统的文化研究的美学内涵，以及其与美学的潜在关系，是一个颇费思量的话题。之所以作如是言，是因为总体上看文化研究走的是非美学，甚至反美学路线。虽然它是从文学研究中脱胎而出的，但是文化研究既然同文学研究分道扬镳，则对文学研究的审美主义路线长期以来不屑一顾。适因于此，不乏指责文化研究没有深度、刻意避开审美体验者。文化研究并不是肤浅的机会主义行为，并非同美学只有文本分析、符号分析这些技术层面的联系，而在精神层面上了无相干。相反，它同美学从来就有着千丝万缕的联系。

第一节　文化主义与结构主义

文化研究的主要方法之一是"文本分析"，这也是文学和美学研究的一个基本方法。这个方法走到极端，便是"文本之外一无所有"。但是这个所谓当年解构主义的口头禅，影响尽管几乎波及后现代批评的方方面面，却似乎并没有波及文化研究。这是不是因为文化研究以文化现象与文化实践为对象，避免了从能指到能指的后现代话语陷阱？这很显然也是一个美学问题。而当文化研究的理论分析替代阶级、种族、性别、边缘、权力政治，以及镇压和反抗等传统话题，本身成为研究的对象文本时，是否意味着它从文学研究那里传承过来的文本分析方法，反客为主地淹没了文化研究自身的民族志和社会学身份特征？思考这些问题，都涉及意义的生产、传播和接受过程，个中的美学意蕴不言而喻。我们且从四种文化研究的基本理论模态谈起，它们是文化研究、结构主义、霸权理论、连接理论。

文化主义和结构主义可以概括文化研究前期的基本方法。"文化主义"（culturalism）是斯图亚特·霍尔发明的术语，用来命名文化研究的前驱和初创阶段。文化主义以文化研究三位奠基人的四部著作为标记。这四本书是理查·霍加特的《识字的用途》，雷蒙·威廉斯的《文化与社会：1780—1950》和《漫长的革命》，以及 E. P. 汤普森的《英国工人阶级的形成》。假如以 1964 年伯明翰当代文化研究中心（CCCS）的成立标志文化研究作为一门准学科的诞生，那么我们不难发现，这四部开拓性著作，都还属于文化研究的"史前史"。分别而言，霍加特和威廉斯可以说是背靠 F. R. 利维斯的"少数人文化与大众文明"传统，终而分道扬镳，一路走向了文化研究，是以两人时常被人称为"左派利维斯主义"。E. P. 汤普森是马克思主义历史学家，他之所以成为文化主义三足鼎立的代表人物，据曾经继霍尔主掌伯明翰中心的理查·约翰生说，是因为一种文化研究的方法将三个人串联起来，那就是相信通过研究一个特定社会的文化，有可能重建这个社会中男男女女共享的行为模式和观念格局。很显然，这是一种强调人文动因的方法。文化主义主张文化普及日常生活，所以霍尔会说，在英国文化研究内部，文化主义是最生气勃勃，最富有本土色彩的一脉，实际上，霍尔本人的前期研究，通常也被归纳在"文化主义"的旗下。

确认了文化为生活方式的总和，威廉斯以"情感结构"（structure of feelings）为此一总体生活方式的组构原则。情感结构意味着社会经验的一个个鲜活的个案，它寄寓在一种特殊的生活、一个特殊的社群之中，其栩栩如生的鲜明特征不证自明，无须外部分析来加以说明。威廉斯在《漫长的革命》中指出：

> 我建议用来描述这一现象的术语是"情感结构"：它就像"结构"一词寓示的那样，坚定而又明确，但是它运作在我们行为的最精致、最捉摸不定的部分。某种意义上说，这一情感结构就是一个阶段的文化；它是那个普遍机制里的所有要素的一个活生生的特定果实。[1]

可见，情感结构一方面是指文化的形式构造，另一方面是指文化被感受经历的直接经验。具体来说，它就是某个特定阶级、社会和集团的共享价值，或者说，一种集体文化无意识。对于美学来说，毋宁说威廉斯在这里展示了一种全新的情感经验和情感视野。

威廉斯用他的"情感结构"分析过许多 19 世纪的小说。他指出，19 世纪作家经常出奇制胜，用奇迹发生来解决彼时社会中所谓伦理和经验之间的矛盾。诸如男男女女解脱没有爱情的婚姻，或者是打发伴侣上西天，或者让伴侣发疯，都是转瞬之间的故事。要不就是大笔遗产从天而降，一贫如洗的主人公顿时变成巨富，抑或现存社会秩序中一筹莫展、处处碰壁的人物，可以漂洋过海，到遥远的异国他乡去实现雄心壮志。或许最好的例子莫过于狄更斯《大卫·科波菲尔》中的密考伯先生。这个总是在异想天开的无可救药的乐天派，在 19 世纪的英国社会是穷困潦倒，一事无成。可是小说结尾处消息传来，说是后来去了澳大利亚的密考伯，终于心想事成，成就了一番事业。遥远陌生的澳大利

---

① Raymond Williams，*The Long Revolution*，London，Chatto & Windus，1961，p. 48.

亚莫非就是白日梦主义者的乐土？用威廉斯"情感结构"的视角来分析，那便是这些异想天开故事，都表现了一种共享的情感结构，是为 19 世纪社会中潜伏在主流文化之中的无意识和意识诉求。故而这里文化分析的使命，便是在以文学为主要载体的文献文化之中，来寻找真实的生活。文献文化的主要意义，由此可见，便也在于当这些情感结构的当事人归于沉默之后，继续在给我们提供此种生活的第一手材料。至此，我们不难发现，威廉斯的上述情感结构的文化唯物主义分析，首先是一种文学批评的方法。

结构主义标志着霍尔时代的到来。它不似文化主义具有鲜明的工人阶级文化立场，而更多表现为一种被认为不带有任何个人的色彩的指意（signifying）实践。结构主义与符号学结盟，它是典型的"法国理论"，也是典型的文学与美学方法。结构主义的文化研究，目标即是探究现象之下潜在结构的关系系统。霍尔本人应该是文化研究从文化主义到结构主义范式转换的一个标志。他于 1973 年最初油印发表的长篇论文《电视话语的编码与解码》，其意义和影响，远不止于文化主义向结构主义符号学的转化。霍尔指出，电视形形色色的生产实践和结构，其"对象"都是某一种"信息"的生产，即是说，它是一种特殊的符号载体，就像语言和其他传播形式一样，是在话语的语义链内部，通过代码的运作组织起来的。这是说，索绪尔的符号学理论，一样适用于电视生产的分析。关键在于，符号形式一旦构筑成功，其信息必须转译入社会结构，以达到传播和交流的目的。唯其如此，信息流通方告完成。所以——

> 既然研究不可能限定在"仅仅追述内容分析中冒出来的线索"，我们就必须认识到，信息的符号形式在传播交流中具有一种特殊优势："编码"和"解码"的契机是举足轻重的，虽然比较作为整体的传播过程，它们只是"相对自足"。电视新闻是无法以这种形式来传达原始的历史事件的。它只能在电视语言的视听形式之中，化为所指。当历史事件通过语言符号来作传达的时候，它须服从语言得以指意的一切错综复杂的形式"规则"。①

这意味着事件本身必须首先变成一个"故事"，然后才能还原为可予传播的历史事件。在这里，电视制作人怎样编码和电视观众怎样解码，对于事件的意义得到怎样的传播自然就是举足轻重的了。

但是这一切同美学又有什么关系？自然是有关系的。因为霍尔这里借鉴的结构主义符号学，本身也是一种美学的方法。加拿大学者德博拉·奈特在其《美学与文化研究》一文中，即作如是说：

① Stuart Hall, "The Television Discourse—Encoding and Decoding", in Ann Gray & Jim McGuigan (eds.), *Studying Culture: An Introductory Reader*, London, Arnold, 2002, p. 28.

　　文化研究很少谈美，也视而不见文学批评的逻辑，但是，它依然自有其同审美观念的内在联系。说到底，文化研究具体方案激发的民族志视野，不但考量受众如何"使用"大众和通俗艺术形式，以及这类艺术形式如何影响这些受众的生活方式，它通常一直也还是通过审美的观念，来得以展开的。①

　　这样一种文化研究的美学理解，也许同我们对美学的习惯认知不尽相同。奈特举例说明，这主要在于我们倾向于要么从浪漫主义角度来理解美学，视之为一种反叛甚至革命姿态；要么从早期现代主义视角来看美学，高举非功利旗帜，鼓吹为艺术的艺术。在奈特看来，伊格尔顿的《审美意识形态》就是一个被先入之见蒙蔽的例子，它洋洋洒洒检阅了德国中心的美学理论，从康德谈到尼采和马克思，再到本雅明和阿多诺，特别是将鲍姆加登本质上是生理主义的美学叙述视为正统，所以通篇谈的都是审美与身体之间的关系。这样一种美学理论不适用于文化研究，不足为怪。

第二节　从葛兰西转向到"连接"理论

　　葛兰西的"霸权"理论和霍尔本人的"连接"理论，可以用来概括文化研究的晚近发展样貌。所谓的"葛兰西转向"，作为文化主义和结构主义的合流阶段，同样为霍尔一力开创。霍尔认为文化研究的理论知识很大程度上就是一种政治实践。诚如福柯所言，知识从来就不是中立的、客观的，而总是代表了一种立场，代表了谁在说话、向谁说话、要表达什么意愿。这样来看，文化研究的立场便是在努力代表普通大众的立场。在这一前提下，葛兰西的"霸权"理论经过霍尔阐释，一时风行而几成文化研究意识形态的霸权理论。

　　霸权理论对文化研究意味着什么？文化研究的新生代中坚人物托尼·本尼特在他与默塞尔等主编的《大众文化与社会关系》一书的序言中指出，大众文化的结构主义研究是集中见于电影、电视和通俗文学方面的，文化主义则关注工人阶级"生活文化"的研究。要之，如果研究电影、电视或通俗文学，就是结构主义者；如果兴趣在于体育、青年亚文化，就是文化主义者。要走出这一困境，葛兰西霸权理论事实上便成不二选择。本尼特认为，葛兰西霸权理论的独特意义，在于用"霸权"替代"统治"来说明主导文化的确立和经营。他说：

---

① Deborah Knight，"Aesthetics and Cultural Studies"，in Jerrold Levinson（ed.），*The Oxford Handbook of Aesthetics*，New York，Oxford University Press，2003，p.792.

以霸权的概念替代统治的概念，并非如一些评论家所言，只是术语的差异。对于文化和意识形态斗争的认知，它带来了完全不同的方法观念。根据统治意识形态的论点，资产阶级文化和意识形态试图取代工人阶级的文化和意识形态，因而直接制定框架，来约束工人阶级的经验。葛兰西则强调，资产阶级之可以成为霸权阶级、领导阶级，其前提是资产阶级意识形态必须在不同程度上能够容纳对抗阶级的文化和价值，为它们提供空间。资产阶级霸权的巩固不在于消灭工人阶级的文化，而在于联系工人阶级的文化形式，并且在此一形式的表征中来组建资产阶级的文化和意识形态，从而它的政治属性，也在这一过程中发生了改变。①

文化研究很长时间以游击队自居，沉溺于在传统学科边缘发动突袭。这很像列维—斯特劳斯结构主义人类学所谓的"就地取材"(bricolage)方法。但诚如麦克奎甘在其《文化方法论》序言中所言，这样一种浪漫的英雄主义文化研究观念，早已一去不返。经过葛兰西转向，假道阿尔都塞引入马克思的意识形态概念之后，文化研究热衷于在各式各类文化"文本"中发动意识形态批判。由此可见，葛兰西的霸权理论本身也几成文化研究的霸权理论。霍尔本人系从新左派走向文化研究，但始终耿耿于怀于新左派总是把马克思主义看作问题丛生的负担，而非一种解决之道。所以这并不奇怪：虽然文化研究诞生之初就标举马克思主义，但它同马克思主义的关系其实头绪复杂。是以我们可以理解为什么文化研究终究选择了葛兰西和阿尔都塞等人的"重读"马克思作为理论基础，而不是直接回归马克思的基本立场。

连接理论标志着文化研究进入后现代阶段的新近时期。大致从 20 世纪 80 年代中期开始，文化研究开始受到形形色色后现代思潮的冲击，如女性主义、性别问题、种族问题、福柯传统的权力分析，以及拉康传统的精神分析等，不一而足。伯明翰中心曾经引以为豪的男性白人工人阶级和青年亚文化研究，几成众矢之的。故而霍尔从后马克思主义那里借来"连接"(articulation)概念，用来强调文化的文本和实践并非清楚明白、一劳永逸地生产意义，反之，意义总是被分析对象同其他元素"连接"的结果。在题为《后现代主义与连接》的一次访谈中，霍尔有个著名的比喻：文化好比卡车的车头，可以同各式各样的不同车厢连接起来。的确，到了文化研究的第三个时期，它不但聚焦种族、阶级和性别问题，而且从准学科发展成为一门"反学科"(anti-discipline)，从方方面面与后现代理论展开对接，诸如后殖民主义、大众文化理论、话语理论、学科质疑等，无所不有。另外，它又或者发动挑战，或者直接参与，同样多方位地与文学批评、比较文学、音乐研究、艺术史、电影研究这些传统人文学科连接起来。虽然文化研究从来没有拥抱

---

① ［英］托尼·本尼特：《大众文化与"转向葛兰西"》，陆扬译，见陆扬、王毅：《大众文化研究》，64页，上海，上海三联书店，2001。

过"文本之外一无所有"这类典型的后现代命题，但是它四面出击，展开连接的结果，也使文化的"文本"普遍泛化，不但经典文学和艺术与广告、新闻、音像制品可以一视同仁地成为分析对象，甚至食品、玩具、时装、休闲这类消费品和消费行为，也一样可以展开文化研究的文本分析。

很显然，文化研究中的审美经验不属于德国传统的精英主义美学。较之康德的非功利、无目的的纯粹美学，它或许更接近布尔迪厄《区隔》中那种"走进厨房，把手弄脏"的反康德主义社会学美学。但是，即便文化研究出现泛文本化的趋势，它的主流路线依然是清楚的，那就是对于流行艺术和大众文化的关注。像好莱坞电影、摇滚乐、低俗小说、滥情电视剧等，文化研究大都能以宽容的心态来做受众分析，认真探索消费行为中的商品文化能够发掘出怎样的积极意义。这和法兰克福学派对大众文化的悲观态度判然不同。由此来看，德博拉·奈特在讨论美学与文化研究的关系时，提出的以下几个建议，值得重视。

奈特的建议是，第一，必须认真对待价值、趣味、鉴别和判断问题，抛弃成见。故而休谟的《趣味的标准》和布尔迪厄的《区隔》一样值得认真来读。第二，必须继续重视伦理学与美学的关系，虽然它首先是一个哲学问题。第三，必须继续认真对待所有类型的艺术，包括大众艺术与非传统的艺术形式；须知一个时代的高雅艺术，有可能变成另一个时代的媚俗艺术。第四，有必要重开美的讨论，无论它是行为的美、人的美、器物的美，还是艺术作品的美。第五，必须重视布尔迪厄所谓的"知识阶级"，反思与艺术与美相关的知识，在当今的文化转型时代是如何传播的且又服膺于怎样的一些目的。[①] 这些建议对于深入探讨美学与文化研究的"连接"可能而言，是值得考量的。

第三节　文化研究与文学研究

我们有没有可能来讨论文化研究的文学意义和文学内涵？这看起来匪夷所思。因为文化研究有意识地叛逆高雅艺术，对经典文学和大众文化一视同仁。它非但拒绝对文学顶礼膜拜，而且在埋怨它的文学父亲被拉伊俄斯情结纠缠不休，虎视眈眈恨不得将这个蠢蠢欲动的婴儿的脚跟穿钉，扔到荒山野林中去。但是不论从历时态还是共时态的意义上言，都可以毫不夸张地说，文化研究是从文学的母体中脱胎而出的。我们不妨举例来分析。

---

① Deborah Knight, "Aesthetics and Cultural Studies", in Jerrold Levinson (ed.), *The Oxford Handbook of Aesthetics*, New York, Oxford University Press, 2003, p. 793.

这个例子是性别研究学者安·芭·斯尼陶早在 1979 年刊于《激进史评论》（*Radical History Review*）杂志，五年后又收入《欲望：性政治学》一书的《大众市场的罗曼司：女人的色情文学是不同的》一文。文章分析的是琼瑶小说的北美姐妹"禾林"（Harlequin）小说。这是从 1958 年开始起步，20 世纪 70 年代风靡北美的女性浪漫小说，由多伦多的禾林出版公司出版。虽然百余位作者各各不同，题材也不尽相同，但是有一点相同，即作者读者都是女性圈子。禾林小说结构精巧，套路大同小异，那就是年轻温柔的穷女孩遇到老于世故的高富帅。年龄差异一般是男方大于女方 10～15 岁。女方自然渴望浪漫，但是偏偏男方心怀鬼胎，只想逢场作戏，不思认真婚娶。不过终究苦尽甘来，有情人终成眷属。简·奥斯丁《傲慢与偏见》的著名开篇是，"有一条普遍的公理：每一个有钱的单身男人，都要娶个太太"。现在禾林小说的构架倒过来是，每一个穷困的年轻女子，都要找一个英俊阔气的老公。这个传统往上推，不消说便是 18 世纪英国流行一时的伤感小说，如理查生的《帕美拉》。

禾林小说是大众文化，虽然读者可观，命运却同《傲慢与偏见》一类经典有天地之别，不但学界懒得搭理，图书馆也不屑收藏。这样来看，斯尼陶同样是女性味道十足的分析文章就格外令人瞩目。作者说，女性的欲望是模糊的、被压制的。在使性欲浪漫化的过程中，快感就在于距离本身。等待、期盼、焦虑，这一切都指示着性体验的至高点。一旦女主人公知道男主人公是爱她的，故事也就结束了。虽然最后的婚姻来得并不容易，女主人公处心积虑，方才修成正果。文章最后说：

> 虽然有人会不喜欢禾林小说女主人公的那种间接的性的表达，但是这些小说的魅力正在于，它们一再地坚持，对于女人来说，好的性行为应该和感情、和社会联系在一起。这样，禾林小说就不会被禁止了。有人可能会不喜欢女主人公总是把社会规范作为自己性的前提，但看到性不是像在肉体关系中那样，作为首要的事情来表现，而是像一出社会剧那样表现性，是很有趣的。[①]

这也许是 20 世纪 70 年代的风情，在嗣后性别理论挟后殖民主义的批判视野中，已经显得小家败气，但是禾林小说作为大众文化，较之奥斯丁和理查生的同类经典，或许更真实地反映出了女性生活中对浪漫的期待。

曾经是"耶鲁学派"主将之一的希利斯·米勒写过一篇题为《跨国大学中的文学与文化研究》的长文，对今日经济全球化语境中西方大学里文学和文化研究的定位表示忧虑。文章开篇就说，今日大学的内部和外部都在发生剧变。大学失却了它 19 世纪以降德国

---

① ［加］安·芭·斯尼陶：《大众市场的罗曼司：女人的色情文学是不同的》，严辉译，见陆扬、王毅：《大众文化研究》，180 页，上海，上海三联书店，2001。

传统坚持不懈的人文理念。今日的大学之中，师生员工趋之若鹜的是技术训练，而技术训练的服务对象已不复是国家而是跨国公司。对此米勒提出了一系列问题：

> 在这样没有理念的新型大学里，文学研究又有什么用？我们是应当、理应还是必须依然来研究文学？现今文学研究义务的资源又是什么——是谁，是什么要求我们这样做？我们为什么要研究它？为了什么目的？因为文学研究在今日大学的教学和科研中依然具有社会功效？还是它纯粹已是夕阳日下，苟延残喘，终而要消失在日益成型的全球化社会中一路走红的那些实用学科之中？①

近年来美国的文学研究中，米勒承认一个最重要的变化便是文化研究的兴起。变化大致始于 20 世纪 80 年代，以后的岁月见证了以语言为基础的理论研究纷纷向文化研究转向。这是为什么呢？米勒认为这里有多种原因。一些外部的事件诚然起了举足轻重的作用，但至为关键的一个因素，则是传播新技术的与日俱增的影响，即人们所说的电子时代的到来。据米勒分析，自然而然义无反顾转向文化研究的年轻学者们，恰是大学教师和研究人员中，被电视和商业化流行音乐熏陶长大的第一代人。他们当中许多人从孩提时代起，花在看电视和听流行音乐上的时间，就远较读书为多。这不一定是坏事，但确实有所不同。而讲到文化，这里"文化"一语的含义已不复阿诺德所说的一个民族所思所言的最好的东西，而确切地说应是全球消费主义经济中的传媒部分。这一新型文化很快替代了昔年的书本文化。所以毫不奇怪年轻一代的学者们更愿意研究他们熟悉的东西，虽然他们依然在书的文化之中恋恋不舍。而文学研究的不景气，事实上也在推波助澜，逼迫文学专业的学者看准门道改弦更张，转而来研究大众文化、电影和流行刊物。米勒承认，所有这些新潮——文化研究、妇女研究、少数人话语研究等，其目标都是值得称道的。但有关著述大都零乱，故将它们整理出来，设置到课堂课程之中，予以分类、编辑、出版和再版，还只是浩大工程的第一步。另外，对文化多元主义的分档归类，恰恰有可能是损害这些文件原生态的巨大的文化挑战力量。米勒作为当代美国的资深批评家，他的忧虑当然是不无道理的。

但是文化研究本身也还存在不少问题。比如当文化研究的理论分析替代阶级、种族、性别、边缘、权力政治，以及镇压和反抗等话题，本身成为研究的对象文本时，也使人担忧它从文学研究那里传承过来的文本分析方法反过来压倒自身，吞没了它的民族志和社会学研究的身份特征。

---

① J. Hillis Miller, "Literary and Cultural Studies in the Transnational University", in John Carlos Rowe (ed.), "*Culture* "and the Problem of the Disciplines, New York, Columbia University Press, 1998, p. 45.

第四节　文化研究在美国

美学和文化研究的是是非非，也较多涉及文学研究和文化研究之间的纷争。对此我们可以来看文化研究在美国的相关经历。文化研究的美国之旅很大程度上被认为是一个去政治化、去理论化的过程，而同传媒文本和大众文化受众研究更紧密地结合起来。曾经求学于霍尔门下的劳伦斯·格罗斯伯格，作为当今美国文化研究的领军人物，曾经从方法上厘定文化研究同传统文学研究的差异，强调文化研究固然普遍采用了阐释、分析和价值判断这些文学分析方法，但又不同于传统的人文主义思潮，它拒绝将文化视为高雅文化的同义词，拒绝独尊文学和艺术，而将大众文化挡在门外。所以——

> 它在方法上是典型的阐释型和评估型的，但是不同于传统的人文主义，它反对把文化和高雅文化划等号，而主张文化生产的所有形式都应当根据它们同其他文化实践的关系，以及同社会和历史结构的关系来加以研究。文化研究因此致力于研究一个社会的艺术、信仰、制度，以及交流实践等一切对象。①

在格罗斯伯格看来，文化研究由此涉及政治，也涉及历史，比如抵制理论、知识分子的使命问题、民主问题等，显然就都不是单纯的文学视野可以涵盖的了。

但是文化研究的美国之旅并非一帆风顺，它毋宁说经历了一个从去美学、去文学，到重申文学、重申审美的螺旋循环。任教宾夕法尼亚州立大学的米歇尔·贝吕贝，在其主编的《文化研究的美学》开篇就讲了这样一个故事。他说，1991年，就在伊利诺伊大学香槟分校1990年那场影响深远的文化研究会议"文化研究今日及未来"一年之后，他是时的同事卡里·内尔森便写了题为《总是先已文化研究》的文章，读之令人只觉怨声载道，唯见一片愁云惨雾。他引了内尔森文章中的这一段话：

> 在过去的二十年里，几凡所有席卷美国人文学科的思想运动，没有哪一门像文化研究那样，被认为是如此肤浅、如此机会主义、如此缺乏反思、缺乏历史感……文化研究成为这样一个概念，它拖着长长一段争取自身定义的斗争历史，诞生在阶级意识与学院批判之中，且对它自身的理论进展疑神疑鬼，对于美国的英语系来

① Lawrence Grossberg, Cary Nelson & Paul A. Treichler (eds.), *Cultural Studies*, New York, Routledge, 1992, p. 4.

说，它不过就是将我们已经在干的事情重新包装一下。①

　　"总是先已"（always already）是典型的德里达解构主义术语，所以作者是背靠解构主义在发牢骚。内尔森本人是伊利诺伊会议包括劳伦斯·格罗斯伯格在内的三个发起人之一。但是，对于他的悲观主义态度，贝吕贝很显然是不愿意认同的。他指出，在他写下这些文字的 2003 年，他在纳闷当年内尔森口出怨言之际，有谁会意识到那是大错特错了。不错，过去的 12 年里的确有人认为文化研究流于肤浅、机会主义，缺乏反思和历史感，但那也是事出有因。即是说，在 1991 年，伊利诺伊的文化研究会议实际上多遭非议，如指责它术语太多、过于英国中心主义，甚至变成了一个"霍尔节"。这样看来，内尔森感到美国本土的研究受了冷落，有所抱怨也是情有可原了。

　　美国的文化研究课程多放在英语系开设。在贝吕贝看来，之所以上述抱怨情有可原，那是因为在 20 世纪 90 年代初，一些英语系的文学教授对文化研究期望太高，把它看作正在到来的"下一件大事"，即便在这之前他们基本上就没听说过文化研究是什么东西。可是，内尔森等人不会想到，文化研究的美国接受甚至更"机会主义"得厉害。即是说，到 90 年代末，对于一些英语系教授来说，文化研究不光意味着他们"已经在干的事情"，而且意味着另一些教授已经"不再干"的事情。这并不是说退回到后现代流行之前那个阳光灿烂的天真世界，意义清澈透明一目了然，而是重申审美。文化研究曾经似乎不屑一顾的审美愉悦和快感经验，再一次变成理直气壮的话题。

　　关于文化研究出现回归审美主义倾向，贝吕贝枚举过近年出现的一批著述。其中有两部值得注意。一部是哈佛大学英语系的美学教授艾琳·斯卡利 1999 年出版的《论美与伸张正义》，作者指出各路新进理论一味盯住政治正确，谈美成为明日黄花。但实际上美与正义并不矛盾。从荷马、柏拉图到普鲁斯特，我们可以发现审美并非无关政治，反之它赋予我们更为强烈的正义感。故而无论理论界也好，家庭也好，博物馆也好，课堂也好，重申美是势在必行。

　　另一部是 2000 年加利福尼亚大学欧文分校比较文学教授迈克·克拉克主编的文集《审美的报复》。这部书的编者撰写了洋洋洒洒的长篇序言，细述第二次世界大战以来美国文学批评经过的风风雨雨，相当引人注目。序言开篇就说：

　　　　收入这本子集的文章强调文学文本中审美价值与形式特质的重要性。这个主题在今天已本末倒置，因为很多时候，审美问题是给一个仅仅 20 年前依然还可以叫

---

① Cary Nelson，"Always Already Cultural Studies：Two Conferences and a Manifesto，"*The Journal of the Midwest Modern Language Association*，vol. 24，no. 1，1991，pp. 24-38. See Micheael Bérubé（ed.），*The Aesthetics of Cultural Studies*，Malden，Blackwell Publishing，2005，p. 1.

作"文学"理论的领域替代了。①

　　这里很显然指的是 20 世纪 80 年代"理论"玄之又玄，天马行空，名之为"文学"理论，实际上同文本基本没有关系的那一段先锋话语的大好时光。克拉克指出，第二次世界大战之后，在文学史家和新批评家的激烈较量之余，审美价值与文学文本的优先地位得以确立。从 50 年代末到 70 年代初，文学理论成为一门特色鲜明的专注于文学形式及语言的独特学科，标志着这一优先地位在美国高校制度化的完成。之所以说文学理论成为一门独特学科，是因为它既不同于早期文学批评从传记到历史的实证主义，也不同于哲学和社会科学的大多数理论形式。故经过温塞特、韦勒克和默里·克里格等人开拓性的著述，以及一批选本的出现，文学理论往上直接追溯到柏拉图和亚里士多德诗学，成为一门其他分析视野不能替代的独特学问。

　　克拉克认为转折点发生在 20 世纪 70 年代初，是时的结构主义的大规模引进，以及转瞬之间解构主义的悄悄登场，特别是斯皮瓦克本人作长序的德里达《论文字学》英译本的面世，在当时都是轰动性事件。其结果是从黑格尔—海德格尔传统中孵化出来的后现代主义排挤掉了英美批评的康德传统审美主义。后面的故事是众所周知的。直到 1996 年索卡尔事件爆发，美国的人文话语基本上是后现代主义的一统天下。《审美的报复》有一个副标题"今日理论中文学的地位"，在编者看来，在当今的文学理论中重申美学、诗学和审美理论的重要地位殊有必要，因为它们将激发新的视野、新的方向，是面向未来而不是回到过去。回归审美并不意味着抛弃文化研究。或者如贝吕贝所言，它将引导我们再一次审视这些并不算新近的老问题：

　　　　政治动因的批评能否有兴趣来言说文化产品的"形式"？在这类批评中审美评价又担当什么角色？我们如何理解审美作为一个经验王国的出现，以及它同现代性各种制度的关系？②

　　可以说，美国文化研究近年出现的重申审美趋向，很大程度上也反映了当代美学中的理论旅行问题，诚如赛义德著名文章所言，它涉及理论的起源、理论传播的距离、理论被接受或抵制的一系列条件，以及理论在新语境中的本土化。美国作为文化研究的新语境，其传布和制造新近理论的热忱固然无出其右，但是美国同样有着根深蒂固的审美主义传统。分析审美同各种"现代性"制度的方方面面的关系变异，无论是本土也好，异

---

　　① Michael Clark(ed.)，*Revenge of the Aesthetic：The Place of Literature in Theory Today*，Berkeley，University of California Press，2000，p. 1.

　　② Michael Clark(ed.)，*Revenge of the Aesthetic：The Place of Literature in Theory Today*，Berkeley，University of California Press，2000，p. 9.

域也好，不仅成为旅行理论的话题，同样无可争辩地显示了文化研究的美学维度。

第五节　美学与文化研究的并轨可能

美学在西方高等教育体制中大体是一门边缘传统学科，但是它在中国 20 世纪 80 年代解放思想、百废待兴的文化氛围中异军突起，以至于美学一词用途之广，一如今天的"文化"。问题是，"我们如何理解审美作为一个经验王国的出现，以及它同现代性各种制度的关系"，这里毋庸置疑地喻示了文化研究同美学的必然"连接"。霍尔视文化研究为意义生产、流通、交换这一社会过程的集合，同时秉承葛兰西瞄准权力关系，鼎力构建一种流动不居的跨学科的文化政治学，这一旨趣可以说是来自而且也将继续求诸文学的研究。

今天文化研究在西方大学里开始进入体制的境况，恰可以和中国 20 世纪 80 年代的美学热做一个有趣的比较。今天说美学热已经退潮也好，或者正在酝酿卷土重来也好，一方面是因为建构体系，以及客观派、主观派，甚至实践美学、后实践美学这一类高屋建瓴的论争，已经风光不再；另一方面，美学是西学东渐的一个果实，因为它在西方学科中的相对弱势地位，近年少有纯粹的美学资源译介，也是一个重要原因。但是即便美学热已经过去，美学作为一门学科，今天已经至少在我国高等教育的哲学、文学和艺术学三个学科门类里，牢固地确定了自己的地位。在美学热退潮的同时，我们见证了文化热，但彼时文化热的热中之热，是中西文化比较这样无边无际的宏大叙事，它很快像美学热一样平静下来也是意料中事。比较来看，偏重实证的文化研究作为一门学科，它的西方的理论资源不是匮乏而是太过充盈，我们自可从容选择，引为借鉴。要之，即便文化研究的热情有一天同样会悄悄退潮，就像今天已经在发生的那样，它也应该能像美学一样，在我们的学科体制中确定自己的地位。

由此反思美学界对于文化研究的不同态度，是意味深长的。朱立元的《关于当前文艺理论几个问题的思考》，对日前围绕日常生活审美化的论争表达了他的看法。朱立元表示，陶东风、金元浦等人在市场经济与经济全球化的语境下提出"日常生活审美化"是有一定意义的，其思维方式可取，但是结论可以进一步讨论。他将论争焦点归结为两个问题，一是日常生活是否审美化了，二是文学的边界是否已经完全模糊。对这两个问题他基本上做了否定回答，即日常生活并没有审美化，文学的版图虽然扩张了，文学的边界也并没有因此被突破或消失不见。朱立元指出，实际上审美作为主导范式在现实生活中是不可能实现的，即便是童庆炳等最初对审美自主性强调较多的学者，也没有把审美与琐碎的日常生活混为一谈，故讨论"日常生活审美化"的倡导者认为当前美学文艺学自我封闭在"象牙塔"中，由此才得出美学文艺学应该进行文化研究转向的结论。他认为这并不是事实。

引人注目的是杨春时标举"贵族精神"，由此倡导精英文化，批判大众文化的观点。他强调审美是自由和超越的生存方式，它可以降格而与日常生活融合，成为大众审美文化，但其本质上仍是超越和批判现实的。于是就有了日常生活的审美批判。他认为这是阿多诺以艺术否定现实世界的传统，也是海德格尔"诗意地栖居"的传统。关于贵族精神和精英文化，杨春时说，"所谓贵族精神，从根本上说，就是肯定人的高贵性、神性、自由性，抵制鄙俗性、世俗性、消费性。所谓精英文化，就是以人文知识分子为主体、以贵族精神为核心的文化体系，它不同于以平民精神为核心的大众文化。精英文化以其高雅性、超越性和批评批判性成为大众文化的制约力量"①。杨春时的结论是，正是精英文化使人类避免沦为消费动物，所以建设精英大众文化，与进行大众文化批判是相辅相成的工作。

但是很显然，美学的内涵和边界并没有因为文化研究的兴起而不知所云起来。康德《纯粹理性批判》题为《先验要素论》的第一部分，开篇就厘定空间和时间为独见于人的一切显象的先天形式条件，即是说，空间和时间并不表象任何物体的属性，也不在它们的相互关系中表现它们，反之它们是我们的内感官的形式，是我们认知外部世界的先验的形式条件。这些思想过去因为唯心主义的嫌疑，对于美学所具有的革命意义每每忽略不见。时空作为我们理性认知的先天形式条件，意味着美学之于哲学不是可有可无的附庸，而是哲学本身的先决条件所在。仅此一例，可见美学即便在它形而上的层面亦有作为，未经开拓的领域，也还存在。美学不至于因为言说日常生活审美化而迷失它的边界，这一点相信任何一个对这门学科存有信心的学者，是不会有疑问的。

但是，文化研究并不等于日常生活审美化的研究。文化研究的主要对象是大众文化。大众文化是我们今天蒸蒸日上的文化产业。它如何平衡假经济和军事后盾在全球长驱直入的美国文化的冲击，是关系到国计民生的非常现实的问题。文化怎样在经济全球化和市场经济的语境中更新自身，因此值得作更深层次的探讨。一个例子是天津的《小说月报》。作为中国创刊最早，发行量最大的文学选刊，它在复刊之初的定位是高中文化以上的读者，不久像大多数纯文学刊物那样无以为继以后，它调整营销策略，将初中文化的读者群接纳进来，刊物由此"起死回生"，销量相当不错。编辑部调研发现，刊物的阅读主体之一，就是外来务工人员。这是显示了高雅文化对"弱势群体"的人文关怀呢，还是高雅文化的一种"堕落"？当高雅文化失去经济基础的时候，是坚持"贵族"路线直到遭遇灭顶之灾呢，还是改弦易辙来走"平民"路线，以求新的突破？在"贵族"路线和"平民"路线之间，能不能建立一种沟通对话的机制？这些问题，文化研究应当关

---

① 杨春时：《贵族精神与大众文化批判》，载《粤海风》，2005(3)。

切，美学也同样是可以关切的。

美学的学科边界从来不是机械刻板的，而理当是动态的，甚至可以说是与时俱进的。传统美学将美限定在形象上面，应当说多少是一种遗憾。柏拉图《会饮篇》中使苏格拉底心悦诚服的传奇女性狄奥提玛，明确宣示心灵的美较外形的美更有荣光。所以一个有德的灵魂，纵使其貌不扬，也会引人爱慕。而更上一层，人将来爱制度和法律的美，直至通晓哲学和知识的美，乃恍然大悟，心中一片灿烂光照。由此而观杨振宁谈物理的美，陈省身谈数学的美，秉承的未必不是柏拉图的美学传统。美既然由两位大师令人信服地阐示了可以怎样被及极尽抽象的数理领域，那么文化研究涉及的大众文化市场机制问题和文化产业的政策制定问题，以及文化作为生产力所面临的种种新的阐释需要，就一样可以理直气壮地进入美学研究的领域。或者可以说，它们在一定程度上正呼应了柏拉图视之为高于美色甚至美德的法律和行为制度的美。今天的经济全球化正在促使美学发生深刻变革。美学传统的经济和意识形态资源正在面临一系列的分化和重组。艺术家"君权神授"的"贵族"身份风光不再，他们的成败得失将更多取决于左右着市场经济潮流的平民大众的趣味。诚然，市场计数的是利润，而不是社会效益，它并不关心市场能不能提供充足的社会喜闻乐见的文化产品。故此，文化产品在至少在理论上由大众来当家作主，决定看与不看、买与不买的消费语境里，其命运究竟发生了什么样的变迁，其经济基础在我们的社会里又应该如何定位，这些问题，既没有哪个发达国家敢于夸口已经解决，对于中国，更值得深入研究。美学曾经是一门显学，曾经由阳春白雪普及我们文化领域的几乎每一个方面。今天它在守住自己"家园意识"的同时，应当在能够接纳在经济全球化的语境中异军突起，交叉学科性质也至为明显的文化研究。

思考题：

1. 文化主义有哪些特征？
2. 如何理解美学研究的边界问题？
3. 葛兰西的霸权理论对文化研究的影响体现在哪里？

拓展阅读文献：

1. ［美］莱斯利·费德勒：《文学是什么？——高雅文化与大众社会》，陆扬译，南京，译林出版社，2011。

2. ［英］雷蒙德·威廉斯：《漫长的革命》，倪伟译，上海，上海人民出版社，2013。

3. Micheael Bérubé(ed.), *The Aesthetics of Cultural Studies*, Malden, Blackwell Publishing, 2005.

4. Michael Clark(ed.), *Revenge of the Aesthetic: The Place of Literature in Theory Today*, Berkeley, University of California Press, 2000.

5. Deborah Knight，"Aesthetics and Cultural Studies"，in Jerrold Levinson(ed.)，*The Oxford Handbook of Aesthetics*，New York，Oxford University Press，2003.

扫码阅读：

修订版后记

我们正处在一个新的时代，美学在这个时代不仅仅关涉文化修养和审美品位的问题，美学的问题、美学的思维方式也支配和影响着人文学科、社会科学和社会治理以及整个时代，特别是关于一个时代可能的"未来"的思考，在根本上，离不开美学。

正如柏拉图当年所说，"美是难的"。对于当代人和当代美学而言，美学的难解性比柏拉图生活的古希腊城邦的时代无疑更为复杂，当然也更有魅力。在章节的设计和"原典"的选择上，我们努力把这种复杂性和多样性体现出来。

感谢复旦大学陆扬教授、北京大学金永兵教授、华东师范大学朱志荣教授和王峰教授、中南民族大学彭修银教授、华南师范大学段吉方教授、南京大学汪正龙教授、苏州大学刘锋杰教授和薛雯教授、南京师范大学李永新教授、兰州大学王大桥教授、云南大学向丽教授、上海大学张永禄教授和上海交通大学孟令兵副教授、尹庆红副教授，感谢各位为编好这本教材所做的贡献，大家认真敬业的精神和对美学的诚挚热爱，在字里行间均有所体现。

本次修订工作我们着重吸取了党的十八大以来习近平总书记一系列相关思想，修订了一些知识，调整了一些例证，努力使教材更适应当代教学实际。为了完成修订工作，我邀请了浙江大学哲学学院"百人计划"研究员李哲罕，博士后冯芙蓉、杨旭、田王晋健参与工作，以保证修订工作按时完成。

本教材主要定位于研究型大学的中文、艺术、哲学专业的美学课教学，亦适用于综合性大学通识课程的教学。教师可根据自己的教学目标选讲其中不同的部分，其余部分供学生自学。

最后，感谢北京师范大学出版社周劲含副编审的细心工作。

正是大家的共同努力，使我们编一本理想的美学教材的愿望得以实现。

王 杰

于浙江大学当代马克思主义美学研究中心

2024 年 3 月 23 日